DIE WICHTIGSTEN WORTARTEN

Adjektive

- **Adjektive** (Eigenschaftswörter) bezeichnen **Eigenschaften** von Lebewesen, Gegenständen oder Handlungen. Sie beantworten die Frage: **Wie ist es?**
  *Der Ritter ist **müde**. Das **wütende** Gespenst weckte ihn auf.*
- Die meisten Adjektive lassen sich **steigern**:
  Positiv: zwei Eigenschaften sind gleich, Vergleichswort: ***wie***
  *Der Knappe ist **mutig**. Er ist so **mutig wie** der Ritter.*
  Komparativ: zwei Eigenschaften sind verschieden, Vergleichswort: ***als***
  *Der Ritter ist **mutiger als** das Gespenst.*
  Superlativ: die Eigenschaft übertrifft alles andere, ***kein*** Vergleichswort
  ***Am mutigsten** ist das Burgfräulein.*
- Manche Adjektive werden **unregelmäßig gesteigert**: *gut – besser – am besten*

Verben

- **Verben** (Zeitwörter) drücken aus, **was passiert** oder **was jemand tut**:
  *Die Sonne **scheint**. Wir **gehen** ins Freibad.*
- Verben stehen im Satz meist in der **gebeugten** (finiten) **Form**, auch **Personalform** genannt: Diese Form richtet sich nach der Person, die etwas tut.
  ich** kauf**e**, **er** geh**t**, **sie** schlaf**en
- Im Wörterbuch findest du Verben in der Grundform (**Infinitiv**): *kauf**en**, geh**en** ...*
- Bei manchen Verben ändert sich in bestimmten Personalfo
  nehm**en: du **nimm**st, er **nimmt**; **geb**en: du **gib**st, er **gibt

Regelmäßige und unregelmäßige Verben

- Verben wie z. B. spielen sind **regelmäßige Verben**. Bei dies
  Präteritum (1. Vergangenheit), indem du an den Wortstam
  *spielen – ich spiel**te**, du spiel**test** ...*
- Verben wie z. B. gehen sind **unregelmäßige Verben**. Wenn du das **Präteritum** bilden willst, ändert sich der Wortstamm. An manche Formen musst du dann noch eine Endung anhängen, an manche nicht: *gehen – ich ging, du ging**st***

Personalpronomen

- Personalpronomen (persönliche Fürwörter) können Nomen ersetzen:
  ***Der Kater** spielt mit der Wolle.*
  ***Er** spielt mit der Wolle.*
- Sie **ändern ihre Form**, abhängig vom Fall, in dem sie stehen, z. B.

Nominativ	*Dativ*	*Akkusativ*
ich	*mir*	*mich*
du	*dir*	*dich* usw.

Possessivpronomen

- Possessivpronomen (besitzanzeigende Fürwörter) geben an, wem etwas gehört.
- Sie stehen oft vor einem Nomen und im gleichen Fall wie dieses, z. B.
  Nominativ Sg.: ***mein** Bruder, **meine** Katze, **mein** Tier, ...*
  Genitiv Sg.: ***meines** Bruders, **meiner** Katze, **meines** Tieres, ...* usw.

PONS

Das große Übungsbuch
DEUTSCH

von
Anne Haase
Silke Gausche
Anne Scheller
Ulrike Wolk
Verena Wróbel

PONS GmbH
Stuttgart

PONS

Das große Übungsbuch DEUTSCH

von
Anne Haase
Silke Gausche
Anne Scheller
Ulrike Wolk
Verena Wróbel

Dieser Titel basiert in Teilen auf ISBN: 978-3-12-561585-4, 978-3-12-561589-2, 978-3-12-561590-8, 978-3-12-561591-5, 978-3-12-561712-4

3. Auflage 2020

Logoentwurf: Erwin Poell, Heidelberg
Logoüberarbeitung: Sabine Redlin, Ludwigsburg
Umschlagfoto: www.thomas-weccard.de
Illustrationen Innenteil: Braingame Publishing GmbH; Michael H. Musal, Wiesbaden; Stefan Theurer, Eningen
Layout: one pm, Petra Michel, Stuttgart
Layoutanpassung/Satz: Satzkasten, Stuttgart; DTP-Studio Andrea Eckhardt, Göppingen
Druck und Bindung: medienhaus Plump GmbH, Rheinbreitbach

Printed in Germany
ISBN 978-3-12-562560-0

Vorwort

Das **PONS große Übungsbuch Deutsch** ist das Fitness-Programm, das dich jede Klassenarbeit locker schaffen lässt!

Für die Klassen 5 bis 7 findest du einen richtigen **Lern-Triathlon** mit Übungen, die leicht zu verstehen und sehr abwechslungsreich sind. Sie begleiten dich durch alle Themen, die du im Deutschunterricht der Sekundarstufe I wirklich brauchst.

Und so sieht das Training bis zur 7. Klasse aus:

• Aufwärmübung

Wenn die Aufwärmübung zu Beginn jeden Kapitels für dich leicht zu bewältigen ist, kannst du gleich weiter üben.

Wenn nicht, lies die nachfolgende Erklärung im **Boxenstopp**.

•• Pflicht

Nach dem Aufwärmen folgen die Pflicht-Übungen, womit du die Grundlagen trainierst, die dich sicher ans Ziel führen.

••• Kür

Die Kür-Übungen sind etwas anspruchsvoller. Wenn du aber die Pflicht-Übungen gut durchgearbeitet hast, schaffst du diesen Sprung bestimmt auch noch!

Dazu findest du **Tipps** beim Lösen kniffligerer Aufgaben, **ausführliche Lösungen** und **3 große Tests**. Jeder Test ist so aufgebaut, dass du ihn in 45 Minuten schaffen kannst – wie in einer richtigen Klassenarbeit eben! Die zu erreichende Punktzahl ist bei jeder Aufgabe angegeben. Die Auswertung findest du im Lösungsteil.

Urkunde

Zum Abschluss deines persönlichen Lern-Triathlons zu jedem Schuljahr haben wir für dich eine Urkunde vorbereitet. Hier kannst du deine Ergebnisse aus den drei Tests eintragen und so am Ende des Schuljahres dein Gesamtergebnis überprüfen.

Ab der 8. Klasse werden die Ansprüche an deine Fähigkeiten beim **Referieren** und **Moderieren** immer höher. Dieser Teil macht dich fit für einen erfolgreichen Spurt ins Ziel!

Auf die Plätze: Recherchieren

In diesem Teil geht es um Planung und Recherche. Eine gute Vorarbeit ist die Grundlage, um Arbeitsaufwand und -tempo optimal zu organisieren.

Fertig: Vorbereiten

Hier wird die Vorbereitung eines Referats Schritt für Schritt erklärt, vom Aufbau bis hin zu den Möglichkeiten der Visualisierung.

Los: Präsentieren

Du erfährst hier alle wichtigen Aspekte für einen sicheren Auftritt, von der Begrüßung bis zum guten Schluss.

Diskutieren

Hier lernst du alle Aspekte kennen, die dir eine erfolgreiche **Moderation** der anschließenden Diskussion ermöglichen.

Dazu findest du **Checklisten**, **Tipps**, **Beispiele** und **Formulierungshilfen**, die dir für eine sichere Umsetzung der Theorie beiseite stehen.

Viel Spaß, und Trinken nicht vergessen!

INHALT

Grammatik 5. Klasse

1 WORTARTEN

1.1 Nomen, Verb, Adjektiv S. 13
1.2 Nomen S. 15
1.3 Adjektive S. 19
1.4 Personalpronomen S. 21
1.5 Possessivpronomen S. 23
1.6 Das Präsens S. 24
1.7 Das Futur S. 26
1.8 Das Präteritum S. 29
1.9 Das Perfekt S. 31
1.10 Das Plusquamperfekt S. 33

2 SATZGLIEDER

2.1 Satzglieder erkennen S. 35
2.2 Das Subjekt S. 37
2.3 Das Prädikat S. 39
2.4 Das Objekt S. 42

3 SATZLEHRE UND ZEICHENSETZUNG

3.1 Satzarten und Satzschlusszeichen S. 46
3.2 Zeichensetzung bei Aufzählungen S. 48

TEST GRAMMATIK S. 51

INHALT

Rechtschreibung 5. Klasse

4 WÖRTER RICHTIG SCHREIBEN

4.1 Lange Vokale S. 53

4.2 Kurze Vokale S. 55

4.3 s, ss oder ß? S. 57

4.4 Das oder dass? S. 59

4.5 Leicht zu verwechselnde Laute: ä/e, äu/eu und ai/ei S. 62

4.6 Leicht zu verwechselnde Laute: b/p, d/t und g/k S. 65

4.7 Groß oder klein? S. 65

TEST RECHTSCHREIBUNG S. 68

Textarbeit 5. Klasse

5 TEXTE SELBST VERFASSEN

5.1 Wie schreibe ich eine Erzählung? S. 71

5.2 Abwechslungsreich und lebendig erzählen S. 74

5.3 Die Erlebniserzählung S. 77

5.4 Die Nacherzählung S. 79

5.5 Personenbeschreibung S. 82

5.6 Einen persönlichen Brief schreiben S. 84

6 TEXTE VERSTEHEN

6.1 Sachtexte verstehen S. 87

6.2 Märchen verstehen S. 89

6.3 Sagen verstehen S. 92

6.4 Gedichte untersuchen S. 95

6.5 Redensarten und Sprichwörter verwenden S. 99

TEST TEXTARBEIT S. 102

Grammatik 6. Klasse

1 WORTARTEN

1.1 Hilfs- und Modalverben S. 107

1.2 Pronomen (Relativ-, Reflexiv-) S. 109

1.3 Präpositionen S. 113

1.4 Konjunktionen S. 115

2 SATZGLIEDER ALS BESTANDTEILE VON SÄTZEN

2.1 Adverbiale Bestimmungen S. 117

2.2 Attribute S. 120

3 ZEICHENSETZUNG UND SATZLEHRE

3.1 Komma bei Aufzählungen S. 130

3.2 Zeichensetzung bei wörtlicher Rede S. 132

3.3 Kommasetzung bei der Anrede S. 133

3.4 Komma in Satzreihen und Satzgefüge S. 135

3.5 Satzanalyse S. 137

TEST GRAMMATIK S. 140

Rechtschreibung 6. Klasse

4 LEICHT ZU VERWECHSELNDE LAUTE

4.1 x, gs, ks, chs oder cks? S. 143

4.2 f-Laut (f, ph, pf, v) S. 145

4.3 ent- und end- S. 147

4.4 seit und seid S. 150

4.5 wider und wieder S. 152

INHALT

5 GROSS ODER KLEIN

5.1 Substantivierte Verben S. 154

5.2 Substantivierte Adjektive S. 156

5.3 Substantivierte Partizipien S. 158

TEST RECHTSCHREIBUNG S. 162

Textarbeit 6. Klasse

6 SCHÖNER SCHREIBEN, BESSER LESEN – ÜBUNGEN ZUM TREFFENDEN AUSDRUCK

6.1 Synonyme S. 165

6.2 Konjunktionen S. 167

7 BESCHREIBEN

7.1 Einen Gegenstand beschreiben S. 173

7.2 Einen Vorgang beschreiben S. 176

8 ÜBER EIN EREIGNIS BERICHTEN

8.1 W-Fragen S. 180

8.2 Bericht für die Schülerzeitung S. 182

8.3 Der Augenzeugenbericht S. 184

9 TEXTE VERSTEHEN

9.1 Fabeln S. 186

9.2 Lügengeschichten S. 188

10 SACHTEXTE LESEN

10.1 Sachtexte lesen und Informationen entnehmen S. 191

10.2 Schaubilder auswerten S. 194

TEST TEXTARBEIT S. 197

INHALT

Grammatik 7. Klasse

1 WORTARTEN

1.1 Das Verb im Aktiv und Passiv S. 203

1.2 Vorgangs- und Zustandspassiv S. 204

1.3 Passiv und Zeiten S. 206

1.4 Das Demonstrativpronomen S. 208

1.5 Das Indefinitpronomen S. 209

2 MODUS

2.1 Konjunktiv I S. 211

2.2 Konjunktiv II S. 213

2.3 Indirekte Rede S. 214

3 SATZLEHRE UND ZEICHENSETZUNG

3.1 Adverbialsätze S. 216

3.2 Direkte und indirekte Fragesätze S. 218

3.3 Kommasetzung bei Infinitivgruppen S. 221

3.4 Kommasetzung bei Partizipgruppen S. 223

3.5 Kommasetzung bei Datums- und Adressangaben S. 224

TEST GRAMMATIK S. 225

Rechtschreibung 7. Klasse

4 GETRENNT- UND ZUSAMMENSCHREIBUNG

4.1 Verben mit Vorsilben S. 229

4.2 Verbindungen aus Verb + Verb und Nomen + Verb S. 231

4.3 Verbindungen aus Adjektiv + Verb S. 233

4.4 Zusammengesetzte Nomen und Adjektive S. 235

4.5 Das richtige Trennen von Wörtern S. 237

INHALT

5 GROSS- UND KLEINSCHREIBUNG
5.1 Tageszeiten S. 239
5.2 Adjektive in Eigennamen S. 240
6 FREMDWÖRTER RICHTIG SCHREIBEN S. 243
TEST RECHTSCHREIBUNG S. 246

Textarbeit 7. Klasse

7 TEXTE SELBST VERFASSEN
7.1 Die Inhaltsangabe S. 249
7.2 Eine Fortsetzung schreiben S. 251
7.3 Die Erzählperspektive verändern S. 256
7.4 Die Sprache verändern S. 259
7.5 Einen Zeitungstext verfassen - Nachricht S. 261
7.6 Einen Zeitungstext verfassen - Bericht S. 263
7.7 Einen Zeitungstext verfassen - Reportage S. 265
8 MIT TEXTEN UMGEHEN
8.1 Kalendergeschichte S. 268
8.2 Ballade S. 271
8.3 Naturgedicht / Haiku S. 275
8.4 Zeitungstexte untersuchen - Nachricht S. 278
8.5 Zeitungstexte untersuchen - Bericht S. 280
8.6 Zeitungstexte untersuchen - Kommentar S. 281
8.7 Zeitungstexte untersuchen - Reportage S. 285
8.8 Eine Werbeanzeige untersuchen S. 288
TEST TEXTARBEIT S. 292

Referate halten ab der 8. Klasse

EINLEITUNG S. 297

REFERATE HALTEN

AUF DIE PLÄTZE: INHALTE SUCHEN UND AUFBEREITEN S. 300

1. Gut geplant ist halb gehalten – Die Vorarbeit S. 300

2. Wer sucht, der findet – Die Recherche S. 307

FERTIG: AUFTRITT VORBEREITEN S. 319

3. Ab in die Startlöcher – Vorbereitung und Visualisierung S. 319

LOS: REFERATE DURCHFÜHREN S. 337

4. Auf los geht's los – Die Einleitung S. 337

5. Jetzt geht's um die Wurst – Der Hauptteil S. 343

6. Ende gut, alles gut – Der Schluss S. 350

ÜBUNG MACHT DEN MEISTER S. 355

DISKUTIEREN

DISKUTIEREN S. 364

7. Worum geht's? – Die Vorbereitung S. 364

8. Dafür! – Der Aufbau des Diskussionsbeitrages S. 366

9. Dagegen! – Die Reaktion auf die Gegenseite S. 374

DISKUSSIONEN LEITEN S. 378

10. Die Rolle des Moderators S. 378

11. Der Umgang mit schwierigen Situationen S. 381

DISKUSSIONEN ANALYSIEREN S. 381

12. Beobachten S. 384

13. Bewerten S. 386

ÜBUNG MACHT DEN MEISTER S. 387

CHECKLISTE: EIN REFERAT VORBEREITEN UND HALTEN S. 393

INDEX S. 396

LÖSUNGEN 5. KLASSE S. 400

LÖSUNGEN 6. KLASSE S. 422

LÖSUNGEN 7. KLASSE S. 444

LÖSUNGEN REFERATE HALTEN AB DER 8. KLASSE S. 469

DEUTSCH
5. Klasse

Grammatik
Rechtschreibung
Textarbeit

1 WORTARTEN

1.1 Nomen, Verb, Adjektiv

- **Finde heraus, wer in diesem Dialog spricht. Trage deine Lösungen in die Lücken ein.**

Der Erste: Wir sind die Wichtigsten, findest du nicht auch?

Der Zweite: Na klar, wer auch sonst. Schließlich schreibt man nur uns immer groß.

Der Dritte: Ach, gebt doch nicht immer so an, ihr großgeschriebenen Großmäuler.

Der Zweite: Wer bist denn du Zwerg?

Der Dritte: Ohne uns würde bei euch gar nichts abgehen, überhaupt nichts passieren.

Der Erste: Was heißt da „uns"? Wer gehört noch zu dir?

Der Dritte: Meine Landsleute eben, aus dem Land der **Verben**. Und wo kommt ihr her?

Der Erste: Wir sind aus dem Land der 1 ____________________ . Ich heiße **Sport** und mein Kumpel **Spaß**. Und du?

Der Dritte: Ich heiße **machen**, aber meine Freunde sagen manchmal auch **macht** zu mir.

Der Zweite: Vielleicht können wir ja sogar etwas mit dir anfangen. Ja, lasst mich mal überlegen. Ich hab's: Wir stellen uns mal hintereinander, mein Kumpel zuerst, dann du, dann ich. Schaut mal, was da rauskommt:

Sport macht Spaß.

Der Vierte: Das könnte euch wohl so passen, dass ihr euer Ding jetzt ohne mich macht. Aber ihr könntet mich gut gebrauchen.

Der Dritte: Wieso denn? Du siehst ja, dass wir drei super zusammengekommen sind.

Der Vierte: Mit mir würdest du die Typen aus dem Land der 2 ____________________ aber viel besser, viel genauer kennenlernen.

Der Dritte: Wie meinst du das? Wo kommst du überhaupt her und wie heißt du?

Der Vierte: Ich komme aus dem Land der 3 ____________________ und heiße **groß**, kann mich aber gut an andere anpassen. Also, pass auf, ich zeige dir, wie ich das meine:

Sport macht großen Spaß.

BOXENSTOPP

Die ersten **Wortarten** hast du bereits in der Grundschule kennen gelernt. Hier solltest du dich einfach noch einmal an sie erinnern und sie erkennen können: Es handelt sich um

das 1 ______________________ (= Tätigkeits- oder Zeitwort),

das 2 ______________________ (= Substantiv oder Namenwort) und

das 3 ______________________ (= Wie- oder Eigenschaftswort).

•• **Unterstreiche die Verben rot, die Nomen blau und die Adjektive schwarz.**

Vorsichtig schlich Lars um die Ecke des Hauses. Wo war der Dieb? Dieser Kerl hatte sein neues Kickboard geklaut, als er sich kurz in der Bäckerei eine leckere Süßigkeit gekauft hatte. Auf die hatte er jetzt keine richtige Lust mehr. Und zuerst musste er sich das Kickboard zurückholen. – Da, er sah den Dieb zwischen zwei Autos auf die Straße laufen. Lars rannte los. Als er den Mann erreicht hatte, holte er tief Luft und sprach ihn an: „Das ... das ist meins." „Was willst du?", grunzte der Dieb. „Hau ab!"

„Aber mein Kickboard!", wiederholte Lars. „Willst du Ärger, Junge?", sagte der Mann drohend und schubste Lars – direkt in die Arme von zwei Streifenpolizisten. „Was ist denn hier los?", wollte der jüngere Polizist wissen.

Lars antwortete aufgeregt: „Der da hat mein Kickboard geklaut. Und geschubst hat er mich auch!" Der ältere Polizist versuchte Lars zu beruhigen: „Hol erst einmal ruhig Atem. Und dann erzählst du uns, was passiert ist." Lars schilderte den Polizisten, was vorgefallen war. Der Dieb drehte sich plötzlich um und rannte weg. Die Polizisten folgten ihm die Straße entlang. Dann trennten sie sich und näherten sich dem Dieb von zwei Seiten. Lars konnte das aufregende Schauspiel genau beobachten. Würden die netten Polizisten den Dieb ergreifen?

Geschafft! Die Polizisten schwenkten Lars' neues Kickboard. Auf seinem Gesicht machte sich ein zufriedenes Grinsen breit. Glücklich nahm er sein Board entgegen.

••• **Bilde von den Verben, Nomen und Adjektiven der vorigen Übung die *Grundformen* und schreibe sie auf. Wörter, die häufiger vorkommen, musst du nur einmal aufführen.**

1. **Verben**: schleichen, ______________________

____

2. **Nomen**: Ecke, Haus, ______________________

____

3. **Adjektive**: vorsichtig, ______________________

____

1.2 Nomen

- **Lies das Gedicht. Ergänze in der Tabelle die fehlenden *Singular- und Pluralformen* und füge den *bestimmten* und den *unbestimmten Artikel* ein.**

Hänsel und Krötel
Der Hänsel und die Krötel,
die gingen in den Wald,
wo Krötel quakend nölte:
„Ja, kommen wir denn bald
zu einem geheimnisvollen
Knusperhexenhaus?
Oder schüttelt da Frau Holle
nur wieder Betten aus?"
Dem Hänsel wurd' zu blödel
die viele Fragerei,
ließ einfach steh'n die Krötel
und fühlt' sich wieder frei.

Singular	Plural
________ / ein Wald	________
________ / ein Knusperhexenhaus	________
________	(die) Betten
die / ________ Fragerei	________

BOXENSTOPP

Vervollständige die Lücken und schon hast du eine komplette Regel!

Artikel | Plural | bestimmten | Singular | Artikel | unbestimmten

Nomen können im 1 ________ (Einzahl) oder im 2 ________ (Mehrzahl) vorkommen. Der Oberbegriff für diese beiden Formen heißt **Numerus**.
Vor einem Nomen kann ein 3 ________ auftreten, wobei wir die 4 ________ (**der**, **die**, **das**) und die 5 ________ **Artikel** (**ein**, **eine**, **ein**) unterscheiden.
Der bestimmte Artikel eines Nomens im Singular zeigt dessen grammatisches Geschlecht an; wir nennen es das **Genus**. Dabei unterscheiden wir **Maskulinum** (der), **Femininum** (die) und **Neutrum** (das).

Nomen können außerdem in verschiedenen **Kasus** (Fällen) stehen. Im Deutschen gibt es vier Kasus, die im Singular wie im Plural vorkommen können: **Nominativ, Genitiv, Dativ** und **Akkusativ. Wenn wir von einem Nomen die verschiedenen Kasus bilden, nennen wir das deklinieren**. Auch die Artikel sind mit dem Nomen dem jeweiligen Kasus anzupassen.

Den Kasus ermitteln? Nichts leichter als das! Es geht ganz einfach, indem du nach dem Nomen fragst.

1. Fall: Nominativ ➜ Wer oder was?
2. Fall: Genitiv ➜ Wessen?
3. Fall: Dativ ➜ Wem?
4. Fall: Akkusativ ➜ Wen oder was?

Wir probieren das gleich einmal aus. Nimm z.B. den Satz: **„Buddy sieht cool aus."**
Du möchtest herausfinden in welchem Kasus Buddy steht? Los geht's:
„Wer oder was sieht cool aus?" Ganz klar, **Buddy!** Also steht Buddy in diesem Satz im **Nominativ.**

Genauso funktioniert das bei den anderen Fällen:
Genitiv: „Dies ist Buddys Buch." ➜ **„Wessen Buch ist das?"**
Dativ: „Wir danken Buddy." ➜ **„Wem danken wir?"**
Akkusativ: „Wir finden Buddy klasse." ➜ **„Wen oder was finden wir klasse?"**

•• **Im folgenden Text findest du vier Putzgeräte. Sie stehen im Singular. Setze sie in den Plural und ordne sie den Anweisungen für die Pluralbildung zu.**

Party im Putzraum

Das Staubtuch wiegt sich sanft zur Musik. Der Besenstiel lehnt lässig an der Wand und schaut ihm zu. Das scharrende Geräusch kommt von der Schaufel, sie möchte endlich einen fetzigen Hit zum Tanzen haben. Der Staubsauger genießt die Stimmung und brummt gemütlich vor sich hin.

1. Angehängtes -n: ______________________

2. Angehängtes -e: ______________________

3. Gleiche Form wie im Singular: ______________________

4. Umlaut (+ -e oder -er): ______________________

•• **Beim Schulfest tritt auch Maxi Magix auf, der Zauberer aus der Klasse 5c. Vor lauter Lampenfieber hat er seine Utensilien durcheinander gebracht. Sortiere sie in die richtigen Koffer ein. Schreibe den bestimmten und den unbestimmten Artikel über die Koffer.**

Bälle Seil Tücher Streichhölzer ~~Becher~~ Zylinder
Zauberstab Münze Spielkarten Kerze Stofftiere Trillerpfeife

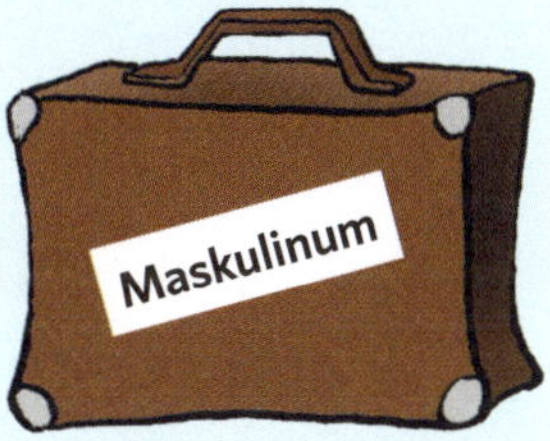

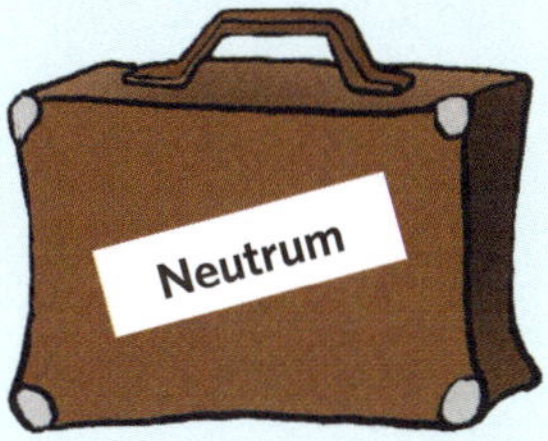

Becher

•• **Setze die Nomen in den angegebenen Kasus und Numerus.**

Nomen	Kasus und Numerus
1. die Bälle	Akkusativ Plural:
2. die Spielkarten	Dativ Singular:
3. das Seil	Genitiv Singular:

Lies diese kleine Geschichte und bestimme Kasus, Genus und Numerus der angegebenen Nomen.

Zwei angeberische Pferdezüchter prahlen. Der eine sagt: „Meine Pferde sind viel schöner als deine schwerfälligen Ackergäule." Darauf der andere: „Was soll das? Du kannst ja nur Beleidigungen aussprechen. Mein schnellstes Pferd schlägt deines auf jeden Fall um Längen."

„Schnelle Pferde gibt es doch überall. Ich habe dafür den langsamsten Traber der ganzen Welt." Da lachte sein Kollege: „Das glaubst auch bloß du. In punkto Langsamkeit ist eines meiner Tiere bestimmt nicht zu schlagen. Diesem lahmen Gaul kannst du die Sporen geben, solange du willst." „Das wollen wir erstmal sehen!"

Hast du eine Idee, wie die beiden das „sehen" können? Wie kann man einen Wettkampf durchführen, bei dem das langsamere Pferd gewinnt? (Die Lösung findest du unten auf der Seite.)

Nomen	Kasus	Genus	Numerus
1. Pferdezüchter	Nominativ	Maskulinum	Plural
2. Ackergäule			
3. Beleidigungen			
4. Pferde (1. Zeile)			
5. Welt			
6. Tiere			
7. Gaul			
8. Sporen			
9. Idee			
10. Wettkampf			
11. Pferd			

Die Lösung des Rätsels: Die Pferdezüchter reiten jeweils mit dem Pferd des Kollegen und versuchen es möglichst schnell ins Ziel zu bringen.

1.3 Adjektive

- **Jede der folgenden Wortgruppen beschreibt ein bestimmtes Gesichtsmerkmal. Welches? Ordne die folgenden Merkmale richtig zu.**

Augen Nase Haar Mund

1. ______________ : braun – blond – lockig

2. ______________ : blau – dunkelbraun – rund

3. ______________ : groß – hakig – stupsig

4. ______________ : groß – rund – volle Lippen

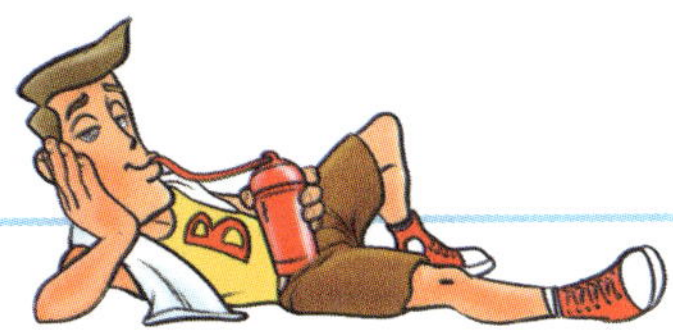

BOXENSTOPP

Vervollständige die Erklärung mit den folgenden Wörtern.

Genus Prädikat Vorgänge steigern Lebewesen Eigenschaftswörter

Adjektive beschreiben 1 ______________ oder Dinge näher und weisen diesen Eigenschaften zu. Man nennt sie darum auch 2 ______________ oder Wiewörter (das braune Haar). Auch Handlungen und 3 ______________ können mit Hilfe von Adjektiven näher beschrieben werden (die rasante Fahrt). Zusammen mit dem Hilfsverb sein können sie auch das 4 ______________ eines Satzes darstellen (Das Haar ist braun.). Stehen Adjektive vor einem Nomen, werden sie nach dem Kasus, 5 ______________ und Numerus gebeugt.

Nominativ	Genitiv	Dativ	Akkusativ
der kleine Mund	des kleinen Mundes	dem kleinen Mund	den kleinen Mund
die kleine Nase	der kleinen Nase	der kleinen Nase	die kleine Nase
das kleine Kinn	des kleinen Kinn	dem kleinen Kinn	das kleine Kinn

Adjektive werden auch benutzt, um Eigenschaften von Lebewesen oder Dingen miteinander zu vergleichen. In solchen Fällen kann man sie 6 ______________ :

Positiv	Komparativ	Superlativ
hell	heller	am hellsten
rund	runder	am rundesten
hart	härter	am härtesten

•• Finde die geeigneten Adjektive und setze sie in der richtigen Form ein.

falsch | gleichmäßig | grabesstill | grausig | alt | ordentlich | langsam | schnell | vorsichtig

Ben und sein Freund Jan verlassen eine gruselige Halloween-Party und beschließen, die Abkürzung über den Friedhof zu nehmen. Leise und **1** ________________ tasten sich die beiden Jungen Schritt für Schritt vor. Plötzlich, es ist **2** ________________ , hören sie ein seltsames Geräusch aus dem Dunkeln herüberwehen. Tock. Tock. Tock. Tock. Es klingt wie ein **3** ________________ Klopfen. Sollten hier **4** ________________ Geister vor Ort sein? Vor Angst zitternd, schleichen die beiden weiter und entdecken schließlich im fahlen Mondscheinlicht einen alten Mann, der mit Hammer und Meißel an einem **5** ________________ Grabstein arbeitet. Jan fasst sich **6** ________________ ein Herz und spricht den alten Mann an: „Alter Mann, Sie haben uns **7** ________________ erschreckt. Wir glaubten schon, einen Geist bemerkt zu haben. Aber warum arbeiten Sie hier mitten in der Nacht?" Der alte Mann wendet seinen Blick **8** ________________ zu den Jungen und murmelt: „Diese Idioten", dabei tippt er auf den Grabstein, „diese Idioten haben meinen Namen **9** ________________ geschrieben!"

••• Vervollständige die Tabelle.

Positiv	Komparativ	Superlativ
1. lang	länger	am längsten
2. groß		
3.	klüger	
4. schnell		
5.		am raschesten
6.	mutiger	
7. langsam		
8. arm		

1.4 Personalpronomen

- **Versuche die folgenden Rätsel zu lösen. Für welche Nomen stehen die farbigen Wörter?**

1. **Ich** lasse mein Haar aus einem Turm herunter. ______________________
2. **Du** bist sehr schön und nett, aber deine Schwestern sind böse.
   ____
3. **Er** ist grün, glitschig und trägt ein goldenes Krönchen.
   ____
4. **Sie** schüttet ihre Betten aus und sorgt für Schnee auf der Erde.
   ____
5. **Es** ist sehr mutig und verdient sich seinen Lebensunterhalt mit Nähen.
   ____
6. **Wir** sind zu siebt und helfen einem schönen Mädchen mit sehr heller Haut und schwarzen Haaren. ______________________
7. **Ihr** seid zu viert und macht „Musik". Dadurch vertreibt ihr sogar einen Räuber.
   ____
8. **Sie** sind Geschwister und begegnen im Wald einer unheimlichen alten Frau.
   ____

BOXENSTOPP

Vervollständige die Erklärung mit den richtigen Wörtern.

Beziehungen Fürwörter Sie seines persönlichen abwechslungsreicheren ihm

Die Wörter, die stellvertretend für ein Nomen stehen, heißen **Pronomen**. Da sie **für** ganz bestimmte **Wörter** stehen, werden sie auch **1** ______________________ oder Stellvertreterwörter genannt: **ich, du, ihr, mein, die, sie** usw. Pronomen sorgen zum einen für einen **2** ______________________ Text. Zum anderen stellen sie **3** ______________________ im Text her.

Vergleiche: Peter führt die Mischlingshündin von Peters Opa spazieren.
Die Mischlingshündin von Peters Opa bereitet Peter viel Freude.

Peter führt die Mischlingshündin **4** ______________________ Opas spazieren.
5 ______________________ bereitet **6** ______________________ viel Freude.

Eine besondere Gruppe von Pronomen bilden die Personalpronomen, die **7** ______________________ Fürwörter: **ich, du, er, sie, es, wir, ihr, sie**. Sie stehen für Personen, Tiere, Dinge und Pflanzen.

•• Setze in die folgenden Witze die korrekten Personalpronomen ein.

1. Die Lehrerin stellt eine Frage an Marina. Sie________ antwortet: „Sie sind aber vergesslich. Gestern haben Sie mich doch schon dasselbe gefragt und ________ habe Ihnen gesagt, dass ________ es nicht weiß."
2. Der Vater verspricht seinem Sohn: „Wenn ________ es schaffst, in die nächste Klasse zu kommen, machen ________ eine schöne Reise miteinander!" Der Sohn freut sich, gleichzeitig schränkt ________ vorsichtig ein: „Nun ja, lieber Papa, aber zu Hause könnten ________ uns doch auch wohl fühlen, oder?"
3. „Nun, Jan und Leo", fragt der Lehrer, „warum meint ________ wohl, habe ________ euch gestern kleine Schweinchen genannt?" Darauf antworten ________ wie aus einem Munde: „Weil ________ noch nicht so groß sind wie Sie, Herr Lehrer!"

Achtung, die nächste Aufgabe wird knifflig! Ich verrate dir einen Trick: Lies den Text einfach laut, dann merkst du sofort, wo es hakt!

••• In dem folgenden Text sind die Personalpronomen falsch ausgewählt. Streiche die falschen Personalpronomen und schreibe die korrekten darüber.

Anna, Bernd und Zoë gehen gemeinsam ins Schwimmbad. ~~Ihr~~ Sie gehen immer in dieses Bad, er ist ihr Lieblingsschwimmbad mit tollem Wasser. Zudem treffen wir dort meistens auch noch weitere Freunde. Bernd ist immer am schnellsten umgezogen, deshalb ist sie auch der Erste im Wasser. Es winkt ihnen kurz zu, taucht unter und stößt unter Wasser fast mit Frank zusammen. Sie geht in die gleiche Klasse wie Bernd, Anna und Zoë. „Wo hast ich deine Mädels gelassen?", ärgert sie ihn wie immer. „Kennst ihr ja, es suchen immer noch ein schönes Plätzchen", antwortet Bernd. „Na, du seid ja ein tolles Team! Wir würde niemals mit zwei Mädchen schwimmen gehen!", frotzelt Frank weiter. „Er bist doch nur neidisch, weil du schneller schwimmen können als ich!", kontert Bernd. Am Beckenrand tauchen auf einmal Anna und Zoë auf. „He, Bernd, kommst er bitte mal raus, meine Eltern haben uns Geld für Eis gegeben. Oh, hallo Frank, tut uns Leid, aber ich haben nur Geld für drei Eis!"

1.5 Possessivpronomen

- **Um welche „Sie" streitet sich die Familie? Sie kommt ganz zum Schluss selbst zu Wort. Trage dort ihren „Namen" ein.**

Tochter: „Nein, das ist meine! Zu mir kommt sie immer sofort, wenn ich die Haustür öffne."

Sohn: „Nein, Mama, das ist nicht ihre, das ist meine! Wenn wir auf dem Sofa sitzen, liegt sie immer auf meinem Schoß."

Mutter: „Nein, mein Lieber, das ist weder deine noch ihre, das ist meine! Wenn ich sie auf dem Arm habe, schnurrt sie ganz genüsslich."

Vater: „Nein, meine Lieben, ihr täuscht euch alle drei. Das ist nicht eure, das ist meine! Sobald ich ihr Dosenfutter öffne und es in ihren Napf tue, läuft sie in die Küche und springt auf meinen Rücken!"

Oma: „Ich mache euch einen Vorschlag: Gehört sie nicht uns allen?"

___________: (in Gedanken) „Ich gehöre nur mir selber. Einer von euch sollte mal lieber mein Klo saubermachen!"

BOXENSTOPP

Vervollständige die Erklärung mit den richtigen Wörtern.

besitzanzeigende | dekliniert | Nomen

Wörter wie **mein, unser, dein, euer, sein, ihr** usw., die ein Besitzverhältnis (**mein** Buch) oder auch eine Zugehörigkeit (**meine** Klasse) oder Verbundenheit (**mein** Freund) ausdrücken, sind Possessivpronomen oder **1** ______________________ Pronomen. Alle Possessivpronomen können **2** ______________________ (gebeugt) werden und passen sich im Zusammenhang mit einem **3** ______________________ an dessen Numerus, Genus und Kasus an: Ich füttere **deinen** Kater. Ich füttere **deine** Katzen.

•• **Setze die korrekten Possessivpronomen ein.**

1 Mein ______ Bruder sagt immer, er sei wie 2 ______ Katze Julia! Sie ist elegant, sportlich und hat 3 ______ eigenen Willen! So wie er, so denkt zumindest 4 ______ Bruder. Julia frisst am liebsten Fisch und schläft sehr lange. Damit ähnelt ihr Verhalten dem 5 ______ Bruders tatsächlich sehr. Allerdings ist ihm Fisch ein Graus. Ziemlich regelmäßig bringt Julia 6 ______ Familie ein besonderes Geschenk mit nach Hause, denn sie fängt in 7 ______ Revier doch die eine oder andere Maus. Diese liegt dann meistens nicht im Zimmer 8 ______ Bruders, sondern natürlich in 9 ______ . Klettern kann Julia sehr gut, während 10 ______ Bruder doch eher das Runterfallen von Bäumen liegt. Dabei landet er nicht immer auf 11 ______ Beinen, wie es 12 ______ Katze stets gelingt. Ja, das ist 13 ______ Bruder, genannt die Katze.

••• **Schreibe den Satz noch einmal auf und ersetze dabei das Possessivpronomen anhand der Angaben.**

1. Sie liebt **ihren** Hund. (2. Person Plural) Sie liebt euren Hund.
2. **Meine** Laune verbessert sich. (1. Person Plural) ______
3. Mich verärgert **dein** Verhalten. (2. Person Plural) ______
4. Ich treffe mich mit **ihren** Freunden. (1. Person Singular) ______
5. **Eure** Klasse ist sehr lustig. (2. Person Singular) ______

1.6 Das Präsens

• **Unterstreiche in den folgenden Sätzen alle Zeitangaben.**

Rund ums Fahrrad

1. Im Jahr 1879 erfindet H.J. Lawson das Fahrrad mit Kettenantrieb.
2. Jedes Jahr im Sommer findet die Tour de France statt.
3. In den nächsten Ferien mache ich eine mehrtägige Klettertour.
4. Fahrräder mit Kettenschaltung haben keine Rücktrittbremse.
5. Ich sitze gerade eben zum ersten Mal auf meinem neuen Mountainbike.
6. Nachher baue ich mit meinem Freund an meinem Tandem weiter.
7. Als Vorstufe des Fahrrads wird schon im Jahr 1869 das Veloziped präsentiert.
8. Gestern bei der Radtour fahre ich um eine Kurve und sehe urplötzlich mitten auf der Straße einen riesigen Bullen.

BOXENSTOPP

Alle diese Sätze stehen im **Präsens**. Das Präsens drückt meistens aus, dass etwas in der **Gegenwart** geschieht. Wenn wir ein Verb im Präsens (oder in den anderen Zeiten) in die verschiedenen Personalformen setzen, nennen wir das **konjugieren** (die Konjugation).

Ordne die Beispielsätze aus Aufgabe 1 den verschiedenen Funktionen des Präsens zu. Schreibe die Nummern auf diese richtige Position auf dem Zeitstrahl. Achtung, zwei Nummern gehören in den Lückentext unter dem Zeitstrahl!

1. Das Präsens kann **Vergangenes (historisches Präsens)** ausdrücken. Dies wird meist durch eine Zeitangabe deutlich gemacht. Außerdem kann es in einer Erzählung von vergangenen Ereignissen zur Spannungserzeugung verwendet werden.

2. Das Präsens wird im Deutschen verwendet, um auszudrücken, dass etwas **gerade jetzt**, also in der **Gegenwart**, passiert.

5

3. Genauso kann durch das Präsens **Zukünftiges** zum Ausdruck gebracht werden. Dies wird meist durch eine Zeitangabe klar gemacht.

Zudem verwenden wir das Präsens, wenn wir sagen wollen, dass etwas **immer**, also **grundsätzlich gilt** oder **immer wieder** so ist, sich also **wiederholt**. 4 ______________

•• **Konjugiere das Verb *niesen* im Präsens:**

niesen | niest | niest | niese | niest | niesen

ich ______________ wir ______________
du ______________ ihr ______________
er/sie/es ______________ sie ______________

Verfahre ebenso mit *lesen*:

ich... ______________ ______________
______________ ______________
______________ ______________

Ein Wort wird dir immer wieder begegnen, nämlich **Tempus**. Das kommt aus dem Lateinischen und bedeutet **Zeit**. Im Plural sprechen wir von **Tempora.**

••• Setze folgende Sätze ins Präsens.

1. Das Übernachten war sehr aufregend.

Das Übernachten

2. Es hat dennoch großen Spaß gemacht.

3. Ich hatte große Lust darauf gehabt.

4. Niemand wird das Vergessen.

1.7 Das Futur

• So, und nun tasten wir uns einmal langsam an die Zukunft heran! Markiere im folgenden Text alle Personalformen rot und alle Infinitive grün.

Der Schulweg in hundert Jahren

Wie werden die Schüler in hundert Jahren wohl zur Schule gehen? Wird man sie auf motorisierten Skateboards herumsausen sehen? Werden sie mit einem Düsenrucksack heranschweben? Wird man sie mit Flugzeugen zur Schule bringen? Wird es statt Bürgersteigen Laufbänder geben? Oder werden die Eltern sie gar in die Schule beamen?

BOXENSTOPP

Jetzt ist kombinieren angesagt! Verbinde die richtigen Sätze und schon hast du die wichtigsten Regeln zum Futur.

1 Mit dem **Tempus Futur** kannst du auf

2 Das Futur gehört zu den

3 Seine Bestandteile sind die **Personalform des Hilfsverbs** werden im Präsens (von dir oben im Text rot markiert) und

A zusammengesetzten Tempusformen.

B der **Infinitiv** des Verbs, das den Vorgang oder Zustand bezeichnet (von dir oben im Text grün markiert).

C **Zukünftiges** (zukünftige Ereignisse, Vorgänge, Zustände) verweisen.

Das Futur ist die leichteste Zeit von allen: Alles was du brauchst ist die richtige Personalform von **werden** im Präsens: **Ich werde, du wirst, er/sie/es wird, wir werden, ihr werdet, sie werden** und noch schnell den **Infinitiv** dazu und schon kannst du von der Zukunft träumen: **Ich werde berühmt sein, ich werde die wunderschöne Buddine heiraten...**

•• **Auch der folgende zweite Teil des Textes bezieht sich auf Zukünftiges, ist allerdings im Präsens formuliert. Schreibe diesen Teil ab und ersetze dabei die Präsensformen durch Futurformen.**

Vielleicht gehen aber die Schüler in hundert Jahren überhaupt nicht mehr in die Schule, sondern die Schule kommt sozusagen zu ihnen – zum Beispiel über das Internet. Dann ist es nicht mehr nötig, sich Gedanken über den Schulweg zu machen. Ob sich die Schüler wohl darüber freuen?

Vielleicht

•• **Schreibe in vollständigen Sätzen auf, wie die Kinder ihre Ferien verbringen werden.**

1. Lisa (**ans Meer fahren**):
   Lisa ______________________________
2. Paul und Max (**eine Fahrradtour machen**):
   Paul und ______________________________
3. Simone (**ins Waldheim gehen**):
   Simone ______________________________
4. Anne und Bastian (**zu Hause bleiben**):
   Anne und ______________________________
5. Lukas (**die Großeltern besuchen**):
   Lukas ______________________________

••• **Ins Haus der Zukunft kommst du durch zwei Türen (= zwei Tempora). Ordne die Tempusformen des folgenden Textes entsprechend zu, indem du sie auf die jeweilige Tür schreibst.**

Wie wird das Haus der Zukunft wohl aussehen? Betritt man es noch durch Türen? Öffnet man noch Fenster, um zu lüften? Wird es direkt – vielleicht unterirdische – Verbindungen vom Kühlschrank zum Supermarkt geben, sodass man nicht mehr zum Einkaufen gehen wird?

Oder bestehen zukünftige Häuser nur noch aus zwei oder drei Räumen, die man per Knopfdruck in einen anderen verwandelt – also zum Beispiel die Küche in ein Arbeitszimmer oder das Wohnzimmer in ein Badezimmer? Wird man im Haus der Zukunft mehr Spielmöglichkeiten für Kinder haben? Wird es noch Bücherregale oder nur noch Videoleinwände geben? Vielleicht wirst du ja einmal Architekt und stellst dir dann solche Fragen.

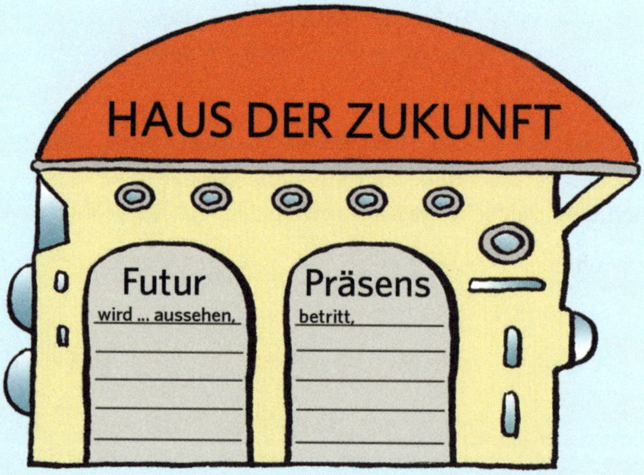

1.8 Das Präteritum

- **Anne hat die Aufgabe, für die Schülerzeitung einen Bericht über eine Nachtwanderung zu schreiben. Markiere die von ihr verwendeten Tempusformen.**

Nachtwanderung im Schullandheim

Die Nachtwanderung war ein besonderer Höhepunkt im Schullandheim. Wir wurden völlig unerwartet nachts um ein Uhr von unserem Lehrer, Herrn Luchs, geweckt, um uns für eine Nachtwanderung fertig zu machen. Müde und nörgelnd krochen wir aus den Betten und zogen uns, nicht gerade sehr motiviert, an. Viele wunderten sich, dass wir für die angekündigte Nachtwanderung keine Taschenlampen mitnehmen durften. Wie sollten wir uns nur in der Dunkelheit zurechtfinden? Schließlich merkten wir jedoch, dass es viel besser war, weil sich die Augen an die Dunkelheit gewöhnten und wir uns mit der Zeit tatsächlich sehr gut orientieren konnten.
Nach den ersten mühsamen Metern machte sich bei den meisten langsam der Eindruck breit, dass so eine Nachtwanderung doch etwas Besonderes war. Auch den Wandermuffeln schien diese besondere Art der Wanderung schließlich nichts mehr auszumachen, und alle aßen nachts um vier Uhr zufrieden ihre Grillwürste. Herr Luchs las uns eine Gruselgeschichte vor, die in dieser Umgebung natürlich noch unheimlicher wirkte. Den tollen Sonnenaufgang erlebten dann allerdings nicht mehr alle mit, einige schliefen bereits am Lagerfeuer.

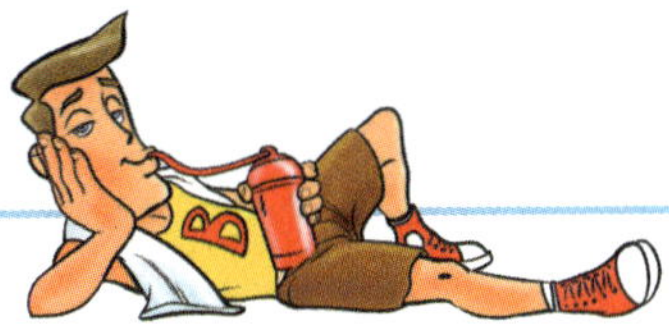

BOXENSTOPP

Fülle die Lücken im Text. Achtung: Du brauchst nicht alle Wörter!

mündlichen | Vergangenheit | Präteritum | Zukunft | Futur | schriftlichen

Die Zeitstufe 1 ______________ kann im Deutschen durch verschiedene Tempora zum Ausdruck gebracht werden. Vor allem bei 2 ______________ Berichten oder Erzählungen verwendest du dabei das 3 ______________ :
Sie **wunderten** sich, sie **waren** müde, sie **schliefen** bereits.

- • **Setze im folgenden Schluss von Annes Bericht die angegebenen Verben im richtigen Tempus ein.**

Schließlich 1 ______________ (**sehen**) man die Sonnenscheibe vollständig am Horizont. Das Rot am Himmel 2 ______________ (**sein**) ein faszinierendes Schauspiel der Natur. Herr Luchs 3 ______________ (**wecken**) diejenigen, die schon 4 ______________ (**schlafen**), und wir 5 ______________ (**machen**) uns langsam wieder auf den Heimweg.

●● **Nun bist du schon ziemlich fit, was das Präteritum betrifft! Ergänze die Lücken.**

Präsens	**Präteritum**	**Grammatische Person**
1. ihr kommt	______________	zweite Person Plural
2. ______________	du warst	______________
3. ______________	ihr wolltet	______________
4. ich bleibe	______________	______________
5. ______________	wir fuhren	______________
6. sie spielen	______________	______________
7. es regnet	______________	dritte Person Singular

●●● **Markus hat in seinem Erlebnisaufsatz zwar durchgehend in der Vergangenheit erzählt, jedoch nicht das Präteritum verwendet, wie das beim schriftlichen Erzählen eigentlich gefordert ist. Berichtige den folgenden Ausschnitt aus seinem Aufsatz, indem du die zu ersetzenden Formen einklammerst und die richtigen an der entsprechenden Stelle darüber schreibst.**

Als wir neulich mit der Klasse im Theater waren *(gewesen sind) und gerade eine ganz ruhige und spannende Szene gespielt worden ist, hat auf einmal ein Handy geklingelt. Die ganze Spannung ist wie weggeblasen gewesen, überall ist in Hosentaschen und Jacken gesucht worden, aber die Quelle des Klingeltons hat sich irgendwie nicht finden lassen.*

Unser Lehrer hat schon recht böse von einem Schüler zum anderen geschaut, aber keiner ist sich einer Schuld bewusst gewesen. Nach einer Ewigkeit, so ist es mir zumindest vorgekommen, hat mich Felix, der neben mir gesessen hat, mit dem Ellenbogen in die Seite gestoßen und mit dem Finger auf die Bühne gezeigt. Ganz im Hintergrund hat man da einen Schauspieler mit etwas in der Hand gesehen – eben mit einem Handy. „Da sind wir auf den Gag des Regisseurs ja ganz schön reingefallen", habe ich Felix irgendwie erleichtert zugeflüstert.

1.9 Das Perfekt

- **Füge die Verben in Klammern im Perfekt ein. Wer erzählt hier aus seinem Leben?**

1. Ich ____________ ein Wortewurstler und Worteverdreher ______________ (**sein**).

2. Ich ____________ die Geldgier eines Spitalbesitzers ______________ (**entlarven**).

3. Ich ____________ in einem Bienenkorb ______________ (**schlafen**).

4. Die Leute ____________ mich ______________ (**auslachen**).

5. Ich ____________ mich an ihnen ______________ (**rächen**).

Du hast sicher schon herausgefunden, dass hier Till Eulenspiegel auf sein Leben und seine Taten zurückblickt. Er erzählt selbst und so lebendig, als ob wir ihm gegenüberstünden.

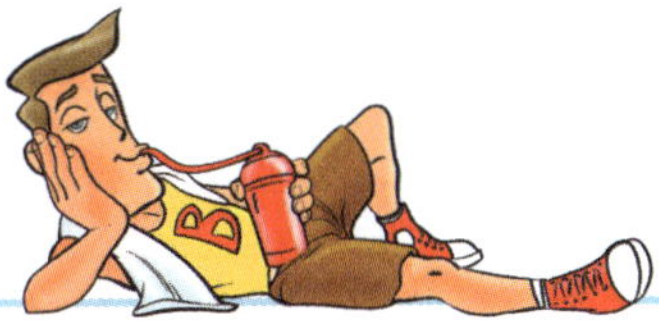

BOXENSTOPP

Das kennst du schon - verbinde die passenden Satzhälften und schon hast du eine weitere Regel, diesmal zum Perfekt!

1 Neben dem Präteritum können wir auch das Tempus **Perfekt** verwenden, um

2 Dies geschieht zumeist dann, wenn wir **mündlich** erzählen und

3 Das Perfekt ist ein

4 Es wird gebildet mit der Personalform des **Hilfsverbs** haben oder sein im **Präsens** und

A zusammengesetztes Tempus.

B Vergangenes zum Ausdruck zu bringen.

C dem **Partizip Perfekt** des Verbs.

D uns im Gespräch auf die **Vergangenheit** beziehen.

Partizip Perfekt? Klingt kompliziert, ist es aber nicht. Das Partizip kannst du ohne oder mit Vorsilbe bilden (ge-, enthaltene Vorsilbe oder beides kombiniert). Beispiele: **informiert, gehört, verboten, vorgehalten.**

•• **Bilde von diesen Verben jeweils das Partizip Perfekt und ordne es einer der vier Kategorien zu.**

gratulieren stehlen ausruhen verstehen erklären kommentieren
ärgern erzählen schreiben kapieren vortäuschen
unterjubeln unterbrechen klären einschlafen entlarven

1. Partizip ohne Vorsilbe:
gratuliert, ____

2. Partizip mit Vorsilbe ge-:
gestohlen, ____

3. Partizip mit erhaltener Vorsilbe (wie beim Infinitiv):
verstanden, ____

4. Partizip mit erhaltener Vorsilbe und eingefügter Silbe -ge-:
ausgeruht, ____

••• **Aua! Schreibe den folgenden Bericht so um, als würde Klaus mündlich von seinen Verletzungen berichten. Verwende das Perfekt.**

Neulich brach ich mir bei der Gartenarbeit beide großen Zehen. Ich hatte mich beim Blumenschneiden geschnitten und ging zum Schuppen, um ein Pflaster zu holen. Vor dem Schuppen kam ich ins Stolpern, verlor das Gleichgewicht und fiel hin. Beim Aufstehen stieß ich mir den Kopf am Türrahmen des Schuppens. Etwas benommen taumelte ich zurück und trat dabei auf die Zinken des Rechens, sodass mir dessen Stiel gegen den Hinterkopf schlug. Ich packte den Rechen voll Zorn und schleuderte ihn gegen die Wand des Schuppens. Das löste den von meinem Sohn am Schuppen angebrachten Flaschenzug. Der mit Steinen gefüllte Eimer landete direkt auf meinem linken großen Zeh. Ich schrie vor Schmerz und trat voller Wut mit dem rechten Fuß gegen den Eimer ...

Neulich habe ich mir bei der Gartenarbeit beide großen Zehen gebrochen. Ich ____

____

____

____

____

1.10 Das Plusquamperfekt

- **Wer spricht im folgenden Gedicht?** ______________________________

Weiter zurück

Als ich einstmals heute war –
das war früher, das ist klar –,
lag in der Zukunft noch die Zeit,
die du nennst Vergangenheit.

So gibt es mich schon lang nicht mehr,
länger mindestens ist's her
als Perfekt und Präteritum:
Was **gewesen war**, ist drum
meine eigentliche Zeit,

die kam vor Vergangenheit.

Plusquamperfekt - ein komisches Wort ?!
Plusquam ist ein lateinisches Wort und bedeutet **mehr als.** Im wörtlichen Sinn heißt Plusquamperfekt also **mehr als Perfekt** (d.h. mehr als die Vergangenheit). Daher nennt man dieses Tempus auch **Vorvergangenheit.**

BOXENSTOPP

sein | zusammengesetzte Zeit | haben | Partizip Perfekt

Wenn du von vergangenen Ereignissen und Entwicklungen sprichst und zum Ausdruck bringen willst, dass etwas noch vor jener Zeit stattgefunden hat, benutzt du – zumindest in der Schriftsprache – das Plusquamperfekt. Das Plusquamperfekt ist wie das Perfekt eine **1** ______________________________ . Auch die Bildung ist ganz ähnlich. Du benötigst wieder das **2** ______________________________ (das hast du weiter oben schon kennengelernt) und das **Hilfsverb** **3** ____________ oder **4** ____________ . Das Hilfsverb steht hier allerdings im **Präteritum**.

Beispiel: Du **warst** (Hilfsverb sein im Präteritum) **gelaufen** (Partizip Perfekt von laufen).
Sie **hatte** (Hilfsverb haben im Präteritum) **gelesen** (Partizip Perfekt von lesen).

•• Der folgende Text ist im historischen Präsens verfasst. Schreibe ihn um und setze ihn ins Plusquamperfekt.

Kolumbus erwirbt sich hervorragende Kenntnisse über Navigation und Geografie. Er stellt eigene Berechnungen an. Er berücksichtigt dabei die Kugelgestalt der Erde. Er ist sich sicher, einen kürzeren Weg nach Indien errechnet zu haben. Er reist zum spanischen Hof, um dort Unterstützung zu erhalten. Er rüstet drei Schiffe mit gut neunzig Mann aus. Er errechnet eine Fahrtdauer von etwa drei Wochen.

Bevor Kolumbus im Jahr 1492 nach Indien aufbrach und schließlich nach 36 Tagen in Amerika landete, hatte er einiges für die Vorbereitung der Reise getan.

Kolumbus hatte sich... ______________________________

____

____

____

____

____

••• Gib in Klammern jeweils das Tempus an und wandle es ins Plusquamperfekt um.

1 er segelt	*(Präsens)*	*er war gesegelt*
2. sie werden landen		
3. er erspäht		
4. ich berechnete		
5. ihr werdet sehen		
6. wir haben gehofft		
7. ihr seid gestrandet		
8. du zweifeltest		

2 SATZGLIEDER

2.1 Satzglieder erkennen

- **Wer macht eigentlich was? Finde mit Hilfe der Prädikate die richtigen Subjekte und Objekte. Trage sie in die Tabelle ein.**

Blumen ~~Urteile~~ Ärzte Architektinnen Flugzeuge
Gärtner Häuser Lehrer Menschen
Piloten Reporterinnen ~~Richter~~ Schüler Zeitungsartikel

Subjekt	Prädikat	Objekt
1. Richter	fällen	Urteile.
2.	planen	
3.	unterrichten	
4.	verfassen	
5.	heilen	
6.	fliegen	
7.	pflanzen	

BOXENSTOPP

Vervollständige die Erklärung mit den richtigen Wörtern.

Prädikat Subjekt Objekte

Sätze bestehen aus Satzgliedern, die innerhalb eines Satzes eine unterschiedliche Funktion haben. Das 1 ______________ ist immer ein Verb und darf in keinem vollständigen Satz fehlen. Es beantwortet die Frage Was tut jemand? oder Was geschieht?: Was tut Opa? Opa **liest** (=**Prädikat**).

Das 2 ______________ beantwortet die Frage Wer oder was tut etwas?: Wer liest? **Opa**.

Prädikat und Subjekt bilden den **Satzkern**, der noch durch **Satzergänzungen** erweitert werden kann. Besonders häufig sind dies 3 ______________, die mit **Wem? (Dativobjekt)** oder **Wen oder was? (Akkusativobjekt)** erfragbar sind: Wen oder Was liest Opa? Opa liest **die Zeitung**.

Wenn du herausfinden möchtest, welche Wörter zu welchem Satzglied gehören, machst du am besten die **Umstellprobe**. Verschiebe einfach die Wörter im Satz. Achte darauf, dass sich dabeii die Wörter in ihrer Form nicht verändern und der Satz vollständig und sinnvoll bleibt. Alle Wörter, die bei dieser Umstellung immer zusammenbleiben, bilden ein Satzglied.
Beispiel: Meine Freundin / geht / gerne / mit mir / Einkaufen
Gerne / geht / meine Freundin / mit mir / Einkaufen
Mit mir / geht / meine Freundin / gerne / Einkaufen
Lies die letzten drei Sätze einmal laut. Merkst du was? Genau, du kannst ein Satzglied besonders betonen, indem du es an den Anfang stellst. Der Satz kann dadurch eine ganz andere Bedeutung gewinnen.

•• **Jonathan, Nicolai, Constantin und Marvin haben in ihrer Schule eine Geheimbande gegründet. Um sich schnell verabreden zu können, haben sie ein spezielles Wörterbuch geschrieben. Hier ist der Anfang ihres Wörterbuches:**

1 unsere 2 nach 3 einem 4 den 5 perfekten 6 schulnahen 7 durchsucht
8 Wald 9 Bande 0 Geheimversteck

Jonathan schickt in der großen Pause eine SMS an Nicolai.
Sie hat die Zahlenkombination 1 9 7 4 6 8 2 3 5 0 zum Inhalt.
Nicolai entschlüsselt die SMS folgendermaßen:

Unsere Bande durchsucht den schulnahen Wald nach einem perfekten Geheimversteck.
Subjekt Prädikat Objekt Präpositionalobjekt

Nicolai sendet die Kombination 2 3 5 0 7 1 9 4 6 8 weiter an Constantin, der sie so entschlüsselt:

Nach einem perfekten Geheimversteck durchsucht unsere Bande den schulnahen Wald.
Präpositionalobjekt Prädikat Subjekt Objekt.

Constantin verschickt die Ziffern 4 6 8 7 1 9 2 3 5 0 an Marvin.
Wie lautet dieser Satz?

____

Objekt Prädikat Subjekt Präpositionalobjekt

Stelle deine Satzglieder doch mal auf die Probe! Unschlagbar ist nämlich auch die **Ersatzprobe.**

Längere Satzglieder kannst du durch andere Wörter ersetzen, z.B. durch Pronomen (er, uns, ihr,...) oder Adverbien (danach, dabei, dort...) ersetzen. Alles, was du durch ein kleines Wort ersetzen kannst, gehört zum selben Satzglied. Beispiel:

Die coolen neuen Turnschuhe meines Kumpels	**liegen**	**unter seinem Bett.**
Sie	**liegen**	**dort.**

●●● **Verkürze den Satz durch Ersetzungen und bestimme die Satzglieder.**

Unsere Bande	durchsucht	den schulnahen Wald	nach einem perfekten Geheimversteck.
______	______	______	______
______	Prädikat	______	______

2.2 Das Subjekt

● **Lies den Text. Unterstreiche die Antworten auf die folgenden Fragen im Text und schreibe sie auf.**

Zum Zelten gehen Sherlock Holmes und Dr. Watson hinaus in die Natur. Nach einem gemütlichen Abend vor dem Lagerfeuer beziehen beide ihr Zelt und gehen müde zu Bett. Mitten in der Nacht jedoch weckt Sherlock Holmes Dr. Watson. In seiner betont ruhigen Art fragt er ihn: „Was siehst du?" Darauf antwortet ihm Dr. Watson: „Ich sehe Sterne am Himmel!" „Und was hat das zu bedeuten?", fragt Sherlock Holmes weiter. Daraufhin antwortet Dr. Watson nach langem Nachdenken: „Dort oben im unendlichen Universum könnte intelligentes Leben zu finden sein!"

„Quatsch! Man hat uns gerade das Zelt geklaut!"

1. Wer geht zum Zelten hinaus in die Natur? ______
2. Wer bezieht nach einem gemütlichen Abend vor dem Lagerfeuer sein Zelt und geht müde zu Bett? ______
3. Wer weckt Dr. Watson mitten in der Nacht? ______
4. Wer sieht Sterne am Himmel? ______
5. Was könnte oben im unendlichen Universum zu finden sein? ______
6. Wer oder was hat uns gerade das Zelt geklaut? ______

BOXENSTOPP

Vervollständige die Erklärung mit den richtigen Wörtern.

Person Numerus Nominativ

Alle Antworten sind Teil eines ganz bestimmten Satzgliedes: des **Subjekts** (Satzgegenstand). Das Subjekt ist ganz eng mit dem Prädikat verbunden, sodass es in 1 ______________ und 2 ______________ immer mit der Personalform des Verbs übereinstimmt. Zum Subjekt können ein oder mehrere Wörter gehören und seine Stellung im Satz ist variabel.

Es steht jedoch immer im 3 ______________ und gibt deshalb immer Antwort auf die Fragen **Wer?** oder **Was?**. In diesen Fragen sollten alle anderen Satzglieder des Satzes auch enthalten sein. Beispiel: Wer antwortet daraufhin nach langem Nachdenken? Dr. Watson (Subjekt).

•• **Finde in dem Buchstabengitter die Täter der ungelösten Fälle und trage sie in die Satzlücke ein. Tipp: Jeder Strich in der Lücke des Satzes steht für einen Buchstaben des Lösungswortes.**

1. Der Wolf fraß Kreide, um die Stimme der Ziegenmutter nachzuahmen.
2. Dem Prinzen diente als Leiter zu Rapunzel ihr _ _ _ _ .
3. Ein _ _ _ _ _ _ _ _ _ _ _ _ _ _ _ ist das Zuhause einer Kinder mästenden und fressenden alten Dame.
4. _ _ _ _ _ _ _ _ _ _ _ _ stahlen gebratene Hühnchen, ließen die Pfeife des Lehrers explodieren und schütteten Maikäfer ins Bett des Onkels.
5. Sieben Fliegen erlegte das _ auf einen Streich.

T	K	N	U	S	P	E	R	H
A	F	Y	J	F	T	R	O	Ä
P	C	M	A	Ä	Q	W	L	U
F	L	A	I	N	X	O	P	S
E	Ö	X	T	G	C	L	W	C
R	P	U	E	Z	V	F	E	H
E	W	N	K	R	M	L	E	E
S	R	D	W	H	A	A	R	N
C	Z	M	O	R	I	T	Z	I
H	N	E	I	D	E	R	L	E

Stopp! Bevor du zur nächsten Übung gehst, erinnere dich daran: nach dem Subjekt fragst Du mit **wer?** oder **was?** Du kannst es deinen grauen Zellen einfacher machen, indem du die Frage so erweiterst, dass auch alle anderen Satzglieder des Satzes enthalten sind. Und schon hast Du die perfekte **Satzgliedfrage**!

Beispiel: **Buddy hilft dir für jedes Problem eine Lösung zu finden.**
Satzgliedfrage: **Wer hilft dir für jedes Problem eine Lösung zu finden?**
Antwort: **Buddy (=Subjekt)**

••• **Finde das Subjekt mit Hilfe der Satzgliedfrage und umkreise es im Satz.**

1. Stroh spann Rumpelstilzchen für die Müllerstocher zu Gold.

   Wer

2. Den sieben Zwergen diente ein Glassarg als Trauerort für ihr geliebtes Schneewittchen.

3. Nach der Großmutter verschlang der böse Wolf das Rotkäppchen.

4. Von einem Zwerg werden Schneeweißchen und Rosenrot immer wieder beschimpft.

2.3 Das Prädikat

• **Der Jubiläumszug gefällt dem Festkomitee in dieser Zusammenstellung noch nicht. Die Waggons sollen in anderen Zusammenstellungen vorgefahren werden. Hilf den Rangierern und stelle die Züge nach folgenden Angaben zusammen.**

1. Jubiläumszug: Waggon 5, Waggon 2, Waggon 4, Waggon 3, Waggon1.

   Mit großem Feuerwerk feiert...

2. Jubiläumszug: Waggon 3, Waggon 2, Waggon 1, Waggon 5, Waggon 4.

3. An welcher Position steht Waggon 2 in jeder Aufstellung?

Er bleibt stets an ________ Position.

BOXENSTOPP

Vervollständige die Erklärung mit den richtigen Wörtern.

Personalform des Verbs — jemand tut — geschieht

In jedem Aussagesatz gibt es ein Satzglied, das seine Position nicht verändert. Dieses Satzglied besteht aus der 1 ________________ und heißt **Prädikat**. Das Prädikat sagt aus, was 2 ________________ oder was 3 ________________ und wird deshalb auch Satzaussage genannt. Das Prädikat darf in keinem vollständigen Satz fehlen. Das Prädikat besteht nicht immer nur aus einem Teil. Wenn es mit einem **zusammengesetzten Verb** gebildet wird, wird das Verb meistens in seine Bestandteile zerlegt. Dann steht der sogenannte Verbzusatz an letzter Stelle des Satzes: Wir **laden** Jubiläumsgäste **ein**.

- **Unterstreiche in den folgenden Aussagesätzen das Prädikat.**

1. Ich <u>verstehe</u> nur Bahnhof!

2. Die meisten Berufstätigen bewältigt mit täglich ein bis vier Millionen Passagieren der Bahnhof Shinjuku in Tokio.

3. Die dünnste Luft atmen die Bahnfahrer auf dem mit 5.068 m höchstgelegenen Bahnhof der Welt in Tanggula an der Lhasa-Bahn (Tibet).

4. Mit 83.640 Quadratmetern nimmt der Leipziger Hauptbahnhof die größte Grundfläche ein.

5. Der größte Kreuzungsbahnhof Europas in Berlin kostete 750 Millionen Euro.

6. Die USA unterhalten mit rund 4 Millionen Kilometern das weltgrößte Eisenbahnnetz.

7. Das Eisenbahnnetz des Vatikans misst nur 600 m Länge.

8. Die schnellste Lok der Welt, der Eurosprinter, erzielte die Höchstgeschwindigkeit von 357 km/h.

Eines solltest du dir unbedingt merken! Prädikate können einteilig oder mehrteilig sein. Eine mehrteilige Form (➔ zusammengesetzte Verben) hast du oben schon kennengelernt.

Eine zweite Möglichkeit ist die Aufteilung des Prädikats in zwei Verbformen: die **Personalform des Verbs (finites Verb)** und die **infinite Form des Verbs** (ungebeugte Formen: Infinitive oder Partizipien). Die Personalform des Verbs steht immer an **zweiter** Satzgliedstelle, die infinite Form steht **an letzter.** Weil die beiden Verbformen den Rest des Satz wie in einer festen Umarmung halten und gar nicht loslassen wollen, nennt man diese Art von Prädikat auch **Verbklammer**.

	finites Verb		infinites Verb
Der Lokführer	ist	die Strecke schon über tausendmal	gefahren.
	(——————— Verbklammer ———————)		

●● **Markiere in den folgenden Sätzen die Teile des Prädikats und trage die Verbklammern ein.**

Durch den Hauptbahnhof sind 2.700 Züge gefahren.

Durch den Hauptbahnhof sind gestern 2.700 Züge gefahren.

Durch den Hauptbahnhof sind gestern unglaublicherweise 2.700 Züge gefahren.

Durch den Hauptbahnhof sind gestern unglaublicherweise 2.700 vollbesetzte Züge gefahren.

Du siehst, die Größe der Verbklammer spielt keine Rolle - die beiden Verbformen „halten zusammen"!

●●● **Bilde mit den folgenden Satzgliedern einen vollständigen Satz. Markiere das Prädikat.**

1. Der Gepäckträgerservice / ausladen / die vier Koffer der Familie

Der Gepäckträgerservice lädt die vier Koffer der Familie aus.

2. Die Reisenden / abwarten / die Lautsprecherdurchsagen

____

3. Die Zugführerin / vorstellen / den Reisenden / ihr Zugbegleiterteam

____

4. Die Zugbegleiterin / anbieten / Getränke und Snacks / während der Reise

____

5. Der Bahnhofsvorsteher / ansagen / die verspäteten Züge / über die Lautsprecher

____

2.4 Objekt

- **Die Hexe und ihre Assistentin wollen einen Verjüngungstrank brauen. Welche Anweisungen gibt die Hexe wohl ihrer Assistentin? Trage mit Hilfe des Rezeptes die richtigen Zutaten in die Lücken ein.**

Rezept „Verjüngungstrank"

500 g Regenwürmer häuten.
13 Löwenmähnenhaare zupfen.
200 ml Lamaspucke mit Geisterstaub verrühren.
2 Fledermauszähne mahlen.
1 Haifischzunge zerreiben.
4 Krötenaugen mit Vampirmehl panieren.
500 ml Krokodilstränen aufschäumen.

Alles zusammen in einen Kochkessel geben und über offenem Feuer 54 Minuten und 13,6 Sekunden garen lassen. Gelegentlich mit einem Elefantenstoßzahn umrühren.

„Häute als erstes **500 g Regenwürmer**. Danach musst du **1** ______________________ zupfen. Mit Geisterstaub verrühre jetzt bitte **2** ______________________ . **3** ______________________ sollten dann von dir zermahlen und **4** ______________________ zerrieben werden. Anschließend paniere mit Vampirmehl **5** ______________________ . Zum Schluss schäume bitte noch **6** ______________________ auf. So, alles in den Kessel, und bring mir zum Umrühren noch einen **7** ______________________ !"

BOXENSTOPP

Vervollständige die Erklärung mit den richtigen Wörtern.

Genitiv | Präpositionalobjekt | Satzkern | Dativobjekt | Pronomen

Objekte ergänzen oder erweitern den 1 ________________ (Subjekt und Prädikat). Diese Satzergänzungen können aus Nomen oder 2 ________________ bestehen.

Steht eine solche Ergänzung des Prädikats im Akkusativ, ist es ein Akkusativobjekt. Deshalb kannst du Akkusativobjekte mit der Frage **Wen oder was?** erfragen.
Wen oder was häute als erstes? 500 g Regenwürmer (=Akkusativobjekt).

Eine Satzergänzung im Dativ ist ein 3 ________________ . Du kannst Dativobjekte mit der Frage **Wem?** erfragen: Wem hilft die Assistentin? Der Hexe (=Dativobjekt).

Steht eine Ergänzung des Prädikats im 4 ________________ , ist es ein Genitivobjekt. Du erfragst es mit **Wessen?** Wessen bedarf die Hexe? Der Assistentin (=Genitivobjekt). Genitivobjekte klingen für unsere Ohren meist veraltet. Vor allem folgende Verben fordern ein Genitivobjekt: **sich annehmen, sich bedienen, bedürfen, sich enthalten, sich erinnern, sich entsinnen, sich erfreuen, gedenken, sich rühmen, sich schämen, sich versichern.**

Manche Verben benötigen ein Objekt, das von einer Präposition abhängt. Präposition und Objekt bilden dann eine untrennbare Einheit und heißen 5 ________________ . Du ermittelst sie mit Hilfe der Satzgliedfrage und der betreffenden Präposition: Die Assistentin sorgt für die Kochzutaten. Für wen oder was sorgt die Assistentin? Für die Kochzutaten (=Präpositionalobjekt).

Stelle die vollständige Satzgliedfrage und beantworte sie mit dem vorgegebenen Objekt.

1. Dein Bruder ähnelt dem Burgherrn.
   Satzgliedfrage: Wem ähnelt dein Bruder?
   Dativobjekt: Dem Burgherrn.

2. Des Turnierbeginns harrt der Ritter mit großer Geduld.
   Satzgliedfrage: Wessen... ______ ?
   Genitivobjekt: ______ .

3. Der Angeklagte antwortet dem König nur mit großer Mühe.
   Satzgliedfrage: ______ ?
   Dativobjekt: ______ .

4. Den beiden Hofnarren gefällt das hübsche Burgfräulein unglaublich gut.
   Satzgliedfrage: ______ ?
   Dativobjekt: ______ .

5. Die Ritterschar gratuliert der einzigen Ritterin des Königs nach dem Kampf.
   Satzgliedfrage: ______ ?
   Dativobjekt: ______ .

6. Des Pokals und des Geldes bemächtigt sich der Ritter nach dem Turniersieg.
   Satzgliedfrage: ______ ?
   Genitivobjekt: ______ .

Umkreise in den folgenden Bauernregeln die Präpositionalobjekte.

1. Bleiben die Schwalben lange, sei vor dem Winter nicht bange.
2. Frösche auf Stegen und Wegen deuten auf baldigen Regen.
3. Geht der Fisch nicht an die Angel, ist der Regen bald kein Mangel.
4. Laufen Haselmäuse im Sommer, fehlt's im Januar am Eise.

••• **Bilde mit den angegebenen Wörtern vollständige Sätze. Achte dabei auf die Satzbauanweisung unter der Linie!**

1. misslingen / Geparden / viele Jagdversuche

   Viele Jagdversuche misslingen den/dem Geparden.

   Subjekt   Prädikat   Dativobjekt

2. gegen Artgenossen / Tiger / verteidigen / ihre Reviere

   ____

   Akkusativobjekt   Prädikat   Subjekt   Präpositionalobjekt

3. sich beschränken / Krokodile / auf eine Mahlzeit pro Woche

   ____

   Präpositionalobjekt   Prädikat   Subjekt

4. ihrer Haut / Schlangen / entledigen sich

   ____

   Subjekt   Prädikat   Genitivobjekt

5. ihre Nester / Vögel / bauen / aus Ästen und Gräsern

   ____

   Subjekt   Prädikat Akkusativobjekt   Präpositionalobjekt

••• **Unterstreiche in dem folgenden Text die Objekte und bestimme sie.**

Tiere flohen rechtzeitig

Während der großen Tsunami-Flutwelle im Dezember 2004 kamen über 100.000 Menschen ums Leben. Allerdings konnte man kein einziges totes Wildtier finden. Obwohl die Riesenwelle im Landesinneren auch einen berühmten Nationalpark überflutete, in dem Elefanten und Leoparden leben. Den Biologen merkt man Erstaunen an, wenn sie nach Erklärungen für dieses Phänomen suchen. Die Tiere bedienen sich anscheinend ihres sechsten Sinnes, so vermuten Forscher. Ähnliches beobachten Forscher auch bei Erdbeben und Vulkanausbrüchen. Kurz vor Erdbeben zeigen viele Tiere plötzlich ein unruhiges Verhalten. Die Forscher schreiben elektromagnetischen Wellen die Ursache für diese Verhaltensweisen zu.

3 SATZLEHRE UND ZEICHENSETZUNG

3.1 Satzarten und Satzschlusszeichen

- **Ordne die Ziffern hinter den jeweiligen Sätzen richtig zu und bestimme so die Satzarten. Umkreise anschließend in den Sätzen – sofern möglich – die Personalformen des Verbs.**

Am Frühstückstisch

Felix: „Oh nein, die Mathearbeit! (1) Hat jemand meinen Taschenrechner gesehen?" (2)
Amelie: „Gib mir bitte mal die Milch! (3) Heute hat meine Freundin Mirja Geburtstag. (4)
Mutter: (reicht die Milch) „Was schenkst du ihr denn? (5)
(zu Markus) „Nimm den Taschenrechner aus meinem Arbeitszimmer!" (6)
Vater: „Ich komme heute etwas später nach Hause. (7) Was für ein leckerer Kaffee!" (8)

A Aussagesatz ______ **B** Aufforderungssatz ______ **C** Fragesatz ______ **D** Ausrufesatz ______

BOXENSTOPP

Vervollständige die Erklärung.

Fragezeichen Punkt Ausrufezeichen Ausrufezeichen

Am Ende eines **Aussagesatzes** steht ein 1 ______ (.) und die Personalform des Verbs steht an zweiter Stelle des Satzes.

Am Ende eines **Aufforderungssatzes** steht meistens ein 2 ______ (!) und die Personalform des Verbs steht an erster Stelle des Satzes.

Am Ende eines **Fragesatzes** steht ein 3 ______ (?). Beginnt die Frage mit einem Fragewort (W-Wort), steht die Personalform des Verbs an zweiter Stelle. Geht es um eine Entscheidungsfrage, die du mit Ja oder Nein beantwortest, steht die Personalform des Verbs an erster Stelle.

Am Ende eines **Ausrufesatzes** steht ein 4 ______ (!). Dieser Satz wird meist nicht ruhig geäußert, sondern eher lauter und aufgeregt. Häufig beginnt ein Ausrufesatz mit einem Fragewort (W-Wort) und die Personalform des Verbs fehlt.

•• **Füge das passende Satzzeichen ein und bestimme die Satzart.**

1. Wann kommt endlich der Schulbus ? (Fragesatz)
2. Was für ein Tag ___ (___________)
3. Hat es schon zum Unterricht geläutet ___ (___________)
4. Pfui Spinne, Mathe ___ (___________)
5. Jeden Montag haben wir Sport in den ersten beiden Stunden ___ (___________)
6. So ein Mistwetter ___ (___________)

••• **Markiere die Wortgrenzen und schreibe dann den Satz mit richtiger Satzstellung auf. Versieh die Sätze mit korrekten Satzzeichen und bestimme die Satzart.**

1. leckere/eine/für/maus/was
   Was für eine leckere Maus! (Ausrufesatz)
2. vielelispelnwarumschlangen
3. nichtbeineschlangenkönnendieeinschlafen
4. andichgefälligststellhinten
5. giftiggiftisteigentlichmeinwie
6. zungesprechemitichgespaltener
7. diegebissenmirhabeaufautschichzunge
8. klapperndeinemalhörenlass

3.2 Zeichensetzung bei Aufzählungen

- **Setze an den richtigen Stellen ein Komma ein.**

1. Tina isst am liebsten Nudeln Bratkartoffeln Tomatenreis und Schnitzel.

2. Möchtest du heute Broccoli Möhren oder Erbsen zu Mittag essen?

3. Auf dem Einkaufszettel stehen Bananen Käse Milch Mehl und Apfelsaft.

4. Der Obststand auf dem Wochenmarkt bietet abwechselnd rote und weiße Weintrauben Mangos und Papayas an.

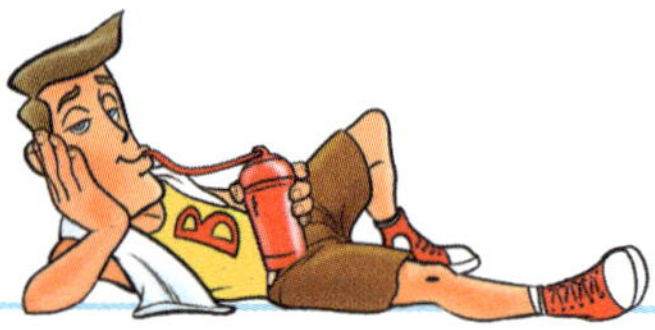

BOXENSTOPP

Streiche jeweils die falsche Angabe durch.

Einzelne Wörter können in einem Satz in einer **Aufzählung** stehen. Sie werden durch
1 **ein Komma/kein Komma** voneinander abgetrennt, wenn sie **gleichrangig** sind.

Marla liebt **kleine, süße** Trauben.

In dem Beispielssatz sind die Adjektive kleine und süße gleichrangig, weil sie sich beide auf das nachfolgende Nomen Trauben beziehen. Ob Adjektive gleichrangig sind, kannst du ganz einfach feststellen, indem du probehalber ein **und** einsetzt: Marla liebt **kleine und süße** Trauben. Macht der Satz immer noch einen Sinn? Ja klar! Also sind die Adjektive gleichrangig und du musst ein Komma setzen.

Wenn vor einer Aufzählung eine **Konjunktion** steht (**und**, **oder**, **sowie**), setzt man
2 **ein Komma/kein Komma**.

Mag Marla lieber blaue **oder** weiße Trauben?

Als Deutsch-Sportler solltest du viel gesundes Obst essen. Verderben dir die Kommas vor den Trauben den Appetit? Keine Sorge, du kennst schon die wichtigsten Regeln. Nur eine Ausnahme solltest du dir noch merken:
Sind die Adjektive **nicht gleichrangig**, dann wird **kein Komma** gesetzt:

Marla kauft neue karierte Hefte. Versuche einmal in diesem Beispiel ein **und** einzusetzen. Du merkst sofort, das ergibt hier keinen Sinn. Das liegt daran, dass die beiden Adjektive nicht gleichrangig sind. Die Hefte sind nicht neu und kariert, sondern es handelt sich um karierte Hefte, die neu sind.

•• **Schreibe den Text ab. Ersetze die Kommas in den Aufzählungen durch passende Konjunktionen.**

Die Deutsche Gesellschaft für Ernährung empfiehlt, jeden Tag Vollkornbrot, Nudeln, Reis, Getreideflocken zu essen. Darin sind viele Vitamine, Mineralstoffe, Spurenelemente enthalten. Fünfmal am Tag solltest du zu Obst, Gemüse, frischem Saft greifen. Beeren, Zitrusfrüchte, einige Kohlsorten enthalten viel Vitamin C. Ein wenig Fleisch tut ebenfalls gut: Es enthält Eisen, Vitamin B1, B6, B12. Zuletzt sollten jeden Tag etwa 1,5 Liter Wasser, ungesüßter Tee, verdünnte Säfte getrunken werden. So bleibst du fit und gesund!

•• **Setze an den richtigen Stellen ein Komma.**

1. Möchtest du rote weiße oder blaue Trauben essen? An diesem Stand gibt es besonders knackige weiße Trauben.
2. Ulrike hat immer weißen grünen roten und schwarzen Tee im Küchenschrank. Heute gibt es einen schmackhaften schwarzen Tee.

••• **Markiere die Wortgrenzen mit einem senkrechten Strich. Bilde aus den Wörtern einen sinnvollen Satz. Achte auf die Kommasetzung!**

1. spaghettiunditalienerbeimlasagnecannellonifusillitortelliniesgibt.
2. gyrosleckeresgegrillterfischspeisekartederstehenwürzigeszazikisowieauf.
3. schnitzelwienerjägerschnitzelzigeunerschnitzel - schmeckenmiralle!
4. schokoerdbeeroderdulieber vanillezitroneodermagst?

Grammatik 5. Klasse

TEST

Bist du bereit für einen Grammatiktest? Du hast 45 Minuten Zeit.

Notiere deine Start- und Endzeit. **Start:** ______ Uhr / **Ende:** ______ Uhr.

Wenn du fertig bist, gehe alle Aufgaben noch einmal durch und korrigiere mögliche Flüchtigkeitsfehler. **Auf die Plätze - fertig - los!**

PUNKTE

1. Bestimme Kasus, Genus und Numerus der Nomen in den Schüttelreimen.
(1 Punkt für jede richtige Bestimmung)

Ganz plötzlich an dem Wiesenrand traf ich auf eine Riesenwand.
Die hochmoderne Rasenheizung verursacht bei den Hasen Reizung.

a) Wiesenrand: ______

b) Riesenwand: ______

c) Rasenheizung: ______

d) Hasen: ______

e) Reizung: ______

PUNKTE

2. Leo unterhält sich mit seinen Freunden Max und Benedikt. Die drei versuchen stets, einander zu überbieten. Vervollständige ihre Sätze und steigere die Adjektive.
(1 Punkt für jede richtige Steigerung)

a) Leo: „Mein Handy ist ganz schön klein!“

Max: „*Mein Handy ist viel...* ______.“

Benedikt: „*Mein Handy ist allerdings am...* ______.“

b) Mein MP3-Player klingt ganz schön gut!“

Max: ______

Benedikt: ______

c) Leo: „Mein Vater verdient ganz schön viel!“

Max: ______

Benedikt: ______

3. In den folgenden Texten sind einige Pronomen nicht richtig. Streiche sie durch und schreibe das jeweils richtige Pronomen darüber.
(1 Punkt für jedes richtige Pronomen)

PUNKTE

a) „Mir Eltern sind komisch!", beschwert sich Anne-Sophie bei seiner Freundin. „Erst haben sie mich mit viel Mühe das Sprechen beigebracht, und jetzt kann mir es endlich, und nun verbieten ihr mich dauernd den Mund!"

b) Ein Zauberer ruft einen Jungen auf die Bühne: „Eure sehr verehrten Damen und Herren, dieser Junge und mich haben meines noch niemals zuvor irgendwo getroffen." Er gibt dem Jungen lächelnd die Hand und sagt: „Nicht wahr, dein Junge, er hast ihm noch niemals gesehen?" Der Junge: „Stimmt, Papa!"

4. Welches Tempus liegt jeweils vor? Setze die beiden kurzen Sätze in die vier anderen Tempora und benenne diese in Klammern.
(1 Punkt für jeden richtigen Satz und 1 Punkt für jede richtige Benennung)

PUNKTE

1. Ich hatte mich geirrt. (______)
2. ______ (______)
3. ______ (______)
4. ______ (______)
5. ______ (______)

6. Wir brachen schnell auf. (______)
7. ______ (______)
8. ______ (______)
9. ______ (______)
10. ______ (______)

5. Führe die Umstellprobe durch. Bestimme alle Satzglieder.
(1 Punkt für jedes richtige Satzglied)

PUNKTE

Den Postboten beißt der Hund. ______

Der Briefkasten schluckt den Brief. ______

PUNKTE

6. Kreuze die richtigen Definitionen der Satzarten an. Markiere in den falschen den Fehler.
(1 Punkt für jedes richtige Kreuzchen und 1 Punkt für jeden gefundenen Fehler)

☐ **a)** Am Ende eines Aussagesatzes steht ein Punkt (.) und die Personalform des Verbs steht an zweiter Stelle des Satzes.

☐ **b)** Am Ende eines Aufforderungssatzes steht meistens ein Ausrufezeichen (!) und die Personalform des Verbs steht an letzter Stelle des Satzes.

☐ **c)** Am Ende eines Fragesatzes steht ein Fragezeichen (?). Beginnt die Frage mit einem Fragewort (W-Wort), steht die Personalform des Verbs an zweiter Stelle.

☐ **d)** Geht es in einem Fragesatz um eine Entscheidungsfrage, die mit „Ja“ oder „Nein“ beantwortet wird, steht die Personalform des Verbs an zweiter Stelle.

☐ **e)** Am Ende eines Ausrufesatzes steht ein Ausrufezeichen (!). Die Personalform des Verbs steht immer an erster Stelle.

PUNKTE

7. Setze die Kommas richtig ein.
(1 Punkt für jedes richtige Komma)

Die Bäche Flüsse sowie der große See sind zugefroren. Lina Marina und Micha ziehen sich warm an: lange Unterhosen dicke Wollsocken warme Hemden Skihosen Mützen und Schals. Lina weiß nicht, ob sie die neuen roten oder die alten blauen Handschuhe mitnehmen soll. Dann packen die drei Schlittschuhe heißen Tee sowie ein paar Kekse ein. Auf geht's zum Wintervergnügen!

PUNKTE GESAMT

Geschafft! Vergleiche nun deine Antworten mit dem Lösungsteil auf S. 407. Trage die jeweilige Punktzahl neben der Aufgabe ein und zähle dann deine Gesamtpunktzahl zusammen. Trage deine Gesamtpunktzahl auch gleich auf der Urkunde auf S. 105 ein!

Meine Gesamtpunktzahl: ______ / 61

61 – 41 PUNKTE
Einfach spitze! Du bist der Grammatik-Champion, denn du kennst dich schon gut in allen Bereichen aus!

40 – 19 PUNKTE
Eine gute Ausgangsposition, um dich noch zu verbessern! Überprüfe noch einmal, wo du Fehler gemacht hast und versuche die Aufgaben richtig zu lösen.

18 – 0 PUNKTE
Liebe Sportsfreundin, lieber Sportsfreund, leider hast du noch so einige Lücken in deinem Grammatikwissen! Schau dir am besten die Boxenstopps und Erklärungen noch einmal genau an und arbeite die Aufgaben erneut durch. Mit ein bisschen mehr Übung ist dann auch Silber oder sogar Gold drin!

4 WÖRTER RICHTIG SCHREIBEN

4.1 Lange Vokale

- **Entscheide, ob der Vokal in den folgenden Wörtern lang oder kurz ist. Schreibe die Wörter auf die entsprechende Zeile.**

Meer | Strand | Welle | Hering | weht | Sonne | frieren | Wind | Watt | baden

1. Langer Vokal: ______________________________

2. Kurzer Vokal: ______________________________

BOXENSTOPP

Schreibe die Lösungen in die Lücken.

einfacher Vokal | Doppelvokal | Dehnungs-h

Vokale können lang oder kurz gesprochen werden. Für die langen Vokale **a, e, o, u** gibt es verschiedene Schreibweisen:
In vielen Wörtern mit betonten, langen Vokalen taucht oft nur ein **1** ______________ auf, auf den ein einzelner Konsonant folgt: Ich bade im Meer.

Einige wenige Wörter mit den langen Vokalen **a, e, o** werden mit **2** ______________ geschrieben: Ich höre die Möwe am Meer.
Wieder andere haben ein **3** ______________ hinter dem Vokal: Der Wind weht am Meer.

Ein ganz besonderer Kandidat ist das **lange i**. Es kann auf **mehrere** Arten geschrieben werden:

ie Wenn du ein **langes i** hörst, schreibt es sich in den **meisten Fällen** als **ie**: Sie friert im Wind.

i Seltener steht das **i** auch alleine und wird dennoch lang gesprochen. Das ist oft der Fall bei Fremdwörtern: Krokodil, Maschine, Appetit oder aber auch bei einigen Pronomen: mir, dir. Diese Wörter musst du einfach lernen.

ih Der lange i-Laut mit Dehnungs-h findet sich nur bei den Pronomen: ihm, ihr, ihn und ihren Ableitungen.

Achtung! Auch die Umlaute **ä, ö, ü** können lang gesprochen werden. Sie werden in den meisten Fällen mit einem **Einzelbuchstaben** geschrieben: **Bär, Möwe, Düne, Tür** oder aber mit **Dehnungs-h**, wenn auf den Umlaut einer der Konsonanten **l, m, n** oder **r** folgt: **rühren, Mühle.**
Lang gesprochene Umlaute tauchen auch in Wörtern auf, die von Wörtern mit Doppelvokalen abgeleitet werden. In diesen Fällen werden sie immer mit einem Einzelbuchstaben geschrieben: **Paar – Pärchen, Haar – Härchen.**

•• **Fülle die Lücken richtig aus.**

1. a-Laut: Der Blauw___l bringt 200 Tonnen auf die W___ge, wegen seines Tr___ns wird er gej___gt.
2. ä-Laut: Ich z___le j___rlich die Tr___nen des P___rchens.
3. e-Laut: Der H___ring im M___r ist ein vorn___mer Verk___rsteiln___mer.
4. i-Laut: S___ sp___lt ___m eine l___bliche Melod___ auf der Viol___ne.
5. o-Laut: Ganz ___ben im Z___ lebt ein Fl___ und ist fr___ .
6. ö-Laut: Wir vers___nten uns in der H___le bei str___mendem Regen.
7. u-Laut: Der ___rige Bes___cherst___l steht auf dem Fl___r.
8. ü-Laut: Im k___len Gew___l ergatterte ich eine eigent___mliche T___te.

••• **Finde die Wörter mit langen Vokalen und schreibe sie heraus. Unterstreiche dabei die langen Laute.**

Aufeinenkuchengehörtgeschlagenesahne.

1. Kuchen, gehört, geschlagene, Sahne

Beimkaffeekamunsdieideeeinertournee.

2. ___

Johannisbeerensindsehrlecker.

3. ___

Schmuckamohrschmücktgut.

4. ___

Eine richtig sportliche Herausforderung sind die beiden Wörter: **wieder** und **wider**. Aber keine Sorge, es gibt einen Trick, wie du sie immer richtig schreiben kannst. Dafür musst du nur ihre Bedeutungen unterscheiden. **Wieder** heißt **erneut, zurück** und somit schreibst du alle Wörter, in denen es diese Bedeutung hat mit **ie: wiedersehen, wiederkommen, wiederholen. Wider** bedeutet **gegen** und damit schreiben sich auch alle Wörter, die diese Bedeutung beinhalten mit **einfachem i: widersetzen, Widerstand.**

••• **Setze die Verben mit *wieder-* oder *wider-* zusammen. Schreibe sie auf die entsprechende Zeile.**

kommen | legen | holen | geben | sprechen | spiegeln | bringen | stehen

1. wieder: ______

2. wider: ______

4.2 Kurze Vokale

• **Löse das Silbenrätsel. Markiere die kurzen Vokale farbig.**

ben | Deck | geln | in | schmug | schiff | schrub | sel | schatz

1. Das tun Piraten mit wertvollen Gegenständen: ______
2. Den verstecken Piraten gut: ______
3. Dort machen Piraten Strandurlaub: ______
4. Eine beliebte Piratenstrafe: ______ ______
5. Damit fahren Piraten über das Meer: ______

BOXENSTOPP

Finde zu den Regeln Beispiele in der Aufwärmübung. Schreibe sie in die Lücken.

Nach einem **kurzen Vokal** stehen fast immer **zwei Konsonanten**.

Das können **zwei verschiedene Konsonanten** 1 (________________) sein.

Häufig stehen nach einem kurzen Vokal **zwei gleiche Konsonanten** (Doppelkonsonanten) 2 (________________ , ________________ , ________________), aber du hörst nur einen!

Eine wichtige Ausnahme gibt es bei **k und z**: Doppelt werden sie als **ck** 3 (________________) und **tz** 4 (________________) geschrieben.

•• **Wie schreibt man richtig? Streiche das falsche Wort durch. Finde zu jedem Wort mindestens ein Reimwort.**

1. knattern/~~knatern~~ – schnattern, rattern
2. knurren/knuren – ________________
3. Knall/Knal – ________________
4. Helld/Held – ________________
5. offen/ofen – ________________
6. Speck/Spek – ________________
7. Hitze/Hize – ________________
8. rennen/renen – ________________
9. Hannd/Hand – ________________
10. sammeln/sameln – ________________

Achtung, Konsonantenverdoppelung! Bildest du den **Plural der Endungen -nis und -in**, musst du scharf aufpassen: aus dem Ärgernis werden Ärger**nisse**, aus der Schülerin viele Schüler**innen**.

••• **Füge einzelne oder doppelte Konsonanten in die Lücken ein.**

1 Schneewi___chen am 2 Zeugni___tag

An diesem 3 Mi___woch erwachte 4 Schneewi___chen 5 mi___ einem 6 du___en Gefühl im Bauch: Heute gab es 7 Zeugni___e! In 8 ma___chen Fächern war sie gut, aber in 9 a___deren … Im 10 Ta___zen machte sie keine schlechte Figur, aber viele ihrer 11 Mitschüleri___en waren viel bessere 12 Tänzeri___en. In Freundlichkeit bekam sie auch nur 13 mi___elmäßige Noten: Zwar war 14 Schneewi___chen zu 15 a___en Menschen 16 ne___, aber leider auch zu denen, die es nicht verdienten.

Eine gute Note erwartete 17 Schneewi___chen in Haare 18 kä___en: Das 19 ko___te sie ausgezeichnet. Ihr Lieblingsfach war 20 Ba___en, da 21 sta___d sie auf Eins. Ihre 22 Lehreri___ lobte 23 i___er wieder ihren Apfelkuchen.

24 A___es in 25 a___em würde sie 26 besti___t in die nächste 27 Kla___e versetzt!

4.3 s, ss oder ß?

• **Bilde aus dem Buchstabensalat Wörter in denen s, ss oder ß vorkommt und schreibe sie auf ein Blatt. Du darfst Buchstaben mehrfach verwenden! (Es sind 28 Wörter versteckt.)**

F L U S E N A ß G Ü K P

BOXENSTOPP

Sortiere die Wörter in Klammern hinter der Lücke und setze sie richtig ein.

Man unterscheidet im Deutschen **zwei s-Laute**, den **stimmhaften** und den **stimmlosen**.
Das **stimmhafte s** ist **weich** und **summend** wie am Anfang von Sahne. Es kommt nur am **Anfang** und in der **Mitte** von Wörtern vor, nie am Schluss. Man schreibt es immer mit einfachem **s**: sieben, lesen.
Das **stimmlose s** ist **hart** und **zischend** wie in Maus. Dafür gibt es drei Schreibweisen: **s, ss** oder **ß**: Laus, essen, (ich) aß. Die richtige Schreibweise für das stimmlose s merkst du dir mit ein paar einfachen Tricks:
Am 1 ______________ (dnEe) eines Wortes schreibst du ein einfaches s, wenn du im Plural ein stimmhaftes s hörst: Laus ist stimmlos, die Läuse stimmhaft. Auch nach 2 ______________ (nanntosKo) folgt immer ein einzelnes s: Erbse, Krebs.
Doppel-s schreibst du, wenn der Vokal davor 3 ______________ (ukzr) ist: essen, messen, Fluss.
Man verwendet **ß**, wenn der Vokal davor 4 ______________ **(nagl)** oder **ein Diphthong (Doppellaut)** ist: süß, reißen.

•• Stimmhaftes oder stimmloses s? Ordne die Wörter in die Tabelle ein. Schreibe zu jedem Wort mit stimmlosem s in Stichworten eine Regel auf, die die Schreibweise erklärt.

Socken Senf verreisen selber Wiese Haus Echse Missgeschick genießen heiß

stimmhaft	stimmlos	Regel
	Haus	Wortende, stimmhaftes -s im Plural

•• Konjugiere diese Verben. Pass auf! Brauchst du *s, ss* oder *ß*?

lesen:

	Präsens	Präteritum
Singular	ich lese, du	
Plural		

messen:

	Präsens	Präteritum
Singular	ich messe, du	
Plural		

Eine kleine Ausnahme musst du dir noch merken: Nach einem kurzen Vokal **vor t** und **innerhalb des Wortstamms** steht nur **ein s: Ast, Nest.**
Dagegen schreibt man **gefasst** oder **gehasst**, weil der Wortstamm nach dem s-Laut endet (**fass-en, hass-en**).

••• **Entscheide dich für *s, ss* oder *ß* und fülle die Lücken.**

Im Urlaub **1** rei___t **2** ___andra an die **3** Kü___te. **4** ___ie mag das **5** Wa___er, den Wind und das Kreischen der Möwen. Ein **6** bärbei___iger Fischer erklärt **7** ___andra viel **8** Neue___ über die Vögel:

„**9** Da___ da **10** ___ind **11** ___ilbermöwen. Hungrige **12** Bie___ter! Sie **13** fre___en Fische, Muscheln und **14** Kreb___e. Wenn du Glück **15** ha___t, **16** kann___t du in den Dünen **17** Ne___ter aus Blättern und **18** Ä___ten finden."

Bei ihrem **19** näch___ten Spaziergang entdeckt Sandra zwei **20** ___ü___e Möwenküken. Am **21** lieb___ten würde **22** ___ie die kleinen **23** Piep___er mit nach **24** Hau___e nehmen und ihrer **25** Kla___e zeigen!

••• **Schreibe den oberen Text fehlerfrei in dein Heft ab. Lies dazu jeden Satz durch, merke ihn dir gut und schreibe ihn auswendig auf.**

4.4 Das oder dass?

• **Lies den Text. Unterstreiche alle Wörter, die gleich klingen.**

Neptun, das Pferd von Anna, galoppiert schnell über das Gras, das sehr kurz geschnitten ist. Anna hofft, dass sie den hohen Sprung schaffen. Neptun fliegt über das letzte Hindernis. Anna ist erleichtert, dass sie das Turnier hinter sich hat. Sie lobt ihr Pferd, das viel geschafft hat.

BOXENSTOPP

Fülle die Lücken im Text aus.

Es gibt im Deutschen zwei kleine Wörter, die gleich ausgesprochen, aber unterschiedlich geschrieben werden:

Das erste ist das Wörtchen **das**. Es kann

als **Artikel** auftauchen: **das** Pferd, **das** Gras oder

als **Relativpronomen** zwei Sätze miteinander verbinden: Neptun galoppiert über das Gras, **das** sehr kurz geschnitten ist, oder aber

als **Demonstrativpronomen** besonders auf etwas hinweisen: Und wem gehört **das** Pferd dort?

In diesen Fällen wird es mit 1 ____________ **s** geschrieben.

Daneben gibt es noch die Konjunktion **dass,** die einen Nebensatz einleitet: Anna hofft, **dass** sie den hohen Sprung schaffen. Sie wird mit 2 ____________ **s** geschrieben.

Du weißt nicht, wann du **das** oder **dass** schreiben musst? Nichts einfacher als das! Du unterscheidest die beiden Wörter mit **Ersatzproben.**

Den **bestimmten Artikel „das"** kannst du durch **ein, dieses** oder **jenes** ersetzen:
Das *Pferd frisst am liebsten Karotten.* - Ersatzprobe: **Ein / Dieses** *Pferd frisst am liebsten Karotten.*

Das **Relativpronomen „das"** lässt sich durch **welches** ersetzen:
Sie lobt ihr Pferd, das viel geschafft hat. - Ersatzprobe: *Sie lobt ihr Pferd, welches viel geschafft hat.*

Das **Demonstrativpronomen „das"** lässt sich durch **dieses** oder **jenes** ersetzen:
Das Pferd dort hat schon viele Turniere gewonnen. - Ersatzprobe: *Dieses Pferd dort hat schon viele Turniere gewonnen.*
In allen diesen Fällen schreibst du „das".

Die **Konjunktion „dass"** kannst du nicht durch **ein, dieses, jenes** oder **welches** ersetzen.
Funktionieren also deine Ersatzproben nicht, kannst du sicher sein, dass du ein **dass** mit **ss** vor dir hast.
Anna hofft, ein Neptun den Sprung schafft....Anna hofft, dieser Neptun den Sprung schafft...Anna hofft, welcher Neptun den Sprung schafft...? Nein, auf keinen Fall!
Es bleibt also nur: *Anna hofft, dass Neptun den Sprung schafft* - Punkt.

Noch ein kleiner Tipp: **dass** steht sehr oft nach **Verben des Fühlens, Denkens oder Sagens.**

•• **Schreibe *das* oder *dass* in die Lücken. Trage in Klammern ein, welche Wörter du ersatzweise einsetzen kannst. Trage einen Strich ein, wenn die Ersatzprobe nicht funktioniert.**

1. Toni kauft sich am Kiosk ein Fitnessgetränk, das sehr lecker ist. (welches)
2. ______ Getränk besteht aus Johannisbeersaft, Honig und Wasser. (______)
3. Toni hofft, ______ er den Drink zuhause nachmachen kann. (______)
4. Zuerst stellt er Wasser, ______ eiskalt sein soll, in den Kühlschrank. (______)
5. Dann füllt er den Saft in ______ Glas und gießt Wasser dazu. (______)
6. Toni ist sicher, ______ der Drink auch bei seinen Freunden gut ankommt. (______)

••• **Forme die zwei Sätze zu einem Satz um. Benutze dazu das Relativpronomen *das* oder die Konjunktion *dass*.**

1. Erika die Elbenprinzessin badet im Meerwasser. Das Meerwasser ist voller Algen.
   Erika die Elbenprinzessin badet im Meerwasser, das voller Algen ist.
2. Erika wünscht sich etwas. Die Algen sollen ihre Pickel verschwinden lassen.
   ______
3. Nach dem Bad geht Erika zum Zauberweib Zurika. Das Zauberweib soll Erikas Haare grün zaubern.
   ______
4. Erika hofft etwas. Kurt der Koboldprinz soll sich auf dem Herbstball unsterblich in sie verlieben.
   ______

••• **Berichte, was Kurt der Koboldprinz über den Schwimmwettkampf erzählt. Verwende dazu die folgenden Verben.**

wünschen
glauben
wissen
fürchten
hoffen

Hoffentlich gewinne ich den Schwimmwettkampf der Waldwesen! Ich würde so gerne Zack den Zwerg schlagen, meinen größten Rivalen. Ich bin ein pfeilschneller Schwimmer, das ist klar. Aber wenn ich nicht aufpasse, verpatze ich den Start. Bestimmt bin ich morgen sehr aufgeregt. Erika die Elbenprinzessin soll mich schließlich total toll finden!

Kurt der Koboldprinz hofft, dass er den Schwimmwettkampf der Waldwesen gewinnt.
Er wünscht ...
______
______
______

4.5 Leicht zu verwechselnde Laute: ä/e, äu/eu und ai/ei

- **Leite die folgenden Wörter mit *ä* oder *äu* von Wörtern mit *a* oder *au* ab.**

1. Hände
Hand ______

2. häuslich
______

3. sich schnäuzen
______

4. schwächlich
______

5. Fähre
______

6. glätten
______

7. Räuber
______

8. gläubig
______

9. Ärmel
______

BOXENSTOPP

Im nächsten Satz fehlen noch ein paar Laute. Lies den Text laut und du wirst die Lücken ganz einfach ausfüllen können.

Im Deutschen werden manche Laute unterschiedlich geschrieben aber gleich ausgesprochen. Dazu gehören die Paare ä / 1 ______, äu und / 2 ______ sowie ai / 3 ______ .

ä / e: Die meisten Wörter, die sich mit **ä** schreiben, kannst du von Wörtern ableiten, die mit **a** geschrieben werden: Männer ➜ Mann, Länder ➜ Land. Manche Wörter musst du aber einfach lernen, da du sie nicht ableiten kannst. Dazu gehören z.B.: Bär, Lärm, Schädel, Säge**.** In allen anderen Fällen schreibst du das Wort mit **e**.

äu / eu: Bei **äu** und **eu** ist es noch einfacher. Auch hier funktioniert die Ableitungsprobe; du kannst fast alle Wörter mit **äu** von einem Wort mit **au** ableiten: h**äu**ten ➜ die H**au**t, Tr**äu**me ➜ Tr**au**m, l**äu**ten ➜ L**au**t. Wenn du das Wort nicht ableiten kannst, schreibst du es mit **eu**: B**eu**le, L**eu**te. Es gibt aber auch ganz wenige Wörter, die du nicht ableiten kannst aber trotzdem mit **äu** schreibst: S**äu**le, Kn**äu**el, r**äu**spern. Diese Wörter musst du lernen.

ai / ei: Auch die Unterschreidung von **ai/ei** ist nicht besonders schwierig. Die meisten Wörter mit diesem Laut werden mit **ei** geschrieben. Es gibt im Deutschen nur sehr wenige Wörter, die man mit **ai** schreibt. Diese musst du nur einmal lernen, dann kann nichts mehr schief gehen. Hier sind die wichtigsten: **Hai**, **Kai**, **Kai**ser, **Lai**b, **Lai**ch, **Mai**, **Mai**s, **Sai**te, **Wai**se.

•• **Füge *ä* oder *e* ein. Denke an die Ableitungsprobe.**

1 G__nse 2 fr__ssen 3 Gr__ser und Samen. Bei uns leben viele 4 Graug__nse. Sie haben 5 h__lle 6 Fl__gel und schwarze 7 Fl__cken am Bauch. Im 8 H__rbst fliegen sie in den Süden. Dort ist 9 __s 10 w__rmer als bei uns.

11 Schw__ne 12 ern__hren sich von Wasserpflanzen. Diese suchen sie am Boden des 13 Gew__ssers.

•• **Entscheide dich für *äu* oder *eu*. Vergiss nicht die Ableitungsprobe.**

1. M___terei	**6.** t___schen	**11.** h___te
2. Knieb___ge	**7.** Br___tigam	**12.** S___le
3. Gem___er	**8.** H___schrecke	**13.** M___te
4. t___er	**9.** Wollkn___el	**14.** sich r___spern
5. st___ern	**10.** Entt___schung	**15.** Ger___sch

••• **Füge *ai* oder *ei* ein und verbinde die passenden Satzhälften miteinander.**

1 Manche H___e	**A** h___raten viele Paare.
2 M___ne Gitarre	**B** fünf S___ten gelesen.
3 In m___nem Buch habe ich heute	**C** legen ___er.
4 B___m Bäcker kaufe ich	**D** einen L___b Brot.
5 Im M___	**E** am L___b.
6 Der K___ser hat	**F** neue Kl___der.
7 Er hat k___n sauberes Stück Stoff	**G** hat sechs S___ten.

4.6 Leicht zu verwechselnde Laute: b/p, d/t und g/k

• **Bilde aus dem Buchstabenwirrwarr sinnvolle Wörter. Schreibe sie auf die Linie.**

n H u d
1. ______

t b u n
2. ______

g e w Z r
3. ______

w k r e
4. ______

i b e S
5. ______

e i p P
6. ______

BOXENSTOPP

Streiche die falschen Wörter durch.

Die 1 **Konsonanten/Vokale** b und p, d und t sowie g und k klingen recht ähnlich. Am Anfang und im Inneren eines Wortes hörst du den Unterschied gut: **b**acken – **p**acken, Re**g**en – sich rä**k**eln.

Wenn die Konsonanten im Auslaut, also am Ende eines Wortes, stehen, klingen sie dagegen völlig 2 **gleich/unterschiedlich**: Lie**b** klingt hinten wie Pie**p**, Wal**d** wie Hal**t** und klu**g** wie Spu**k**.

Um den richtigen Buchstaben zu finden, kann man ein Wort 3 **verkürzen/verlängern**. Von einem Nomen kannst Du den Plural bilden, um zu hören, welchen Konsonanten du verwenden musst: Wal**d** - Wäl**d**er. Ein Adjektiv kannst du steigern: kal**t** - käl**t**er, dann hörst du ganz deutlich den richtigen Konsonanten. Andere Wörter kannst du von verwandten Wörtern 4 **ableiten/umleiten**: lie**b** - lie**b**en, Hal**t** - hal**t**en, Spu**k** - spu**k**en. Dabei werden die Konsonanten klar hörbar.

•• **Führe für jedes Wort eine Ableitungs- oder Verlängerungsprobe durch. Trage *b*, *p*, *d*, *t*, *g* oder *k* in die Lücken ein.**

1. Schrank (Schränke)
2. Zu__ (______)
3. We__ (______)
4. Kru__ (______)
5. run__ (______)
6. Lan__ (______)
7. Mark__ (______)
8. berühm__ (______)
9. Betrie__ (______)
10. Die__ (______)
11. gro__ (______)
12. Ty__ (______)

Es ist doch ganz leicht, die Wörter mit **b/p, d/t g/k** richtig zu schreiben, oder? Damit du dich nicht langweilst, habe ich mir ein paar Schwierigkeiten für dich ausgedacht. Die Schreibung der Wörter **Abt, Erbse, Herbst, Krebs, Obst, Gips, Schnaps, Papst, Klempner** lässt sich nämlich nicht mit einer Probe bestimmen. Lerne sie auswendig, das ist ein prima Gehirnjogging!

••• **Füge *b, p, d, t, d* oder *k* in die Lücken ein.**

Diesen **1** Her___s___ hatte der **2** Gi___sermeister Stuck **3** eini___e **4** Pro___leme. In seiner Wohnung wurde es plötzlich **5** eiskal___. Die Heizung war **6** ka___utt! Er rief einen **7** Klem___ner. Der hatte einen **8** Gi___sfuß und konnte **9** nich___ kommen. Er empfahl dem **10** Gi___sermeister, zum Aufwärmen einen **11** Schna___s zu **12** ___rinken. **13** Pros___!
Was wurde Herrn Stuck da **14** schwindeli___! Also wollte er etwas essen, hatte aber nur **15** Er___sen, ein **16** weni___ **17** O___st und **18** Ke___se im **19** Schran___. Da **20** Sonnta___ war, konnte er **21** nich___ einkaufen.
Zum Glück kam am **22** Aben___ ein **23** Freun___ zu Besuch. Er brachte **24** Rollmo___s mit und **25** re___arierte die Heizung. In der Zuleitung hatte sich ein **26** Kre___s **27** versteck___.

••• **Finde Wörter, die sich *reimen*. Pass gut auf, denn sie können auch mit anderen Konsonanten (b/p, d/t, g/k) geschrieben werden.**

1. Raps – ______________________

2. Sieb – ______________________

3. Raub – ______________________

4. Strand – ______________________

5. Steg – ______________________

4.7 Groß oder klein?

• **Unterstreiche im Text alle Nomen. Schreibe dann den Text mit richtiger Groß- und Kleinschreibung sowie den nötigen Satzzeichen auf ein Blatt.**

HANNA FLIEGT MIT IHREN ELTERN IN DEN URLAUB DIESES JAHR GEHT ES NACH KALIFORNIEN IHR KLEINER BRUDER TOM IST AUCH DABEI HANNA FREUT SICH SCHON SEHR AUF DAS MEER UND DEN STRAND DORT WILL SIE UNBEDINGT DAS SURFEN LERNEN

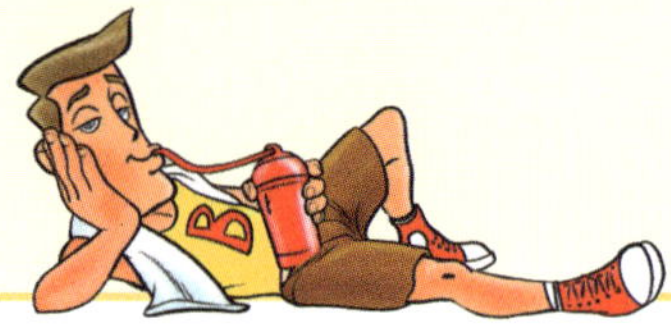

BOXENSTOPP

Fülle die Lücken im Text aus.

Anfang | Adjektiven | Anrede | Nomen | Verben | Nomen

Einige Wörter werden mit großen Anfangsbuchstaben geschrieben. Das geschieht immer:

- am 1 ____________________ eines Satzes oder einer Überschrift,
- bei 2 ____________________ ,
- bei der höflichen 3 ____________________ von Erwachsenen im Brief,
- bei 4 ____________________ , die Teil eines Eigennamens sind,
- bei 5 ____________________ und 6 ____________________ , die zu Nomen umgewandelt sind.

•• **Muss Hanna in diesem Brief groß- oder kleinschreiben? Streiche die falschen Wörter durch.**

Hi Mona,

wie geht es Dir/dir? Mir/mir geht es prima. Bei Uns/uns in Kalifornien ist super Wetter. Wir/wir baden jeden Tag. Sei nicht traurig, dass Du/du nicht in den Urlaub fährst. Du/du hast doch D/deine Mama. Macht Euch/euch tolle gemeinsame Ferien!

Viele Grüße von Deiner/deiner Hanna

P.S. Liebe Frau Kunz, bitte seien Sie/sie nett zu Mona, solange Ich/ich nicht da bin. Ich finde, Ihre/ihre Tochter ist total cool! Viel Spaß Ihnen/ihnen beiden in den Ferien. Ihre/ihre Hanna Weber

••• **Füge die Adjektive in die Lücken ein. Achte auf die Groß- und Kleinschreibung und auf die richtige Endung.**

1. erster: Bei Toms __________ Versuch, dem Verletzten mit __________ Hilfe beizustehen, war er sehr aufgeregt.

2. zweiter: Heute wird der __________ Teil einer Casting-Show im __________ Deutschen Fernsehen ausgestrahlt.

3. still: Auf einer einsamen Insel im __________ Ozean verbrachte der gestresste Manager zwei __________ Wochen.

4. heilig: Der __________ Vater in Rom führt ein __________ Leben.

5. neu: Für die Europäer war Amerika nach seiner Entdeckung ein __________ und bisher unbekannter Erdteil. Daher nennt man ihn häufig die __________ Welt.

6. vereint: In der Gemeinschaft der __________ Nationen sind fast 200 Staaten der Erde __________ .

Besonders knifflig ist es, zwischen groß und klein zu unterscheiden, wenn die Wörter eigentlich wie Verben oder Adjektive aussehen, aber **nominalisiert** sind. Das bedeutet, sie sind zu Nomen ungewandelt. Du erkennst sie oft am Artikel: Ich lerne mit Buddy. ➜ **Das Lernen** mit Buddy fällt mir leicht. Oder: Buddy ist cool. ➜ **Das Coole** an Buddy ist seine lockere Art.

Vor nominalisierten Adjektiven stehen oft unbestimmte Mengenangaben: Du lernst mit Buddy **viel** Neues, **nichts** Langweiliges, **etwas** Lustiges und **einiges** Nützliches.

••• **Fülle die Lücken mit Groß- oder Kleinbuchstaben.**

Mona schreibt in ihr Tagebuch: Es ist wirklich zum **1** __erzweifeln! Ich möchte **2** __erzweifeln! Heute passiert mir einfach nichts **3** __utes. Ich habe zwar **4** __ut geschlafen und bin zufrieden **5** __ufgewacht. Aber Mama kam gleich nach dem **6** __ufwachen in mein Zimmer und hat mir etwas total **7** __erviges aufgebrummt: Ich soll noch vor dem **8** __ausgehen mein Zimmer putzen – von oben bis unten, wie **9** __ervig!
Meine beste Freundin Anna ist nicht da. Sie liegt in Kalifornien am Strand und erlebt bestimmt nur **10** __eues: Coole Beach-Boys zum **11** __anzen und lustige Mädchen zum **12** __uatschen. Wahrscheinlich liegt sie sogar beim **13** __ssen in der Sonne.
Mama hat überhaupt kein Verständnis. Wenn ich mich beschwere, sagt sie nur:
Ohne **14** __urren geht alles leichter!

Rechtschreibung 5. Klasse

TEST

Bist du bereit für einen Rechtschreibtest? Du hast 45 Minuten Zeit.

Notiere deine Start- und Endzeit. **Start:** ______ Uhr / **Ende:** ______ Uhr.

Wenn du fertig bist, gehe alle Aufgaben noch einmal durch und korrigiere mögliche Flüchtigkeitsfehler. **Auf die Plätze - fertig - los!**

PUNKTE

1. In diesem Text verstecken sich 30 Schreibfehler. Finde und verbessere sie.
(1 Punkt für jedes richtig verbesserte Wort)

Ein schrekklicher Abend

Mein Fräunt Max hatte alle seine Kummpel zu einer fürchterliechen Halloween-Party aingelahden. Sein Hauss war duster, kallt und voller Spinnenwäben. Es gap keinen Kuuchen, sonndern trockenes Brot und verschiemelten Kese. Ihm Dunkeln gingen wir auf den Friidhof. Jeder Party-Gast bekam einen Zättel mit einem Nahmen darauf: Dises Grap mußte er suchen, um einen Schazz zu finden. Gantz allain schlich ich durch die Reihen der Grehber. Plötzlich sprang Max hinter einem Baum hervor und erschrekkte mich fasst zu Tode. Ich landete mit einem Saz auf dem Grab, das ich gesucht hatte. Dort fand ich meine Belonung: Einen alten Turnschu. Nehchstes Jahr an Halloween werde ich behaupten, ich sei krank.

PUNKTE

2. Finde in der Wortschlange Wörter mit langem Vokal. Schreibe sie in die Tabelle.
(1 Punkt für jedes Wort)

marmeladeihmheergießenteenaheladenniesteauflösungwaagefließenruhig

einfacher Vokal	Doppelvokal	Dehnungs-h	ie

3. Schreibe die Personalformen der Verben auf.
(1 Punkt für jede richtige Verbform)

PUNKTE

a) rasen:

1. Person Singular Präsens: ich __________

1. Person Plural Präteritum: wir __________

b) rasten:

3. Person Plural Präsens: sie __________

3. Person Singular Präteritum: er __________

c) essen:

1. Person Singular Präsens: ich __________

2. Person Plural Präteritum: ihr __________

d) wissen:

3. Person Singular Präsens: er __________

1. Person Singular Präteritum: ich __________

e) heißen:

2. Person Singular Präsens: du __________

3. Person Singular Präteritum: sie __________

4. Setze *s*, *ss* oder *ß* in die Lücken ein.
(1 Punkt für jede richtige Lücke)

PUNKTE

a) Wa__ für ein Tag! Schon b) morgen__ c) wu__te ich, d) da__ der Tag e) lu__tig wird: Ich verschlief und kam zu spät zur Schule. f) Da__ Brötchen, g) da__ ich eingepackt hatte, war schimmelig. h) Da__ Wetter war sehr i) hei__. Wolken zogen auf. j) E__ regnete so sehr, k) da__ ich auf dem Heimweg l) klitschna__ wurde.

PUNKTE

5. Tom schreibt einen Brief an seine Klassenlehrerin – aber leider nur mit kleinen Buchstaben. Schreibe seinen Brief richtig ab.
(1 Punkt für jedes richtig verbesserte Wort)

liebe frau winter,

hier an der nordsee ist es prima. das tollste sind die hohen wellen. dann ist das schwimmen richtig cool! gestern bin ich in einen seeigel getreten. zum glück kann mama erste hilfe.

ihr tom

PUNKTE GESAMT

Geschafft! Vergleiche nun deine Antworten mit dem Lösungsteil auf S. 412. Trage die jeweilige Punktzahl neben der Aufgabe ein und zähle dann deine Gesamtpunktzahl zusammen. Trage deine Gesamtpunktzahl auch gleich auf der Urkunde auf S. 105 ein!

Meine Gesamtpunktzahl: _____ / 82

82 – 55 PUNKTE
Einfach spitze! Du bist der Rechtschreib-Champion, denn du kennst dich schon gut in allen Bereichen aus!

54 – 28 PUNKTE
Eine gute Ausgangsposition, um dich noch zu verbessern! Überprüfe noch einmal, wo du Fehler gemacht hast und versuche die Aufgaben richtig zu lösen.

27 – 0 PUNKTE
Liebe Sportsfreundin, lieber Sportsfreund, leider hast du noch so einige Lücken in deinem Rechtschreibwissen! Schau dir am besten die Boxenstopps und Erklärungen noch einmal genau an und arbeite die Aufgaben erneut durch. Mit ein bisschen mehr Übung ist dann auch Silber oder sogar Gold drin!

5 TEXTE SELBST VERFASSEN

5.1 Wie schreibe ich eine Erzählung?

- **Lies die beiden Textanfänge. Wie könnten die Geschichten weitergehen? Unter den Texten stehen Ideen für eine Fortsetzung. Verbinde die Texte mit den passenden Ideen.**

1. Herr Schmitt rückwärts

Herr Schmitt bemerkte eines Tages, dass sein Name rückwärts viel besser klang. Er meldete sich bei der Stadt mit dem Namen Tumleh Ttimhcs aus der Eßartstpuah 17 an. Beim Zahnarzt machte er einen Termin unter diesem Namen. Überall hielt man ihn für einen interessanten, weit gereisten Menschen aus der Mongolei, aus Moldawien oder gar aus Marokko...

2. Breitmaulfrosch auf Abwegen

Das staatliche Amt für Kriech- und Hüpftiere beobachtete schon lange ein merkwürdiges Verhalten der heimischen Breitmaulfrösche. Der Froschexperte Dr. Fridolin Forsch machte sich deswegen frühmorgens an einem sommerlichen Dienstag auf den Weg, die grünen Quaktiere im Sumpf zu beobachten...

A eine gefährliche Froschkrankheit bekommen

B ein Brief kommt nicht an, weil ein anderer Name darauf steht

C die Nachbarn behandeln ihn wie einen Verrückten

D im Schlamm stecken bleiben

E ein heilkundiges Sumpftier hilft

F Zahnarzt bohrt wegen Verwechslung im falschen Zahn

- **Schreibe den Textbeginn „Herr Schmitt rückwärts" aus der Aufwärmübung in die 1. Person Singular um.**

Ich bemerkte eines Tages, dass...

BOXENSTOPP

Suche die Lösungswörter in den Wortschlangen und schreibe sie in die Lücken.

FantasieerzählungErlebniserzählungHinderniserzählung

Eine Erzählung – wir sagen oft Geschichte dazu – gibt ein Ereignis oder eine Handlung wieder. Sie kann in unserer Welt spielen 1 (______________________________) oder aber in einer fremden, fantastischen Welt (Traum- oder
2 (______________________________).

EndeEinleitungAnfangSchlussMitteHauptteil

Die Erzählung besteht aus **drei Teilen**:

3 ____________________ : Stelle deine Personen vor. Berichte, wo und wann die Geschichte spielt und worum es in der Erzählung geht. Verrate noch nicht zu viel, so wird deine Geschichte spannender!

4 ____________________ : Erzähle die Handlung in mehreren Erzählschritten. Versuche dabei, die Spannung nach und nach zu steigern.

5 ____________________ : Die Erzählung wird zu einem schönen oder traurigen Abschluss gebracht. Meist wird dabei die Spannung aufgelöst oder das Problem gelöst. Manche Erzählungen enden offen, sodass sich der Leser einen eigenen Schluss ausdenken kann.

erstenPräsenszweitenPerfektdrittenPräteritum

Eine Erzählung wird in der 6 ____________________ Person oder in der 7 ____________________ Person geschrieben: An diesem nebligen Herbsttag ging **ich** auf dem Mond spazieren.
Oder: **Mino** rannte zur Forschungsstation, denn **er** hatte es sehr eilig.

Man erzählt im 8 ____________________ : Vom Rand des Mondkraters Kopernikus aus **hatte** ich eine wunderschöne Aussicht auf die Erde.

•• **Sammle noch mindestens drei Ideen für die beiden Erzählungsanfänge aus der Aufwärmübung.**

1. Herr Schmitt rückwärts:

____

____

____

2. Breitmaulfrosch auf Abwegen:

____

____

____

•• **Ordne die Sätze den drei Teilen einer Erzählung – Einleitung, Hauptteil und Schluss – zu. Schreibe dazu die entsprechenden Nummern unten auf die Linie.**

1. Im Kraterwald blühten die Mimosen und die Mondhörnchen spielten zwischen den Felsen.
2. Der kleine Mondbewohner nahm seinen ganzen Mut zusammen und brüllte den Albatromt an, so laut er konnte.
3. Als Mino über einen Hügel lief, entdeckte er plötzlich einen Albatromt.
4. Stolz lief Mino zur Forschungsstation und erzählte seinen Freunden von seinem Abenteuer.
5. Albatromte waren Furcht erregende Monster mit 73 scharfen Zähnen und zwei giftigen Zungen.
6. Mino war auf dem Weg in die wissenschaftliche Station, wo er an seinem Projekt forschen wollte.
7. Es war ein milder Sommertag.
8. „Wie gut, dass ich in Tierkunde immer gut aufgepasst habe“, dachte Mino, „sonst hätte ich den Albatromt niemals besiegen können.“
9. Mit seinen feinen Ohren war das für den Albatromt eine schreckliche Folter und er fiel sofort in Ohnmacht.
10. Der Albatromt lief zähnefletschend auf Mino zu.

Einleitung: 1, ______________________________

Hauptteil: ______________________________

Schluss: ______________________________

••• **Sortiere die Sätze aus der vorigen Aufgabe so, dass sie eine sinnvolle Erzählung ergeben. Schreibe zuerst die Nummern der Sätze in der richtigen Reihenfolge auf. Schreibe danach die Erzählung auf ein Blatt Papier oder in ein Heft.**

5.2 Abwechslungsreich und lebendig erzählen

• **Lies die Geschichte. Unterstreiche alle Wiederholungen.**

Es war ein schöner Sommertag. „Schönes Wetter heute!", dachte Hedi, als sie aus ihrem schönen Haus ging. Sie trug schöne neue Stiefel, ein schönes langes Kleid und natürlich ihr schönes Schwert. Im Dorf begegnete sie ihrem Freund Torkal. Er war wirklich nett, fand Hedi. Er lächelte stets nett, war nett zu den Alten und nett zu kleinen Kindern. Hedi und Torkal gingen zum Schmied und ließen ihre Schwerter schärfen. Dann gingen sie ins Wirtshaus und tranken ein Bier. Dann gingen sie zum Training auf dem Kampfplatz. Dann gingen sie zum Fluss und badeten. Dann ruhten sie sich aus.

BOXENSTOPP

Sortiere die Buchstaben der Lösungswörter und schreibe sie in die Lücken.

Deine **Einleitung** muss nicht lang sein. Verrate lieber 1 ____________ **(gwine)** und deute manche Dinge nur an. Dann will der Leser unbedingt mehr erfahren.

Der **Hauptteil** sollte 2 ____________ **(schuafilühr)** sein.

- Der Leser kann sich die Handlung gut vorstellen, wenn du **anschauliche Details** erzählst. Beschreibe die **Figuren** genau: Torkals blaue Augen leuchteten vor Freude. Erwähne auch Einzelheiten der **Umgebung**: Im Hintergrund sah man die zackigen Gipfel der düsteren Berge. Vergiss nicht, den **Ablauf der Handlung** genau wiederzugeben: Hedi sprang auf, lief die drei Schritte zu Torkal hin und sank vor ihm zu Boden.
- Die **wörtliche Rede** lässt deine Erzählung fast wie das echte Leben wirken: „Was ist geschehen?", fragte Torkal erschrocken.
- Mitfühlen und mitleiden kann der Leser, wenn du die **innere Handlung** mit einbeziehst. Beschreibe, was die Personen **fühlen, denken, sehen, schmecken und riechen**: Hedi fühlte sich ganz schwach vor Sorge.

Auch der **Schluss** sollte eher **kurz**, dafür aber 3 ____________ **(derfften)** sein. Formuliere genau, wie sich die Geschichte zum Guten wendet: Nach diesem Tag besuchte Torkal den Stein der Ahnen nie wieder. Er hatte seinen Frieden mit Tumi gemacht.

•• **In der Aufwärmübung wiederholen sich viele Wörter. Sammle Wörter mit ähnlicher Bedeutung, die du stattdessen verwenden kannst.**

1. schön – hübsch, ____________________

2. nett – freundlich, ____________________

3. gehen – laufen, ____________________

4. dann – anschließend, ____________________

Die Sprache deiner Erzählung sollte **abwechslungsreich** sein. Vermeide **Wiederholungen.** Du kannst Wörter mit **ähnlicher Bedeutung** ersetzen.
Statt ***sagte*** schreibe lieber: ***Hedi fand, Torkal antwortete, Hedi wandte ein, Torkal meinte...***
Verwende unterschiedliche Satzanfänge und beginne nicht jeden Satz mit ***und dann.***

•• **Setze passende Adjektive in die Lücken ein, um die Erzählung anschaulicher und genauer zu machen. Denke daran, die Adjektive in der richtigen Form einzusetzen!**

dunkel | gemütlich | stürmisch | rau | pickelig
fluchtartig | hässlich | anstrengend | verschlagen | erschrocken
lodernd | böse | grau | lecker | erleichtert

Die erschrockenen Zwerge

Am Abend eines **1** ____________ Tages kehrten die Zwerge in ihr **2** ____________ Haus zurück. Als sie die Tür öffneten, blieben sie **3** ____________ stehen. Im Zimmer saß ein **4** ____________ Mädchen. Sie hatte **5** ____________ Haut, **6** ____________ Haare und ein **7** ____________ Lächeln im Gesicht.
„Hallo, Zwerge", sagte sie mit **8** ____________ Stimme. „Ich habe mich im Wald verlaufen. Es war schrecklich kalt, **9** ____________ und **10** ____________ . Ich war so **11** ____________ , als ich euer Haus fand!"
„Hilfe, eine **12** ____________ Riesin!", riefen die Zwerge durcheinander. „Rette sich, wer kann!" **13** ____________ verließen die kleinen Männer das Haus.
Das Mädchen zuckte mit den Schultern, nahm sich ein **14** ____________ Stück Schinken und machte es sich vor dem **15** ____________ Feuer bequem.

•• **Formuliere die folgende Geschichte so um, dass so oft wie möglich die wörtliche Rede verwendet wird. Schreibe sie auf ein Blatt Papier oder in ein Heft.**

Das andere Aschenputtel

Es war ein trüber Regentag, als meine Stiefmutter bei uns einzog. Sofort schnauzte sie mich an, ich solle ihre Kleider auspacken und bügeln. Anschließend verlangte sie, dass ich ihr die Fingernägel lackiere. Ich erklärte, dass ich Hausaufgaben machen musste. Außerdem war ich mit meiner Freundin Gabi verabredet. Meine Stiefmutter meinte, sie habe nun über mich zu bestimmen. Ich solle gefälligst zu Hause bleiben.

Von da an sah ich meine Freunde nur noch in der Schule. Manchmal beschwerte ich mich bei Papa, dass ich so viel im Haushalt helfen sollte. Er tröstete mich sehr lieb. Trotzdem blieb alles beim Alten.

Eines Tages hörte ich, wie die beiden sich stritten. Sie solle seine Tochter anständig behandeln, brüllte mein Papa, sonst würde er den Geldhahn zudrehen. Das wirkte! Von nun an sagte meine Stiefmutter plötzlich bitte, wenn ich ihr helfen sollte.

Manchmal tue ich es sogar. Schließlich sind wir eine Art Familie.

••• **Lies die Texte. Schreibe zu Nr. 1 eine kleine Fortsetzung. Schildere bei Nr. 2 die Situation aus Majas Sicht. Gehe ausführlich auf die Eindrücke der Figuren ein. Benutze das Präteritum! Schreibe auf, was die Figuren fühlen, denken, sehen, schmecken oder riechen könnten. Nimm dir für diese Aufgabe ein Blatt Papier.**

1. Fredl, einer der Sieben Zwerge, hat sich im Bergwerk in einem Stollen verlaufen. Er hat nichts zu essen dabei und in seiner Lampe ist nur noch Öl für eine Stunde.
2. Maja schlenderte über den Markt. An den Ständen waren unzählige verschiedene Obst- und Gemüsesorten aufgebaut. Auch Gewürze, Blumen und feine Öle gab es dort. Sie probierte eine fremdartige Frucht. Ein Musiker sang zur Gitarre.

5.3 Die Erlebniserzählung

- **Welche dieser Sätze gehören in eine Erlebniserzählung? Schreibe ihre Nummern auf die Linie.**

1. Klara und ich rannten so schnell wir konnten zur Bushaltestelle, denn wir waren spät dran.
2. Wir redeten und redeten und merkten gar nicht, dass der Bus in eine ganz üble Gegend fuhr.
3. Wir stiegen aus dem Bus und trauten unseren Augen kaum: Wir waren zwar noch in unserer Stadt, aber nicht mehr in unserer Zeit.
4. Lufttaxis schossen an uns vorbei und grünhäutige Männchen, die aussahen wie eine Kreuzung zwischen Elefant und Elfe, schlenderten über die Bürgersteige.
5. „Das habt ihr toll gemacht!", lobte Herr Bussmann.
6. Der Polizist stieg in sein Polimobil, drückte auf den Booster-Knopf und schoss unsichtbar zur nächsten Verbrecherjagd.

Erlebniserzählung: ______________________________

BOXENSTOPP

Schreibe die Adjektive in die Lücken.

realen | glaubhaft | fantastisch | sprechenden

Die **Erlebniserzählung** berichtet von einer Begebenheit in unserer 1 ______________ Welt. Du erzählst etwas, was du oder die Hauptfigur der Geschichte **wirklich erlebt** hat oder **erlebt haben könnte**. In der Erlebniserzählung ist alles 2 ______________ und nichts 3 ______________ . Es tauchen keine Monster oder 4 ______________ Tiere auf.

Bevor du eine Erlebniserzählung schreibst, solltest du Ideen sammeln. Die W-Fragen helfen die dabei. Fülle die Lücken und schon siehst du die wichtigsten W-Fragen:

5 __________ war dabei? Meine Schwester Klara und ich

6 __________ und 7 __________ ist es passiert? Letzte Woche, auf dem Schulweg

8 __________ genau ist geschehen? falschen Bus genommen, verlaufen, viel zu spät in die Schule gekommen

Was war Besonderes an deinem Erlebnis? Z.B. etwas Unglaubliches beobachtet, Angst gehabt, die Polizei informiert, ein dickes Lob bekommen

Ich hoffe, dein Sportlerhirn hat genug Vitamine gespeichert, um sich an die **Regeln des Erzählens** zu erinnern! Die brauchst du nämlich auch für die Erlebniserzählung: Gliedere deine Erzählung in **Einleitung**, **Hauptteil** und **Schluss**. Schreibe in der **ersten** oder **dritten Person** und im **Präteritum**. Verwende eine **abwechslungsreiche, anschauliche Sprache**.

●● **A Suche dir ein Thema für eine Erlebniserzählung aus. Umkreise es farbig. Notiere zunächst deine Ideen dazu.**

Pechtag

Zeugnistag

Geburtstag

Ideen: ____________________

____

____

B Überlege nun, in welchem Teil deine Ideen vorkommen sollen. Ordne sie in die Tabelle ein.

Einleitung	
Hauptteil	
Schluss	

●●● **Schreibe deine Erlebniserzählung auf ein Blatt Papier oder in ein Heft.**

Alles richtig gemacht? Lies deine Erlebniserzählung und achte dabei auf die Regeln des Erzählens. Verbessere, wo nötig, deine Fehler.

- Benutzt du durchgehend die erste **oder** die dritte Person?
- Schreibst du im **Präteritum**?
- Suche nach **Wortwiederholungen** und **gleichen Satzanfängen**. Verbessere sie.
- Schaue alle **Verben** und **Adjektive** an. Sind sie **treffend** und **anschaulich**?
- Benutzt du die **wörtliche** Rede?
- Beschreibst du, was die Figuren **denken**, **fühlen**, **hören**, **sehen** und **riechen**?

Hast du deine Geschichte sorgfältig überarbeitet? Klasse, jetzt ist sie bestimmt richtig spannend! Viel zu schade, um in deinem Übungsheft zu verschimmeln. Lies sie deinen Eltern oder deinen Freunden vor. Das macht euch allen eine Menge Spaß, wetten?

5.4 Die Nacherzählung

• **A Lies die Geschichte genau durch. Decke sie dann mit einem Blatt zu.**

Ssrrs, die Fliege, surrte umher und entdeckte ein Kind beim Essen. Das war immer ein Festmahl, denn da fielen Milchtropfen, Brotkrümel und sogar ganze Reiskörner daneben.
„Mama, ich bin fertig!", rief das Kind. Dies war der entscheidende Moment für Ssrrs. Sie nahm Anlauf und landete genau auf dem Teller. Ein See aus Tomatenketchup, Gebirge aus Kartoffelbrei und Felsen aus Hackfleisch warteten dort auf den winzigen Fliegenmagen.
„Kössstlich!", surrte Ssrrs.
Da geriet ihre Welt plötzlich durcheinander. Der Teller, auf dem sie saß, wurde hochgehoben. Ssrrs krabbelte zum Rand und sah den Alptraum aller Fliegen: Die geöffnete Tür einer Spülmaschine. In dieser dunklen Höhle wollte sie nicht gefangen werden! Ssrrs breitete sofort ihr Flügel aus, aber sie konnte nicht starten. Zwei ihrer Beine klebten am Ketchup fest. Ein dicker Brocken Kartoffelbrei hatte ihre Flügel verklebt. Ssrrs zog und zerrte an ihren Beinen. Sie rieb ihre Flügel an den Beinen sauber. Noch immer klebte die kleine Fliege fest.
Mit einem Klappern landete ihr Teller in der Spülmaschine. Ssrrs versuchte mit aller Macht, sich vom Teller zu lösen. Die Tür des Gerätes schloss sich schon, doch da war Ssrrs endlich frei. Sie startete durch und entkam im letzten Moment durch den Türspalt.
Aufatmend ließ sie sich auf der Lampe nieder. Ssrrs wollte nie wieder Tomatenketchup essen!

B Lies nun die Sätze unten. Welche stimmen mit der Geschichte überein? Kreuze an.

	richtig	falsch
1. Die Hauptfigur der Geschichte ist eine Mücke.	☐	☐
2. Ssrrs sitzt auf dem Teller eines Kindes.	☐	☐
3. Es bedeutet ein Festmahl für eine Fliege, in einer Spülmaschine zu sitzen.	☐	☐
4. Ssrrs isst Nudeln mit Tomatensoße.	☐	☐
5. Ssrrs klebt auf einem Teller fest.	☐	☐
6. Ihre Flügel sind von Kartoffelbrei verklebt.	☐	☐
7. Ssrrs ist in einer Spülmaschine gefangen.	☐	☐
8. Die Fliege rettet sich auf eine Lampe.	☐	☐

BOXENSTOPP

Wenn du haarscharf kombinierst, weißt du bald, wie man eine Nacherzählung schreibt.

1 Bei der **Nacherzählung** denkst du keine neue Geschichte aus, sondern	**A** **nichts** hinzu!
2 Die **Abfolge der Handlung** folgt der Vorlage. Alle **wichtigen Personen** aus der Vorlage müssen	**B** gibst einen Text **in deinen Worten** und **so genau wie möglich** wieder.
3 Auch die **wichtigsten Handlungsteile** müssen vorkommen; **erfinde** aber	**C** **Stichpunkte**.
4 **Lies genau** und notiere	**D** erwähnt werden.

•• **Lies noch einmal die Erzählung in der Aufwärmübung. Schreibe dann Stichworte zu den Fragen auf.**

1. Welche Figuren kommen vor?

____

2. Welches sind die wichtigsten Handlungsschritte?

____

3. Welche Informationen gehören in die Einleitung der Nacherzählung?

____

4. Welche gehören in den Schluss?

____

5. Gib der Nacherzählung eine Überschrift.

____

•• **Schreibe eine Nacherzählung der Geschichte über die Fliege Ssrrs. Nimm hierfür ein Blatt Papier oder ein Heft.**

Du fragst dich, wie **lang** deine Nacherzählung sein soll? **Darauf kommt es nicht an.** Oft sind Nacherzählungen kürzer als die Vorlage. Erzählt wird wie immer nach den **Regeln des Erzählens** aus Kapitel 5.1 und 5.2. Die kannst du inzwischen rückwärts im Schlaf aufsagen, oder?

••• **Lies die folgende Geschichte und schreibe dann eine Nacherzählung. Vergiss nicht die Überschrift! Nimm dir auch für diese Übung ein Blatt Papier oder ein Heft.**

An einem schönen Herbstnachmittag langweilten sich Paul und Irina. Pauls Mutter schlug vor, sie sollten mit dem Hund im Wald spazieren gehen.
Paul und Irina zogen ihre Jacken an, nahmen Bello an die Leine und gingen los. Es war sehr windig. Überall lagen Äste, Tannenzapfen, Kastanien und Eicheln herum.
Paul und Irina ließen Bello von der Leine. Aufgeregt lief er den Kindern um die Füße und wedelte mit dem Schwanz, die Nase immer dicht am Boden. Plötzlich ließ Bello ein lautes Bellen hören, dann knurrte er und sauste davon.
Die Kinder riefen ihren Hund, doch er hörte nicht. Paul und Irina rannten hinterher. Als sie an eine Wegbiegung kamen, blieben sie erschrocken stehen. Da stand Bello – vor einer Horde schwarzer, schlammiger Wildschweine!
„Oh Bello, du Dummkopf!“, murrte Irina. „Du hast die Wildschweine aufgestöbert! Bestimmt gehen sie gleich auf uns los.“
Eins der Wildschweine, ein mächtiger Keiler mit gefährlich aussehenden Eckzähnen, grunzte und lief mit gesenktem Kopf auf die Kinder zu.
„Aah, wir werden angegriffen!“, schrie Paul.
„Nichts wie weg!“, rief Irina.
Die Kinder drehten sich um und rannten. Doch hinter ihnen blieb alles ruhig. Keine Schritte eines wütenden Wildschweins, kein Grunzen.
Paul blieb stehen. „Guck mal, Irina! Wahnsinn!“
Da stand Bello, nur einen Meter vor dem wütenden Wildschwein-Männchen und knurrte es böse an. Das Wildschwein hielt an, scharrte ein wenig mit dem Vorderfuß und drehte sich dann um. Die ganze Herde verschwand wieder im dichten Unterholz.
„Puuh, Bello, warst du mutig! Du hast uns das Leben gerettet.“ Irina kraulte ihrem Hund das Fell. Paul lachte. „Wir gehen jetzt nach Hause. Und dort bekommst du die dickste Wurst, die du dir vorstellen kannst.“

5.5 Die Personenbeschreibung

- **Errate, wer hier gemeint ist.**

1. Bei der Person handelt es sich um einen älteren Mann. Seine Haare und sein langer Bart sind schneeweiß. Er lächelt freundlich. Der Mann trägt ein langes rotes Gewand und eine rote Mütze. Beides ist mit weißem Pelz besetzt. Über der Schulter trägt er einen prall gefüllten Sack.

---

2. Ich beschreibe ein Mädchen von etwa 9 Jahren. Zwei leuchtendrote Zöpfe stehen seitlich von ihrem Kopf ab. Unzählige Sommersprossen verzieren ihre Stupsnase.
Das Mädchen trägt ein grünes T-Shirt und kurze Hosen. Zusätzlich zu den schwarzen Schuhen hat sie lange Strümpfe an, die ihr bis zum Oberschenkel reichen.

BOXENSTOPP

In den Aufzählungen ist jeweils ein Stichwort falsch. Streiche es durch.

Bei der **Personenbeschreibung** gibst du die **äußerlichen** Merkmale einer Person wieder. Beschreibe nur, was du **sehen** kannst.

1. Was gehört in eine Personenbeschreibung?

a) Geschlecht, Wohnort, Alter

b) Körpergröße, Körperform, Schönheit

c) Stimme, Hautfarbe, Kopfform

d) Haarfarbe, Frisur, Gesundheit, Bart

e) Kleidung, Schmuck, Brille, Lieblingsschauspieler

2. Wie sollst du beschreiben?

a) im Präsens, im Präteritum

b) mit unterschiedlichen Stiften, mit unterschiedlichen Satzanfängen

c) sachlich, amüsant

d) grob, genau

Denke daran, deine **eigene Meinung** gehört **nicht** hinein!

•• **Im Kaufhaus ist ein Diamantring gestohlen worden. Mehrere Kunden berichten der Polizei von dem Vorfall. Lies die Aussagen der Zeugen. Wer ist der Täter? Kreuze das richtige Fahndungsfoto an.**

„Plötzlich bekam ich einen Stoß in die Seite. Ein Mann rannte an mir vorbei und zum Ausgang. Ich sah ihn nur von hinten, aber ich weiß, dass er nur sehr wenig Haare auf dem Kopf hatte."

„Der junge Mann fiel mir auf, weil er dauernd nach links und rechts schaute. Es schien, als wollte er sichergehen, dass ihn niemand beobachtet. Hinter seiner Brille waren die Augen kaum zu erkennen."

„Ich dachte noch: Der sieht aber nicht so aus, als könnte er sich diesen Ring leisten! Mit so einem verschlagenen Gesicht und dem komischen Schnurrbart sah er eher wie ein Bankräuber als wie ein Schmuckkäufer aus. Da steckte er den Ring auch schon ein und verschwand im Gedränge."

1 ☐

2 ☐

3 ☐

•• **Beschreibe diese Person.**

So geht es leichter: **Schaue** dir das Bild ein paar Minuten in Ruhe **an**. Notiere dir dabei in **Stichpunkten**, was du beschreiben möchtest. Bringe dann deine Stichpunkte in eine **sinnvolle Reihenfolge**. Erst jetzt **schreibst** du deinen Text. Auf los geht's los!

••• **Unterstreiche im Text alle Wörter und Sätze, die nicht in eine Personenbeschreibung gehören. Anschließend kannst du selbst ein Bild der beschriebenen Person malen.**

Die Person ist ein Mann von etwa 30 Jahren. Er ist bestimmt Basketballer, denn er ist über zwei Meter groß und sehr schlank. Er hat ein wunderschönes ovales Gesicht mit reiner, rosiger Haut. Seine blonden, glatten Haare trägt er zum Pferdeschwanz gebunden. Ein kurzer Bart gibt dem Mann ein verwegenes Aussehen, fast wie ein Pirat. Total auffällig fand ich seinen goldenen Ohrring. Er hatte eine Jeansjacke und Jeanshosen an. Er hatte ein grün-braunes T-Shirt an, so genau weiß ich das nicht mehr. Er hatte einen süßen kleinen Hund dabei.

5.6 Einen persönlichen Brief schreiben

• **Lies dir Davids Brief sorgfältig durch.**

☐ *Geistingen,* ☐ *28.10.2008*

☐ *Lieber Dennis,*

☐ *hiermit möchte ich Dich zu meiner Halloween-Feier einladen. Sie findet am 31. Oktober ab 18 Uhr bei uns im Baumhaus statt.*

Ich weiß, dass Du solche Parties eigentlich nicht magst. Aber es wird sicher sehr lustig! Jeder Gast bekommt von mir ein grauenhaftes Begrüßungsgeschenk. Es gibt tolles Essen und witzige Spiele. Mein Vater spielt auf der Singenden Säge und meine Urgroßmutter singt dazu. Für Mitternacht haben wir eine ungeheure Überraschung, die wird jetzt nicht verraten!

Alle unsere Freunde haben schon zugesagt. Sogar meine Schwester und ihre feinen Freundinnen werden da sein. Denen kann man bestimmt großartig Angst einjagen. Bitte sag, dass Du kommst!

☐ *Gruselige Grüße*

☐ *Dein David*

☐ *P.S. Du musst Dich nicht verkleiden. Dein Gesicht sieht auch so schon schlimm genug aus. Haha!*

Schreibt David an einen Menschen, den er gut kennt, oder an einen Unbekannten? Begründe deine Meinung

David schreibt an ______________________ .

Begründung: ____ .

BOXENSTOPP

Wenn du den Text gelesen hast, kannst du die Zahlen von 1 bis 7 sicher ganz leicht in die Kästchen der Aufwärmübung eintragen.

Wenn du einen Brief an einen Menschen schreibst, den du gut kennst, nennt man das einen **persönlichen Brief**. Er besteht aus drei unterschiedlichen Teilen:

Briefkopf: Ein Brief enthält immer einen **Ort (1)** und ein **Datum (2)** in der **rechten** oberen Ecke. Zwischen Ort und Datum steht ein Komma. Nach einer **leeren Zeile** folgt die **Anrede (3).** Danach folgt wieder ein Komma und eine **leere Zeile.**

Brieftext (4): Nun kannst du drauflos erzählen! Der Denke daran, die Anrede **Sie/Ihr** usw. immer groß zu schreiben. **Du/dein** usw. kannst du groß schreiben, wenn du es möchtest, du kannst es aber auch klein schreiben

Briefschluss: Er beginnt nach einer **Leerzeile** mit der **Grußformel (5).** Danach setzt du kein Satzzeichen! Vergiss nicht deine **Unterschrift (6)** in der nächsten Zeile! Möchtest du jetzt noch etwas ergänzen, kannst du ein **P.S.** (das steht für das lateinische Wort Postskriptum und bedeutet wörtlich übersetzt „nach dem Geschriebenen") **(7)** hinzufügen.

•• **Welche Anreden und welche Grußformeln eignen sich gut für einen Brief an einen Freund oder Verwandten? Kreise sie ein.**

A Hi Mona

B Hi Herr Direktor

C Hallo Jan

D Lieber Onkel Paul

E Sehr geehrter Herr Schmitt

F Sehr geehrte Oma

G Liebe Mama

H Viele Grüße

I Lieben Gruß

J Gruß und Kuss

K Mit freundlichen Grüßen

•• **Füge die passenden Teile von Briefkopf und Briefschluss ein. Setze auch die richtigen Satzzeichen!**

wie geht es Dir? Mir geht es prima. Am Wochenende war ich mit Mama und Papa im Zoo. Die Löwen hatten Junge bekommen. Ich durfte das Löwenbaby auf dem Arm halten und füttern. Es hat mir die Finger abgeschleckt und plötzlich ohrenbetäubend gebrüllt! Vor Schreck habe ich es fallen gelassen. Der Pfleger hat gelacht.

Mausbach, 1.8. 2009

Viele Grüße

Anton

Lieber Onkel Bernd

P.S. Papa sagt, er hätte sich nie getraut, einen waschechten Löwen auf den Arm zu nehmen!

••• **Stelle dir vor, dein bester Freund/deine beste Freundin liegt nach einer Blinddarm-OP im Krankenhaus. Schreibe ihm/ihr einen Brief. Erzähle, wie es dir geht und was du in der letzten Zeit getan hast. Frage, wie es ihm/ihr geht und was er/sie im Krankenhaus erlebt.**

Schreibe den Brief auf ein Blatt Papier oder in ein Heft.

6 TEXTE VERSTEHEN

6.1 Sachtexte verstehen

- **Welche dieser kurzen Texte sind Sachtexte? Kreuze sie an.**

☐ **1.** Drache (lat. draco) nennt man Fabelwesen mit Flügeln, einem langen Schwanz und feurigem Atem. Sie werden teilweise als gut und mächtig, teilweise als böse und gefährlich beschrieben. Oft haben Drachen eine Vorliebe für Gold und Edelsteine.

☐ **2.** Historiker und Archäologen erforschen die alten Germanen. Regelmäßig trafen sich die germanischen Stämme zum Thing. Dort trugen die Männer feine Kleidung, Fibeln und Schwerter. Es wurde Recht gesprochen und über Kriegszüge entschieden.

☐ **3.** Der junge Germane trat auf eine Lichtung und erstarrte. Vor ihm schlief ein riesiges Untier in der Sonne. Ein Drache! Das Monster hatte grün glänzende Schuppen, ein breites Maul mit scharfen Zähnen und Beine so dick wie Baumstämme.

Sachtexte – was ist das eigentlich? Sachtexte wollen dich nicht mit einer spannenden Geschichte unterhalten, sondern **Wissen vermitteln**. Wobei auch Wissen echt spannend sein kann, nicht wahr, Deutsch-Forscher? Sachtexte begegnen dir jeden Tag: in der Zeitung, in Sachbüchern zu interessanten Themen und natürlich auch hier. Du liest gerade einen Sachtext!

BOXENSTOPP

Lies den Text sorgfältig durch. Unterstreiche in den Absätzen 1 bis 4 jeweils die für den Abschnitt wichtigsten Wörter.

Um einen Sachtext zu verstehen, helfen einige kleine Tricks.

1. Lies den Text durch. Streiche dabei Wörter und Abkürzungen an, die du nicht verstehst. Nun lies den Text noch einmal. Verstehst du die Wörter jetzt? Wenn nein, schlage sie im Lexikon oder Wörterbuch nach. Schreibe ihre Bedeutung an den Rand.
2. Markiere nun die wichtigsten Schlüsselwörter. Frage dich dazu: Worum geht es in dem Text? Welcher Sachverhalt wird erklärt?
3. Nun gliedere den Text in Sinnabschnitte. Diese Abschnitte behandeln verschiedene Aspekte des Themas. Du erkennst sie oft daran, dass eine neue Zeile beginnt.
4. Fasse die Sinnabschnitte in einem oder zwei Sätzen zusammen. Dabei helfen dir deine Schlüsselwörter.

Wenn du einen Text auf diese Weise durchgearbeitet hast, kannst du seinen Inhalt mündlich oder schriftlich wiedergeben.

•• **Lies den Sachtext sorgfältig durch und unterstreiche die wichtigsten Schlüsselwörter.**

Die germanischen Stämme lebten etwa von 500 vor Christus bis 800 nach Christus auf dem Gebiet des heutigen Deutschland und Skandinavien.
Die Germanen waren fingerfertige Handwerker. Die Frauen stellten alles her, was man für das tägliche Leben brauchte. Sie webten und nähten die Kleidung, töpferten Geschirr und flochten Körbe. Die Männer bauten aus Holz Häuser, Boote und Wagen. Geschickte Schmiede fertigten aus Bronze und Eisen wunderschönen Schmuck, praktische Arbeitsgeräte und gefährliche Waffen.
Die Versammlung der einzelnen Stämme hieß Thing. Dort kamen alle Männer mit ihren Waffen und Schilden zusammen. Frauen und Sklaven hatten keinen Zutritt. Auf dem Thing wurden, wenn nötig, Kriegszüge beschlossen und ein Anführer gewählt. Außerdem brachte man Streitfälle vor und die Versammlung entschied, wer Recht hatte.

Markiere nun mit einem farbigen Stift Sinnabschnitte. Nummeriere sie und fasse jeden Abschnitt in einem Satz zusammen.

••• **Lies den Text und arbeite ihn nach der Anleitung im Boxenstopp durch. Schreibe Erklärungen für die schwierigen Wörter an den Rand.**

Berichte deinen Eltern, Geschwistern oder einem Freund, worum es in dem Text geht.

Die Bundeskanzlerin ist die wichtigste Politikerin in Deutschland. Sie ist die Chefin der Bundesregierung und bestimmt ihre Mitglieder, die Minister. Gibt es in der Bundesregierung Streit über eine Entscheidung, ist die Meinung der Bundeskanzlerin die wichtigste.

Die Bundeskanzlerin arbeitet im Berliner Bundeskanzleramt. Dieses riesige Gebäude wird wegen seiner weißen Farbe und seiner schlichten, modernen Form manchmal auch „Waschmaschine" genannt. Im vierten Stock, der „Geheim-Etage", gibt es abhörsichere Räume und im achten Stock eine Wohnung für die Bundeskanzlerin.

Praktisch hat die Bundeskanzlerin die größte Macht in Deutschland. Der nach dem Gesetz höchste Politiker ist aber der Bundespräsident, das deutsche Staatsoberhaupt. Er unterzeichnet Gesetze, vergibt das Bundesverdienstkreuz und vertritt das Land nach außen.

6.2 Märchen verstehen

- **Lies den Text. Nenne zwei Dinge, die daran märchenhaft sind.**

Die traurige Königstochter

Es war einmal eine Königstochter, die hatte alles, was man sich wünschen kann: Schöne Kleider, wertvollen Schmuck, liebevolle Eltern und freundliche Schwestern. Trotzdem war ihr Herz schwer. Sie lächelte nie und hielt den Kopf stets gesenkt. Jeden Abend weinte sie und oft schreckte sie schluchzend aus dem Schlaf hoch.

Der König und die Königin waren hoch betrübt über das Leid ihres Kindes. Daher sandten sie eine Nachricht in alle Winde: Wer ihre Tochter zum Lachen brachte, durfte sie heiraten und die Macht im Königreich übernehmen.

Da kam eines Tages ein Königssohn zum Schloss. Er war wunderschön, stark und mutig. Stundenlang erzählte er der Prinzessin von seinen Reichtümern, seiner Macht, seinen vielen Abenteuern und seinem Heldenmut. Dann warf er sich der Prinzessin zu Füßen und gestand ihr seine große Liebe. Doch die Prinzessin spürte, dass der Königssohn eitel und eingebildet war. Sie seufzte nur und wandte sich ab.

Einige Zeit später kam wieder ein Königssohn. Er hatte sich als Narr verkleidet und führte viele Späße und allerlei Unfug auf. Die Schwestern der Prinzessin lachten, bis ihnen die Tränen kamen. Doch die traurige Königstochter blieb ernst und stumm.

Auch ein einfacher Bauernsohn hörte von der traurigen Königstochter. Er fragte die Tiere des Waldes, ob sie eine Hilfe wüssten, doch keines hatte eine Idee. Da wanderte er weiter und fragte die Tiere der Felder, die Tiere der Berge und sogar die Tiere des Meeres. Endlich traf er auf einen alten Wal, der sprach: „Geh bis an das Ende der Welt, weit hinter die hohen Berge und bis zum Rand des Meeres. Dort ist der Ort, wo die Herzensschlüssel liegen."

Der Bauernsohn wanderte sieben Tage und sieben Nächte, bis er das Ende der Welt erreichte. Sofort entdeckte er den funkelnden Schlüsselwald, der von einem Zwerg bewacht wurde.

„Was willst du hier?", fragte der Zwerg.

„Ich suche den Schlüssel zum Herzen der traurigen Königstochter", sagte der Bauernsohn.

„Wieso suchst du danach?", fragte der Zwerg weiter.

„Um die Königstochter glücklich zu machen."

Da überreichte der Zwerg dem Bauernsohn einen feinen, silbernen Schlüssel. „Du hast die richtige Antwort gegeben", sagte der Zwerg. „Du suchst den Schlüssel nicht, damit du die Prinzessin und das Königreich bekommst, sondern damit sie ihre Traurigkeit verliert. Nun geh und mache sie glücklich!"

Der Bauernsohn reiste zum Schloss und gab der Prinzessin den Schlüssel zu ihrem Herzen. Sie erleichterte ihr Herz und warf all den Kummer und das Leid, das sie bis dahin gespürt hatte, ins tiefe Meer. In ihrem Herzen war endlich Platz für Freude und Liebe.

Sieben Tage später wurde Hochzeit gefeiert. Die Königstochter und der Bauernsohn waren weise Herrscher über ihr Reich. Und wenn sie nicht gestorben sind, dann leben sie noch heute.

1. ______________________________

2. ______________________________

BOXENSTOPP

Finde Beispiele für die Märchenelemente und schreibe sie in die Lücken.

gute Fee | böser Zauberer | Spiegel | Schlüssel | Zwerge | Wolf | Tauben | Riesen

Das Märchen spielt in der **Vergangenheit**, doch die **genaue Zeit** und der **Ort** der Handlung sind **nicht genannt**. Man nennt diese Geschichten auch **Volksmärchen**, weil sie früher von allen Menschen mündlich erzählt und von den Eltern an die Kinder weitergegeben wurden. Einige Elemente kommen in fast allen Volksmärchen vor:

- eine **Prüfung**, die die Hauptfigur bestehen, oder ein **Rätsel**, das sie lösen muss,
- das **Gute** 1 (____________) **besiegt** das **Böse** 2 (____________),
- **magische Gegenstände** 3 (____________ , ____________),
- **fantastische Figuren** 4 (Hexen, ____________ , ____________),
- **sprechende Tiere** 5 (____________ , ____________),
- **magische Zahlen**, vor allem **3** und **7** (**Die böse Stiefmutter** versucht **dreimal**, **Schneewittchen** zu töten. **Aschenputtel** geht **dreimal** auf den Ball des Königssohns. Schneewittchen und die **sieben** Zwerge; Der Wolf und die **sieben** Geißlein).
- in vielen Märchen **wiederkehrende Sätze** (Es war einmal ...; Und wenn sie nicht gestorben sind, dann leben sie noch heute.).

- **Lies das Märchen von der traurigen Königstochter noch einmal. Fülle die Tabelle vollständig mit Beispielen aus dem Märchen aus.**

1. Anfangssatz	
2. Aufgabe	
3. Gute Figuren	

4. Böse Figuren	
5. Magische Gegenstände	
6. Fantastische Figuren	
7. Sprechende Tiere	
8. Magische Zahlen	
9. Schlusssatz	

Volksmärchen sind zum Beispiel die Märchen der **Brüder Grimm**: Jacob und Wilhelm reisten im 19. Jahrhundert durch ihre Heimatgegend um Kassel und ließen sich alte Märchen erzählen, die sie in mehreren Büchern veröffentlichten: **Schneewittchen, Hänsel und Gretel** und **Die Bremer Stadtmusikanten** kennst du bestimmt, oder?

Das Gegenstück der Volksmärchen sind die **Kunstmärchen**. Diese wurden von Schriftstellern erfunden, unterscheiden sich aber kaum von den Volksmärchen. Ein bekanntes Kunstmärchen ist **Der kleine Muck** von Wilhelm Hauff.

Und wisst ihr, was das Schönste an Märchen ist? **Sie gehen immer gut aus!** Am Ende gibt es fast jedes Mal **Glück**, **Liebe**, eine **Hochzeit** ... Seufz!

●● **Welche dieser Aufgaben passen in ein Märchen? Kreuze sie an.**

☐ **1.** Die Hauptfigur nimmt eine gute Fee gefangen.

☐ **2.** Die Hauptfigur erlöst eine verwunschene Prinzessin.

☐ **3.** Die Hauptfigur pflückt ein Heilkraut am Ende des Regenbogens.

☐ **4.** Die Hauptfigur rettet einen verzauberten König.

☐ **5.** Die Hauptfigur tötet ein Einhorn.

☐ **6.** Die Hauptfigur verzaubert ein schönes Mädchen.

••• **Lies den folgenden Anfang eines Märchens. Schreibe auf, was daran typisch märchenhaft ist. Und was ist ganz und gar nicht normal für ein Märchen?**

Der dicke Schmied

Es war einmal vor 200 Jahren in dem Dorf Warrel bei Bremerhaven ein Schmied mit Namen Hans Wurst. Er arbeitete tagein, tagaus wie ein Ochse. Er schwang den Schmiedehammer, trat den Blasebalg und hob mächtige Eisenbrocken hoch. Daher war er auch stark wie ein Ochse. Eines Morgens saß auf seinem Amboss ein Eichhörnchen. „Schu, schu!", machte Hans, aber das Eichhörnchen blieb sitzen.

„Schmiede-Hans, ich brauche deine Hilfe", piepste es.

1. Märchenhaft: ______________________________

____

2. Nicht märchenhaft: ______________________________

____

6.3 Sagen verstehen

• **Lies die Sage. Wie heißt die Stadt, die Barbara gegründet hat? Setze die Anfangsbuchstaben der Tiere zu einem Wort zusammen.**

Vor langer Zeit lebte in Deutschland an einem Fluss in der östlichen Heide ein Mädchen mit Namen Barbara. Doch ihre Eltern starben, als sie noch sehr klein war, und so wurde sie von den wilden Tieren aufgezogen: Von Bären, Ebern, Ratten, Luchsen, Igeln und Nattern.
Die Tiere waren sehr gut zu ihr: Am Fell der Bären durfte sie sich nachts wärmen, die Eber brachten ihr zu essen, die Ratten lehrten sie das Schwimmen und die Luchse das Jagen. Die Igel erzählten Barbara Geschichten und die Nattern beschützen sie mit ihrem Gift vor allen Gefahren.
Als Barbara erwachsen wurde, heiratete sie und bekam viele Kinder. Damit nie wieder ein Kind ohne Eltern aufwachsen müsste, beschloss Barbara, eine Stadt für alle Kinder des Landes zu gründen. Diese Stadt wuchs und wuchs bis sie die größte Stadt Deutschlands wurde. Ihren Namen bekam sie von Barbaras tierischen Helfern.

Die Stadt heißt ______ .

Die bekanntesten deutschen Sagen sind die Geschichten von den so genannten **Nibelungen** um den Helden Siegfried, der durch ein Bad in Drachenblut unverwundbar war, und seine wunderschöne Frau Kriemhild.

BOXENSTOPP

Genau wie das Märchen spielt auch die Sage in vergangenen Zeitaltern und wurde früher **mündlich** erzählt. Sagen haben oft einen **wahren Kern**, der - wie im Märchen - mit **fantastischen Begebenheiten** und **Figuren** ausgeschmückt wurde.

Doch einige Dinge sind in der Sage auch ganz anders.

Füge die Satzteile richtig zusammen, um zu erfahren, was das Besondere an einer Sage ist.

1 Sagen spielen an einem **bestimmten Ort** und	**A** **schlecht** ausgehen.
2 Die **Hauptfiguren** sind oft keine normalen Menschen, sondern	**B** **Götter** oder **mächtige Helden**.
3 Sagen können auch	**C** zu einer **bestimmmten Zeit**. Sie sollen wirken, als wären sie wirklich geschehen.

•• **Lies den Text. Streiche die typischen Kennzeichen der Sage farbig an. Schreibe anschließend die passende Zahlen-Buchstaben-Kombination aus dem Boxenstopp zu den farbig markierten Textstellen.**

Manfred und Hilde

Im Königreich Hamburg lebte zur Zeit des mächtigen Königs Günther ein Mann namens Manfred. Er war groß und stark und geschickt mit dem Schwert. Manfred hatte ein Frau, die schöne Hilde, und eine Tochter, die er sehr liebte.
Eines Tages erreichte Manfred die Nachricht, dass der König einen Kriegszug plane und alle tapferen Männer daran teilnehmen sollten. Sofort sprach er zu seiner Frau: „Ich will dem König dienen und ihm im Kampf zur Seite stehen. Morgen werde ich zum König reiten."
Doch Hilde wollte nicht, dass ihr Mann in den Krieg zog. In der Nacht weinte sie bitterlich und konnte keinen Schlaf finden. Als sie im Garten umherging, stand plötzlich ein Zwerg vor ihr. Hilde erschrak.
„Weine nicht", sagte der Zwerg, „ich kann dir helfen. Nimm diese Salbe und streiche sie deinem Mann auf Brust und Rücken. Kein Schwert wird ihm dann noch etwas anhaben können."
„D-danke, „schluchzte Hilde und wollte ins Haus gehen.
„Halt!", rief der Zwerg, „was ist mit meiner Bezahlung? Ich wünsche nicht viel, nur die Hand eurer Tochter, wenn sie alt genug ist, mich zu heiraten." Hilde wollte ihre Tochter auf keinen Fall an den bösen Zwerg verheiraten, aber das Mädchen war noch so klein. Eine Heirat erschien ihr weit entfernt. Also willigte Hilde ein.

Sie salbte ihren Mann, wie der Zwerg gesagt hatte. Die Armee des Königs wurde vernichtend geschlagen, fast alle Männer kamen um. Nur König Günther und Manfred kehrten unbeschadet aus der Schlacht zurück. So wurde Manfred des Königs wichtigster Ritter. Er kämpfte in vielen Schlachten an seiner Seite und wurde als Krieger berühmt.
Die Jahre vergingen und Hildes und Manfreds Tochter wurde erwachsen. Sie verliebte sich und wollte heiraten. Am Vorabend der Hochzeit stand plötzlich der Zwerg wieder vor Hilde.
„Weißt du noch, was du mir versprochen hast?", fragte er. „Heute will ich deine Tochter holen."
„Nein, nein!", schrie Hilde. „Nehmt alles, nur nicht mein Kind. Sie ist doch so glücklich!"
Der Zwerg lachte. „Ein Leben für ein Leben!", rief er. „Ich habe dir vor vielen Jahren das Leben deines Mannes geschenkt. Nun verlange ich eine Gegenleistung! Entweder das Leben deiner Tochter oder dein eigenes."
In diesem Moment wurde das Herz von Hilde zu Stein. Sie warf einen letzten Blick auf ihre Familie und ging mit dem Zwerg davon.
So kam es, dass der tapfere Krieger Manfred doch noch eine Wunde erlitt: eine Wunde am Herzen. Über den Verlust seiner Frau wurde er so traurig, dass er bald darauf starb.

••• **Lies die Sage von Montana. Schreibe in die Tabelle, was an ihr typisch sagenhaft ist. Notiere auch die Unterschiede zum Märchen.**

Montana

Dort wo die Alpen am allerhöchsten sind, stand vor etwa 300 Jahren eine große Stadt. Sie hieß Montana. Montana war reich durch die Schätze der Berge: Gold, Silber, Eisenerze und Bergkristalle wurden in den Minen um die Stadt abgebaut. Jedes Jahr im Winter feierte man in Montana mit einem großen Fest den Reichtum der Stadt. Tagelang wurde getanzt, gegessen und getrunken.
In diesem Jahr war der Winter besonders schneereich. Schon Wochen vor dem Fest strömten die Gäste von nah und fern in die Stadt, denn sie wollten unbedingt an den Feierlichkeiten teilnehmen. Überall rauchten die Herdfeuer, die Bäcker buken ihre leckersten Kuchen und die Brauer schenkten das beste Bier aus.
Nur Ludo, der Sohn des Bürgermeisters, war nicht fröhlich. Er beobachtete die Berge über der Stadt und sah, wie sich die Schneemassen dort auftürmten. Er warnte seinen Vater und die Ratsherrn, dass er im Traum ein großes Unglück für die Stadt gesehen habe, doch die Männer lachten ihn nur aus.
Da stieg Ludo auf den Berg und wollte den Schnee mit seinen kräftigen Armen festhalten. Doch der Schnee war schwer und stark. Ludo schwitzte und zitterte. Mitten in der Nacht, als das Fest seinen Höhepunkt erreicht hatte, ließen Ludos Kräfte plötzlich nach. Er rutschte ab, fiel zu Boden und eine Lawine löste sich. Voller Entsetzen beobachtete Ludo, wie die Schneemassen unter lautem Tosen die Menschen der Stadt unter sich begruben. Das war das Ende der Stadt Montana. Sie wurde nie wieder aufgebaut. Doch wenn Wanderer heute in die Nähe der Stelle kommen, wo damals die Lawine niederging, hören sie oft ein Stöhnen und Klagen der vielen verschütteten Seelen.

Sage (Beispiel „Montana“)	Märchen

6.4 Gedichte untersuchen

- **Lies das Gedicht und fülle die Lücken mit Reimwörtern.**

Die Maus

Es war eine müde Maus,
die huschte sehr hungrig durchs 1 ______________ .

Sie roch den gebratenen 2 ______________ ,
der lag auf dem Küchentisch.

Sie hatte viel 3 ______________ ,
ein Festmahl war das.

Doch für die Hausfrau war's Mäuschen ein Graus.

BOXENSTOPP

Sortiere die Buchstaben in Klammern und finde die Lösungswörter.

Ein Gedicht erkennt man schon rein äußerlich: Es besteht aus kurzen Zeilen, den 1 ____________ (**nerVes**), und oft auch aus einzelnen Absätzen, den 2 ____________ (**orphneSt**).

Sehr viele Gedichte benutzen den 3 ____________ (**rindmeE**). Dabei klingen die jeweils letzten Wörter von zwei oder mehreren Versen vom letzten betonten Vokal an genau gleich (M**aus** - H**aus**, r**eisen** - w**eisen**).

Die Reime unterscheidet man nach der Anordnung der Reimwörter in der Strophe. Schreibst du zu gleichen Reimen den gleichen **Kleinbuchstaben**, erhältst du das **Reimschema**.

- 4 ____________ (**raPrimae**): Zwei aufeinanderfolgende Verse reimen sich (Reimschema: **aabb**).
- 5 ____________ (**urKzierme**): Es reimen sich der 1. und 3. sowie der 2. und 4. Vers einer Strophe (Reimschema: **abab**).
- **Umarmender oder umklammernder Reim**: Der 1. und 4. Vers einer Strophe reimen sich und „umarmen" dabei den Reim des 2. und 3. Verses (Reimschema: **abba**).

Gedichte haben oft eine **besondere Sprache**. Die sprachlichen Hilfsmittel finden sich oft an besonders wichtigen Stellen des Gedichts. Sie helfen dir, bekannte Dinge neu zu sehen oder besser zu verstehen.

- Gleiche Anfangslaute (**Alliteration**) betonen eine Stelle besonders: **Es war eine müde Maus, die huschte sehr hungrig durchs Haus.**
- Bei einer **Personifikation** werden Gegenstände oder Ideen wie Menschen beschrieben: **Der Winter hielt mit festem Griff den Frühling noch gefangen.**

•• **Lies das Gedicht und beantworte die Fragen.**

Freundschaft

Wenn ich weinen muss,
wenn ich traurig bin,
geh ich zu dir hin,
du gibst mir 'nen Kuss.

Bin ich mal mies drauf,
hab ich was verpeilt,
deine Freundschaft heilt
und sie wärmt mich auf.

Mit dir bin ich locker,
mit dir macht es Spaß.
Ich verrat dir was:
Du haust mich vom Hocker.

1. Wie viele Verse und Strophen hat das Gedicht?

______ Verse und ______ Strophen

2. Welches Reimschema hat das Gedicht? Kreuze an.

☐ **A** Paarreim

☐ **B** Kreuzreim

☐ **C** umklammernder Reim

3. Schreibe das Reimschema auf: __ __ __ __

•• **Lies das folgende Gedicht. Wie wirkt es auf dich? Kreuze an. Schreibe zwei Textstellen auf, die deine Meinung belegen.**

Winterlandschaft

Das Licht ist so klar und doch so kalt,
Der Himmel von Wolken bedeckt,
Tödlich kahl liegen Feld und Wald,
Tier und Mensch sind versteckt.

Nur die schwarzen Krähen wagen sich 'raus,
Ihr Weinen gellt wohl und weit.
Sie sitzen auf dem kalten Haus
Und wissen nichts von der Zeit.

Der Frühling schläft seinen Schönheitsschlummer
Und hält sich im Eise verborgen.
Er denkt sich: Der Winter macht mir nur Kummer,
Was soll's, ich schlaf noch bis morgen.

☐ **1.** lustig ☐ **2.** romantisch ☐ **3.** traurig ☐ **4.** modern

Begründung:

1. ______________________________

2. ______________________________

Manchmal ist auch die **äußere Gestalt** eines Gedichts sehr wichtig. Die Anordnung der Wörter kann die Aussage, die der Autor machen möchte, unterstützen. Es wäre zum Beispiel sehr verwirrend, wenn ein Gedicht über ein Handy in Form eines Computers angeordnet wäre, oder? Mmh, wer weiß, vielleicht will der Autor auch gerade damit die verwirrende Vielfalt der elektronischen Nachrichten vermitteln!?

••• **Erkläre die äußere Form des Gedichtes.**

Regenwetter

Re Re Re
Re Re
gen gen gen gen
gen
trop trop trop
trop trop
fen fen
fen fen fen

die auf die Straße klopfen die auf die Straße klopfen die auf die Straße klopfen

____

____

____

____

6.6 Redensarten und Sprichwörter verwenden

- **Verbinde die folgenden Redensarten und Sprichwörter rund ums Essen mit ihren Bedeutungen.**

1 Alles in Butter.	**A** Mehrere Menschen sind sich gegenseitig im Weg und machen alles nur schlimmer.
2 Es geht um die Wurst.	**B** Es ist alles in Ordnung.
3 Schwein haben	**C** Glück haben
4 eine Extrawurst braten	**D** Es nützt nichts, es wird keinen Erfolg geben.
5 Viele Köche verderben den Brei.	**E** jemanden bevorzugen
6 Da ist Hopfen und Malz verloren.	**F** Es geht um etwas sehr Wichtiges.

BOXENSTOPP

Streiche die jeweils falschen Begriffe durch und schon kennst du wieder ein paar mehr Regeln!

Redensarten oder Redewendungen sind 1 **feste/lockere** Verbindungen von Wörtern, die du 2 **wörtlich/nicht wörtlich** verstehen darfst. Sie sind meist aus einer Situation entstanden, die wir heute so 3 **nicht mehr/immer noch** kennen. Wer weiß schon, dass es früher ein Spiel gab, bei dem die Teilnehmer mit verbundenen Augen zwischen rohen Eiern tanzten. Dabei durfte natürlich keines kaputt gehen und sie führten einen Eiertanz auf. (Heutige Bedeutung: sich übermäßig vorsichtig oder umständlich anstellen.)

Ganz ähnlich sind die Sprichwörter. Diese 4 **Sätze/Wörter** sind oft schon Jahrhunderte alt und sollen den Menschen 5 **Hindernisse/Tipps** für ihr Leben geben:
Morgenstund hat Gold im Mund. (Erledige deine Aufgaben, bevor der Tag vergangen ist.)
Hunde, die bellen, beißen nicht. (Auch wenn jemand laut schimpft, er wird nichts Böses tun.)

Ein wichtiger Unterschied zwischen Redensarten und Sprichwörtern ist: Sprichwörter sind ganze Sätze, die du nicht veränderst. Es heißt immer 6 **verschieden/gleich**: Reden ist Silber, Schweigen ist Gold. Die Wörter einer Redensart dagegen darfst du umstellen und verändern: Ich habe ihn auf den Arm genommen. – Du willst mich wohl auf den Arm nehmen! – Nimm mich doch nicht auf den Arm!

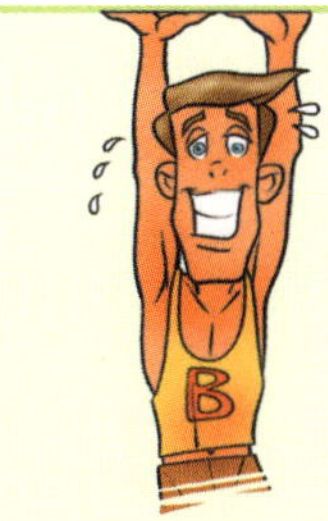

•• Viele unserer Redensarten kommen aus dem Mittelalter. Lies die mittelalterlichen Situationen durch. Wähle die passende Redensart aus und schreibe den Buchstaben in das Kästchen. Einige Redensarten bleiben übrig.

A die Kurve kriegen

B Schwein haben

C Hummeln im Hintern haben

D jemanden links liegen lassen

G jemanden im Stich lassen

E etwas ausbaden

F auf hohem Ross sitzen

H das Kind mit dem Bade ausschütten

☐ **1.** Die Angreifer durchlaufen den kurvigen Zugangsweg zur Burg mit einem Belagerungsgerät, zum Beispiel einem Rammbock.

☐ **2.** Ein Ritter sitzt auf einem großen Streitross.

☐ **3.** Ein Knappe hilft seinem Ritter beim Turnier nach dem Lanzenstoß, auch „Stich" genannt, nicht beim Aufstehen.

☐ **4.** Der Verlierer eines Ritterturniers bekommt zum Trost ein Schwein geschenkt.

☐ **5.** Jemand darf das Badewasser erst als Letzter benutzen, nachdem viele andere Personen darin gebadet haben.

•• Finde zu den Anfängen der Sprichwörter die passenden Enden.

1. Übung macht	**A** noch keinen Sommer.
2. Aller Anfang	**B** fällt selbst hinein.
3. Ein blindes Huhn	**C** findet auch mal ein Korn.
4. Eine Schwalbe macht	**D** ist schwer.
5. Wer anderen eine Grube gräbt,	**F** den Meister.

••• Lies, was die Schüler berichten. Wähle ein Sprichwort aus der Liste aus, das du ihnen sagen könntest. Denke dran: Sprichwörter sollen hilfreiche Tipps für das tägliche Leben geben!

1. „Mein Papa hat mir gestern einen Zwanziger in die Hand gedrückt und gesagt, ich solle mir einen schönen Nachmittag in der Stadt machen. Wahrscheinlich wollte er bloß zuhause seine Ruhe haben!"

☐ **A** Einem geschenkten Gaul schaut man nicht ins Maul.
☐ **B** Schuster, bleib bei deinen Leisten.
☐ **C** Wes Brot ich ess', des Lied ich sing.

2. „Letzten Monat hatte ich meine erste Französisch-Stunde. Puuh, diese Aussprache! Ich hatte fast einen Knoten in der Zunge! Inzwischen macht es mir richtig Spaß."

☐ **A** Ohne Fleiß kein Preis.
☐ **B** Ende gut, alles gut.
☐ **C** Aller Anfang ist schwer.

3. „So ein Mist, mir ist das Glas heruntergefallen!"

☐ **A** Geld stinkt nicht.
☐ **B** Scherben bringen Glück.
☐ **C** Was lange währt, wird endlich gut.

••• **Vervollständige die Sätze mit einer Redensart. Denke daran, die Sätze richtig zu bilden. Versuche es erst ohne Hilfe. Wenn du nicht weiterkommst, helfen dir die Boxen.**

1. Du hast das Kleid gekauft, ohne es vorher anzuprobieren?
   Da hast du aber *die Katze im Sack gekauft!*
2. Martin hat immer etwas zu meckern: Mal ist ihm der Unterricht zu schwer, mal zu leicht, dann wieder zu langweilig.
   Er ______________________________
3. Du solltest Oma langsam und schonend beibringen, dass du ihre gute Kette verloren hast.
   ____
4. Mia sagte Tim ins Gesicht, dass er gestern nur wegen der schwierigen Physik-Hausaufgaben geschwänzt hat. Damit ______________________________
5. Tina hat mir gerade erzählt, dass sie mit ihren Eltern in eine andere Stadt umzieht. Ich war so überrascht, ich ______________________________

ins Schwarze treffen | aus allen Wolken fallen | ein Haar in der Suppe finden | die Katze im Sack kaufen | mit der Tür ins Haus fallen

Neben Sprichwörtern gibt es noch **geflügelte Worte**: Das sind besonders bekannte Zitate aus **literarischen Werken** oder **berühmter Personen**, die als Redewendungen gebraucht werden. Heutzutage prägen auch **moderne Komiker**, **Fernsehstars** oder aber auch die **Werbung** immer wieder geflügelte Worte.
Bestimmst kennst du auch den berühmten Ausspruch eines Fußballtrainers: *Die Spieler waren schwach wie eine Flasche leer.* Na, im **Gegensatz** dazu bist du nach soviel Training stark wie eine Flasche voll!

Textarbeit 5. Klasse

TEST

Bist du bereit für einen Test zur Textarbeit? Du hast 45 Minuten Zeit.

Notiere deine Start- und Endzeit. **Start**: _____ Uhr / **Ende**: ______ Uhr.

Wenn du fertig bist, gehe alle Aufgaben noch einmal durch und korrigiere mögliche Flüchtigkeitsfehler. **Auf die Plätze - fertig - los!**

PUNKTE

1. Lies den Text und beantworte die Fragen.
(1 Punkt für jedes richtige Kreuzchen)

Es war ein strahlender Sommertag. Maxi machte schnell die Hausaufgaben fertig. Dann lief er in den Garten. Er wollte unbedingt sein neues Skateboard ausprobieren. Damit war er sicher der coolste Junge der Nachbarschaft!

a) Was für eine Erzählung ist das?

- ☐ Eine Erlebniserzählung
- ☐ Eine Fantasieerzählung

b) Um welchen Teil einer Erzählung handelt es sich?

- ☐ Einleitung
- ☐ Hauptteil
- ☐ Schluss

c) Schreibe drei Wörter auf, die du statt des Pronomens „er“ verwenden kannst:

____

d) In welcher Zeitform ist die Erzählung geschrieben? ______________

PUNKTE

2. Betrachte das Foto. Was gehört in eine Personenbeschreibung? Fülle die Tabelle aus.

a) Geschlecht

____

b) Alter

____

c) Haare

____

d) Kleidung

____

e) In welchem Tempus schreibst du die Personenbeschreibung?

____

3. Lies den Sachtext. Teile ihn in zwei Sinnabschnitte und fasse jeden Abschnitt in einem Satz zusammen.
(1 Punkt für jeden richtig zusammengefassten Abschnitt und für jede passende Überschrift)

PUNKTE

Wenn du kochst, badest oder auf die Toilette gehst, wird das Wasser richtig schmutzig. Auf dem Weg zur Reinigung verschwindet es zunächst aus dem Waschbecken und fällt durch ein Rohr nach unten in die Kanalisation. Die unterirdischen Kanäle verlaufen immer ein wenig schräg, sodass das Dreckwasser wie von selbst zur Kläranlage fließt. Dort wird es gründlich gereinigt. Zunächst wird der grobe Schmutz - zum Beispiel Sand, Toilettenpapier und Abfälle - herausgefiltert. Dann machen sich Kleinstlebewesen daran, Dreck und Giftstoffe aufzufressen. Am Ende fließt frisches, sauberes Wasser aus der Kläranlage heraus und landet in unseren Flüssen und Seen.

a) ____________________

b) ____________________

4. Welches sind die typischen Elemente von Märchen und Sage? Einige stehen schon in der Tabelle. Schreibe die jeweilige Entsprechung für das Märchen oder die Sage in das freie Feld. (1 Punkt für jede richtige Antwort)

PUNKTE

Märchen	Sagen
	spielen an einem bestimmten Ort, zu einer bestimmten Zeit
enthalten oft fantastische Figuren und Erlebnisse	
gehen gut aus	

5. Lies das Gedicht und löse die Aufgaben.
(1 Punkt für jede richtige Antwort)

PUNKTE

Es war einmal ein Ritter,
Dem wurd' das Leben bitter.
Die Rüstung war ihm viel zu schwer,
Vom Schleppen kam ein Kopfschmerz her.

Da sagt er sich: Ab heute
Schaff ich für arme Leute.
Er legte seine Rüstung ab,
Verteilte Brot landauf, landab

Und war von diesem Tage an
Ein neuer, sehr zufried'ner Mann.

a) Wie viele Strophen hat das Gedicht? ___

b) Wie sieht das Reimschema in Kleinbuchstaben aus? _ _ _ _

c) Wie nennt man das Reimschema? ______________

PUNKTE

6. Fülle die Lücken in den Sprichwörtern und notiere, was die Sprichwörter bedeuten.
(1 Punkt für jede richtige Lücke und 1 Punkt für jedes richtig erklärte Sprichwort)

Beispiel: Einem geschenkten Gaul schaut man nicht ins Maul = Man soll nicht fragen, warum man etwas geschenkt bekommt, sondern sich einfach drüber freuen.

a) __________ gut, alles gut.

____

b) Wer A sagt, muss auch B __________ .

____

c) Übung macht den __________ .

____

PUNKTE GESAMT

Geschafft! Vergleiche nun deine Antworten mit dem Lösungsteil auf S. 421. Trage die jeweilige Punktzahl neben der Aufgabe ein und zähle dann deine Gesamtpunktzahl zusammen. Trage deine Gesamtpunktzahl auch gleich auf der Urkunde auf S. 105 ein!

Meine Gesamtpunktzahl: ______ / 25

25 – 17 PUNKTE

Einfach spitze! Du bist der Textarbeit-Champion, denn du kennst dich schon gut in allen Bereichen aus!

16 – 8 PUNKTE

Eine gute Ausgangsposition, um dich noch zu verbessern! Überprüfe noch einmal, wo du Fehler gemacht hast und versuche die Aufgaben richtig zu lösen.

7 – 0 PUNKTE

Liebe Sportsfreundin, lieber Sportsfreund, leider hast du noch so einige Lücken in deinem Textarbeitswissen! Schau dir am besten die Boxenstopps und Erklärungen noch einmal genau an und arbeite die Aufgaben erneut durch. Mit ein bisschen mehr Übung ist dann auch Silber oder sogar Gold drin!

URKUNDE

Herzlichen Glückwunsch! Du hast es geschafft und das **PONS Lerntriathlon 5. Klasse** erfolgreich abgeschlossen. Dafür hast du dir eine Urkunde verdient! Hier kannst du deine Punkte aus den drei großen Tests zusammenzählen:

Grammatik
Übertrage hier deine Punktzahl von Seite 52.

Rechtschreibung
Übertrage hier deine Punktzahl von Seite 70.

Textarbeit
Übertrage hier deine Punktzahl von Seite 103.

Summe
Trage hier deine Gesamtpunktzahl ein.

0 | 54 | 111 | 168

0 - 54 PUNKTE

Das war schon ganz gut, aber du kannst das bestimmt besser! Mit etwas mehr Training sind noch mehr Punkte drin!

55 - 111 PUNKTE

Prima! Du hast eine ganze Menge Punkte! Hier und da kannst du dich aber bestimmt noch ein bisschen mehr anstrengen, stimmt's?

112 - 168 PUNKTE

Absolute Spitze! Du hast ein super Ergebnis erzielt! Mach weiter so, dann schaffst du auch im nächsten Schuljahr prima Noten!

DEUTSCH
6. Klasse

Grammatik
Rechtschreibung
Textarbeit

1 WORTARTEN

1.1 Hilfs- und Modalverben

- **Kennst du die unterschiedlichen Verbarten? Verbinde die Sätze mit der dazugehörigen Erklärung.**

Ich zeichne	„Können" ist ein Modalverb
Ich kann zeichnen	„Werden" ist ein Hilfsverb
Ich werde zeichnen	„Zeichnen" ist ein Vollverb

BOXENSTOPP

Wie der Name, so die Aufgabe des Verbs. Setze die richtige Benennung in die Lücke ein.

Modalverben Hilfsverben

1 ______________ (Modus = lat. Art und Weise) drücken aus, in welcher Art und Weise man zu einer Sache steht. Wir **können, mögen, dürfen, müssen, sollen** oder **wollen** etwas.

Die **Modalverben** verändern den Inhalt eines anderen Verbs.

2 ______________ helfen gemeinsam mit anderen Verben ein Prädikat zu bilden. Sie können nicht allein stehen. Hilfsverben sind **sein, werden** und **haben**.

Hilfsverben können allein kein Prädikat bilden. Das bedeutet, dass sie nie allein stehen können. Sie brauchen entweder ein **Prädikatsnomen** (ich bin **Pilot**) oder ein **Partizip II** (sie hat **gelernt**) oder ein **Verb** (sie wird **lernen**).

•• A **Halt, hier Verbkontrolle! Handelt es sich um ein Modalverb oder Hilfsverb? Markiere in den Sätzen die Modalverben grün und die Hilfsverben rot.**

1. Dies ist ein wildes Tier und darf auf keinen Fall gefüttert werden.
2. Wenn Ihnen übel wird, sollten Sie nicht in die Tiefe schauen.
3. Dein Monopoly-Mitspieler kann sich freuen, wenn du Miete an ihn zahlen musst.
4. Ich muss abends früher ins Bett gehen, damit ich morgens besser aufstehen kann.

B Trage ein, welchen Sachverhalt die Modalverben ausdrücken.

Vorschrift | Wunsch | Zwang | Wille | Erlaubnis | Möglichkeit

1. Ich soll abends während des Fahrradfahrens das Licht anmachen. ______________
2. Ich muss meine Taschen vor Betreten des Ladens abgeben. ______________
3. Ich will mehr Ferien. ______________
4. Ich darf in dem See schwimmen. ______________
5. Ich kann hier mein Fahrrad abstellen. ______________
6. Ich möchte ein neues Handy haben. ______________

Ist dir schon mal aufgefallen, dass viele Modalverben in **Gesetzen**, **Bedienungsanleitungen**, **Vorschriften**, **Empfehlungen**, **Tipps** oder **Forderungen** vorkommen?

••• **A Das kommt uns Spanisch vor: Hier sind die Hilfsverben falsch gewählt. Streiche das falsche Hilfsverb durch und setze das richtige in die Klammer am Schluss des Satzes.**

1. Mein Vater ~~ist~~ uns den Spanienurlaub geschenkt. hat
2. Unser Reiseleiter hat ein netter Spanier. ______________
3. Nicht alle in unserer Familie wird Spanischexperten. ______________
4. Nur meine Mutter sind ein Spanisch-Lexikon. ______________
5. Sie ist im Urlaub fast zu einer richtigen Spanierin. ______________
6. Die Spanienurlaube haben prima, wir sind immer sehr viel Spaß. ______________ / ______________

B So viele Vorschriften, Wünsche und Forderungen! Trage die richtigen Modalwörter in die Lücken ein.

sollen | dürfen | müssen | mögen | können | wollen

1. Die Lehrerin fordert dich auf, die Hausaufgaben zu machen.
   Du sollst die Hausaufgaben machen.
2. Die Polizei zwingt dich, den Fahrradweg zu benutzen.
   Du ______________ den Fahrradweg benutzen.

3. Der Kinobesitzer erlaubt dir freie Platzwahl.
   Du ______________________________ dich überall hinsetzen.
4. Der Zahnarzt sieht die Notwendigkeit, dir den Zahn zu ziehen.
   Du ______________________________ dir den Zahn ziehen lassen.
5. Das Handy gibt dir die Möglichkeit, überall erreichbar zu sein.
   Du ______________________________ überall erreicht werden.
6. Du hast den Wunsch, diesen Kinofilm zu sehen.
   Du ______________________________ den Kinofilm sehen.
7. Wenn du volljährig bist, willst du den Führerschein machen.
   Du ______________________________ den Führerschein machen.

1.2 Pronomen

Relativpronomen

- **Alles ist relativ! Ergänze die Sätze, indem du die passenden Relativpronomen einsetzt.**

1. Der Koch, ________ sich fürchterlich den Magen verdorben hatte, ging zum Arzt.
2. Das Mädchen, ________ gestern zu spät zum Training kam, heißt Leonie.
3. ________ wagt, gewinnt!.

BOXENSTOPP

Achtung! Hier ist der Text zu sehr zusammengerückt. Es fehlen die Leerstellen. In dem du einen Schrägstrich zwischen die Wörter setzt, kannst du die ganze Regel erkennen. Schreibe sie zur Sicherheit noch einmal richtig auf.

WennetwasineinerRelationsteht,dannstehtesineinerBeziehung.

DeshalbnenntmanWörter,diesichaufeinenganzenSatz,NomenoderPronomenbeziehen,Relativpronomen.Sielauten:**der**,**die**,**das**,**welcher**,**welche**,**welches**,**wer**,**was**.

____

____

____

____

•• Lassowerfen: Auf welche Wörter im Satz beziehen sich die markierten Relativpronomen? Umkreise sie mit einer Lassoschlinge.

1. Mit lautem Wiehern galoppiert das Pferd, **das** der Indianer fangen will zurück zur Herde.
2. Wer dem Häuptling eine Adlerfeder bringt, **der** wird von ihm zum Krieger ernannt.
3. Der Marterpfahl, **der** dort geschnitzt wird, gehört dem Häuptling.
4. Der Sohn hatte alles, **was** sich ein Häuptling von einem Sohn erhofft.

•• Setze in die Lücken die richtigen Relativpronomen *der, die, das* und *welcher, welche, welches* ein.

1. „Langnase" hieß ein maskierter Erwachsener, ___der___ / ___welcher___ ungehorsame Kinder mit Späßen ärgerte, bis sie wieder brav zu sein versprachen.
2. Indianerjungen, ____________ / ____________ fünf bis sechs Jahre alt sind, haben bereits ihr eigenes Pferd.
3. Ein Indianermädchen, ____________ / ____________ in diesem Alter war, musste der Mutter beim Brennholz- und Nahrungssammeln helfen.
4. Mit Hilfe von Rauchzeichen, ____________ / ____________ Entschlüsselung nicht ganz einfach ist, konnte man sich über weite Entfernung verständigen.
5. Wenn Heilpflanzen Krankheiten nicht heilen konnten, rief man den Medizinmann, ____________ / ____________ der ganze Stamm volles Vertrauen schenkte.
6. Die Indianer verehrten alte Menschen, ____________ / ____________ man aufgrund ihrer Lebenserfahrung im Ältestenrat wichtige Entscheidungen überließ.

Adlerauge sei wachsam: Das **Relativpronomen** kann man leicht mit dem **Demonstrativpronomen** verwechseln. Wenn **der, die, das** durch **dieser, diese, dieses** ersetzbar ist, so liegt ein **Demonstrativpronomen** vor. Kannst du sie durch **welcher, welche, welches** ersetzten, handelt es sich um ein Relativpronomen.

••• Bilde aus Satzteilen und Relativpronomen korrekte Sätze.

wer | der | was | das

1. Krieger ist/ trägt eine Adlerfeder
   Wer Krieger ist, der trägt eine Adlerfeder.
2. der Häuptling befiehlt/ wird von allen befolgt.
   ____

3. auf dem täglichen Speiseplan steht/ bestimmt die Natur.

____

4. in Not geraten ist/ gibt Rauchsignale.

____

Reflexivpronomen

- **Jemand hat einige Inhalte weggewischt. Vervollständige die Tabelle.**

Subjekt	Prädikat	Reflexivpronomen
	wasche	mich
Du	freust	
Die Katze	putzt	sich
Wir	freuen	
	wascht	euch
Sie	schämen	

BOXENSTOPP

Achtung! Reflexivpronomen ist nicht gleich Reflexivpronomen. Man unterscheidet Reflexivpronomen abhängig von der Verbform.

Bei **unecht reflexiv verwendeten Verben** erhält das Reflexivpronomen Satzgliedfunktion und bezieht sich auf das Subjekt:

Die **Katze** (Subjekt) putzt **sich**. (Akkusativobjekt)

Der Kasus des Reflexivpronomens richtet sich nach seiner Satzgliedfunktion. Es kann folgende Rollen einnehmen:

Die **Katze** (Subjekt) putzt **sich**. (Akkusativobjekt), Er gönnt **sich** ein Eis. (Dativobjekt), Er spottet **seiner**. (Genitivobjekt), Achte auf **dich**. (Präpositionalobjekt)

Nummerus und Person des Reflexivpronomens richten sich nach dem Subjekt. Daher muss es heißen: Du wäschst ____________, Sie waschen ____________

Bei **echten reflexiven Verben** dagegen (sich schämen, sich aneignen) gehört das Reflexivpronomen zum Prädikat. Es hat keine eigene Satzgliedfunktion und ist darum auch nicht erfragbar. Du erkennst es daran, dass man es nicht weglassen kann:

Er schämt sich. (richtig) Er ~~schämt~~. (falsch)

●● **A Hier fehlt etwas! Setze in die folgenden Sätze die korrekten Reflexivpronomen ein.**

1. Das Affenbaby hat sich schwer verletzt.
2. Wir kaufen ______________ ein neues PC-Spiel.
3. Valentin und Florian ärgern ______________ maßlos über die vielen Hausaufgaben.
4. Ich bin ______________ ganz sicher.
5. Liebe Schülerinnen und Schüler, ihr habt ______________ die Pause verdient.
6. Tim hat sein Navigationssystem immer bei ______________ .
7. Marina denkt immer nur an ______________ .

Sicher erinnerst du dich daran, wie man nach den einzelnen Objekten fragt:
Nominativobjekt: wer oder was? **Genitivobjekt**: wessen? **Dativobjekt**: wem?
Akkusativobjekt: wen oder was?

B Unterstreiche in den folgenden Sätzen das *Reflexivpronomen* und bestimme seine Satzgliedfunktion. Um welches *Objekt* handelt es sich jeweils?

1. Ich gefalle mir am besten. (Dativobjekt)
2. Schallend lachen sie über euch. (______________________)
3. Mit diesem Verhalten spottest du deiner. (______________________)
4. Während der Wanderung habt ihr euch verletzt. (______________________)

●●● **Hier musst du dich entscheiden: *echtes reflexives Verb (erV)* oder *unecht reflexiv verwendetes Verb (urV)*? Kreuze an.**

	erV	urV
1. Markus wäscht **sich** die Hände.	☐	☒
2. Im Gartenlabyrinth hast du **dich** verirrt.	☐	☐
3. Der Lehrer: Achtet gut auf **euch**!	☐	☐
4. Ich erinnere **mich** nicht mehr daran.	☐	☐
5. Du solltest **dir** keine Sorgen machen.	☐	☐
6. Wir sollen **uns** beeilen.	☐	☐
7. Sie fürchten **sich** vor dem Gang nach Hause.	☐	☐
8. Britta und Oliver adressieren den Brief an **sich.**	☐	☐
9. Über derlei Dinge ärgerte sie **sich** gerne maßlos.	☐	☐

1.3 Präpositionen

- **Kreuze an, ob die unterstrichene Präposition eine Angabe über *Ort*, *Zeit*, *Grund* oder *Art und Weise* gibt.**

	Ort = lokal	Zeit = temporal	Grund = kausal	Art und Weise = modal
1. Ich fand **mit** Mühe den Weg.	☐	☐	☐	☐
2. Er kam **vor** dem Regen nach Hause.	☐	☐	☐	☐
3. Ich fahre **nach** Hamburg.	☐	☐	☐	☐
4. Wegen des Sturms fiel die Radtour aus.	☐	☐	☐	☐

BOXENSTOPP

Welche Präposition wird hier gesucht? Präpositionen geben an, in welcher Beziehung etwas zueinander steht. Eine Präposition kann verschiedene Beziehungen ausdrücken.

	Präposition?		Beziehung
Wir wohnen in dem Haus		Familie Bergmann.	lokal
Der Nachbar war ganz außer sich		Begeisterung.	modal
Unsere Katze fürchtet sich		Nachbars Dackel.	kausal
Ich sah den Dackel		zwei Stunden das letzte Mal.	temporal

•• **Jetzt heißt es: Durchstarten nach dem Boxenstopp! Bestimme, welche Beziehung die Präposition angibt: modal, kausal, lokal oder temporal.**

Tobi Bergmann

Unsere Nachbarn sind schon interessante Leute, **ohne** die 1 (modal) unser Leben ganz schön langweilig wäre. Aber **mit** ihrem neuen Hund 2 (______) haben sie den Vogel abgeschossen: Tobi ist **mit** Abstand 3 (______) der unerzogenste Hund, den ich kenne. **Wegen** Tobi 4 (______) haben wir **in** den letzten Nächten 5 (______) kein Auge zugetan. Er jaulte so lange bis ihn Herr Bergmann **an** die Leine 6 (______) nahm und eine Runde **mit** ihm 7 (______) **um** unseren Block 8 (______) drehte. Und das morgens **um** halb fünf! 9 (______) Ich sehe ja ein, dass ich **in** die Schule 10 (______) gehen muss, aber für Tobi wäre der Besuch einer Hundeschule auch dringend angeraten!

Der Genitiv ist ein aussterbender Kasus. Kannst Du ihn retten? Er gibt Antwort auf die Frage **wessen? ➜ des Mannes, der Frau, des Kindes.** Umgangssprachlich benutzt man oft den Dativ in Verbindung mit „von": Wessen Vater? ➜ **Der Vater von Rudi.** Grammatikalisch richtig ist hier aber der Genitiv: **Rudis Vater.**

A Die Lektion zur Rettung des Genitivs: Die markierten Präpositionen fordern einen Genitiv. Kannst du ihn bilden?

1. **Wegen** (schlechtes Wetter) des schlechten Wetters blieben wir lieber zuhause und beobachteten die Bergmannschen Fortschritte in der Hundeerziehung.
2. **Trotz** (tägliches Üben) ______________ dauerte es noch vier schlaflose Nächte bis Tobi endlich begriff, dass man nachts besser schlafen sollte.
3. **Unweit** (unser Haus) ______________ befand sich sogar eine Hundeschule.
4. Dort wurde Tobi **aufgrund** (besondere Dringlichkeit) ______________ sofort aufgenommen.
5. **Infolge** (Besuch) ______________ dieser Schule besserte sich Tobis Verhalten.
6. Er bellt uns jetzt nur noch **anlässlich** (wichtige Termine) ______________ aus dem Schlaf.

B Setze auch in den folgenden Sätzen die richtige Präposition ein.

1. Gestern gab es Streit auf dem Pausenhof.
2. Philip behauptete, dass er Jenny gestern ______ der Stadt gesehen hat.
3. Und das, obwohl sie angeblich ______ Krücken nicht laufen konnte.
4. Jenny hatte sich nämlich ______ Sport das Bein gebrochen.
5. Anna stand ______ allen Stühlen, denn sie mochte beide.
6. Jenny bekam gestern ihren Gips abgenommen und besucht heute ______ leichter Schmerzen wieder die Schule.

1.4 Konjunktionen

- **Party-Pizza-Panne gerade noch verhindert! Kreise die Konjunktionen ein. Sie verbinden einzelne Sätze und Wörter miteinander.**

Marie erzählt: Ich feierte meinen Geburtstag diesmal nur mit fünf Freundinnen, da ich ein Pizzaessen mit Übernachtung geplant hatte. Die ersten Gäste klingelten, als ich gegen 19.00 Uhr gerade die Pizza in den Ofen schob. Nicole und Lena standen vor der Tür und streckten mir die Geschenke entgegen. Es klingelte schon wieder, nachdem sie hereingekommen waren. Charlotte, Karla und Britta standen mit ihren Schlafsäcken im Treppenhaus und lachten.

BOXENSTOPP

Welche Aufgabe haben Konjunktionen? Schreibe die Beispiele zu den richtigen Erklärungen.

A Marie freute sich, **dass** ihre Freundinnen pünktlich waren.

B Nicole und Lena standen vor der Tür **und** streckten mir ihre Geschenke entgegen.

C **Da** ich ein Pizzaessen geplant hatte, feierte ich nur mit fünf Freundinnen.

D **Nachdem** sie hereingekommen waren, klingelte es schon wieder.

Konjunktionen stellen Zusammenhänge her.
Sie können eine Begründung angeben:

1. ______________________________

Sie können einen zeitlichen Ablauf angeben:

2. ______________________________

Sie verbinden ganze gleichartige Sätze oder Satzteile miteinander.
Dann werden sie als nebenordnend bezeichnet:

3. ______________________________

Verbinden Konjunktionen Haupt- und Gliedsätze, so werden sie Subjunktionen genannt:

4. ______________________________

•• **Maries Geschichte geht weiter. Setze die passenden Konjunktionen ein.**

und | wenn | weil | während | und | obwohl | dass

1 ______________ ich so schrecklich neugierig war, machte ich mich gleich über die Geschenke her 2 ______________ ich vergaß dabei völlig die Pizza im Ofen. 3 ______________ ich Brittas Geschenk auspackte, machte sich ein scharfer Geruch in der Wohnung breit. 4 ______________ ich weiter lieber ausgepackt hätte, stürzte ich in die Küche 5 ______________ riss den Ofen auf. Die Pizza war schon zu lange drin. Ich stellte erleichtert fest, 6 ______________ die Pizza noch nicht verbrannt war. Es wäre auch zu blöd gewesen, 7 ______________ meine Geburtstagsparty so begonnen hätte!

••• **Hm, Pizza! Schreibe die unterstrichenen Konjunktionen als „Belag“ auf die passende Pizza.**

Das Pizzaessen

Zum Glück war der Boden der Pizza sowie ihr Belag nur ziemlich braun, aber nicht verbrannt. Wir setzten uns um den Esstisch, und jede nahm sich ein großes Stück. Da die Pizza noch ziemlich heiß war und wir uns nicht den Mund verbrennen wollten, quatschten wir erst noch ein bisschen. Als wir uns überlegt hatten, was wir nach dem Essen machen wollten, rief Karla: „Jetzt habe ich mächtigen Kohldampf, denn ich habe seit dem Frühstück nichts mehr gegessen.“ Nachdem der erste Hunger gestillt war, fragte Britta, ob wir nicht eine meiner neuen CDs hören könnten. Damit wir tanzen konnten, drehte ich dann die Musik ein wenig lauter. Obwohl unsere Nachbarn etwas empfindlich sind, haben sie sich diesmal zum Glück nicht geärgert.

2 SATZGLIEDER ALS BESTANDTEILE VON SÄTZEN

2.1 Adverbiale Bestimmungen

- **Unterstreiche die Satzteile, die Auskunft auf folgende Fragen geben. Verwende für die Unterstreichungen die Farbe der jeweiligen Frage.**

Wann? Wo? Warum? Wie? Womit?

Vasco da Gama lebte im 14. Jahrhundert in Portugal. Er ist deshalb so bekannt, weil er den Seeweg nach Indien entdeckte. Mit seinem Schiff segelte er um Afrika herum nach Indien.

BOXENSTOPP

Adverbiale Bestimmungen sind Satzglieder. Mit ihnen wird ausgedrückt, was unter welchen Umständen geschieht. Sie geben Auskunft auf die Fragen **Wann? Wo? Warum? Wie? Womit? und machen die übermittelten Informationen noch genauer.**
Als nächstes werfen wir einmal einen Blick auf die unterschiedlichen adverbialen Bestimmungen. Zuerst aber ein kleiner Mini-Latein-Sprachkurs.

tempus = Zeit / locus = Ort / modus = Art / causa = Grund

Viele unserer grammatischen Begriffe leiten sich aus dem Lateinischen ab. Wenn du ganz clever kombinierst, kannst du sicher die nun folgenden Begriffe in die richtigen Lücken einordnen:

temporale Adverbialien / lokale Adverbialien / modale Adverbialien / kausale Adverbialien

1. **Adverbiale Bestimmungen (AB) der Zeit =** temporale Adverbialien geben Auskunft über Zeitpunkt, Zeitraum oder Dauer einer Handlung.
2. **AB des Ortes =** ______________ geben Auskunft über den Ort, Ursprung oder das Ziel einer Handlung.
3. **AB des Grundes =** ______________ geben Auskunft über die Ursache einer Handlung.
4. **AB der Art und Weise =** ______________ geben Auskunft darüber, wie eine Handlung ausgeführt wird.

●● **A Eins nach dem anderen! Lies zunächst den Text und ergänze dann die Lücken.**

Rekordverdächtig

Der trockenste Ort der Erde (die Atacama Wüste) liegt in Chile.

Um Jericho, die erste Stadt der Welt, wurde immer gekämpft.

Jimmy Angel, der Entdecker des höchsten Wasserfalls der Erde (Angel-Wasserfall in Venezuela), war ein Goldsucher. Er blieb oberhalb des Wasserfalls mit seinem Flugzeug stecken und musste dort elf Tage geduldig warten, um weiterzukommen.

Im Toten Meer (dem salzhaltigsten Meer der Erde) können wegen des hohen Salzgehalts keine Fische leben.

Der Gepard ist das schnellste Säugetier der Welt (bis zu 100 km/h). Er kann jedoch nur eine Minute lang so schnell laufen.

In den Sätzen, die du gerade gelesen hast, erhältst du unter anderem Informationen zu folgenden Fragen. Schreibe die Satzglieder heraus, die die entsprechenden Antworten beinhalten.

1. Wo liegt der trockenste Ort der Erde? in Chile
2. Wann wurde um Jericho gekämpft? ____________
3. Wie musste Jimmy Angel auf seine Bergung warten? ____________
4. Warum können im Toten Meer keine Fische leben? ____________
5. Wie kann ein Gepard nur eine Minute lang laufen? ____________

B Kennst du dich aus mit Flüssen und vor allen Dingen mit Adverbialien? Frage nach den markierten Adverbialien.

1. Der Nil ist der längste Fluss der Erde, er mündet **ins Mittelmeer**.

   FRAGE: Wo mündet der Nil?

2. Der wasserreichste Fluss der Erde ist der Amazonas. Die Spanier haben ihn **bereits im 16. Jahrhundert** entdeckt.

   FRAGE: ____________

3. An der Mündung in den Atlantik ist der Amazonas **wegen des mitgeführten Schlamms** ganz gelb.

   FRAGE: ____________

4. Der Jangtse, der drittlängste Fluss der Erde, fließt durch China. Seine Mündung liegt **in der Nähe von Shanghai**.

   FRAGE: ____________

C Mal sehen, wie gut du dich noch an die lateinischen Begriffe erinnerst. Setze die richtige adverbiale Bestimmung ein.

Soll ich **aufgrund meiner Lernunlust** 1 (kausal) und **um der Verbesserung meiner Laune willen** 2 (______) **nachher** 3 (______) **ins Kino** 4 (______) gehen und mich **gut** 5 (______) unterhalten lassen?

Oder soll ich **wegen des Tests** 6 (______) **zuerst** 7 (______) fürs gemeinsame Üben meine Freunde **zu mir** 8 (______) einladen, um **besser** 9 (______) vorbereitet zu sein?

••• **A Hier hast du freie Auswahl, denn die Lücken in den folgenden Sätzen können mit verschiedenen Adverbialien gefüllt werden. Gib jeweils in Klammern an, um welche Art von Adverbial es sich handelt.**

~~vergnügt~~ | mit einem Schmunzeln auf den Lippen | gerade | auf der Terrasse

1. Paul liest vergnügt in seinem Buch. (______)
2. Paul liest ______ in seinem Buch. (______)
3. Paul liest ______ in seinem Buch. (______)
4. Paul liest ______ in seinem Buch. (______)

wegendesBaustellenlärmsaufderStraßevorhinganzlangsaminihremZimmer

5. Lisa hat ______ die Musik laut aufgedreht. (______)
6. Lisa hat ______ die Musik laut aufgedreht. (______)
7. Lisa hat ______ die Musik laut aufgedreht. (______)
8. Lisa hat ______ die Musik laut aufgedreht. (______)

seit 3 Stunden | Voller Ungeduld | In der Garage | Aufgrund des Fahrradausfluges morgen

9. ______ repariert Nico sein Fahrrad. (______)
10. ______ repariert Nico sein Fahrrad. (______)
11. ______ repariert Nico sein Fahrrad. (______)
12. ______ repariert Nico sein Fahrrad. (______)

Folgende Wortarten können in adverbialen Bestimmungen vorkommen: Adjektive **(spannend, langsam)**, präpositionale Ausdrücke **(in drei Tagen, unter der Brücke)**, Adverbien **(sehr, ziemlich)**.

B Aus welchen Wortarten sind die folgenden Adverbialien gebildet? Verbinde die Beispiele links mit der richtigen Benennung rechts.

Adverbialien	Wortarten
ins Mittelmeer	Adjektiv
bereits	präpositionaler Ausdruck (= von einer Präposition abgeleitet)
längste	Adverb

C Jetzt kannst du durch Ankreuzen zeigen, ob du dich auskennst. Werden die fett gedruckten Adverbialien durch einen präpositionalen Ausdruck (P.A.), ein Adverb (Adv.) oder ein Adjektiv (Adj.) gebildet?

	P.A.	Adv.	Adj.
1. Es leben **heute** ungefähr 7,5 Milliarden Menschen auf der Erde.	☐	☐	☐
2. Die meisten Kinder leben **in Afrika**.	☐	☐	☐
3. Die Weltbevölkerung wächst **rasant**.	☐	☐	☐
4. Im Jahr 2050 werden es über 9 Milliarden Menschen sein.	☐	☐	☐
5. Zur Beschränkung des Bevölkerungswachstums wurde in China ein Gesetz erlassen, wonach jede Familie nur ein Kind haben darf.	☐	☐	☐
6. Aus vielen Teilen der Welt sind Menschen in die USA eingewandert.	☐	☐	☐
7. Die Mongolei hat im Verhältnis zu ihrer Fläche nur wenige Einwohner, sie ist also **dünn** besiedelt.	☐	☐	☐

2.2 Attribute

Adjektivattribute

- **Gespräche im Fußballstadion. Schreibe die Äußerungen in der Sprechblase so um, dass die rot markierten Rückfragen nicht mehr nötig sind.**

Der Stürmer trifft das Tor ja nie.
Welcher von den beiden?
Na, der große.

Ich mag die Trikots nicht.
Welche Trikots?
Die grünen.

1. *Der ...* ____________________

2. *Ich mag ....* ____________________

BOXENSTOPP

Ups, hier ist eine Regel dichter zusammengerückt, als es ihr gut tut. Wenn du die Wörter durch Schrägstriche abtrennst, dann erhältst du Auskunft darüber, was ein Attribut ist und wie du es ermitteln kannst. Schreibe die Regel noch einmal richtig auf.

SatzteilediieeinNomennäherbestimmennenntmanAttribute.

DukannstsiedurchdieFragenmit**welcher?welche?welches?**ermitteln.

____

____

Häufig geschieht die nähere Bestimmung durch ein **Adjektiv** (im Positiv, Komparativ oder Superlativ), dann sprechen wir von einem **Adjektivattribut**.
Beispiele: die **grünen** Trikots, der **große** Stürmer.

•• **A Zurück zum Fußballplatz: Unterstreiche und bestimmte die Satzglieder, in denen ein Adjektivattribut vorkommt.**

1. Ich mag die grünen Trikots nicht. (Akkusativobjekt)
2. Der große Stürmer trifft das Tor nie. (________________)
3. Das Publikum wünscht sich ein spannenderes Spiel. (________________)
4. Der Trainer reagiert mit großer Enttäuschung. (________________)
5. Allerdings ist die Technik des kleinen Abwehrspielers bewundernswert. (________________)

B Belauscht! Markiere im folgenden Telefonat die Adjektivattribute.

Anna: Anna Huber.

Lisa: Hallo Anna, hier spricht Lisa. Hast du heute Nachmittag Zeit? Wollen wir irgendeinen spannenden Film anschauen?

Anna: Zeit habe ich schon, aber irgendwie keine große Lust auf Kino.

Lisa: Hast du eine bessere Idee?

Anna: Wir könnten vielleicht in die neue Eisdiele gehen.

Lisa: O.K., ich hole dich nachher ab. Bis dann.

Anna: Ich warte an unserem kleinen Gartentor. Tschüss.

Hier bleibt zusammen, was zusammengehört! Da die **Attribute Teile von Satzgliedern** sind, also zu diesen gehören, werden sie bei der **Umstellprobe** mit verschoben.
Ich habe keine große Lust auf Kino. – Auf Kino habe ich keine große Lust.

••• **Schreibe aus den folgenden Sätzen die Satzglieder mit Adjektivattributen heraus. Markiere die Attribute und bestimme die Satzglieder.**

1. Das grüne Eis sieht eklig aus.

Satzglied: das grüne Eis
Bestimmung: Subjekt

2. Dem kleinen Jungen scheint sein Eis richtig gut zu schmecken.

Satzglied: ______
Bestimmung: ______

3. Ich glaube, ich gönne mir einen großen Eisbecher.

Satzglied: ______
Bestimmung: ______

Genitivattribut

• **Hier siehst du den Anfang von Max' Feriengeschichte.**

Ein „toller" Ferienbeginn

Am ersten Tag der Ferien wollte Max mit seinen Freunden ins Freibad gehen. Als er die Garage geöffnet hatte, sah er, dass der hintere Reifen seines Fahrrades platt war.

In welchem Kasus stehen die markierten Satzteile? ______

BOXENSTOPP

Hier sind einige Wörter durcheinander geraten, bringe sie wieder in die richtige Reihenfolge.

Manche 1 **Abeiruttt** ______ werden durch den 2 **Geiintv** ______ eines anderen Nomens gebildet, darum nennen wir sie 3 **Geiintvabeiruttt** ______. Auch hier hilft dir die Frage **welcher/ welche/welches?**

•• **Wie geht es weiter bei Max? Wenn du es ganz genau wissen willst, dann setze die passenden Genitivattribute in die Lücke ein.**

eines Autos | seiner Freunde | ~~seines Fahrrades~~ | des Mountainbikes | ~~der Ferien~~ | seines Bruders | seines Sweatshirts | ihres Nachbarn

Ein „toller" Ferienbeginn

Am ersten Tag 1 der Ferien wollte Max mit seinen Freunden ins Freibad gehen. Als er die Garage geöffnet hatte, sah er, dass der hintere Reifen 2 seines Fahrrades platt war. Was sollte er tun? In fünf Minuten wollte er mit jenen 3 ______________ losradeln, die in seiner Nachbarschaft wohnten. Nach kurzem Überlegen schnappte sich Max das neue Mountainbike 4 ______________ und schwang sich hektisch auf den Sattel. Als er auf der Straße kräftig in die Pedale trat, gab es auf einmal einen Ruck, Max kam ins Schlingern und stürzte schließlich. Was war passiert? Er war mit dem Lenker am Außenspiegel 5 ______________ hängen geblieben – dabei handelte es sich ausgerechnet um das Auto 6 ______________, der sowieso ständig meckerte. Max hatte sich nur einen Ärmel 7 ______________ zerrissen und eine kleine Schürfwunde abbekommen – der Sattel 8 ______________ hatte allerdings eine kräftige Schramme. Das war ja ein „toller" Ferienbeginn! Ziemlich schlecht gelaunt trottete Max, das Mountainbike schiebend, zur Garage zurück.

Aufgepasst, Sportsfreund: Das Genitivattribut wird dem zugehörigen Nomen in aller Regel nachgestellt. Beispiel: **Welches Auto? – Das Auto des Nachbarn** (nachgestellter Genitiv).

••• **A Was für ein Zirkus! Füge in den folgenden Sätzen die Nomen in den Klammern an der jeweils geeigneten Stelle als Genitivattribut ein.**

1. Der Jongleur betritt die Manege. (Zirkus)

Der Jongleur betritt die Manege des Zirkus

2. Der Beifall ermuntert ihn. (Zuschauer)

____

3. Er nimmt die Mützen und fängt an, mit ihnen zu jonglieren. (drei Clowns)

____

4. Die Clowns tun so, als seien sie über das Lachen empört. (Publikum)

____

5. Schließlich treffen die Mützen wieder nacheinander die Köpfe. (ursprüngliche Besitzer)

____

Der Jongleur verneigt sich.

B Und jetzt ein Trommelwirbel für die letzte Übung in diesem Kapitel! Unterstreiche die Genitivattribute. Ermittle die Satzglieder, zu denen sie gehören und bestimme diese.

1. Die Peitsche des Dompteurs knallt laut.

Satzglied: Die Peitsche

Bestimmung: ______________

2. Die Kinder sind von der Vorführung des Messerwerfers begeistert.

Satzglied: ______________

Bestimmung: ______________

Präpositionalattribut

- **Verirrt – Teil I**

Der Weg durch den Wald kam ihnen kürzer und weniger gefährlich vor, als wenn sie der Straße mit dem vielen Verkehr folgten. So würden sie bald wieder an dem Haus ankommen, von dem sie vor zwei Stunden zur Schnitzeljagd aufgebrochen waren.

Bestimmt hast du schon erkannt, dass es sich bei den markierten Wortgruppen ebenfalls um Attribute handelt, die das Nomen näher bestimmen. Mit welcher Wortart beginnen alle diese Wortgruppen? ______________.

BOXENSTOPP

Das wäre ja zu einfach: Das letzte Wort ist beim Schnellschreiben durcheinander geraten. Bringe die Buchstaben wieder in die richtige Reihenfolge.

Nachgestellte Attribute, die mit einer Präposition eingeleitet werden, nennt man **Plaärpositinoarbutteti**

Ich helfe dir mal ein wenig auf die Sprünge: **Präpositionen** sind Wörter, die angeben, in welchem Verhältnis etwas zu einander steht, ob etwas **oben, unten, mit, um, neben, in, durch** (etwas) stattfindet.

•• **Verirrt - Teil II**

Willst du wissen, wie die Geschichte ausgeht, dann setze die richtigen Präpositionalattribute in die Lücken.

in der Mitte | mit mehreren falschen Spuren | um sie | unter Bäumen | über die einzuschlagende Richtung

Micha, Nina, Moritz und Lea waren sich sicher, wenigstens diesen Weg zu finden, nachdem sie sich offenbar an einer Kreuzung **1** ______________________ verlaufen hatten. Wahrscheinlich machte sich ihre Lehrerin, mit der sie im Schullandheim waren, schon Sorgen **2** ________ .

Also beeilten sie sich. An der ersten Weggabelung wählte Moritz den rechten Weg, und alle folgten ihm. Bald stießen sie erneut auf eine unbekannte Kreuzung. Welchen der drei Wege sollten sie nehmen? Lea schlug vor: „Ich bin für den Weg **3** ____________ . Was meint ihr?" Da niemand einen besseren Vorschlag hatte, schlossen sie sich Lea an. Je weiter sie allerdings liefen, desto unsicherer wurden sie. Und schließlich, nachdem sie weitere Entscheidungen **4** ______________________ getroffen hatten, mussten sie sich eingestehen, dass sie sich völlig verlaufen hatten. Inzwischen dämmerte es bereits stark, was ihre Orientierung weiter verschlechterte. Mussten sie sich auf eine Nacht **5** ______________ einrichten? Da wurde Nina vom Strahl einer Taschenlampe getroffen. Sie blinzelte zuerst geblendet, konnte aber dann doch ihre Freundin Lisa erkennen. Der Rest der Klasse war offensichtlich ausgeschwärmt, um die Vermissten zu suchen – da waren die vier dann doch ziemlich erleichtert.

••• **Jetzt wollen wir es noch einmal ganz genau wissen: Schreibe aus folgenden Sätzen die Präpositionalattribute mit dem gesamten zugehörigen Satzglied heraus. Bestimme das Satzglied.**

1. Sie kauft sich das Kleid mit den roten Punkten.

Satzglied: *das Kleid mit den roten Punkten*

Bestimmung: *Akkusativobjekt*

2. Er ist mit dem Jungen aus dem Nachbarhaus befreundet.

Satzglied: ______________________

Bestimmung: ______________________

3. Die Tischtennisplatten im Pausenhof sind leider meistens besetzt.

Satzglied: ______________________________

Bestimmung: ______________________________

••• **Endspurt! Handelt es sich bei den farbig markierten Wortgruppen um ein Präpositionalattribut (PA), ein Präpositionalobjekt (PO) oder ein Adverbial (A)? Kreuze entsprechend an.**

	PA	PO	A
1. Erleichtert ließen sie sich **auf der Bank** nieder.	☐	☐	☐
2. Das Herumirren **im Wald** hatte sie ziemlich mitgenommen.	☐	☐	☐
3. Nun konnten sie sich **über die glückliche Rückkehr** freuen.	☐	☐	☐
4. Sie hätten nicht gern **im Wald** übernachten wollen.	☐	☐	☐
5. Später würden sie bestimmt gern von den Irrwegen **bei der Schnitzeljagd** erzählen.	☐	☐	☐

Adverbattribut

• **Stars unter sich: Zu welcher Wortart gehören die fettgedruckten Wörter?**

Wolf: Ich glaube, die Premiere **gestern** ist ziemlich gut beim Publikum angekommen.

Rotkäppchen: Stimmt. Die Zuschauer **vorne** waren ganz begeistert und haben laut geklatscht.

Wolf: Nicht nur die. Auch den Zuschauern **hinten** gefiel es gut.

Die fettgedruckten Wörter sind ______________________ .

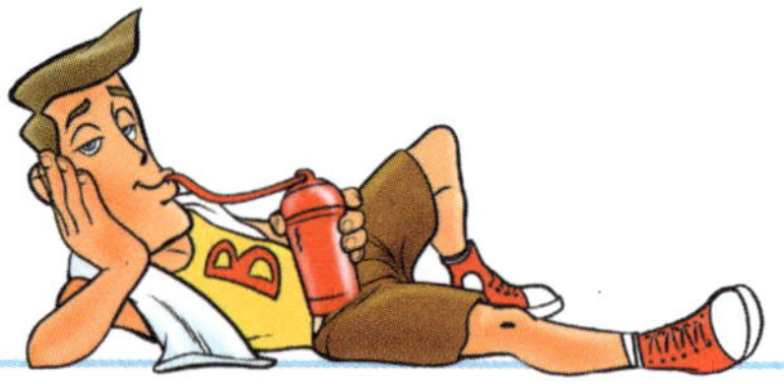

BOXENSTOPP

Zwei sind einer zuviel! Streiche das falsche Wort.

Auch Adverbien können in manchen Fällen als **Attribute/Adjektive** gebraucht werden. Man nennt sie dann Adverbattribute. Sie werden dem Nomen nachgestellt und geben **genauer/ungenauer** Auskunft zur zeitlichen oder räumlichen Vorstellung.

Übrigens: Adverbattribute stehen immer nach dem Nomen!

•• **Auf zur Bergwanderung! Nicht alle sind begeistert. Setze das Adverb in der Klammer als Attribut ein und bestimme das Satzglied.**

1. Tina: Die Bergwanderung wird bestimmt ziemlich anstrengend. (morgen)

Satzglied: Die Bergwanderung morgen wird ...

Bestimmung: ______________________

2. Manuel: Hoffentlich können wir den Ausblick eine Zeitlang genießen. (oben)

Satzglied: ______________________

Bestimmung: ______________________

3. Jan: Ich freue mich schon jetzt auf den Abstieg. (danach)

Satzglied: ______________________

Bestimmung: ______________________

Achtung, nicht verwechseln! Adverbialien können überall stehen, Adverbattribute gehören immer zum Subjekt!

Beispiel:
Heute hatten wir eine Aufführung. (temporales Adverbial)
Die Aufführung heute ist ausverkauft. (Adverbattribut als Teil des Subjekts)

••• **Markiere im folgenden Text alle Adverbien, die als temporales oder lokales Adverbial gebraucht sind, grün. Markiere die Adverbien, die als Attribut gebraucht sind, rot.**

Heute war auf der Schlittenbahn ganz schön was los. Als ich dort ankam, waren schon eine Menge Leute mit den unterschiedlichsten Fahrzeugen da. Ich nahm meinen Lenkbob und stellte mich eine Weile neben die Leute oben. Auf Schlitten und in Wannen, auf Plastiktüten und irgendwelchen Brettern rasten Kinder und Jugendliche ziemlich chaotisch hinunter. An der Bahn unten entdeckte ich meinen Freund Tim. Er hatte genau wie ich einen Lenkbob dabei und machte sich nun langsam wieder an den Aufstieg. Als er mich entdeckte, winkte er mir zu. Ich wartete auf ihn. Wir beschlossen, die nächste Fahrt hinunter nebeneinander zu machen. Wir hakten uns unter, und ab ging's: Ans Lenken war so kaum zu denken, und schließlich landeten wir im Tiefschnee und überschlugen uns dort. Als wir den Schnee abgeschüttelt hatten, fanden wir trotzdem, dass das eine Super-Fahrt gewesen war. Danach machten wir ein kleines Wettrennen. Das war auch lustig, aber die Fahrt davor hatte uns noch mehr Spaß gemacht, und wir wiederholten diese oft, obwohl wir dazu bestimmt keine Lenkbobs gebraucht hätten.

Attribute unterscheiden

- **Du als Heldin oder Held der Attribute kennst sie jetzt natürlich alle, oder? Unterstreiche die Attribute im folgenden Gedicht.**

Heldenmüt(d)igkeit

Ob von großer Tafelrunde,
ob vom Kampf zuvor die Kunde,
ob vom Bad im Blut des Drachen,
Heldentaten und so Sachen,
von der Suche nach dem Gral,
von Minnefreuden und auch -qual:
Vieles kann man hören, lesen übers Helden-, Ritterwesen.

Spannend scheint das für uns heute,
voll Gefahren, aber toll.
Doch ich glaub' die Rittersleute
hatten oft die Schnauze voll.

BOXENSTOPP

Lass weitere Heldentaten folgen, und schau dir die markierten Nomen in dem Gedicht noch einmal an. Sie werden jeweils durch ein Attribut genauer bestimmt. Ergänze die folgende Zusammenstellung.

Attribut	Art des Attributs
1. großer	Adjektivattribut
2. zuvor	
3. des Drachen	Genitivattribut
4.	Präpositionalattribut

Garantiert hast du schon bemerkt, dass die Attribute immer nach der sie einleitenden Wortart benannt werden: **Adjektivattribut, Adverbattribut, Präpositionalattribut.** Das **Genitivattribut** wird deshalb so genannt, weil es mit einem Genitiv das Nomen näher bestimmt.

•• **Ruhm und Ehre erwarten dich, wenn du in der zweiten Strophe des Gedichtes ein weiteres Adverb finden kannst, das jedoch kein Adverbattribut sind. Dies kannst du durch die Umstellprobe herausbekommen. Hier ist schon einmal das erste:**

Spannend scheint das für uns heute. Heute scheint das für uns spannend.
Das Adverb heute bildet allein ein Satzglied, nämlich ein temporales Adverbial.

Mache die Umstellprobe auch für das zweite Adverb.

____

•• **Tom, der Schlagzeuger, zeigt seinem Freund ein Foto der Schulband und erklärt:**

Unser Sänger heißt Nick. Bei Auftritten trägt er immer rote Hosen. Das ist sein Markenzeichen. Das Mädchen mit der Baskenmütze heißt Sara; sie singt ab und zu die zweite Stimme, spielt aber vor allem E-Gitarre. Der Junge daneben ist Benni, unser Bassist. Er trägt immer ein gelbes T-Shirt mit einem Band-Namen. Und der Typ mit dem Stirnband und den Schlagstöcken bin ich, das ist ja klar. Die Schwester unserer Gitarristin fehlt leider auf dem Bild; sie spielt ziemlich gut Keyboard.

Ordne die im Text vorkommenden Attribute richtig ein:

Präpositionalattribute: *mit der Baskenmütze*

Adjektivattribute: ______________________

Adverbattribute: ______________________

Genitivattribute: ______________________

••• **Tom erzählt begeistert von seiner Band. Markiere im Text die Attribute rot und unterstreiche die Satzglieder, zu denen sie gehören. Gib in Klammern jeweils die Art des Attributs an:**

„Zurzeit proben wir ziemlich viel und studieren ein neues Programm ein *Adjektivattribut*. 1 Vor unserem Auftritt auf dem Schulfest haben wir auch schon ganz oft geprobt (____________). 2 Wir hatten nämlich gehört, dass der Vater eines Mitschülers in einem Tonstudio arbeitet (____________). 3 Nick meinte, dass da eine Chance wäre, vielleicht mal eine CD mit ein paar Liedern aufzunehmen (____________). 4 Na ja, das war wohl eher ein unrealistischer Wunschtraum (____________). 5 Und so ist dann auch kein Kontakt mit diesem Vater zustande gekommen (____________). 6 Aber unser Auftritt war trotzdem klasse. Die Reaktionen des Publikums sind echt positiv gewesen (____________). 7 Und während der Proben seither haben wir viel konzentrierter geprobt (____________). Alle sind jetzt noch motivierter!"

3 ZEICHENSETZUNG UND SATZLEHRE

3.1 Komma bei Aufzählungen

• **Hoppla, da ist der Rest durcheinandergeraten. Wie lautet der vollständige Satz?**

Heute hatten wir Deutsch, Englisch, … | Bio, | Mathe. | Sport,

Heute hatten wir Deutsch, Englisch,

BOXENSTOPP

Kennst du dich mit der Kommasetzung bei Aufzählungen aus? Eigentlich gar nicht so schwierig, wenn du die Regeln richtig trennst.

Aufzählungen,dienichtmit**und**oder**oder**verbundensind,werdenimmerdurcheinKommaabgetrennt.

Aufzählungenkönnenaus Wörtern,WortgruppensowieTeilsätzenbestehen.

StehtvordemletztenAufzählungspunktein**und**oder**sowie**,dannentfälltdasKomma.

•• **So viele Aufzählungen! Setze die Kommata richtig ein.**

Zu meiner Geburtstagsparty am Samstag habe ich Lena, Anne Sophie Mara und Jana eingeladen. Sie haben mir zusammen ein grellgelbes Freundschaftsbuch einen Kinogutschein für morgen Abend und ein süßes Kuscheltier geschenkt. Nach dem Auspacken der Geschenke dem Kaffeetrinken und dem kurzen Lästern über die Jungen zogen wir dann los. Sophie und Jana hatten eine tolle unglaubliche und einfach wunderbare Überraschung vorbereitet. Die beiden führten uns in einen Wald und dort standen sie hoben die Köpfe in unsere Richtung und scharrten mit den Hufen: sechs gesattelte Ponys unseres Reitvereins. Waren das ein Jubel und

eine Freude und ein Geschrei als wir uns in die Sättel stürzten. Und so galoppierten wir über die Wiesen schossen über Lichtungen hinweg ließen Moore neben uns liegen und tasteten uns durch dicht stehende Bäume.

Müde erschöpft hungrig aber vollkommen glücklich kamen wir am Reiterhof an. Und dort warteten auch schon meine Eltern Großeltern und meine Patentante mit leckeren Bratwürstchen tollen Salaten und frisch gebackenem Brot. So einen schönen überraschenden und unvergesslichen Geburtstag habe ich noch nie erlebt.

Achtung, Achtung! Auch bei der **Aufzählung von Adjektiven** musst du ein Komma setzen: „Meine alte, befleckte Hose". Wenn du dir nicht sicher bist, gibt es einen einfachen Trick: Versuche an der Stelle, wo du das Komma vermutest, ein „und" einzusetzen. Wenn der Sinn des Satzes gleich bleibt, gehört dort ein Komma hin!

••• **A Bilde mit den Wörtern und Wortgruppen vollständige Sätze. Trage die Kommas ein.**

teils windig | und | Kakao | teils heiter | Eistee | morgens | Milch | oder | Saftschorle | und

1. Gestern war es teils regnerisch ______

2. Am liebsten trinke ich ______

B Bilde Sätze, die Aufzählungen enthalten und trage die richtigen Kommata ein!

~~Rumpelstilzchen~~ | der Kontrabaß | ein roter Knopf | ein schwarzes Haar | Fingerabdrücke | die Blockflöte | Mäuse | Biber | ~~Schneewittchen~~ | Hasen | ~~Rotkäppchen~~ | das Schlagzeug

1. Schneewittchen, Rotkäppchen und Rumpelstilzchen sind berühmte Märchengestalten.
2. ______ gehören zu den Nagetieren.
3. Musikinstrumente sind zum Beispiel ______ .
4. ______ haben den Täter überführt.

3.2 Zeichensetzung bei wörtlicher Rede

- **Witze im Weltall: Trage das wörtlich Gesagte in die passenden Lücken ein.**

„ ________________________ “, fragt Tom.

Bill antwortet souverän: „ ________________________ .“

BOXENSTOPP

Du hast natürlich schon gemerkt, dass der Witz noch nicht zu Ende ist. Schau dir die Zeichensetzung in der wörtlichen Rede an und übertrage den Rest.

____ stellt Tom verängstigt fest.

______ , beruhigt ihn Bill, ________________________________ .

Oftmals benennt ein Redebegleitsatz, wer etwas zu wem sagt. Er wird entweder mit einem Doppelpunkt oder mit einem Komma abgetrennt.

Der Lehrer sagt: „Morgen ist schulfrei.“	(vorangestellter Redebegleitsatz mit Doppelpunkt)
„Morgen ist schulfrei“, **sagt der Lehrer.**	(nachgestellter Redebegleitsatz mit Komma)
„Morgen ist schulfrei!“, **sagt der Lehrer.**	(Redebegleitsatz nach Ausrufezeichen, Komma bleibt, auch bei Fragezeichen)
„Morgen“, **sagt der Lehrer**, „ist schulfrei.“	(eingeschobener Redebegleitsatz mit Komma)

•• **Hilferuf aus dem Weltall: Am 13. April 1970 explodieren an Bord der Mondfähre Apollo 13 der Sauerstofftank und die Brennstoffzellen. Der Kommandant James Lovell sendet einen weltberühmten Hilferuf an das Kontrollzentrum in Houston. Am 17. April werden alle wohlbehalten gerettet.**
Wenn du wissen möchtest, wie der weltberühmte Hilferuf lautet, musst du die Satzschlange auflösen. Behalte dabei die Wortstellung bei und setzte die fehlenden Satzzeichen.

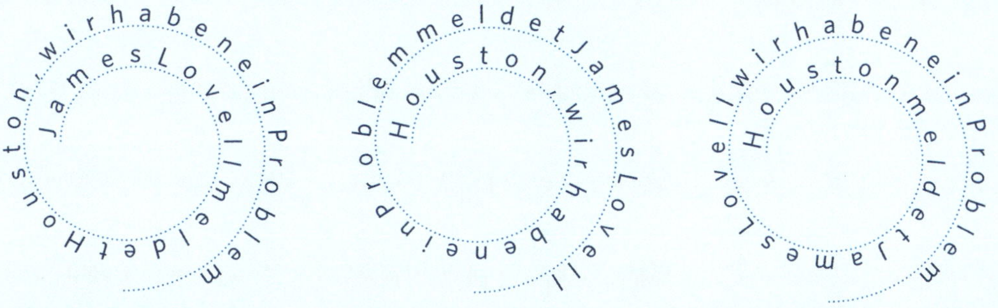

1. *James Lovell meldet:* ______________________________
2. ______________________________
3. ______________________________

••• **Das folgende Gespräch fand zwischen der Bundeskanzlerin Angela Merkel und dem Astronauten Thomas Reiter, der gerade auf einer Mission im All unterwegs war, statt. Setze die fehlenden Doppelpunkte, Anführungszeichen und Kommas.**

Bundeskanzlerin Merkel fragt: Was tun sie gerade? Der deutsche Astronaut Thomas Reiter antwortet Heute Morgen haben wir eine kleine Notsituation durchgespielt. Ein angeblicher Druckverlust in unserer Station war die Aufgabe erläutert er weiter. Ansonsten experimentieren wir hier viel. Interessant! meint Frau Merkel. Konnten Sie denn auch Ihrem Hobby nachkommen? Nein lacht Herr Reiter leider war keine Zeit dazu, aber ich habe meine Gitarre immerhin schon gestimmt. Und wie klappt es mit dem Schlafen erkundigt sich die Kanzlerin. Ja, wunderbar. Ich kann in der Schwerelosigkeit sehr gut schlafen, obwohl man ja nicht so erklärt er auf dem Rücken, auf der Seite oder auf dem Bauch liegt. Frau Merkel kommentiert Wahrscheinlich schlafen Sie besser als wir zurzeit in Deutschland denn bei uns ist es unglaublich warm. Für uns ist das eine tolle Gelegenheit, bei wolkenfreier Sicht schöne Fotos von Deutschland zu machen schwärmt der Astronaut.

3.3 Kommasetzung bei der Anrede

• **Urlaubspost für Benni! Umkreise alle Textstellen, in denen er direkt angesprochen wird.**

Lieber Benni,

Dänemark ist einfach klasse! Unser Ferienhaus ist zwei Minuten vom Meer entfernt und ganz gemütlich. Kannst du dir vorstellen, Benni, dass sie hier quietschrote Würstchen essen? Die heißen Pølser und werden Pölser ausgesprochen. Ich bringe dir am besten ein Paket mit. Schmecken echt gut!

Viel Spaß daheim wünscht Anna

BOXENSTOPP

Wie war das noch mit den Anreden? Fülle das passende Wort in die Lücke, aber Achtung: Es sind einige Wörter zu viel.

in der Mitte   in Briefen   im Fernsehen   am Anfang und am Ende

Anreden 1 ______________ werden mit einem Komma abgetrennt. Ist die Anrede eingeschoben, so wird der Einschub 2 ______________ durch ein Komma markiert.

●● **Hier findest du viele Anreden. Setze das Komma an der richtigen Stelle ein.**

1. Kinder hört doch mal zu. Hört doch mal zu Kinder.
2. Du stell dir vor, was mir passiert ist!
3. Für heute sende ich dir lieber Benni schöne Grüße.

●● **Benni antwortet auf Annas Karte. Hilf ihm bei der Kommasetzung!**

Hallo Urlauberin

vielen Dank für die schöne Karte. Ich glaube ja dass du mich veräppeln willst Anna. Rote Würstchen! Sowas isst doch kein Mensch. Rote Grütze kenne ich aber die Sache mit den Würstchen liebe Anna kaufe ich dir nicht ab!

Grüße von daheim
Benni

Na, ist doch logisch, oder? Wenn du einen Brief an deinen Direktor schreibst, dann heißt es: **Sehr geehrter Herr Direktor** oder natürlich **Sehr geehrte Frau Direktorin.** Das Komma trennt auch dann die Anrede ab, wenn du jemanden siezt.

••• **Hier findest du verschiedene Anreden. Setze das Komma richtig und kreuze an, ob es sich um Anrede am Satzanfang, eine eingeschobene Anrede oder eine Anrede am Satzende handelt.**

	Anrede am Satzanfang	eingeschobene Anrede	Anrede am Satzende
1. Sehr geehrter Herr Direktor zu meinem Eintrag im Klassenbuch möchte ich gern Stellung nehmen.	☐	☐	☐
2. Kannst du dir vorstellen Benni dass es hier wirklich leckeres Eis gibt?	☐	☐	☐
3. Ich wünsche Ihnen einen schönen guten Tag Herr Winterberg.	☐	☐	☐

3.4 Komma in Satzreihen und Satzgefüge

• **Blechschaden mit Haupt- oder Nebensatz: Bestimme die richtige Satzform.**

Der Fahrer stellt das Warndreieck auf, damit andere Verkehrsteilnehmer die Unfallstelle erkennen.

rot: ____________________ , blau: ____________________

Zum Glück ist es nur ein Blechschaden, sodass alle mit einem Schrecken davon kommen.

____________________ , ____________________

Hallo Satzsportler! Einen Hauptsatz erkennst du daran, dass er, auch wenn er alleine steht, einen Sinn ergibt. Ein Nebensatz dagegen kann nicht sinnvoll allein stehen. Die **Personalform des Verbs** (das finite Verb) steht im Hauptsatz übrigens immer **an zweiter Stelle**.

BOXENSTOPP

Hier hat die Satzpolizei schon einmal ein Protokoll aufgestellt. Für den Hauptsatz aus der vorigen Übung wurden bereits alle Kennzeichen eingetragen. Vervollständige die Liste, indem du die Kennzeichen für Nebensätze einträgst.

Checkliste Satz	Hauptsatz-Kennzeichen	Nebensatz-Kennzeichen
Steht das finite Verb an zweiter oder letzter Stelle?	2. Stelle	letzte Stelle
Kann der Satz sinnvoll alleine stehen?	Ja	
Beginnt er mit einer Konjunktion oder einem Relativpronomen?	Nein	

Wenn man einen Hauptsatz mit einem Nebensatz verknüpft, entsteht ein **Satzgefüge**.

Nebensätze werden durch Konjunktionen (**da, weil, dass, als, …**), Adverbien (**nachdem, während**) oder Relativpronomen (**der, die, das, welcher, welche, welches**) eingeleitet. Haupt- und Nebensatz werden dabei immer durch ein Komma voneinander getrennt:
Ich tauche gerne, denn ich genieße die Unterwasserlandschaft.

Wenn ein Teilsatz **kein** Subjekt enthält und mit **und** oder **oder** verbunden ist, darf kein Komma eingesetzt werden: **Ich gehe tauchen und genieße die Unterwasserlandschaft.**

Wenn man mehrere Hauptsätze miteinander verbindet, entsteht eine **Satzreihe**. Dazu werden häufig Konjunktionen wie **und, oder, denn, aber** verwendet. Hauptsätze in Satzreihen werden grundsätzlich durch ein Komma voneinander getrennt.
Ich wäre gerne zu eurer Party gekommen, doch ich hatte keine Zeit.

•• **Verbinde die beiden Sätze zu jeweils einer Satzreihe. Verwende dazu eine Konjunktion.**

deshalb | aber | denn | trotzdem

1. Die schnell eintreffende Polizei sperrt die Unfallstelle ab. Der Verkehr staut sich.

   Die schnell

2. Die Autos sind vollkommen zerstört. Niemand wurde verletzt.

3. Der Fahrer des roten Autos wirkt ruhig. Seine Beifahrerin hat einen Schock.

4. Die Polizei ruft die Feuerwehr um Hilfe. Das ausgelaufene Benzin könnte plötzlich brennen.

Merke dir eine Ausnahme! Wenn Hauptsätze mit **und** verbunden sind, so kann ein Komma gesetzt werden, muss aber nicht:

Ich tauche gerne (,) und ich genieße die Unterwasserlandschaft.

••• Umkreise in den folgenden Sätzen die Personalform des Verbs. Unterstreiche die Hauptsätze blau und die Nebensätze schwarz. Handelt es sich jeweils um ein Satzgefüge oder eine Satzreihe?

1. Die Polizisten fotografieren die Autos, da so weitere Beweise gesichert werden.
   Hauptsatz, Nebensatz = Satzgefüge
2. Die Polizei stellt den Unfallbericht fertig, während die Feuerwehr die Unfallstelle reinigt.
   ____
3. Die Feuerwehr hat ihre Arbeit getan, die Polizei gibt die Strecke frei und der Stau löst sich auf.
   ____

3.5 Satzanalyse

• A Damit du einen Satz analysieren und somit bestimmen kannst, musst du zunächst wissen, aus welchen kleinsten Bestandteilen ein Satz besteht. Ordne die Wörter richtig zu, indem du sie mit den richtigen Wortarten in den Boxen verbindest verbindest.

| Artikel | Nomen | Verb | Adjektiv | Pronomen | Konjunktion | Präposition |

Meine Schwester sitzt seit Stunden mit ihrem gelben Quietscheentchen in der Badewanne.

B Schau dir nun noch mal den Satz an. Unterstreiche die Wörter, die zusammengehören und ordne sie den Satzgliedern in den Boxen zu.

Meine Schwester sitzt seit Stunden mit ihrem gelben Quietscheentchen in der Badewanne.

| Subjekt | Prädikat | Objekt | Adverbiale Bestimmung |

BOXENSTOPP

Hier ist dein Einsatz gefragt! Setze die Wörter in die Lücke ein, dann erfährst du Wissenswertes über die Analyse von Sätzen.

Wortart Wortgruppen Satzart Satzanalyse

Von einer vollständigen 1 ____________________ spricht man, wenn man von allen Wörtern eines Satzes die 2 ____________ bestimmt, diese dann zu 3 ____________________ zusammenfasst, deren Satzgliedfunktion bestimmt und abschließend die jeweilige

4 ___________________________ nennt.

Eine Satzanalyse kannst du mit Hilfe einer Tabelle durchführen. Dabei arbeitest Du Dich am besten von unten nach oben vor!

• • **A Fehlersuche: In jeder Reihe gehört ein Wort nicht dazu. Streiche das falsche Wort.**

1. **Satzart**: Kommasatz, Fragesatz, Aussagesatz, Wunschsatz, Ausrufesatz, Aufforderungssatz
2. **Satzglieder**: Subjekt, Prädikat, Objekt, Konjunktion, Adverbiale Bestimmung
3. **Wortarten**: Artikel, Adjektiv, Nomen, Verb, Adverbien, Präpositionen, Pronomen, Konjunktionen, Fremdwort

Ein Satz besteht häufig aus mehreren Satzgliedern, aber nicht jeder Satz hat alle Satzglieder. Satzglieder erkennt man daran, dass man sie gemeinsam verschieben oder ersetzen kann.

Die lange Schlange kroch in den Baum. → verschieben: In den Baum kroch die lange Schlange.
→ ersetzen: Sie (=die Schlange) kroch in den Baum.

B **In dieser Satzanalyse fehlen noch einige Bestimmungen. Vervollständige die Tabellen.**

Aussagesatz					
Hauptsatz					
			Prädikat	Akkusativ-Objekt	
	Adjektiv		Verb		
Der	strenge	Lehrer	verteilt	aufwändige	Strafarbeiten.

C

Aussagesatz					
Hauptsatz					
		Prädikat			Prädikat
		Hilfsverb/ finites Verb			infinites Verb
Diese	Fernseh-serie	hat	sie	gestern	gesehen.

••• **Die Satzanalyse klappt selbstverständlich auch bei Haupt- und Nebensätzen. Probier es aus!**

Satzgefüge								
Aussagesatz					Aussagesatz			
Hauptsatz					Nebensatz			
				modales Adverbial	keine Satzgliedfunktion			
				Adjektiv	Konjunktion			
Der	Kinofilm	gefiel	mir	gut,	weil	wir	lachen	mussten.

Grammatik 6. Klasse

TEST

Bist du bereit für einen Grammatiktest? Du hast 45 Minuten Zeit.

Notiere deine Start- und Endzeit. **Start:** ______ Uhr / **Ende:** ______ Uhr.

Wenn du fertig bist, gehe alle Aufgaben noch einmal durch und korrigiere mögliche Flüchtigkeitsfehler. **Auf die Plätze - fertig - los!**

Wortarten und Zeichensetzung

PUNKTE

1. Kennst du dich aus? Kreuze die richtigen Erläuterungen an.
(1 Punkt für jedes richtige Kreuzchen)

a) ☐ **Sein**, **haben** und **werden** sind Hilfsverben.

b) ☐ Hilfsverben können allein kein Prädikat bilden.

c) ☐ Man benötigt immer Hilfsverben bei der Bildung des Präteritums und des Präsens.

d) ☐ Modalverben können die Inhalte eines anderen Verbs verändern, weil sie die Sicht auf einen Sachverhalt bestimmen.

e) ☐ **Dürfen**, **können**, **mögen**, **sollen**, **haben**, **sein** sind Modalverben.

f) ☐ Wörter, die sich auf einen ganzen Satz, ein Nomen oder Pronomen beziehen, nennt man Relativpronomen.

g) ☐ Präpositionen geben an, in welchem Teil des Satzes ein Wort steht.

h) ☐ Wenn man einen Hauptsatz mit einem Nebensatz durch eine Konjunktion verknüpft, entsteht ein **Satzgefüge**. Verbindet man Hauptsatz und Hauptsatz, dann nennt man das eine **Satzreihe**.

PUNKTE

2. Vervollständige den Text, indem du Präpositionen, Konjunktionen, Pronomen und natürlich auch die fehlenden Satzzeichen einsetzt.
(1 Punkt für jede richtige Lücke und für jedes richtige Satzzeichen)

Sabrinas Mutter sagt Schreib endlich einen Brief an Herrn Meier
Sabrina setzt sich hin ______ schreibt diesen Brief:

Sehr geehrter Herr Meier

ich hatte Ihnen ja versprochen ______ zu melden ______ Ihnen mitzuteilen wie es Ihrer Katze bei uns geht. Mohrchen hat ______ gut eingelebt. Das liegt natürlich auch daran ______ mein Bruder und ich jeden Tag mit ihr spielen. Sie liebt es ______ der Fensterbank zu liegen ______ dort scheint meistens die Sonne. Unser Hund Bobby ______ Katzen eigentlich nicht so schätzt, hat ______ auch schon mit ihr angefreundet. Hoffentlich geht es Ihnen gut ______ Japan.

Liebe Grüße von Familie Werner ______ Mohrchen

3. Finde die Adverbialien im folgenden Text und unterstreiche sie. Bestimme anschließend, um welche Art von Adverbialien es sich handelt
(1 Punkt für jedes gefundene Adverbial und 1 Punkt für jede richtige Bestimmung)

PUNKTE

a) Der Stürmer schießt den Ball über das Tor. ______

b) Vielleicht trifft er heute wegen des Nebels nicht. ______

c) Jetzt muss er auf die Ersatzbank. ______

d) Dort wird er den Rest der Spielzeit absitzen. ______

4. Beschreibe den Unterschied zwischen Attribut und Adverbial!
(ingesamt 4 Punkte, 2 Punkte pro richtiger Erklärung (Attribut/ Adverbial)

PUNKTE

______

______

______

______

______

______

______

______

5. Nenne 3 Attributarten mit Beispielen.
(1 Punkt für jede richtige Attributart und 1 Punkt für jedes richtige Beispiel)

PUNKTE

a) ______

______

b) ______

______

c) ______

______

Satzanalyse

PUNKTE

6. Führe für den folgenden Satz eine vollständige Satzanalyse durch.
(1 Punkt für jede richtige Bestimmung)

Der	Hausmeister	verkauft	uns	in	den	Pausen	Müsliriegel.

PUNKTE GESAMT

Geschafft! Vergleiche nun deine Antworten mit dem Lösungsteil auf S. 429. Trage die jeweilige Punktzahl neben der Aufgabe ein und zähle dann deine Gesamtpunktzahl zusammen. Trage deine Gesamtpunktzahl auch gleich auf der Urkunde auf S. 201 ein!

Meine Gesamtpunktzahl: ______ / 64

64 - 44 PUNKTE
Einfach spitze! Du bist der Grammatik-Champion, denn du kennst dich schon gut in allen Bereichen aus!

43 - 23 PUNKTE
Eine gute Ausgangsposition, um dich noch zu verbessern! Überprüfe noch einmal, wo du Fehler gemacht hast und versuche die Aufgaben richtig zu lösen.

22 - 0 PUNKTE
Liebe Sportsfreundin, lieber Sportsfreund, leider hast du noch so einige Lücken in deinem Grammatikwissen! Schau dir am besten die Boxenstopps und Erklärungen noch einmal genau an und arbeite die Aufgaben erneut durch. Mit ein bisschen mehr Übung ist dann auch Silber oder sogar Gold drin!

4 LEICHT ZU VERWECHSELNDE LAUTE

4.1 x, gs, ks, chs oder cks?

- **Hört sich zwar wie ein x an, wird aber unterschiedlich geschrieben. Setze ein:**

x | gs | ks | cks

„Ich kann zwar nicht 1 he___en, aber das schaffe ich mit 2 lin___!", denkt sich Amelie. 3 Rin___herum liegen alte Schulhefte, Bücher und jede Menge Papierkram. Ganz leise, fast 4 mu___mäuschenstill macht sie sich ans Aufräumen. Jetzt können die Ferien beginnen!

- **Hier findest du alle Möglichkeiten, den x-Laut zu schreiben. Trage die Beispielwörter in die richtigen Spalten ein.**

~~Nixe~~ Kekse Kleckse Text Achse links neuerdings Mucks Lachs Jux Axt Ochse pflegst Xylophon erwachsen flugs Luchs Explosion allerdings Koks lügst

	x	gs	ks	cks	chs
Wortanfang					
Wortmitte	Nixe				
Wortende					

x: kommt am Wortanfang häufig in griechischen Fremdwörtern vor (z. B. Xylophon)

gs: häufig anzutreffen in der 2. Person Singular von Verben, deren **Stamm auf -g endet** (z. B. fliegen - du flie**gs**t)

ks: häufig anzutreffen in der 2. Person Singular von Verben, deren **Stamm auf -k endet** (z.B. tunken - du tun**ks**t)

cks: häufig anzutreffen in der 2. Person Singular von Verben, deren **Stamm auf -ck endet** (z.B. pflücken - du pflü**cks**t)

chs: Tiernamen mit dem x-Laut werden immer mit **chs** geschrieben!

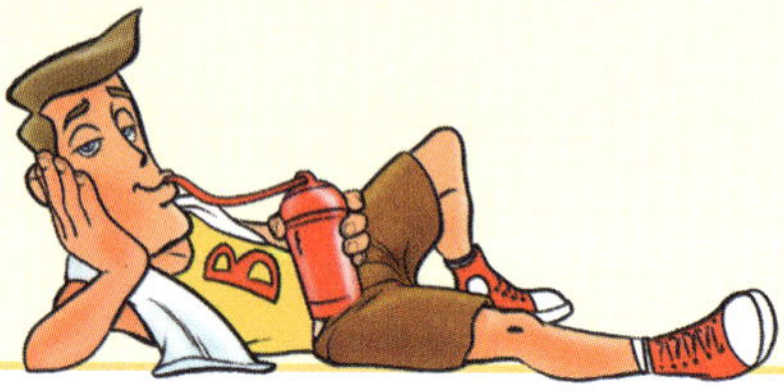

BOXENSTOPP

So, und wenn du dir die Tabelle noch mal ganz genau anschaust, kannst du die nächste Regel auch ganz einfach vervollständigen:

Am Wortanfang steht nur 1 ______ .

In der Mitte eines Wortes können 2 ____________ stehen.

Am Wortende findet man 3 ____________ .

Mit **x** und **chs** werden nur wenige Wörter geschrieben, z.B.: Taxi, Axt, Hexe, Achse, Sachsen, Dachs. Für sie gibt es keine bestimmten Regeln, du musst sie dir einfach merken!
Die Wörter, die mit **cks**, **ks** oder **gs** geschrieben werden, lassen sich von anderen Wörtern ableiten, z. B. Kle**cks** - kle**ck**ern, du den**kst** - den**k**en, ganzta**gs** - Ta**g**

●● **Lieblingsfächer. Findest du alle Wörter, in denen der x-Laut-vorkommt? Unterstreiche diese in deiner Lieblingsfarbe.**

1. Leonie: Ich mag es, wenn wir im Unterricht experimentieren. Unser Biologielehrer gibt uns einen Anleitungstext und dann geht es los. Ich komme mir dann immer wie eine kleine Kräuterhexe vor.
2. Joshua: Im Musikunterricht durften wir neulich verschiedene Instrumente ausprobieren. Ich habe das Xylophon getestet, meine Freundin Tabea das Saxophon. Das klang anfangs noch ziemlich gewöhnungsbedürftig!
3. Julia: In Kunst machen wir ebenfalls viele Experimente: Wir nehmen einen Klecks Ölfarbe und verteilen ihn gleichmäßig auf der Leinwand.
4. Jannis: Ich finde Biologie auch sehr spannend: Wir lernen gerade unsere einheimischen Raubtiere wie Fuchs, Dachs und Luchs kennen.

••• **Kreuzworträtsel für Schlaufüchse. Trage die Wörter waagerecht oder senkrecht ein. Pro Kästchen ein Buchstabe.**

waagerecht

1. Das mag das Krümelmonster am liebsten
2. Glück oder Pech, das jemand im Leben hat; Ereignisse, die das Leben bestimmen
5. Jemand, der sich auf einem Gebiet sehr gut auskennt
8. Der Arzt arbeitet in einer **?**

senkrecht

1. Nico malte einen großen roten **?** auf die Leinwand
3. Daraus werden Kerzen hergestellt
4. Rotbraunes Raubtier, das ähnlich wie ein Hund aussieht; wohnt in unseren Wäldern
6. Musikinstrument, das aus vielen Holzplättchen besteht
7. Küchengerät, mit dem man Zutaten verrühren kann
9. Werkzeug, mit dem man Holz hacken kann

4.2 f-Laut (f, ph, pf, v)

• **Der f-Laut hört sich in vielen Wörtern zwar ähnlich an, wird aber ganz unterschiedlich geschrieben: f, ph, pf, v. Umkreise alle f-Laute, die du in dem Text finden kannst.**

Hallo Leute,

Am kommenden Freitag trifft sich die AG „Philosophie für Schüler“ von 15.00 bis 16.30 Uhr in der Pausenhalle. Bitte denkt bis dahin über Vorschläge für die kommenden Treffen nach. Wir bringen Pflaumenkuchen mit. Herr Mahler sorgt für Apfelsaft.

Kai und Rabea

•• **Berufswünsche. Zu ihrer Verwirklichung fehlt noch ein wenig Anstrengung. Damit du sie richtig lesen kannst, musst du den richtigen *f-Laut* eintragen.**

1. Jonas: Ich möchte später mal Chefkoch werden. Ich mag es, mit Tö___en und ___annen zu hantieren und leckere Sachen zu kochen. Meine Mutter hil___t mir dabei.
2. Marie: Mein Beru_swunsch ist Apothekerin. Da___ür müsste ich ___armazie studieren. Damit das klappt, muss ich mich nur noch ein paar Noten ein wenig verbessern.
3. Luca: Ich werde ___erdezüchterin. Ich habe meinen eigenen Ho___ und mindestens 10 ___erde. Selbst___erständlich sind die alle preisgekrönt! Was denkt ihr denn?

BOXENSTOPP

Trage alle Wörter mit *f-Lauten* aus den Übungen S. 145 • und S. 146 •• in die Tabelle ein.

	f	ph	pf	v
Wortanfang				
Wortmitte				
Wortende				
		findet man häufig in Fremdwörtern	erkennt man nur bei genauer Aussprache	steht immer in den Vorsilben ver- und vor-

Aufgepasst bei Fremdwörtern! Dort wird das **v** oft wie ein **w** ausgesprochen: z.B.: **Vase, Video.** Manche Wörter mit **ph** darfst du auch mit **f** schreiben: z.B.: **Delphin – Delfin, Phantasie – Fantasie.** Wenn du dir nicht sicher bist, welche Schreibweise richtig ist, schau in einem Wörterbuch nach!

••• **Im Buchstabengitter haben sich 16 Wörter mit f-Laut versteckt. Man kann sie vorwärts lesen, eventuell stehen sie auch diagonal oder rückwärts. Umkreise diese und schreibe sie anschließend neben das Gitter in die Tabelle.**

p	a	b	c	d	f	a	u	l	e	p
h	n	f	g	v	l	a	h	i	j	f
a	e	k	l	a	i	m	h	a	b	a
n	r	c	p	s	e	s	c	r	d	u
t	v	e	n	e	g	e	g	t	e	l
o	a	p	t	e	e	d	d	d	s	n
m	v	o	g	e	l	d	d	e	o	u
p	e	v	o	r	l	e	s	e	n	p
f	r	e	e	d	d	s	g		b	f
a	s	p	f	a	n	d		r	e	l
n	d	e	d	t	t	d	e	d	r	a
n	g	d	b	r	a	v	r	g	x	n
e	e	e		d	d	d	f		g	z
z	a	s	t	a	s	d	f	g	g	e
s	v	e	r	l	o	r	e	n	g	l

4.3. end- und ent-

• **Entscheide, welche Vorsilbe das Wort hat: *end-* oder *ent-*. Verbinde mit der richtigen Vorsilbe.**

end-

-scheidung
-schuldigung
-ung
-schuldigen
-deckung
-täuschen
-kleiden
-los,
-spiel
-gegnen

ent-

BOXENSTOPP

Die Vorsilbe **end**- stammt vom Wort 1 ________ und weist darauf hin, dass etwas endgültig abgeschlossen ist: endlich, Endung, ...

Alle anderen Fälle, die nichts mit dem Ende von etwas zu tun haben, besitzen die Vorsilbe 2 ______ . Häufig haben sie etwas mit der Bedeutung „weg" zu tun: sich entfernen = weggehen, entwenden = wegnehmen. Achte auf die Groß- und Kleinschreibung! Bei Nomen und Wörtern am Satzanfang schreibst du natürlich **End-** oder **Ent-**.

•• **Vor lauter nachträglichem Schrecken ist dem Schreiber hier an den entscheidenden Stellen die Tinte ausgegangen. Ergänze dort *end-* oder *ent-*.**

Blankes 1 ______setzen

Wir 2 ______schieden uns, um 15.00 Uhr auf den Rummel zu gehen und uns vor dem Kettenkarussell zu treffen. Es war schon eine Viertelstunde nach der vereinbarten Zeit, als 3 ______ lich Merle erschien. Sie 4 ______schuldigte sich wortreich und sagte, dass ihr unser Treffpunkt zwischenzeitlich 5 ______fallen sei. Aber jetzt sei sie ja da. Wir fassten den 6 ______schluss, als erstes die Geisterbahn aufzusuchen. Mutig besetzten wir zwei Gondeln und dann ging es los. Oh, wie gruselig! Wir fürchteten uns nicht die Bohne und fanden dies alle wenig 7 ______setzlich - bis zu dem Punkt, an dem sich unsere erste Gondel verhakte und mitten in der Geisterbahn stehenblieb. Merle machte gerade noch einen Scherz über die Technik und dann wurde es ganz ruhig. Nichts ging mehr. Wir warteten 10 Minuten, niemand erschien. 8 „ ______schuldigt bitte die Störung, aber wir haben einen Stromausfall, sagte da eine tiefe Stimme und wir schrien alle laut auf: Neben uns stand ein Vampir, ziemlich bleich, mit einer Blutkonserve unter dem Arm und mit einer Taschenlampe. „Folgt mir bitte." Wir sagten lieber mal gar nichts. Am 9 ______punkt angekommen, freuten wir uns, dass wir die Nachmittagssonne wiedersahen. Da machten wir die 10 ______deckung, dass uns der Geisterbahnbesitzer persönlich, allerdings als Vampir verkleidet, hinausbegleitet hatte. Das war dann doch ein ganz schön gruseliges Erlebnis.

•• **Und hier noch ein kleines Kreuzworträtsel mit „end-“ oder „ent-“. Trage die Wörter waagerecht oder senkrecht ein. Pro Kästchen ein Buchstabe.**

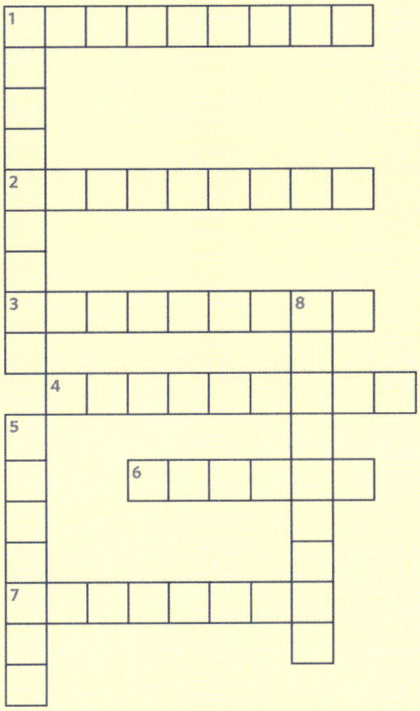

waagerecht

1. fortfallen / vergessen
2. immer gültig / abgemacht
3. Kidnapper
4. im Krankenhaus: jemandem Gift aus dem Körper holen
6. ohne ein Ende
7. letzte Silbe in einem Wort

senkrecht

1. erforschen / erfinden
5. Lohn für eine geleistete Arbeit
8. flüchten

••• **Ordne die richtigen Wörter mit *end-* und *ent-* den Bedeutungen zu.**

endlich
entwenden
~~sich entfernen~~
Endergebnis
entzünden
entkleiden
entziffern
Entzücken
Endstation
entledigen

1. weggehen sich entfernen
2. stehlen ______
3. große Freude über etwas ______
4. die letzte Haltestelle ______
5. sich ausziehen ______
6. sich von etwas befreien ______
7. einen schwer lesbaren Text lesen ______
8. anzünden ______
9. das letztgültige Resultat ______
10. nach langer Zeit ______

4.4 seid und seit

- **Setze *seid* oder *seit* ein.**

1. „ ______________ ihr bei uns angekommen seid, geht es uns wieder gut."

2. „ ______________ ihr euch da sicher?"

3. „Ja, ganz sicher, ______________ vorgestern haben wir niemanden mehr für den Abwasch."
„Aber ______________ ihr da ______________ , ist dieses Problem gelöst."

BOXENSTOPP

Huch, die Leerstellen in dem sind Regelsatz verrutscht. Setze die Leerstellen ein und notiere den Merksatz noch einmal richtig.

seid:

Wenndas„seid"zueinemVerbgehört,
dannwirdesmit„d"geschriebenundstammtvondemVerbseinab.

____

____

____

Häufig steht **seid** zusammen mit **ihr** in einem Satz, denn es ist die Verbform der zweiten Person Plural. Seid ihr in den Schwarzwald gefahren?

seit:

IstindemSatzvoneinemZeitpunktdieRede,an
demetwasbegonnenhat,dannverwendetman„seit".

____

____

____

Seit leitet als **Präposition** eine **adverbiale Bestimmung der Zeit** ein.
Seit zwei Jahren habe ich meinen Cousin nicht gesehen.

Seit leitet als **Konjunktion** einen **temporalen Nebensatz** ein.
Seit mein Cousin bei uns wohnt, ist es hier gar nicht so übel.

•• **Lies, warum Kolja verzweifelt ist und entscheide, ob er *seid* oder *seit* einsetzen muss, indem du die falsche Form streichst.**

Liebe Finja,

1 Seid/Seit mir meine Mutter gestern mitgeteilt hat, dass mein Cousin Niels zwei Wochen bei uns wohnen wird, kann ich nicht mehr schlafen. Er ist der Sohn meiner Tante und ich mag ihn nicht besonders.
2 Seid/Seit den vorletzten gemeinsamen Winterferien finde ich ihn richtig blöd. Er ist ein alter Angeber und behauptet, dass er schon lesen kann, 3 seid/seit er vier Jahre alt ist. Zu allem Überfluss soll Niels ausgerechnet in meinem Zimmer schlafen! Ich finde das empörend! Wenn meine Mutter ihm erlaubt, bei uns seinen Urlaub zu verbringen, dann sollte er auch das Zimmer mit meinen Eltern teilen und nicht mit mir! Das Leben ist manchmal ganz schön ungerecht!

Wie sieht es bei euch aus? 4 Seid/Seit Ihr schon in die neue Wohnung umgezogen? Wie ich deine Familie kenne, 5 seid/seit ihr in solchen Sachen ja ganz schön schnell.

Viele Grüße auch an deine Familie

Kolja

Ganz klar: Frage nach der **Zeit = seit!**

••• **Nach einigen Wochen schreibt Kolja einen weiteren Brief an Finja. Weil er sich unsicher ist, ob *seid* oder *seit* in den Brief gehört, schreibt er erst einmal einen Lückentext. Hilf ihm und schreibe die richtige Form in die Lücke.**

Liebe Finja,

es ist ja jetzt schon ein wenig her, 1 __________ ich dir das letzte Mal geschrieben habe. Ich kann dir sagen, 2 __________ Niels mit in meinem Zimmer wohnt, ist hier alles anders. Außerdem ist er gar nicht so schlimm, wie ich dachte. Meine Mutter sagte gestern schon zu uns: „Ihr 3 __________ mir zwei Herzchen!". Damit meinte sie wirklich nicht, dass wir nett und lieb seien. Unsere Nachbarin äußerte etwas Ähnliches als sie sagte: „Ihr 4 __________ ja wie Pech und Schwefel." Das sollte wohl bedeuten, dass Niels und ich ganz gut zusammen spielen und zu zweit einige Streiche aushecken. Es ist gar nicht so übel, 5 __________ mein Cousin hier ist!

Wie schaut es bei dir aus? 6 __________ ihr nach eurem Umzug in den Schwarzwald zu deiner Oma gefahren?

Liebe Grüße
Kolja

4.5 Wider und wieder

• ***Wider* oder *wieder*? Ronja und Max unterhalten sich. Streiche die falsche Form durch.**

Ronja: „Oh, es gibt 1 wider/wieder Pippi Langstrumpf im Fernsehen. Ich schaue es mir noch mal an!"

Max: „Das ist ja 2 wider/wieder die Vernunft! Das kennst du doch alles schon ..."

Ronja: „Na und? Ich finde den Film klasse und ich mag das Buch."

Max: „Ach wie 3 widersinnig/wiedersinnig! Den Film kennst du doch schon auswendig."

Ronja: „Ja, aber du weißt doch: 4 Widersehen/Wiedersehen macht Freude!"

BOXENSTOPP

Sortiere in das richtige Kästchen ein: Widerstand, widerspiegeln, Widersacher, Wiedergabe, Wiederholung, wiederbeleben, wiedergeben, widersprechen

wieder = noch einmal, ein zweites Mal	wider = gegen, dagegen, entgegen, contra
Die Vorsilbe **wieder** meint, dass es sich um eine Wiederholung handelt, dass etwas noch einmal stattfindet.	Die Vorsilbe **wider** zeigt an, dass etwas etwas anderem entgegensteht. Oder das etwas das Gegenteil ist.

•• **Max ist mit Ronjas Antwort nicht zufrieden und so geht der Dialog weiter. Ergänze *wider* oder *wieder*.**

Max: „Normalerweise 1 ________strebt es mir ja, dir zu 2 ________sprechen, aber in diesem Fall muss ich eine Ausnahme machen."

Ronja: „Ach, was hat denn der Herr 3 ________ zu meckern? 4 ________ die Vernunft, wenn ich das schon höre! Und was heißt das überhaupt?"

Max: „Na, das bedeutet: Es ist g e g e n die Vernunft."

Ronja: „Also ist es unvernünftig 'Pippi Langstrumpf' zu gucken? Das ist doch ein witziger Film und ich mag ihn."

Max: „Du 5 ________holst dich! Es geht aber gar nicht um den Film, sondern um die Tatsache, dass du eigentlich noch englische Vokabeln und Grammatik mit mir üben wolltest. Der Film wird demnächst bestimmt noch mal gesendet, aber unsere Englischarbeit ist in drei Tagen und da gibt es mit Sicherheit keine 6 ________holung."

Ronja: „Vermutlich spiegelt sich in meiner Unvernunft gerade meine Unlust auf Englisch 7 ________ . Ich sag es ja nur ungern, aber du hast Recht. Komm, lass uns mit Lernen anfangen!"

Wenn du dir nicht so sicher bist, überlege, ob jemand **gegen** (= wider) etwas ist oder ob etwas **noch einmal** (= wieder) ausgeführt wird!

•• **Verbinde die richtigen Definitionen mit den Wörten.**

1 eine entgegengesetzte Meinung aussprechen

2 Handlung, mit der man sich gegen etwas wehrt

3 jemand wird erneut gewählt

4 etwas noch einmal tun

5 Gegner

6 starke Abneigung

7 ein unsympathischer Mensch; jemand, gegen den man ist

A Widerstand

B Widerwille

C wiederholen

D widersprechen

E Widerling

F Wiederwahl

G Widersacher

••• **Es gibt viele Wörter mit *wider*. Kennst du die 5 Wörter, die in die Wortschlange geraten sind? Schreibe sie heraus und erkläre sie. Schlage die dir unbekannten Wörter im Wörterbuch nach.**

widersetzenwiderrechtlichwiderspiegelnWidersacherWiderstand

1. Wort: widersetzen
Erklärung: sich widersetzen, jemandes Anordnung nicht befolgen, etwas anderes tun

2. Wort: ________
Erklärung: ________

3. Wort: ________
Erklärung: ________

4. Wort: ________
Erklärung: ________

5. Wort: ________
Erklärung: ________

5 GROSS ODER KLEIN?

5.1 Substantivierte Verben

- **Jonas' Großvater schmettert ein Lied. Im Text findest du Wörter, die sowohl als Verben als auch als Substantive vorkommen. Unterstreiche die *substantivierten* (= als Substantiv gebrauchten) *Verben* rot und alle anderen Verben blau.**

„Das Schreiben und das Lesen sind nie mein Fall gewesen.

Das Rechnen und das Denken, das möcht' ich mir gern schenken."

BOXENSTOPP

Hier siehst du einen Beispielsatz, kreuze dazu die richtige Regeln an.

Ich mag es zu rechnen = Ich mag (das) Rechnen.

☐ Substantive kann man auch klein schreiben.

☐ Verben, die als Substantiv gebraucht werden, schreibt man groß. Man nennt sie **substantivierte Verben**.

☐ Verben können nicht als Substantive benutzt werden.

Kleiner Tipp: Substantivierte Verben kannst du an ihren **Begleitern** erkennen.

Oft ist das ein **Artikel: ➜ das Bellen**
Du erkennst substantivierte Verben weiterhin an:
einem **Adjektiv,** das beigefügt ist **➜ lautes Bellen**
einem **Pronomen,** das vorangestellt ist **➜ sein Bellen**
oder einer **Präposition,** die vorangestellt ist **➜ mit Bellen**

Manchmal stehen substantivierte Verben auch **ohne Begleiter**. Wenn du diesen jedoch ergänzen kannst, weißt du, dass es sich um ein substantiviertes Verb handelt, das groß geschrieben wird. ➜ (Das) **Schwimmen** gefällt mir gut.

•• **Hier ist Kombinationsgabe gefragt. Setze den richtigen Anfangsbuchstaben ein und entscheide, ob er groß oder klein geschrieben wird.**

Jonas und seine Großmutter 1 _g_rinsen, als sie das laute 2 ___ingen des Großvaters 3 ___ören. Vor allen Dingen Jonas kann sich vor 4 ___achen kaum noch halten. „Das meinst du doch nicht Ernst, oder?“, fragt er, als er sein 5 ___ichern wieder unter Kontrolle hat. „Ach, das ist doch ein Teil einer bekannten Arie, der Rest ist von mir. Fiel mir ein, als ich dich bei deinen Hausaufgaben sah.“ „Welches Fach gefiel dir denn in der Schule?“ „ 6 ___chreiben und 7 ___esen gefielen mir schon ganz gut. Im 8 ___echnen war ich nicht ganz so fix. Und bei dir?“ „Ich mag 9 ___eichnen und tatsächlich das 10 ___ingen im Musikunterricht.“ Jonas' Großmutter meldet sich zu Wort: „Lasst uns 11 ___ehen, das Essen wartet auf uns!“

•• **Entscheide dich für Groß- oder Kleinschreibung. Streiche den falschen Buchstaben durch.**

1. Nach dem e/Essen sollst du r/Ruhen oder tausend Schritte tun.
2. Mein Vater v/Versuchte vergeblich sich sein s/Schnarchen a/Abzugewöhnen.
3. Neben dem s/Sammeln von Briefmarken ist Saxophon s/Spielen eines meiner Hobbys.
4. Meine Schwester v/Vergisst beim t/Tauchen die Welt um sich herum.
5. Wir t/Treffen uns am Wochenende zum m/Musizieren.

••• **Das geht mal gar nicht! Hier ist alles kleingeschrieben. Sorge für gute Lesbarkeit, indem du Leerstellen setzt und vor allem die richtige Groß- und Kleinschreibung beachtest.**

ersagte,dasseraufräumenüberhauptnichtgernhabe.

1. ______________________________

wenndumirbeimputzennichthilfst,dannhabeichnochwenigerlustdazu.

2. ______________________________

vermutlichistschwimmendeshalbsogesund,weildie gelenkeimwassergeschontwerden.

3. ______________________________

vomzuguckenhatnochniemandvielgelernt.

4. ______________________________

5.2 Substantivierte Adjektive

- **In den Sätzen findest du Wörter, die sowohl als Adjektive als auch als Substantive vorkommen. Unterstreiche die substantivierten (als Substantiv gebrauchten) Adjektive rot und die „normalen" Adjektive blau.**

1. Der alte Mann öffnete das große Fenster. - Der Alte öffnete das große Fenster.

2. Das Beste an der Schule sind die Ferien. - Der beste Teil an der Schule sind die Ferien.

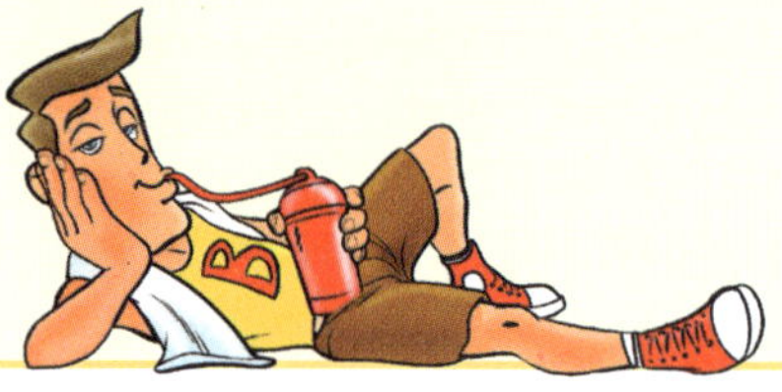

BOXENSTOPP

Schau dir die beiden Sätze oben noch einmal an. Auch Adjektive können als Substantive benutzt werden. In diesem Fall haben sie kein Bezugswort. Sie werden dann groß geschrieben.

Genau wie bei den substantivierten Verben, erkennst du auch die substantivierten Adjektive an ihren **Begleitern**. Es sind die gleichen wie bei den Substantiven:

1. A ____________

Die Kleine lächelte geringschätzig.

2. A ____________

Die rothaarige Kleine pfiff laut.

3. P ____________

Meine Kleine hat schlechte Laune.

4. P ____________

Mit der Kleinen ist dann nicht zu spaßen!

Außerdem schreibt man Adjektive nach **alles, allerlei, etwas, manches, nichts, wenig** und **viel** immer groß: etwas **N**eues, viel **S**chönes, nichts **G**utes. Diese Wörter nennt man **unbestimmte Zahlwörter.**

Substantivierte Adjektive bezeichnen Personen oder abstrakte Begriffe. Abstrakte Begriffe bezeichnen all die Dinge, die man nicht anfassen kann. Sie stehen häufig mit **etwas**, **nichts**, **viel** oder **alles**.

Achtung, das ist für uns Sportsfreunde wichtig! Wenn ein substantiviertes Adjektiv als **Ordnungszahl** verwendet wird, schreibt man es immer groß: **der Erste, der Zweite, ...**

•• **Malte ist sich ein wenig unsicher, was die Groß- und Kleinschreibung von Adjektiven angeht. Vorsichtshalber hat er beide Versionen in den Text eingefügt. Hilf ihm und streiche die falsche Form durch.**

Es gibt nichts 1 **besseres/Besseres** als eine heiße Milch mit Honig, wenn es draußen 2 **kalt/Kalt** ist. Meine Mutter probiert in der Erkältungszeit gern etwas 3 **neues/Neues**, denn sie schwört auf alte Hausmittel. Bei meiner letzten Erkältung hat sie etwas sehr 4 **interessantes/Interessantes** gemacht: Sie kochte Zwiebelstückchen stundenlang in Honig. Den Sud brachte sie mir dann und wünschte mir alles 5 **gute/Gute**. Das konnte ich gut gebrauchen, denn das Zeug schmeckte wie eingeschlafene Füße. Meine Oma sagt dazu immer:„Was gut schmeckt, hilft nicht." Insofern müsste der Zwiebelsud das 6 **neuste/Neuste** und 7 **beste/Beste** gegen eine 8 **fiese/Fiese** Erkältung sein.

•• **Hier findest du Lebensweisheiten mit substantivierten Adjektiven. Leider wurden sie alle groß geschrieben. Schreibe die Sätze in richtiger Groß- und Kleinschreibung.**

1. WER LÄCHELT STATT ZU TOBEN, IST IMMER DER STÄRKERE.

____

2. ABENDS WIRD DER FAULE FLEISSIG.

____

3. WIE DIE ALTEN SUNGEN, SO ZWITSCHERN AUCH DIE JUNGEN.

____

4. DER KLÜGERE GIBT NACH.

____

5. UNTER DEN BLINDEN IST DER EINÄUGIGE KÖNIG.

____

6. DEM GLÜCKLICHEN SCHLÄGT KEINE STUNDE.

____

Achtung, Achtung: **Superlative mit am**, nach denen man mit **wie**? fragen kann, schreibt man **am besten** klein!

••• **Setze die passenden Verben und Adjektive in ihrer substantivierten Form ein. Denke an die Groß- und Kleinschreibung!**

neu | lachen | ~~glücklich~~ | singen | klein | möglich | abwaschen

Mircos große Schwester

Große Schwestern sind gar nicht so einfach zu begreifen. Heute Vormittag benahm sich meine Schwester Marie, als gehöre sie zu den 1 Glücklichsten auf der ganzen Welt. Sie lachte und sang und erzählte mir alles 2 ____________ . Ein paar Stunden später erkenne ich sie nicht mehr wieder: Das 3 ____________ fällt ihr schwer und an 4 ____________ ist überhaupt nicht zu denken. Ob das wohl mit ihrem neuen Freund zusammenhängt? Der 5 ____________ heißt Tom und hat gerade das Treffen am Abend abgesagt, denn er muss lernen. Während des 6 ____________ klingelt das Telefon. Es ist Tom. Meine Schwester kommt zurück und sieht ganz verändert aus. Sie lächelt. „Das verstehst du nicht, 7 ____________ ", sagt sie.

5.3 Substantivierte Partizipien

• **Zum Aufwärmen ein leichtes Lauftraining. Du kennst nun schon substantivierte Verben und Adjektive. Im Folgenden lernst du das substantivierte Partizip kennen.**

An den folgenden Variationen des Wortes „laufen" sollst du entscheiden, ob es als **Verb**, **substantiviertes Verb** oder **substantiviertes Partizip** verwendet wird. Ordne den Sätzen die richtigen Buchstaben zu.

(A) Verb (B) substantiviertes Verb (C) substantiviertes Partizip

1. Ich liebe es, durch den Wald zu **laufen**. ______
2. Draußen in der Natur macht mir das **Laufen** riesigen Spaß. ______
3. Damit ich auf dem **Laufenden** bleibe, trainiere ich regelmäßig, um meine Kondition zu verbessern. ______

Erinnerst du dich noch daran, was ein **Partizip** ist? Partizipien stammen von einem Verb ab (wir **singen**) und werden als **Partizip I** als **Adjektiv** oder **Adverb** verwendet (die **singenden** Kinder). Als **Partizip II** dient es dazu, **zusammengesetzte Zeitformen** zu bilden (ich **habe** das Lied **gesungen**). Man benötigt es auch zur Bildung des **Passivs** (das **gesungene** Lied).

BOXENSTOPP

Du ahnst schon, was es mit den substantivierten Partizipien auf sich hat, oder? Dann kannst du die durcheinandergewirbelten Satzteile auch leicht in die richtige Reihenfolge bringen und somit die Regel herausfinden.

ein werden dem Partizip Artikel Wenn
(der, die, das, ein, eine) vorangestellt

1. ____

______________________ kann, wird es zu einem selbständigen Substantiv.

als gebraucht Partizipien selbständige Substantive Wenn

2. ____

______________________ werden, nennt man sie substantivierte Partizipien.

3. Kreuze die richtige Antwort an: Substantivierte Partizipien schreibt man groß ☐ klein ☐.
Ich bleibe ständig auf dem **Laufenden.** / Die **Radelnden** wurden vom Regenguss überrascht.

•• **A Hier erfährst du einiges über Majas Familie, wenn du die passenden Partizipien in die Lücken einträgst. Entscheide jeweils, ob dieses substantiviert ist und damit großgeschrieben wird.**

ausbildend | folgend | vorsitzend | verlobt | ~~anwesend~~ | abwesend | reisend

Meine Großmutter begrüßte alle 124 **1** Anwesenden auf ihrem 75. Geburtstag. Mein Onkel und meine Tante waren leider **2** ______________. Als durch die Welt **3** ______________ Journalisten verbringen sie den größten Teil ihres Lebens im Ausland. Meine Tante gehörte früher zu den **4** ______________ eines großen Deutsch-Französischen Unternehmens. Sie wollte Fremdsprachensekretärin werden. In Frankreich lernte sie meinen Onkel kennen und einen Sommer später stellte sie ihn uns als ihren **5** ______________ vor. Im **6** ______________ Jahr beschlossen die beiden bald zu heiraten und sich in den USA niederzulassen. Auch ohne sie wurde der Geburtstag sehr nett. Meine Großmutter, die **7** ______________ einer Theatergruppe ist, hatte viele Leute eingeladen. Diese sorgten für ein buntes Programm.

B Maja erzählt weiter über ihre Familie. Da sie eine Weile in England gewohnt hat und im Englischen die meisten Wörter klein geschrieben werden, schreibt sie an einigen Stellen ebenfalls klein. Ausgerechnet bei den Partizipien! Wähle aus, ob Groß- oder Kleinschreibung richtig ist.

1. Wusstest du schon, dass unsere Familie international ist? Wir haben **V/verwandte** in Polen und in Australien.
2. Die **V/verlobte** meines Cousins in Australien stammt aus den USA, sie ist eine echte Indianerin. Sie ist bei den Vereinten Nationen **A/angestellt**.
3. Die beiden wiederum haben **B/bekannte** in Indien.
4. Mein Onkel in Deutschland gehört seit zwei Monaten leider zu den Arbeitslosen. Sein Arbeitgeber hat einige **V/vorsitzende** entlassen. Darunter auch meinen Onkel. Zum Glück ist er flexibel und überlegt, ob er nach Polen gehen kann.
5. Dort wohnt ja schon Mamas anderer Bruder. Der ist dort in einer Möbelfabrik **B/beschäftigt**. Ich habe es ja gesagt: unsere Familie ist international.

••• **A Leider hat Schauspieler Bruno Bombastisch seine Rolle so gut gespielt, dass er sie nicht mehr ablegen kann. Lies den Text über das Interview und verbessere die Groß- oder Kleinschreibung, indem du den falschen Buchstaben wegstreichst.**

Im 1 **f/Folgenden** lesen Sie alles über den Schauspieler Bruno Bombastisch, dem unwiderstehlich 2 **l/Lachenden**. Er stellt in unserer Zeitschrift seinen neuen Film „Tintenkiller" vor. Gehen Sie mit auf die Reise und erfahren Sie, wie das Gute über das Böse siegt. Entdecken Sie an seiner Seite 3 **a/Aufregendes** und 4 **d/Dramatisches** im Leben des „Sören Substantiv".

In seinem neuen Film spielt er einen Schriftsteller, dem das Gefühl für die Groß- und Kleinschreibung abhanden gekommen ist. Kann ihm sein alter Kumpel 5 **h/Helfend** zur Seite stehen? Und was ist mit der geheimnisvollen Schönen, mit der er nach den Dreharbeiten gesichtet wurde? Bleiben Sie auf dem 6 **l/Laufenden** und lesen Sie unser Interview auf Seite 3.

B Und nun zu Seite 3. Du willst doch sicherlich auch wissen, wie das Interview weitergeht? Von Brunos Rechtschreibproblem hast du ja schon gehört. Setze das Wort in der richtigen Schreibweise in die Lücke.

Unsere Zeitung: Herr Bombastisch, man munkelt, dass Sie nach der Beendigung Ihres Filmes „Tintenkiller" Probleme mit dem ZURÜCKFINDEN 1 ____________ in das Alltagsleben hatten.

Bruno Bombastisch: Das ist ja nichts NEUES 2 ____________ für einen Schauspieler! In meiner Rolle als Sören Substantiv rette ich die Welt vor der ZUNEHMENDEN 3 ____________ Verschlechterung der Rechtschreibung.

Unsere Zeitung: Das INTERESSANTE 4 ____________ an dem Film ist, dass Sie mit Hilfe eines riesigen Tintenkillers und durch gezielte Anwendungen der Rechtschreibung die Welt RETTEN 5 ____________ .

Bruno Bombastisch: Ja, was soll ich sagen? Zuviel möchte ich hier nicht VERRATEN 6 ____________ . Sonst gibt es nichts WICHTIGES 7 ____________ , was ich an dieser Stelle noch SAGEN 8 ____________ möchte. Schauen Sie sich den Film an.

Unsere Zeitung: Und was ist mit der GEHEIMNISVOLLEN SCHÖNEN 9 ____________ ____________ , mit der man Sie nach den Dreharbeiten gesehen hat?

Bruno Bombastisch: Über PRIVATES 10 ____________ rede ich grundsätzlich nicht.

Unsere Zeitung: Öh, ja. Hm, Herr Bombastisch; wir danken Ihnen für das Interview und wünschen Ihnen alles GUTE 11 ____________ für die Zukunft.

Rechtschreibung 6. Klasse

TEST

Bist du bereit für einen Rechtschreibtest? Du hast 45 Minuten Zeit.

Notiere deine Start- und Endzeit. **Start:** ______ Uhr / **Ende:** ______ Uhr.

Wenn du fertig bist, gehe alle Aufgaben noch einmal durch und korrigiere mögliche Flüchtigkeitsfehler. **Auf die Plätze - fertig - los!**

Groß- und Kleinschreibung

PUNKTE

1. Groß- oder Kleinschreibung? Trage die Sätze richtig in die Leerzeilen ein.
(1 Punkt für jeden richtigen Satz)

a) BEIM SINGEN TRAF ER NICHT IMMER DEN RICHTIGEN TON.

b) DAS TAUCHEN FAND JURI SPANNEND.

c) DAS BESTE, WAS TANJA GESTERN PASSIERT IST, WAR, DASS SIE IHREN REGENSCHIRM WIEDERGEFUNDEN HAT.

d) HENRIK MEINTE, DASS ER AUFRÄUMEN ÜBERHAUPT NICHT MÖGE.

e) DER ALTE SCHLURFTE LANGSAM DIE STRASSE ENTLANG.

f) ER HATTE SCHON SO MANCHES DUMMES GETAN, ABER DAS WAR DAS DÜMMSTE!

g) SEITDEM ROBERT MIT EVA VERLOBT IST, HEISST ER IN IHRER FAMILIE NUR NOCH „DER VERLOBTE".

h) ICH WÜNSCHE DIR ALLES GUTE ZUM GEBURTSTAG!

i) JEMAND, MIT DEM MAN GUT BEKANNT IST, NENNT MAN ÜBRIGENS EINEN BEKANNTEN.

j) IM FOLGENDEN JAHR IST SO EINIGES SPANNENDES IM VEREIN GEPLANT, BESONDERS BEIM SCHWIMMEN.

Groß- und Kleinschreibung, Laute und Buchstaben

2. Setze die richtigen x-Laute und f-Laute ein. Denke auch an die Groß- und Kleinschreibung!
(1 Punkt für jede richtige Lücke)

PUNKTE

a) Der ___ylophonspieler konzentrierte sich. Rin___ um ihn herum war es mu___mäuschenstill.

b) Ein anderes Wort für Meerjungfrau ist Ni___e.

c) Am liebsten malt Klara mit Wa___malstiften. Dabei hilft ihr ihre ___antasie.

d) Der Da___ ist ein Allesfresser. Er frisst ___lanzen, aber auch Würmer, Schnecken und andere kleine Tiere.

e) ___ilosophie nennt man die Wissenschaft, die sich damit beschäftigt, wie wir denken und handeln. Sie ___erbindet alle Wissenschaften (und Schulfächer) miteinander.

f) Auf Maikes T-Shirt ist ein ___ogel und auf Edgars Pullover ein Del___in abgebildet.

g) Manchmal packt den alten Dam___erkapitän das ___ernweh. ___oller Wehmut schaut er hinaus aufs Meer.

h) Sanne ___ersuchte ___ergeblich rechtzeitig mit dem Saxo___on Üben ___ertig zu werden. Ihr ___ater wartete auf sie.

Groß- und Kleinschreibung, Vorsilben

3. Ergänze die Lücken, indem du entscheidest: „end-/ent-", „seid/seit" und „wider/wieder". Beachte die Groß- und Kleinschreibung!
(1 Punkt für jede richtige Lücke)

PUNKTE

1 ________lich ist es soweit: Sommerferien! Nur noch ein kurzer 2 ________scheidender Tag davor: die Zeugnisvergabe. Aber auch das ist alles kein Problem, 3 ________ ich mich regelmäßig mit Remo zum Lernen treffe. Er hat viel Geduld und erklärt mir immer 4 ________ Mathe. Und ich zeige ihm zum 5 ________holten Male, wie er sich die Rechtschreibregeln merken kann. Meine Familie findet das auch gut. Meine Mutter meinte letztens: „Ihr 6 ________ ein richtig gutes Team! Das spiegelt sich auch in euren Noten 7 ________." Gemeinsam haben wir den 8 ________stand und unseren 9 ________willen gegen das Lernen aufgegeben. In der Schule geht es wirklich bergauf. 10 ________lich!

Substantivierte Formen

PUNKTE

4a. Auf zum Finale! In jedem Satz unter (4b) findest du eine substantivierte Form. Markiere diese mit dem Textmarker.
(1 Punkt für jede gefundene Form)

PUNKTE

4b. Unterscheide zwischen substantiviertem Verb (V), Adjektiv (A) oder Partizip (P) und kreuze die richtige Form an.
(1 Punkt für jede richtige Antwort)

	substantiviertes		
	V	A	P
1. Der Gute ist flexibel	☐	☐	☐
2. Bei so viel Ärger blieb ihm das Lachen im Halse stecken.	☐	☐	☐
3. Nele kann momentan noch nichts Neues berichten.	☐	☐	☐
4. Im Folgenden siehst du den zweiten Teil von „Michel aus Lönneberga".	☐	☐	☐
5. Arthur ist der Jüngste der Familie Neumann.	☐	☐	☐
6. Jonas hält das Treffen mit Tom für das Beste, was ihm widerfahren ist.	☐	☐	☐
7. Als Vorsitzender des Sportvereins hält Finn eine flammende Rede.	☐	☐	☐
8. Leonie bevorzugt Fotografieren als Freizeitgestaltung.	☐	☐	☐
9. Wir wünschen Ihnen alles Schöne.	☐	☐	☐
10. Zum Wandern kommt Onkel Hannes immer zu spät.	☐	☐	☐

PUNKTE GESAMT

Geschafft! Vergleiche nun deine Antworten mit dem Lösungsteil auf S. 432. Trage die jeweilige Punktzahl neben der Aufgabe ein und zähle dann deine Gesamtpunktzahl zusammen. Trage deine Gesamtpunktzahl auch gleich auf der Urkunde auf S. 201 ein!

Meine Gesamtpunktzahl: ______ / 60

60 – 40 PUNKTE
Einfach spitze! Du bist der Rechtschreib-Champion, denn du kennst dich schon gut in allen Bereichen aus!

39 – 19 PUNKTE
Eine gute Ausgangsposition, um dich noch zu verbessern! Überprüfe noch einmal, wo du Fehler gemacht hast und versuche die Aufgaben richtig zu lösen.

18 – 0 PUNKTE
Liebe Sportsfreundin, lieber Sportsfreund, leider hast du noch so einige Lücken in deinem Rechtschreibwissen! Schau dir am besten die Boxenstopps und Erklärungen noch einmal genau an und arbeite die Aufgaben erneut durch. Mit ein bisschen mehr Übung ist dann auch Silber oder sogar Gold drin!

6 SCHÖNER SCHREIBEN, BESSER LESEN

6.1 Synonyme

- **Aller guten Dinge sind drei: Male die Felder mit Synonymen (= Wörter, die das Gleiche bezeichnen) in einer Farbe aus.**

PC	Tor	Unglück
Missgeschick	Computer	Pech
Eingang	Pforte	Rechner

BOXENSTOPP

Inga stutzt, denn sie kennt das Synonym für Samstag nicht. Kannst du ihr helfen?

Inga: „Kommst du am Samstag zu mir?"

Tim: „Klar kann ich am Sonnabend bei dir sein."

Inga: „Was? An welchem Tag kommst du denn nun?"

Tim grinst: „Na, am Samstag oder Sonnabend. Ganz wie du willst."

Das Synonym für Samstag ist 1 ________________ .

Ein Wort, das die gleiche oder ähnliche Bedeutung wie ein anderes hat, nennt man MYNSONY 2 ________________ . Der Plural heißt MEYNSONY 3 ________________ .

- • **Wusstest du, dass Kreuzworträtsel nichts anderes sind als die Suche nach dem richtigen Synonym? Trage die Wörter waagerecht oder senkrecht ein.**

waagerecht

1. Quadrat
2. Gardine
3. Magier
4. Sofa
7. PKW

senkrecht

5. Computer
6. Mobiltelefon
8. Fachmann

•• **Wissenswertes nicht nur für Pferdefreunde! Manchmal kann man Synonyme auch durch Umschreibungen bilden. Verbinde die Begriffe auf der rechten Seite mit den Umschreibungen auf der linken Seite.**

1 weißes Pferd	**A** Stute
2 braunes Pferd	**B** Hengst
3 schwarzes Pferd	**C** Schimmel
4 weibliches Pferd	**D** Rappe
5 männliches Pferd	**E** Brauner

Jetzt mal gut aufgepasst! Das **Gegenteil von Synonym** ist übrigens **Antonym**. Also, das Antonym von „Synonym“ ist „Antonym“. Besseres Beispiel gefällig? Das Antonym von „Pech“ ist „Glück“. Das Synonym von „Pech“ ist „Missgeschick“. Antonym kannst du dir vielleicht gut merken, wenn du weißt, dass **anti = gegen wie Gegenteil** heißt.

•• **Gute Zeiten, schlechte Zeiten. Hier sind die Antonyme von Adjektiven gefragt. Ordne die Wörter richtig zu: *schlecht, schwer, weit, breit, kalt, scharf, tief, trocken, kurz, stumpf*.**

1. gut ⇔ ______	**6.** hoch ⇔ ______
2. nah ⇔ ______	**7.** lang ⇔ ______
3. spitz ⇔ ______	**8.** heiß ⇔ ______
4. leicht ⇔ ______	**9.** nass ⇔ ______
5. stumpf ⇔ ______	**10.** schmal ⇔ ______

••• **A Streiche das Verb, das nicht in die Reihe passt.**

1. rennen - laufen - bummeln - stürmen - sich sputen

2. beginnen - zögern - zaudern - abwarten - trödeln

3. fliegen - gleiten - flattern - schweben - sinken

4. geben - bekommen - kriegen - erhalten - empfangen

5. lächeln - grinsen - schmunzeln - weinen - freuen

6. wegbleiben - fehlen - schwänzen - anwesend sein - abwesend sein

7. schimpfen - loben - beleidigen - schelten - auszanken

8. lieben - mögen - gernhaben - ablehnen - gut finden

B Ob ein Synonym in den Text passt, hängt vom Zusammenhang ab. Schreibe deine eigene Version der Geschichte, indem du die passenden Verben aus der oberen Übung in der richtigen Form in den Text einsetzt. Ein Verb aus Nr. 1 in die Lücke (1) usw...

Verschlafen! Lea 1 stürmte die Straße entlang. Sollte sie wirklich die Deutscharbeit ausfallen lassen? Atemlos betrat sie dann doch das Schulgebäude. Kurz vor der Klassentür 2 __________ sie. Das Grummeln im Bauch wurde stärker. Manchmal wünschte sie sich wie ein Schmetterling 3 __________ zu können. Dann müsste sie jetzt nicht in den Klassenraum, sondern könnte von außen durch das Fenster gucken. „Was soll's", dachte sie und öffnete mutig die Tür. Lea setzte sich schnell auf ihren Platz und 4 __________ von Frau Niedermeyer die Deutscharbeit. Als sie die Aufgaben las, musste sie 5 __________ . „Das schaffe ich schon, dafür habe ich ja gelernt", dachte sie. Gut, dass sie nicht 6 __________ hatte. An den ganzen Ärger mit ihren Eltern gar nicht erst zu denken. Die würden nämlich fürchterlich 7 __________ und sagen, wie enttäuscht sie von ihr seien. Und sie hätten damit auch Recht. Eigentlich 8 __________ Lea das Thema, das sie im Deutschunterricht behandelten auch sehr. Nun musste sie sich aber auf ihre Deutscharbeit konzentrieren!

6.2 Konjunktionen

- **Sophie will Schriftstellerin werden. Anscheinend muss sie noch einige Dinge lernen, die für das Schreiben eines gut lesbaren Textes wichtig sind. Hilf ihr dabei und markiere jede Wiederholung in einer eigenen Farbe. Lies am besten den Text laut!**

„... und dann kam der Jäger an ein Schloss und dort traf der Jäger die Prinzessin und dort beschlossen sie gemeinsam zu leben und dann züchteten der Jäger und die Prinzessin Pferde. Und dann sagte der König zu der Prinzessin, dass die Prinzessin und der Jäger sein Königreich übernehmen könnten. Und der Jäger und die Prinzessin lebten dann dort glücklich bis an ihr Lebensende."

BOXENSTOPP

Das Lesen deiner Texte macht dann besonders viel Spaß, wenn du sie abwechslungsreich schreibst. Für verschiedene Textsorten gibt es verschiedene Regeln, aber für alle Texte gelten folgende fünf Kriterien, die du beherzigen solltest. Leider sind sie in die Wortschlange geraten. Schreibe sie heraus!

passendeÜberschriftpassendeZeitformübersichtliche
GliederungeinfacherSatzbautreffendeWortwahl

1. ____________________
2. ____________________
3. ____________________
4. ____________________
5. ____________________

•• **Kritisieren kann jeder, besser machen ist angesagt! Schau dir Sophies Text noch einmal an und ersetze die Wiederholungen, damit der Text abwechslungsreicher wird. Schreibe ihn dann noch einmal neu.**

da Königstochter Jägersmann ~~Waidmann~~ beide
darauf danach das Paar er sie sie später
sowie als auch an diesem Ort anschließend

1 Jäger: Waidmann
2 Prinzessin: ____________________
3 Jäger und Prinzessin: ____________________
4 und: ____________________
5 dort: ____________________
6 dann: ____________________

Jetzt steht dem abwechslungsreichen Text nichts mehr im Wege - Los geht's!

„... und dann kam der Jäger an ein Schloss

• • **Wie heißt das doch gleich? Es liegt mir auf der Zunge... Finde den Oberbegriff für die angegebenen Wörter. Ein Oberbegriff ist so etwas wie eine Überschrift für Wörter.**

Löffel	Messer	Gabel	Besteck
Teller	Tasse	Schüssel	
Salz	Pfeffer	Curry	
Hose	Schal	Pullover	
Apfel	Birne	Pflaume	
Karotte	Erbse	Kohlrabi	
Berlin	München	Hamburg	
Deutschland	Polen	Italien	

Weißt du noch? **Konjunktionen verbinden Satzteile und Sätze miteinander**, indem sie diese in ein bestimmtes Verhältnis zueinander bringen. Konjunktionen sind zum Beispiel **dass, weil, deshalb, darauf, obwohl**. Es gibt viele Konjunktionen, die dir bei der Textgestaltung helfen. Du musst sie nur benutzen!

•• **Aufzählungen nur mit „und" sind langweilig. Auch hier gibt es schönere Möglichkeiten. Probiere es hier einmal selbst aus und bilde Sätze, in denen du die passenden Konjunktionen einsetzt.**

und | sowie | sowohl ... als auch

1. Mirko - mögen - Rap - Pop - klassische Musik

   Mirko mag Rap, Pop **und** klassische Musik.
   Mirko mag Pop, Rock **sowie** klassische Musik.
   Mirko mag **sowohl** Pop und Rock **als auch** klassische Musik.

2. Katzen - Hunde - Fische - Hamster- sein - Haustiere

   sowohl ... ... sind Haustiere.

3. zur Europäischen Union - Italien - Deutschland - Frankreich - die Niederlande - gehören

4. die größten Flüsse der Erde - zählen zu - Nil - Ganges - Amazonas - Yangtsekiang - Missisippi

•• **Jedes Ding hat seine zwei Seiten. Wenn man das ausdrücken möchte, dann benutzt man die Konjunktionen „einerseits ... andererseits". Du kannst aber auch „auf der einen Seite ... auf der anderen Seite" verwenden. Probier es aus und bilde Sätze.**

1. Julie / gute Schülerin / sein / wenig / viel Ärger / machen

   Einerseits ist Julie eine gute Schülerin, andererseits macht sie viel Ärger.
   Auf der einen Seite ist Julie eine gute Schülerin, auf der anderen Seite macht sie viel Ärger.

2. Nadja / mögen / Schlittschuhlaufen / nicht leiden können / regelmäßiges Training

____

____

3. Bjarne und Lucas / ziemlich faule Schüler / sein / gute Noten / nach Hause bringen

____

____

4. Ferien / können / entspannend sein / sich freuen / wir / auf den Schulbeginn

____

____

••• **Aus dem Leben von Carl Friedrich. Setze die richtigen *Konjunktionen* in die Kästchen ein. In manchen Sätzen funktionieren auch verschiedene Konjunktionen. Einige Konjunktionen können auch mehrfach eingesetzt werden.**

obzwar weil obschon da obwohl aufgrund obgleich
denn dass als wenn und sowie indem seit
daraufhin darauf infolgedessen deshalb damit wegen

1 *Obwohl, Obgleich, Obschon, Obzwar* der kleine Carl Friedrich erst im Alter von neun Jahren in die Schule kam, zeigte er eine auffällige Begabung für die Mathematik. Es hieß, 2 ______________ er seinem Vater bei der Lohnabrechnung geholfen habe, 3 ______________ er drei Jahre alt war. Immer 4 ______________ der Lehrer Büttner seine Schüler beschäftigen wollte, stellte er ihnen knifflige Mathematikfragen 5 ______________ hoffte sie so zu beschäftigen. Diesmal sollten sie die die Zahlen von 1 bis 100 zu zusammenzählen, 6 ______________ er seine Ruhe hatte. Carl Friedrich hatte die Aufgabe allerdings nach kürzester Zeit gelöst, 7 ______________ er bildete 50 Paare mit der Summe 101 (1 + 100, 2 + 99, ..., 50 + 51). 8 ______________ erkannte Lehrer Büttner die besondere mathematische Begabung und förderte seinen Schüler verstärkt. 9 ______________ konnte er das Gymnasium besuchen und studieren.

Probiere dein neues Wissen gleich einmal aus und schreibe eine kurze Geschichte. Verwende dabei die Wörter aus der vorherigen Übung mit den Oberbegriffen. Du kannst hier das ganz genau passende Wort oder auch den Oberbegriff einsetzen.

Eine schöne Überraschung

1. Manuel - fallen lassen - vor Schreck

2. auch - aus der Hand gleiten - ihm

3. er - das Kompott - können - noch - retten

4. zum Glück - haben - seine Mutter noch nicht erwähnen - wohin

5. seine Familie - wollen - tatsächlich - von- auf das Land - ziehen

6. immerhin - sie - bleiben - in

Eine schöne Überraschung

7 BESCHREIBEN

7.1 Einen Gegenstand beschreiben

• **Romy telefoniert mit ihrer Freundin und beschreibt ihr neues Fahrrad. Vor lauter Freude ist der Bericht ein wenig durcheinander geraten. Bringe die Sätze in die richtige Abfolge, indem du sie von A bis D in der richtigen Reihenfolge sortierst.**

1. ______ Ich werde es am Wochenende auf meiner ersten Radtour im Gelände testen.

2. ______ Es ist ein Mountainbike mit einem dunkelroten Rahmen.

3. ______ Ich beschreibe dir jetzt mein neues Fahrrad.

4. ______ Darüber hinaus besitzt es 21 Gänge.

BOXENSTOPP

Für das Verfassen von Beschreibungen gibt es einige wichtige Kriterien, die man einhalten muss. Streiche das falsche Wort durch.

1. Beschreibungen haben sowohl eine Überschrift als auch **ein Vorwort/einen Einleitungssatz**.

2. Die Beschreibung steht immer im **Präsens/Perfekt**.

3. Sie soll **kurz/lang** und sachlich sein, aber trotzdem so genau wie möglich.

4. Deshalb ist es hilfreich, in einer Beschreibung **Präpositionen/Adjektive** zu benutzen.

5. Es ist sinnvoll, **Fachwortschatz/Umgangssprache** zu benutzen.

6. Es ist wichtig, die richtige **Gestaltung/Reihenfolge** einzuhalten.

•• **Luca-Noelle beschreibt das neue Telefon ihrer Oma. Wähle aus den jeweils drei Möglichkeiten aus, welcher Satz der beste und genaueste für eine Beschreibung ist. Schau dir noch einmal die Kriterien zur Beschreibung an.**

A

☐ **1.** Der zu beschreibende Gegenstand ist Omas neues Telefon.

☐ **2.** Das Telefon Kommunikator 123 der Firma Babeltalk gehört zu den Telefongeräten, die speziell für Senioren hergestellt werden.

☐ **3.** Das zu beschreibende Telefon hat einen Anrufbeantworter.

B

☐ **1.** Es ist so groß wie unser altes Telefon. Und sieht auch so ähnlich aus.

☐ **2.** Es hat die Maße 19x24x9 cm (Breite x Tiefe x Höhe).

☐ **3.** Das Telefon ist so groß wie ein Lexikon.

C

☐ **1.** Es ist ein dunkelgrünes Tischtelefon und besitzt 12 große Tasten, die die Bedienung erleichtern.

☐ **2.** Die Tasten sind ziemlich groß.

☐ **3.** Es hat 12 extra große Tasten.

D

☐ **1.** Man kann auch die Fotos von Gesprächspartnern aufkleben.

☐ **2.** Das Telefon hat 9 Schnellwahltasten, die mit dem Foto des Gesprächspartners versehen werden können. Dies erleichtert die Übersicht beim Wählen.

☐ **3.** Mit dem Telefon kann man schnell wählen.

E

☐ **1.** Es gibt keine Nebengeräusche wegen des Verstärkungsreglers.

☐ **2.** Man kann auch gut damit telefonieren, wenn man manchmal nicht mehr so gut hört.

☐ **3.** Störende Nebengeräusche werden automatisch verringert, so dass man den Gesprächspartner klar und deutlich hören kann.

Auf keinen Fall hin- und herspringen! Bei einer Beschreibung ist die **Reihenfolge** wichtig. Du kannst vom **Allgemeinen zum Speziellen**, vom **wichtigsten zum unwichtigsten**, vom **auffälligsten zum weniger auffälligen Merkmal** oder auch **von oben nach unten oder links nach rechts vorgehen.** Das hängt vom Gegenstand ab. Aber wenn du dich einmal entschieden hast, dann bleibe dabei!

••• **Hier findest du Joshuas Stichwörter zur *Beschreibung* seines Saxophons. Leider sind ihm die einzelnen Abschnitte durcheinander geraten, denn Joshua wollte eigentlich *vom Allgemeinen zum Speziellen* vorgehen. Hilf ihm und schreibe mit Hilfe seiner Stichwörter eine Beschreibung.**

Rohrblatt aus Schilf oder Holz
Saxophon – Holzblasinstrument, kein Blechblasinstrument
Ton entsteht durch schwingendes Rohrblatt (wie bei Klarinette)
Saxophon bzw. Saxofon – Musikinstrument, Familie der Holzblasinstrumente.
Erfinder Belgier Adolphe Sax 1840
Zum Spielen hängt das Instrument meist an einem Tragriemen, dem „Hasengurt“: Ihn hängt sich der Spieler um den Hals.
vier Einzelteile: das Rohrblatt, das Mundstück mit der Blattschraube, der S-Bogen (bei vielen Sopransaxophonen nicht vom Korpus abnehmbar), der Korpus

7.2 Einen Vorgang beschreiben

- **Wenn du nach Jans Beschreibung ein Vogelhäuschen bauen möchtest, musst du häufig hin und her laufen, um noch weiteres Werkzeug zu holen. Versuche den Text zu kürzen, indem du alles wegstreichst, was unwichtig für den Bau des Futterhäuschens ist und stelle eine Liste von Material und Werkzeug zusammen, das man dazu benötigt.**

Also, mein Opa hatte mal ein blaues Vogelhaus und das hat er selbst gebaut. Das ist aber viel zu schwierig und deshalb beschreibe ich, wie man ganz einfach aus einem Joghurtbecher, einem Blumentopf und Vogelfutter ein Futterhäuschen bauen kann. Zunächst sägst du in die untere Kante der Plastikdose einige schräge Löcher, ungefähr so groß wie ein Euro-Stück. In den Deckel der Dose bohrst du ein Loch, am besten in der Mitte. Die Plastikdose wird nun auf dem großen Plastikdeckel sehr gut fest geklebt, darauf sollen die Vögel nachher Platz nehmen. Du ziehst dann den Draht durch das Loch ...

Zum Bauen eines Vogelhauses benötigt man:

1 Joghurtbecher

BOXENSTOPP

Für das Verfassen von Vorgangsbeschreibungen gelten ähnliche Regeln wie bei der Beschreibung von Gegenständen. Ordne die einzelnen Kriterien ihren Begründungen zu.

Adjektive: kurz, sachlich und genau

Fachwörter

Präsens

Überschrift und Einleitung

Reihenfolge

Damit man weiß, was Einen in der Beschreibung erwartet benötigt man 1 ______________________ . Damit der Vorgang gut nachvollziehbar ist benutzt man 2 ______________________ . Weil Gegenstände, Personen und Vorgänge in der Gegenwart beschrieben werden benötigt man 3 ______________ . Weil die Benennung mit dem richtigen Namen treffender ist als Umschreibungen, benutzt man 4 ______________ . Damit man die Vorgehensweise nachvollziehen kann, beachtet man die 5 ______________ .

●● **Lara beschreibt ihrer Cousine, wie sie Tomaten züchtet. Dabei sind ihr einige Fehler unterlaufen. Lies die Beschreibung und streiche die Fehler an.**

Tomatensalat

Ich habe 4 Tomaten auf dem Markt gekauft. Die waren lecker! Dann habe ich die Samen aufgehoben und getrocknet. Aus dem Rest habe ich Tomatensalat gemacht.

Dazu habe ich einen Blumentopf genommen und ihn mit irgendeiner Erde gefüllt und jeweils 3 Tomatensamen reingetan. Dann habe ich sie gegossen und auf die Fensterbank in die Sonne gestellt und nach ein paar Tagen konnte ich die ersten Tomatenpflanzen sehen. Ab Mitte Mai habe ich sie dann in den Garten gestellt. Du musst darauf achten, dass du die Tomatenpflanzen regelmäßig gießt, dann bekommst du leckere Tomaten.

Welche Fehler hast du gefunden? Was würdest du verbessern?

1. ______________________________

2. ______________________________

3. ______________________________

4. ______________________________

Übersichtlichkeit ist gefragt! Einfacher wird es, wenn du dir vorher Stichpunkte machst.
Wenn deine Vorgangsbeschreibung zugleich eine Anleitung ist (z.B. ein Rezept oder eine Bauanleitung), dann benenne zunächst genau das Material, Werkzeug oder die Zutaten, die benötigt werden. Beginne deine weiteren Sätze mit **zuerst**, **am Anfang**, **bevor**, **anschließend**, **danach** usw. um die zeitliche Abfolge darzustellen.

Lara liebt Tomaten und möchte dir ihr Rezept für Spagetti mit einer leckeren Tomatensoße verraten. Diesmal hat sie alle Regeln für Vorgangsbeschreibungen berücksichtigt. Zum Aufschreiben hat sie sich sogar verschiedene Stichwortzettel gemacht, die leider durch einen Windstoß in Unordnung geraten sind. Nummeriere sie in der richtigen Reihenfolge und du erhältst eine weitere Zutat für leckere Spaghetti.

A ______ Tipp: Über die Spaghetti mit Soße nach Belieben geriebenen Parmesankäse streuen.

R ______ Zuerst die Soße zubereiten: Zwiebel und Knoblauch schälen und fein schneiden.

E ______ Einen Topf mit Wasser und einer guten Prise Salz zum Kochen bringen.

M ______ Zwiebel und Knoblauch in Öl etwas andünsten. Nun das Tomatenmark unterrühren. Jetzt das Mehl zugeben, durchrühren und mit Wasser auffüllen. Gewürze zugeben und noch mal aufkochen. Zum Schluss einen Schuss Sahne oder Milch zugeben und durchrühren. Fertige Soße warm stellen.

S ______ Anschließend die Spaghetti zufügen und nach Anleitung (ca. 12 Minuten) auf der Packung in kochendem Salzwasser bissfest garen.

A ______ Zutaten für 4 Personen: 500 g Spaghetti, 700 ml Wasser, 1 Essl. Olivenöl, 1 Zwiebel, 2 Knoblauchzehen, 4 Tomaten, 1 Tube Tomatenmark, 1 Prise Zimt, 1 Würfel Gemüsebrühe, etwas Sahne oder Milch, 1 TL Salz , 1 TL Zucker, etwas Pfeffer und Basilikum

P ______ Laras Spezialgericht für Spagetti mit Tomatensoße

N ______ Guten Appetit!

••• **Laras Freundin Julie möchte als Nachtisch einen Schokoladenpudding machen. Sie hat sich das Rezept bei einem Telefonat mit ihrer Oma in Stichwörtern notiert. Hilf ihr dabei, daraus ein richtiges Rezept zu machen, indem du es so aufschreibst, dass du danach kochen kannst.**

Schokoladenpudding / 500 ml Milch /100 Gramm Zartbitterschokolade / 40 Gramm Speisestärke / 4 Esslöffel / Zucker /2 Eigelb / 1 Eiweiß / Eigelbe mit Zucker cremig rühren / 100 ml Milch mit Stärke verrühren / Schokolade raspeln/ restliche Milch und Vanillemark in Topf, unter ständigem Rühren kochen / 1/2 Vanilleschote, 1 Prise Salz und Stärke dazugeben, kurz aufkochen, wenn Masse cremig / vom Herd nehmen / Eier-Zucker-Mischung unterrühren / Eiweiß mit Prise Salz steifschlagen / unterheben / in Schälchen/ ca. 2 Stunden kaltstellen

8 ÜBER EIN EREIGNIS BERICHTEN

8.1 W-Fragen

• **Gute Taten machen gute Laune! Lies die folgende Meldung und trage die Fragen ein, auf die Antwort gegeben wird.**

Duisburg - Vergangenen Freitag veranstaltete die Käthe-Kollwitz-Schule ihren vierten Spendenmarathon. Mit großer Begeisterung nahmen Schüler aus allen Jahrgängen teil, um auf der Rennbahn zum Erfolg der Aktion beizutragen. Mit dem erlaufenen Betrag kann die Partnerschule in Uganda im kommenden Schuljahr die Anschaffung neuer Bücher finanzieren.

1. ________________ ? die Käthe-Kollwitz-Schule, Schüler aus allen Jahrgängen

2. ________________ ? auf der Rennbahn

3. ________________ ? mit großer Begeisterung

4. ________________ ? vergangenen Freitag

5. ________________ ? um ihrer Partnerschule in Uganda zu helfen

BOXENSTOPP

Alles klar? Um über ein Ereignis sachlich berichten zu können, sollte der Bericht klar und eindeutig sein. Dabei helfen die W-Fragen. Ergänze die W-Fragewörter in den Lücken.

Sieben W-Fragen, die wichtig sind für einen guten Bericht:

1 ____________ ist passiert? 2 ____________ war daran beteiligt? 3 ____________ ist es passiert? 4 ____________ ist es abgelaufen? 5 ____________ ist es passiert? 6 ____________ ist es passiert? 7 ________________ hatte es?

•• **Der Nachwuchsreporter Berti Brandaktuell ist bei seinem ersten Einsatz sehr aufgeregt. Hilf ihm und überprüfe seinen Bericht auf die Verwendung der sieben W-Fragen. Welche Fragen hat er nicht beantwortet?**

Vechelde - Bei der Jugendmeisterschaft der Feuerwehren gewann die Jugendfeuerwehr Vechelde mit einem klaren Punktevorsprung von 120 Punkten. Beim Aufbau der Schläuche zeigten sie eine vorbildliche und reibungslose Zusammenarbeit. Damit sind die Vechelder zum dritten Mal Sieger der Jugendfeuerwehren im Landkreis und werden auch im nächsten Jahr ihren Titel verteidigen müssen.

Was? ______________________

Wer? ______________________

Wo? ______________________

Wann? ______________________

Wie? ______________________

Warum? ______________________

Welche Folgen? ______________________

Um einen guten Bericht zu verfassen, müssen die Informationen natürlich in eine sinnvolle Reihenfolge gebracht werden. Deshalb fängt man meist mit der Beantwortung der Fragen **Was? Wer? Wo? Wann?** an.

••• **Berti Brandaktuell macht sich bei seinem nächsten Einsatz Notizen. Hier siehst du seinen Notizzettel. Hilf ihm, seine Aufzeichnungen zu einem Bericht zu verarbeiten.**

Freitag, 24. April – Verlosung Theaterfreikarten für Premiere des Stückes „Schlabberwatz“ – damit sich mehr Schüler für Theater interessieren – Anruf im Theater – Schüler der 6. Klassen der Schulen in Bingen und Umgebung – Gewinner vom Stück begeistert – im Querkopf-Theater

Frage	Beantwortung

8.2 Bericht für die Schülerzeitung

- **Die Schülerzeitung „Blitzmerker" veröffentlicht einen Bericht über die Premiere eines Theaterstücks. Beim Umgang mit dem neuen Textverarbeitungsprogramm sind der Redaktion leider die Abschnitte in die falsche Reihenfolge geraten. Ordne sie wieder zu!**

1 Einleitung (Wer? Was? Wo? Wann?)	**A** Die Redaktion stuft das Stück als sehr sehenswert ein und hat für unsere Schule eine Sondervorführung für den 05. Mai gebucht. Karten bekommt ihr beim Hausmeister.
2 Hauptteil (Was genau? Wie? Warum?)	**B** Am Freitag, den 24. April sah sich die Redaktion des „Blitzmerker" die Premiere des neuen Jugendstücks „Schlabberwatz" im Querkopf-Theater an.
3 Schluss (Welche Folgen? Welche Ergebnisse?)	**C** „Schlabberwatz" von der jungen Autorin Friedegunde Gutewelt ist eine Komödie über die Freundschaft zwischen einem Außerirdischen und einem Mädchen, das gern ein Junge wäre. Daraus entstehen viele witzige und spannende Verwicklungen, die sich mit dem Erwachsenenwerden beschäftigen.

BOXENSTOPP

Lies noch einmal den Artikel über das Theaterstück und kreuze die richtigen Regeln für das Schreiben von Berichten an.

Regeln für den Bericht:

☐ **1.** Einen Bericht gliedert man in Einleitung, Hauptteil und Schluss.

☐ **2.** Ein Bericht muss genau und sachlich geschrieben sein, sodass sich die Nicht-Anwesenden ein möglichst genaues Bild über den beschriebenen Vorgang machen können.

☐ **3.** Vorgänge dürfen mit viel Phantasie ausgeschmückt werden.

☐ **4.** Vorgänge müssen in der richtigen Reihenfolge wiedergegeben werden.

•• **Weniger Wichtiges ans Ende! Bringe die folgenden Inhalte eines Zeitungsartikels durch Nummerieren in die richtige Reihenfolge.**

☐ **a)** Vermutlich liegt der Umgang mit Texten in der Familie: Ihre Tante ist die Theaterautorin Friedegunde Gutewelt, die mit ihrem Jugendstück das Publikum begeistert.

☐ **b)** Jasmin konnte schon im Alter von fünf Jahren lesen. Für den Wettbewerb hatte sie ihr Lieblingsmärchen „Der Zwerg Nase" ausgewählt.

☐ **c)** Damit hat sie sich für die Teilnahme am Landeswettbewerb qualifiziert.

☐ **d)** Durch eine laute und deutliche Aussprache sowie gekonnte Betonung überzeugte sie die Jury.

[1] **e)** Bei den gestrigen Schülermeisterschaften im Vorlesen am Herbert-Gymnasium konnte die 12-jährige Jasmin Gutewelt den Wettbewerb mit großem Vorsprung für sich entscheiden.

••• **Von sachlicher Information kaum eine Spur! Hier hat ein Reporter vom „Blitzmerker" ein wenig sein Ziel verfehlt. Als Redaktionsmitglied überarbeitest du seinen Text und überträgst eine verbesserte Version auf ein neues Blatt Papier.**

Am Donnerstag, den 24. Februar fand zu einer völlig blöden Zeit im Jugendzentrum „Kröte" das Abschiedskonzert der Band „Die Flipflops" statt. Unter lautem Applaus kommen die fünf Musikerinnen auf die Bühne. Die Jungs in der ersten Reihe kreischen völlig hysterisch. Hier haben die Mädels vor einem Jahr ihr erstes Konzert gegeben, bei dem ich übrigens auch war, und hier beenden sie ihre kurze Karriere aufgrund von Streitigkeiten innerhalb der Band. Man munkelt, dass Fiona, die Sängerin, sich nicht mit der Bassistin Sarah verträgt. Während die Musikerinnen sich wieder verstärkt auf die Schule konzentrieren, versucht Sängerin Fiona eine Solokarriere und wird beim nächsten Stadtfest allein auftreten.

Kleine Zeitenkunde: Der Bericht wird natürlich im **Präteritum** geschrieben. Schilderst du die **Vorgeschichte** oder die **Hintergründe**, benutzt du das **Plusquamperfekt**. Wird auf die **Gegenwart** verwiesen, benutzt du das **Präsens**. Schau dir den Artikel über „die Flipflops" noch einmal an, daran kannst du die Verwendung der Zeiten gut sehen

8.3 Der Augenzeugenbericht

- **Lena beobachtet, wie zwei Jugendliche ein Graffiti an die Turnhalle ihrer Schule sprühen. Sie ruft die Polizei. Streiche alles aus dem Text, was nicht in einen Bericht gehört.**

Lena: „Ich habe einen Jungen und ein Mädchen gesehen, vermutlich aus der anderen Schule. Die sind da sowieso alle ganz komisch, da gehen nur Angeber hin! Die beiden Jugendlichen waren älter als ich. Ungefähr 15-16 Jahre. Der Junge hatte kurze blonde Haare und eine Baseballkappe, das Mädchen hatte mittellange braune Haare. Sie hatten blaue Jeans und rote T-Shirts an. Echt altmodisch. Sie sind eine Weile um die Turnhalle herumgeschlichen. Dann haben sie aus ihrem Rucksack Spraydosen geholt und etwas an die Turnhalle gesprayt. Das war so gegen 17.30 Uhr. Vielleicht wollten sie anschließend in der Eisdiele ihr „Kunstwerk" feiern."

BOXENSTOPP

Wenn du die Wörter richtig in die Lücken einsetzt, erfährst du alles Wichtige über den Augenzeugenbericht: Augenzeuge - Rede - Ereignis - Zeitungen -Behörden - Gericht

Der Augenzeugenbericht ist ein Bericht über ein 1 ________________ , das jemand als 2 ________________ selbst mit angesehen hat. Als offizieller Bericht wird er für 3 ________________ , z.B. bei Unfällen für Versicherungen oder bei Straftaten für die Polizei oder bei 4 ________________ verwendet. Fachbegriffe werden vorausgesetzt und müssen nicht erläutert werden. Es wird indirekte 5 ________________ verwendet. Manchmal findet man Augenzeugenberichte auch in 6 ________________ um zu beweisen, wie glaubwürdig die Reportage ist.

Für die zeitliche Abfolge helfen dir Wörter wie **bevor, zuerst, gestern, morgen, danach, anschließend, in diesem Moment, schließlich** usw.

•• **Die Polizeireporterin Gesa Gerechtigkeit versucht aus Lenas Aussagen eine Pressemitteilung zu machen, die am nächsten Tag in der Zeitung erscheinen soll. Fülle die Lücken mit den Angaben aus Lenas Bericht.**

Graffiti an der Turnhalle des Herbert-Gymnasiums

Gestern wurde gegen 1 ______ Uhr an der Turnhalle des Herbert-Gymnasiums ein Graffiti angebracht. Eine Zeugin beobachtete zwei 2 ______, wie sie die 3 ______ umkreisten. Ein wenig später nahmen sie Spraydosen aus ihrem 4 ______ und sprayten ein 5 ______ an die Turnhallenwand. Die Täter trugen 6 ______ und 7 ______ T-Shirts und bewegten sich anschließend in Richtung 8 ______ .

••• **Jonas Meyer war Augenzeuge bei einem Brand und muss nun ein Formular für die Versicherung ausfüllen. Er schreibt erst einmal alles, was ihm zu dem Vorfall einfällt, auf einen Stichwortzettel. Hilf ihm und erstelle daraus einen Augenzeugenbericht, den du auf ein neues Blatt Papier schreibst.**

auf dem Rückweg vom 13. Geburtstag meines Freundes Nico – 21. April 2017 – 18.15 Uhr am Haus des Gärtners Müller – helle Flammen aus dem Gewächshaus – Verständigung der Feuerwehr über mein neues todschickes Handy – Alarmierung von Herrn Müller – habe an Haustür des Wohnhauses geklingelt – Herr und Frau Müller sehr aufgeregt – haben den Feuerlöscher geholt – alte Kartons aus der Brandnähe entfernt – Feuerwehr gegen ca. 18.30 Uhr da – Feuer zum Glück nur klein und gegen 18.45 Uhr alles gelöscht – keine Verletzten – Gärtnerei am nächsten Tag geschlossen – vermutlich kaputte Heizungsanlage im Gewächshaus

9 TEXTE VERSTEHEN

9.1 Fabeln

- **Welche Eigenschaften besitzt der Esel in dieser Fabel und welche der Fuchs? Unter der Fabel findest du verschiedene Adjektive, umkreise die Eigenschaften des Esels blau und die des Fuchses rot.**

schlau
dumm
angeberisch
eitel falsch
stolz keck
klug
liebenswert

Der Fuchs und der Esel

Ein Esel warf einmal eine Löwenhaut um sich her, lustwandelte mit stolzen Schritten im Wald und schrie sein ‚*i-ahh i-ahh*' aus allen Kräften, um die andern Tiere in Schrecken zu setzen. Alle erschraken, nur der Fuchs nicht. Dieser trat keck vor ihn hin und höhnte ihn: „Mein Lieber, auch ich würde vor dir erschrecken, wenn ich dich nicht an deinem ‚*i-ahh*' erkannt hätte. Ein Esel bist und bleibst du!" (Äsop)

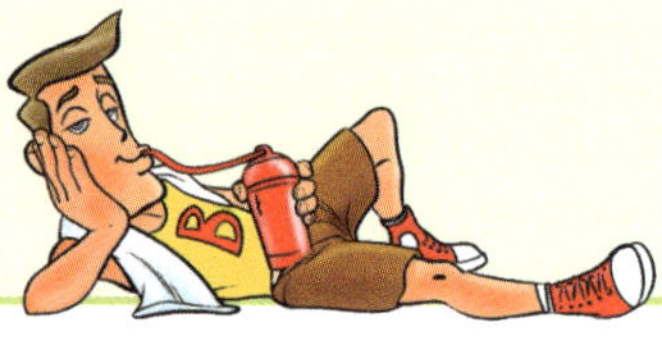

BOXENSTOPP

Geradezu fabelhaft! Setze die Wörter richtig in die Lücken ein und du erfährst Grundsätzliches über die Fabel.

Einleitung - Tiere - Moral - Lösung - Konflikt - Eigenschaften

Fabeln nennt man kurze Geschichten, in denen 1 ______________________ wie Menschen handeln und menschliche 2 ______________________ besitzen. In Fabeln wird eine allgemeine Lehre oder 3 ______________________ vermittelt.

Fabeln gliedern sich in folgende drei Teile: Eine 4 ______________________ , in der die Ausgangssituation geschildert wird. Die Handlung oder Rede der Figuren, in der ein 5 ______________________ zwischen den Figuren dargestellt wird. Die 6 ______________________ des Konfliktes, wobei es meist einen Sieger und einen Verlierer gibt und die Lehre oder Moral der Fabel sichtbar wird.

Und die Moral von der Geschicht':
Mit **Moral** sind Regeln gemeint, anhand derer wir ein Verhalten als gut oder schlecht bewerten. In der Fabel vermittelt die Moral eine Lehre, die zum Abschluss manchmal genannt wird oder die man sich selbst erschließen muss.

•• Der Löwe und die Maus

Gerade zwischen den Tatzen eines Löwen kam eine leichtsinnige Maus aus der Erde. Der König der Tiere aber zeigte sich wahrhaft königlich und schenkte ihr das Leben.

Diese Güte wurde später von der Maus belohnt - so unwahrscheinlich es zunächst klingt. Eines Tages fing sich der Löwe in einem Netz, das als Falle aufgestellt war. Er brüllte schrecklich in seinem Zorn - aber das Netz hielt ihn fest.

Da kam die Maus herbeigelaufen und zernagte einige Maschen, sodass sich das ganze Netz auseinanderzog und der Löwe frei davongehen konnte. (Äsop)

Markiere die Abschnitte dieser Fabel mit einem farbigen Stift. Wähle dann die die richtige Beschreibung des Abschnittes durch Ankreuzen aus. Bestimme zum Schluss die Moral dieser Fabel.

1. Einleitung/Ausgangssituation

☐ **a)** Die Maus trifft den Löwen beim Spaziergang.

☐ **b)** Eine Maus gerät, als sie aus ihrem Erdloch herauskommt, zwischen die Tatzen eines Löwen.

☐ **c)** Der Löwe fängt eine Maus.

2. Konflikt

☐ **a)** Der Löwe verfängt sich in einem Netz.

☐ **b)** Der Löwe wirft ein Netz aus.

☐ **c)** Die Maus verfängt sich in einem Netz.

3. Lösung

☐ **a)** Der Löwe kommt in den Zoo.

☐ **b)** Der Löwe befreit sich selbst.

☐ **c)** Die Maus zernagt das Netz und befreit den Löwen.

4. Moral

☐ **a)** Begib dich nicht in die Höhle des Löwen!

☐ **b)** Güte zahlt sich aus und Kleine und Schwache können auch den Großen und Starken helfen.

☐ **c)** Wer Anderen eine Grube gräbt, fällt selbst hinein.

••• **Auch diese Fabel kann man in verschiedene Abschnitte unterteilen. Ergänze die Tabelle mit deinen eigenen Worten.**

Die durstige Krähe

Eine durstige Krähe fand einen Wasserkrug; doch war nur so wenig Wasser darin, dass sie es mit ihrem Schnabel nicht zu erreichen vermochte. Sie versuchte, den Krug umzuwerfen; aber dazu war sie zu schwach. Da suchte sie nach einer List, wie sie es dahin brächte, dass sie dennoch aus dem Kruge trinken möchte. Zuletzt nahm sie kleine Steinchen und warf deren so viele in den Krug, dass das Wasser immer höher emporstieg, bis sie es endlich erreichen und ihren Durst löschen konnte. (Äsop)

1. Einleitung/ Ausgangssituation	
2. Konflikt	
3. Lösung	
4. Moral	

9.2 Lügengeschichten

• **Hier steht als Überschrift „Lügengeschichten". Aber das hättest du mit Sicherheit auch selbst herausgefunden. Unterstreiche die Stellen im Text, die du als „Lüge" einstufen würdest. Begründe unter dem Text warum.**

Merle kam aufgeregt in den Unterricht. „Stellt euch vor", begann sie, „gestern um Mitternacht habe ich einen Gitarre spielenden Hamster vor unserer Haustür gefunden! Das Tier sagte mir, dass es mir drei Wünsche erfüllen wollte, wenn ich es wieder nach Hause bringe. Also fragte ich nicht lange nach, schnappte mir den Hamster und radelte in Nullkommanichts mit 120 km/h in den Zirkus. Der Zirkusdirektor war sehr glücklich, dass ich ihm ein so begabtes Tier brachte. Das Tierchen allerdings sah überhaupt nicht glücklich aus und schien den Direktor nicht wiederzuerkennen! Eilig wünschte ich mir Erdbeereis, lange Sommerferien und einen Computer. Dann machte ich mich schnell wie der Blitz auf zur Schule. Und da bin ich nun, aber irgendwie hat es mit der Wunscherfüllung nicht geklappt!"

Da stimmt was nicht, denn...

1. Hamster spielen keine Gitarre
2.
3.

BOXENSTOPP

Hier findest du die vier wichtigsten Merkmale einer Lügengeschichte. Verbinde sie mit den richtigen Erklärungen.

1 Übertreibung	**A** Etwas, das man sich in seiner Fantasie vorstellt und das es in Wirklichkeit gar nicht gibt.
2 Verdrehung	**B** Etwas wird zufällig oder absichtlich falsch verstanden, was zu Missverständnissen führt.
3 Missdeutung	**C** Etwas oder jemand wird größer, besser, wichtiger usw. dargestellt, als es oder er eigentlich ist.
4 Fantastereien	**D** Tatsachen oder Wahrheiten, wie z.B. Naturgesetze, funktionieren nicht mehr wie gewohnt, sondern werden auf den Kopf gestellt und verdreht.

•• **Alte Bekannte! Die W-Fragen kennst du ja schon aus anderem Zusammenhang. Sie helfen dir auch, den Inhalt einer Lügengeschichte zu erfassen. Probiere es aus und beantworte anhand der Geschichte die folgenden Fragen.**

Ich traute meinen Augen kaum: Vor unserem Haus landete gestern ein Riesenheißluftballon. Darin saß ein sprechender Hund, der mich aufforderte einzusteigen. „Wohin möchtest du fahren?", fragte er mich. Selbstverständlich zögerte ich nicht lange: „Ich möchte gern einmal nach London." „Kein Problem", antwortete er und der Ballon drehte ab in Richtung England. Eine halbe Stunde später sah ich dann den Tower. Wir landeten auf dessen Spitze, kletterten herab und schauten uns die Kronjuwelen an. Dann spazierten wir noch ein wenig an der Themse entlang und besuchten anschließend das Wachsfigurenkabinett. Kurz vor Mitternacht machten wir uns wieder auf den Heimweg. Was soll ich sagen? Das ist der Grund, warum ich meine Englischhausaufgaben nicht machen konnte!

1. **WER** sind die Figuren der Geschichte? Erzähler („ich"), sprechender Hund
2. **WANN** findet die Handlung statt? ______
3. **WO** findet die Handlung statt? ______
4. **WAS** passiert in der Geschichte? ______
5. **WIE** geschieht es genau? ______
6. **WARUM** geschieht es? Gibt es eine Vorgeschichte? ______
7. **WELCHE** Folgen hat das Geschehen? ______

Hier ist Mitdenken gefragt! Nicht **alle** Geschichten geben Antwort auf **alle** W-Fragen. Es kann durchaus wichtig sein, dass nicht beantwortet wird, wann oder wo eine Geschichte spielt. Oder aber, es wird nichts über die Folgen des Geschehens oder die Vorgeschichte gesagt, dann musst du diese Punkte selbst ergänzen.

Und jetzt du! Nachdem du die Zutaten für eine Lügengeschichte kennengelernt hast, sollst du eine eigene verfassen. Du kannst folgenden Einstieg benutzen oder dir eine ganz eigene Lügengeschichte ausdenken. Nimm dir hierfür ein Blatt Papier.

Bernward, der große Schäferhund, begann im Garten der Nachbarn ein tiefes Loch zu graben. Romy kam zufällig vorbei und konnte gerade noch sehen, wie Bernward in dem Loch verschwand. Weit entfernt hörte sie noch leises Gebell und dann ein lautes Lachen. „Flupps" machte es und anstelle von Bernward kam ein ungefähr dackelgroßer Schweineara aus dem Loch und starrte sie erstaunt an...

10 SACHTEXTE LESEN

10.1 Sachtexte lesen und Informationen entnehmen

- **Erst denken, dann lesen! Notiere drei Informationen, die du von einem Sachtext erwartest der die folgende Überschrift trägt.**

Computerviren – Wenn der Computer krank ist

1. ______________________
2. ______________________
3. ______________________

BOXENSTOPP

Wie geht man mit einem vollständigen Sachtext um? Bringe die Vorgehensweise durch Nummerierung in die richtige Reihenfolge.

____ a) Unterstreiche beim Lesen die wichtigen Stellen. Achte darauf, nicht alles zu markieren, sondern nur die wichtigsten Informationen, sonst wird der Text unübersichtlich.

____ d) Anschließend solltest du den Text ein zweites Mal sorgfältig lesen!

____ b) Textstellen, die du noch nicht verstanden hast, solltest du mit einem Fragezeichen am Rand markieren. Schlage unbekannte Wörter nach oder lasse sie dir erklären.

____ e) Abschließend kannst du Fragen zum Text beantworten.

____ c) Sachtexte liefern Informationen über eine Sache. Orientiere dich zu Beginn: Welche Überschrift hat der Text, gibt es Bilder? Was möchtest du wissen, wenn du den Text liest?

____ f) Gib den Text in eigenen Worten mündlich oder schriftlich wieder.

•• **Arbeitest du mit dem Computer? Dann wird dich dieser Text bestimmt interessieren. Lies ihn und unterstreiche die Textstellen, in denen gesagt wird, was Viren sind und wie man sich dagegen schützen kann.**

Computerviren – Wenn der Computer krank ist

Wenn der Computer nicht mehr richtig arbeitet, sondern erste Anzeichen einer Krankheit zeigt, kann es sein, dass er tatsächlich durch Viren infiziert wurde. „Computerviren" sind kleine Programme, die Dateien auf einem Computer zerstören und sich per Datenaustausch (Download, E-Mail etc.) weiterverbreiten. Sie funktionieren ähnlich wie Grippeviren bei uns Menschen. Über einen infizierten Computer können wiederum andere PCs angesteckt werden und das Virus kann sich weiter verbreiten.

Auf einen Computer gelangen Viren häufig über das Internet als heruntergeladene Dateien und E-Mailanhänge sowie über aktive Webseiteninhalte. Aber auch CD-ROMs, USB-Sticks und andere Datenträger können von Viren infiziert werden. Als Faustregel gilt: Fremde Dateien sollten grundsätzlich immer mit einem Antivirenprogramm untersucht werden, bevor man sie auf dem eigenen PC öffnet. Dazu müssen regelmäßig die Antivirenprogramme aktualisiert werden, damit der Computer immer gegen die neuesten Viren „geimpft" ist. Denn nur so können Computerviren aufgespürt, blockiert und beseitigt werden.

Wichtig oder unwichtig? Häufig sind viele Texte aus dem Internet sehr umfangreich. Wenn du dir nicht so sicher bist, welche der Informationen wichtig sind, versuche zunächst die W-Fragen mit Hilfe des Sachtextes zu beantworten und mache dir selbst klar, auf welche Fragen du eine Antwort suchst.

Beantworte die folgenden Fragen in kurzen Sätzen:

1. Was sind Computerviren?

____

____

2. Wie kommen Viren auf einen Rechner?

____

____

3. Wie kann man sich vor Viren schützen?

____

____

••• **Hast du auch ein Haustier? Dann solltest du gut darüber informiert sein. Lies folgenden Text über Jannis' Haustiere.**

Caridina japonica - Amanogarnele

Die Amanogarnele stammt aus den küstennahen Flüssen Japans. Sie hat mittlerweile den Weg in die heimischen Aquarien gefunden. Die Amanogarnele ist fast durchsichtig. Sie wird bis zu 4 cm groß und eignet sich gut für die Haltung in Aquarien, denn sie ist ständig in Bewegung und lässt sich dadurch gut beobachten. Die Männchen erkennt man an den schwarzen Punktzeichnungen, die Weibchen haben Strichzeichnungen.

Der Name „Amanogarnele" stammt vom bekannten Aquarienfotografen Takashi Amano, der diese Garnelen zur Algenbekämpfung in seine Aquarien eingesetzt hat und auf dessen Fotos sie häufig zu sehen sind. Sie werden auch als „Algenpolizei" bezeichnet, weil sie ihr Aquarium selbst von Algen freihalten.

Neben Algen ernährt sich die Amanogarnele von Futter auf Pflanzenbasis und kleinen wirbellosen Tieren wie Zuckmückenlarven. Damit sie sich wohlfühlt, benötigt sie Temperaturen von 25°C bis 27°C und einen pH-Wert zwischen 6 und 8.

Unterstreiche die wichtigen Informationen, die du für den Steckbrief brauchst. Schreibe einen Steckbrief für die Amanogarnele. Rechts kannst du ein Bild von ihr zeichnen, wie es sich für einen richtigen Steckbrief gehört.

Die Amanogarnele

Größe ______________________

Farbe ______________________

Herkunft ______________________

Nahrung ______________________

Spitzname ______________________

••• **Welche drei Informationen sind wichtig, damit sich die Garnelen im Aquarium wohlfühlen? Notiere sie hier noch einmal kurz:**

1. ______________________________
2. ______________________________
3. ______________________________

Übrigens, wenn du Wörter nicht kennst, schlage sie in einem Lexikon nach und schreibe ihre Bedeutung am besten neben den Text.

10.2 Schaubilder auswerten

• **Wetterfrosch, aufgepasst! Vervollständige den Dialog, indem du mit Hilfe des Ausschnittes aus der Wetterkarte Fionas falsche Schlussfolgerung durchstreichst.**

Fiona: Weißt du, wie das Wetter heute wird? Soll ich mit dem Fahrrad oder doch lieber mit dem Bus fahren?

Fionas Mutter: Warte mal, hier ist die Wettervorhersage aus unserer Zeitung!

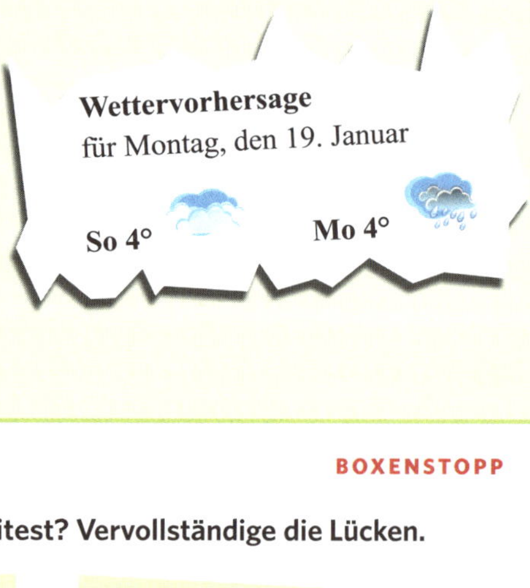

Fiona: Na dann fahre ich lieber mit
1 **dem Fahrrad / dem Bus**, denn es
2 **scheint die Sonne/ regnet**.

BOXENSTOPP

Was ist wichtig, wenn du mit Schaubildern arbeitest? Vervollständige die Lücken.

Legenden | Diagramme | Daten

Schaubilder werden auch 1 ______________ genannt. Sie informieren dadurch, dass in ihnen Zahlen und Werte als Bilder dargestellt werden.
Die Zuverlässigkeit ihrer Aussagen hängt davon ab, woher und von wann die
2 ______________ stammen.
Häufig haben Schaubilder sogenannte 3 ______________ , in denen erklärt wird, was das jeweilige Bild bedeutet. Damit du ein Schaubild richtig entschlüsseln kannst, solltest du dir zunächst diese Erklärungen anschauen.

•• A Nun geht es von der Theorie in die Praxis. Zunächst benötigst du noch ein paar Fachausdrücke. Ordne die Adjektive den Bildern zu, sofern diese passen.

 1	heiter
 2	
 3	
 4	
 5	

~~heiter~~ windig teils sonnig/teils bewölkt gewittrig regnerisch bewölkt wolkig sonnig

B Schau dir die Wetterkarte an und beantworte die Fragen.

Wie ist das Wetter...

1. in Berlin? Es sind 25 °C und es ist sonnig.

2. in Hamburg? ______________________

3. in München? ______________________

4. in Leipzig? ______________________

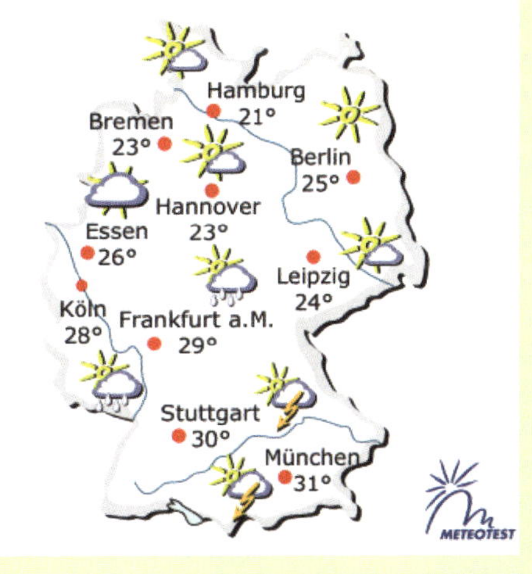

Häufig findest du Informationen auch in Tabellenform angeordnet. Von oben nach unten ↓ handelt es sich um Spalten, von links nach rechts → um Zeilen.

A Hier findest du Informationen zum Wetter in Tabellenform. Kannst du alle Fragen beantworten?

Das Wetter für die Region Oberlausitz/Sachsen

	So, 18.01.	Mo, 19.01.	Di, 20.01.
Tiefsttemperatur	0° C	1° C	3° C
Höchsttemperatur	4° C	6° C	8° C
Vormittag			
Nachmittag			
Abend			

Wie war das Wetter in der Region Oberlausitz/Sachsen am

18. Januar, nachmittags? 1 ______________________

18. Januar, abends? 2 ______________________

Welche Höchsttemperatur gab es an dem Tag? 3 ______________________

Wie war das Wetter in der Region Oberlausitz/Sachsen am

20. Januar, morgens? 4 ______________________

20. Januar, nachmittags? 5 ______________________

Welche Tiefsttemperatur gab es an dem Tag? 6 ______________________

B Beschreibe anhand der Tabelle das Wetter in der Oberlausitz an den gesamten drei Tagen. Erwähne dabei, woher die Informationen stammen, welches die Höchst- und Tiefsttemperaturen waren und wie sich das Wetter entwickelt hat. Nimm dir für diese Aufgabe ein Blatt Papier.

Bist du bereit für einen Test zur Textarbeit? Du hast 45 Minuten Zeit.

Notiere deine Start- und Endzeit. **Start:** ______ Uhr / **Ende:** ______ Uhr.

Wenn du fertig bist, gehe alle Aufgaben noch einmal durch und korrigiere mögliche Flüchtigkeitsfehler. **Auf die Plätze - fertig - los!**

Beschreibung

1. Ergänze die Merksätze zum Thema „Beschreibung".
(1 Punkt für jede richtig ausgefüllte Lücke)

PUNKTE

a) Beschreibungen haben sowohl eine ______________________ als auch einen Einleitungssatz.

b) Die Beschreibung steht immer im ______________________ .

c) Sie soll ______________________ und sachlich sein, aber trotzdem so genau wie möglich.

d) Deshalb ist es hilfreich, in einer Beschreibung ______________________ und Fachwortschatz zu benutzen.

e) Es ist wichtig, nach einer sinnvollen ______________________ vorzugehen, sodass der Leser folgen kann.

Bericht

2. Ergänze die Merksätze zum Thema „Bericht".
(1 Punkt für jede richtig ausgefüllte Lücke)

PUNKTE

a) Berichte stehen immer in der Zeitform ______________________ .

b) Ein Bericht muss genau und ______________________ geschrieben sein, sodass sich die Nicht-Anwesenden ein möglichst genaues Bild über den beschriebenen Vorgang machen können.

c) Vorgänge müssen in der richtigen ______________________ (Abfolge) wiedergegeben werden.

Umgang mit Texten

PUNKTE

3. Ergänze die Fragen, die Auskunft über die wichtigsten Inhalte von Texten geben.
(1 Punkt für jede richtig ausgefüllte Lücke)

a) ____________ sind die Figuren in der Geschichte?

b) ____________ spielt die Geschichte? (Zeit)

c) ____________ spielt die Geschichte? (Ort)

d) ____________ passiert in der Geschichte?

e) ____________ geschieht es genau? (Art und Weise)

f) ____________ geschieht es? Gibt es eine Vorgeschichte? (Grund)

g) ____________ Folgen hat das Geschehen?

PUNKTE

4. Nenne 3 Merkmale von Fabeln.
(1 Punkt für jede richtig ausgefüllte Lücke)

a) ______________________________

b) ______________________________

c) ______________________________

PUNKTE

5. Stelle dir vor, du findest diese Angaben beim Einkauf auf deinen Lieblingssüßigkeiten. Man nennt dieses Schaubild „Ampelkennzeichnung". Warum wohl? Beschreibe es genau und erkläre den Namen.
(1 Punkt für jede richtige Bestimmung)

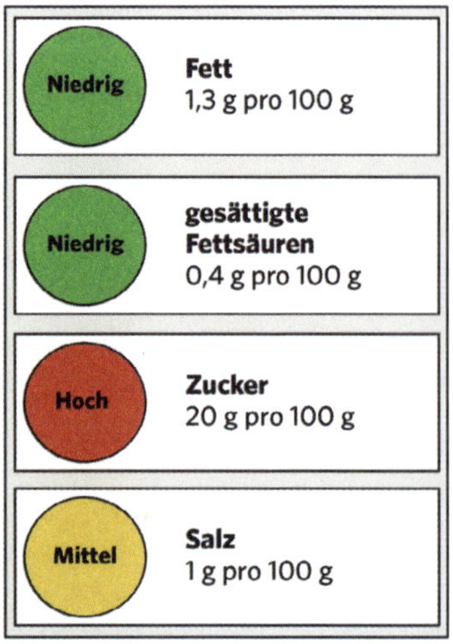

____

____

____

____

____

____

____

____

____

____

PUNKTE
GESAMT

Geschafft! Vergleiche nun deine Antworten mit dem Lösungsteil auf S. 442. Trage die jeweilige Punktzahl neben der Aufgabe ein und zähle dann deine Gesamtpunktzahl zusammen. Trage deine Gesamtpunktzahl auch gleich auf der Urkunde auf S. 201 ein!

Meine Gesamtpunktzahl: ______ / 23

23 - 16 PUNKTE
Einfach spitze! Du bist der Textarbeit-Champion, denn du kennst dich schon gut in allen Bereichen aus!

15 - 7 PUNKTE
Eine gute Ausgangsposition, um dich noch zu verbessern! Überprüfe noch einmal, wo du Fehler gemacht hast und versuche die Aufgaben richtig zu lösen.

6 - 0 PUNKTE
Liebe Sportsfreundin, lieber Sportsfreund, leider hast du noch so einige Lücken in deinem Textarbeitwissen! Schau dir am besten die Boxenstopps und Erklärungen noch einmal genau an und arbeite die Aufgaben erneut durch. Mit ein bisschen mehr Übung ist dann auch Silber oder sogar Gold drin!

URKUNDE

Herzlichen Glückwunsch! Du hast es geschafft und das **PONS Lerntriathlon 6. Klasse** erfolgreich abgeschlossen. Dafür hast du dir eine Urkunde verdient! Hier kannst du deine Punkte aus den drei großen Tests zusammenzählen:

Grammatik
Übertrage hier deine Punktzahl von Seite 142.

Rechtschreibung
Übertrage hier deine Punktzahl von Seite 164.

Textarbeit
Übertrage hier deine Punktzahl von Seite 199.

Summe
Trage hier deine Gesamtpunktzahl ein.

0 47 97 147

0 - 47 PUNKTE

Das war schon ganz gut, aber du kannst das bestimmt besser! Mit etwas mehr Training sind noch mehr Punkte drin!

48 - 97 PUNKTE

Prima! Du hast eine ganze Menge Punkte! Hier und da kannst du dich aber bestimmt noch ein bisschen mehr anstrengen, stimmt's?

98 - 147 PUNKTE

Absolute Spitze! Du hast ein super Ergebnis erzielt! Mach weiter so, dann schaffst du auch im nächsten Schuljahr prima Noten!

DEUTSCH

7. Klasse

Grammatik

Rechtschreibung

Textarbeit

1 WORTARTEN

1.1 Das Verb im Aktiv und Passiv

• **Sportlich, sportlich: Lies die Texte und unterstreiche die Verben.**

So sieht Sina die Sache:

1. Florian holt sich den Ball. **2.** Er drückt ihn. **3.** Dann pumpt er ihn auf. **4.** Florian dribbelt den Ball und schießt ihn ins Eck. Tor!

So sieht Jan die Sache:

5. Der Ball wird von Florian geholt. **6.** Er wird gedrückt. **7.** Dann wird er von ihm aufgepumpt. **8.** Der Ball wird von Florian gedribbelt und ins Eck geschossen. Tor!

BOXENSTOPP

Wie beim Fußball gibt es auch beim Bilden von Aktiv und Passiv Regeln. Lies noch einmal den Text oben und setze die passenden Wörter in die Lücken.

holt — wird geholt — drückt — wird gedrückt — dribbelt — wird gedribbelt — schießt — wird geschossen — Ball — Florian

Das **Aktiv** wird auch die **Tatform** genannt, weil das Subjekt **handelt** und etwas **tut**.

1. Subjekt: ______________________________

2. Prädikate: ______________________________

Das **Passiv** wird **Leideform** genannt, weil das Subjekt etwas **erleidet**. Es ist passiv, denn **mit ihm geschieht etwas**.

3. Subjekt: ______________________________

4. Prädikate: ______________________________

•• **Aktiv- und Passivsport: Lies dir die folgenden Sätze durch und entscheide bei jedem, ob es sich um einen Aktiv- oder um einen Passiv-Satz handelt.**

	Aktiv	Passiv
1. Die Ampel schaltet auf rot.	☐	☐
2. Das Kind wird von der Mutter gerufen.	☐	☐
3. Jens klettert auf den Baum.	☐	☐
4. Der Apfel wird von mir gepflückt.	☐	☐
5. Das Auto wird gewaschen.	☐	☐

Übrigens Sportsfreunde: Gebildet wird das Passiv mit dem Hilfsverb **werden** und dem **Partizip Perfekt: wird gedribbelt, werden geschossen.**

••• **Überlege bei den folgenden Sätzen, ob es sich um Aktiv- oder Passiv-Sätze handelt und wandele sie in die jeweils andere Form um.**

	Aktiv	Passiv
1. Ich streichle das Pferd. Das Pferd wird von mir gestreichelt.	☐	☐
2. Der Wecker weckte mich. ______	☐	☐
3. Das Feuer wurde von der Feuerwehr gelöscht. ______	☐	☐
4. Das Zimmer wird von mir aufgeräumt. ______	☐	☐
5. Wir putzen uns jeden Morgen unsere Zähne. ______	☐	☐

1.2 Vorgangs- und Zustandspassiv

• **Leon streicht die Mauer und du darfst alle Verben, die in der wörtlichen Rede auftauchen, unterstreichen!**

Richie trifft seinen Freund Leon. Er malt gerade bunte Kreise auf eine weiße Mauer. Richie fragt Leon, was er macht. „Ich male die Mauer an." Richie sieht kritisch auf die Mauer. Leon ist fertig und packt seinen Pinsel und die Farben ein. „Ich glaube", sagt Richie, „die Mauer ist angemalt." Leon grinst. Ein Auto hält. Leons Vater kurbelt die Autoscheibe herunter. „Weshalb seht ihr die Wand an?" Richie will Leon nicht verraten. Er stottert: „Die Mauer wurde angemalt." Leons Vater nickt. „Das war Leons Aufgabe." Richie ist erleichtert: „Die Mauer wurde von Leon angemalt."

BOXENSTOPP

Passiv ist nicht gleich Passiv. Sieh dir die unterstrichenen Formen an und ordne sie den Sätzen zu:

täterabgewandten Vorgangspassiv   Zustandspassiv   täterlosen Vorgangspassiv   Aktiv

Mit dem Satz „Ich male die Mauer an." erzählt Leon, was er **tut**. Der Satz steht im 1 Aktiv ______ .

Der Satz „Die Mauer ist angemalt." sagt aus, wie die Mauer nun aussieht, welchen **Zustand** sie hat. Es handelt sich hier um das 2 ______ .

Hätte Richie in dem Satz „Die Mauer wurde angemalt." noch erwähnt, von wem die Mauer angemalt wurde, hätte er den Täter genannt. Aber er will Leon nicht verraten und sagt nur, was mit der Mauer geschehen ist. Man spricht hier vom 3 ______ .

Richie sagt nun im letzten Satz: „Die Mauer wurde von Leon angemalt." Hier erfahren wir, wer der **Täter** war und haben es mit dem 4 ______ zu tun.

•• **Rätselsport: In dem Buch „Tom Sawyers Abenteuer" wird ein Zaun angestrichen. Sieh dir die Sätze an und entscheide, ob es sich um *Aktiv (A)*, *täterabgewandtes Vorgangspassiv (taVP)*, *täterloses Vorgangspassiv (tlVP)* oder *Zustandspassiv (ZP)* handelt. Kreise die richtige Form ein. Die Buchstaben ergeben den Namen des Autors, der „Tom Sawyers Abenteuer" geschrieben hat:**

	A	taVP	tlVP	ZP
1. Tom wird von Tante Polly mit Zaunstreichen bestraft.	B	M	H	K
2. Er geht nach draußen.	A	R	E	A
3. Der Zaun ist durch Wind und Wetter grau geworden.	Ü	I	T	R
4. Die Farbe wird umgerührt.	E	N	K	D
5. Tom streicht den Zaun.	T	E	R	Z
6. Er wird von vielen Kindern angesprochen.	R	W	E	M
7. Der Zaun wird schließlich gestrichen.	G	L	A	I
8. Die Kinder machen es mit großer Freude.	I	R	M	K
9. Tom wird mit tollen Sachen beschenkt.	I	A	N	E

Lösung: 1 2 3 4 5 6 7 8 9

Beim Vorgangspassiv ist der **Vorgang** im Vordergrund nicht die Person. Der Täter wird genannt, er ist aber nicht so wichtig. Man spricht dann vom **täterabgewandten** Vorgangspassiv. Wird kein Täter genannt, so handelt es sich um das **täterlose** Vorgangspassiv.

••• **Ändere die Aktiv-Sätze in die drei Passiv-Formen um.**

1. Aktiv: Richie räumt sein Zimmer auf.

a) tlVP: Das Zimmer wird aufgeräumt.

b) taVP: Das Zimmer wird von Richie aufgeräumt.

c) ZP: Das Zimmer ist aufgeräumt.

2. Aktiv: Richies Vater kauft einen Eimer Farbe.

a) tlVP: ______

b) taVP: ______

c) ZP: ______

3. Aktiv: Richie streicht die Zimmerwände.

a) tlVP: ______

b) taVP: ______

c) ZP: ______

4. Aktiv: Leider kleckert er Farbe auf den Teppich.

a) tlVP: ______

b) taVP: ______

c) ZP: ______

1.3 Passiv und Zeiten

• **Aktive Zeiten, passive Zeiten. Lies die Satzpaare und schau, in welchen Zeiten sie geschrieben sind. Unterstreiche die Verben.**

1. Der Bote bringt das Paket.	Präsens	Aktiv
Das Paket wird (vom Boten) gebracht.	Präsens	Passiv
2. Der Bote hat das Paket gebracht.	Perfekt	Aktiv
Das Paket ist (vom Boten) gebracht worden.	Perfekt	Passiv

3. Der Bote brachte das Paket. | Präteritum | Aktiv
Das Paket wurde (vom Boten) gebracht. | Präteritum | Passiv

3. Der Bote brachte das Paket.	Präteritum	Aktiv
Das Paket wurde (vom Boten) gebracht.	Präteritum	Passiv
4. Der Bote hatte das Paket gebracht.	Plusquamperfekt	Aktiv
Das Paket war (vom Boten) gebracht worden.	Plusquamperfekt	Passiv
5. Der Bote wird das Paket bringen.	Futur I	Aktiv
Das Paket wird (vom Boten) gebracht werden	Futur I	Passiv

BOXENSTOPP

Aufgepasst, hier fehlt noch etwas!

Das Passiv (im Präsens und Präteritum) wird mit den Personalformen der Hilfsverben 1 ____________ bzw. 2 ____________ und dem Partizip Perfekt gebildet.

•• **Man kann nicht nur Schiffe versenken, sondern auch Zeiten: Kolja spielt Zeiten-Versenken mit seiner Schwester Lena.**

1. Runde: 3. Person Singular. Trage die Formen der angegebenen Schuss-Kombinationen in die untere Tabelle ein.

	1	2	3	4
A	er/sie/es war getroffen worden	er/sie/es war getroffen	er/sie/es ist getroffen gewesen	er/sie/es war getroffen gewesen
B	er/sie/es hat getroffen	er/sie/es war getroffen	er/sie/es traf	er/sie/es wird getroffen
C	er/sie/es trifft	er/sie/es ist getroffen	er/sie/es wird getroffen sein	er/sie/es wird getroffen werden
D	er/sie/es wird getroffen worden sein	er/sie/es wird treffen	er/sie/es wurde getroffen	er/sie/es hatte getroffen
E	er/sie/es werden treffen	er/sie/es ist getroffen worden	er/sie/es wird getroffen gewesen sein	er/sie/es wird getroffen haben

Kolja (Aktiv)	Tempus	Lena (Passiv)
C1:	Präsens	B4:
B3:	Präteritum	D3:
D2:	Futur I	C4:
B1:	Perfekt	E2:
D4:	Plusquamperfekt	A1:
E4:	Futur II	D1:

••• **Bestimmt hast du schon bemerkt, dass es im Spielplan auch Konjugationsformen des Zustandspassivs gibt. Markiere diese.**

1.4 Das Demonstrativpronomen

• **Filmabend. In diesem Text taucht das Wort *Film* nur selten auf. Markiere alle Wörter, die *Abenteuerfilm* oder *Gruselfilm* ersetzen.**

1. Sophie: „Ich möchte heute Abend einen Film sehen. Leihst du mir eine DVD?"
2. Leon: „Kann ich machen. Was möchtest du sehen?"
3. Sophie: „Also, am liebsten sehe ich Abenteuerfilme. Oder etwas Gruseliges."
4. Leon: „Von jenen habe ich ein paar. Aber von diesen nur einen. Den hier."
5. Sophie: „Der ist doch für Kindergartenkinder! Und was ist mit denen?"
6. Leon: „Das sind Abenteuerfilme. Dieser ist auch sehr spannend."
7. Sophie: „Leihst du mir den?"

BOXENSTOPP

Schreibe die Wörter, die du im vorigen Text unterstrichen hast, in die Lücken! Eines wird nicht eingefügt.

Das **Demonstrativpronomen** übernimmt viele Aufgaben. Es kann als **Stellvertreter** auftauchen: „**Das** sind Abenteuerfilme." oder als **Begleiter eines Nomens**: 1 „ ______________ Film ist auch sehr spannend." Weiterhin kann es **räumliche oder zeitliche Nähe oder Entfernung** ausdrücken, z.B.: **Räumliche Nähe**: „Aber von 2 ______________ habe ich nur einen." **Räumliche Entfernung**: „Von 3 ______________ habe ich ein paar."

Demonstrativpronomen **richten sich in Genus und Numerus nach dem Nomen, das sie vertreten**:

Nominativ: „**Der** ist doch für Kindergartenkinder!"
Akkusativ: „Leihst du mir **den**?"
Dativ: „Und was ist mit **denen**?"

Demonstrativpronomen sind z. B. **der, die, das; dieser, diese, dieses; jener, jene, jenes.**

•• **Leon fragt Sophie: „Möchtest du nun den Film, oder den Film, oder den Film, oder den Film haben?" Sophie kann sich nicht entscheiden. Entscheide, welche Demonstrativpronomen Leon statt „den Film" einsetzen kann!**

„Möchtest du nun ____?"

••• **Der, die, das, dieser, diese, dieses, jener, jene, jenes: Überlege bei jedem Satz, welche Demonstrativpronomen in die Lücken passen und streiche die unpassenden durch.**

1. Dieses Buch habe ich gern gelesen, jenes/dieses hat mir nicht gefallen.

2. Dieses/Jenes Eis mag ich lieber als jenes.

3. Jener/Der Mann hat es aber eilig.

4. Das/Jenes ist ein toller Geburtstag!

5. Das/Dieses war wirklich eine tolle Idee, die ihr da hattet.

1.5 Das Indefinitpronomen

• **Geht es denn etwas genauer? Markiere alle Wörter, die zwar eine Menge angeben, sie aber nicht bestimmen.**

1 Lena fragt ihre Mutter nach einem Rezept für Waffeln. 2 „Ach Lena", seufzt sie. 3 „Das habe ich schon so lange nicht mehr gebraucht. 4 Mal überlegen. 5 Du brauchst Eier." 6 „Wie viele?" 7 „Ein paar. 8 Du brauchst ein paar Eier, etwas Mehl, ein bisschen Backpulver, einige Löffel Zucker, keine Margarine, aber viel Butter ..."

BOXENSTOPP

Hier sind Wörter durcheinandergeraten! Sortiere die Buchstaben so, dass sie die Sätze sinnvoll ergänzen.

Indefinitpronomen sind 1 **ubeimmnstte** ______________ Für- und Zahlwörter. Sie werden verwendet, wenn man 2 **Prosenen** ______________ oder Sachen nicht näher bestimmen kann, will oder soll. 3 **Innnmoodfeeiiprtn** ______________ sind z. B. manche, einige, alle, ein paar, jemand, etwas, ein bisschen usw. Indefinitpronomen werden 4 **kilen** ______________ geschrieben.

●● **Ergänze in den folgenden Sprichwörtern die Indefinitpronomen.**

1. ___Keine___ Rose ohne Dornen.

2. Wer ______________ eine Grube gräbt, fällt selbst hinein.

3. ______________ Köche verderben den Brei.

4. Ein ______________ Ding an seinen Ort, erspart ______________ Müh und böse Wort.

●●● **Findest du sie alle? In dem Buchstabengitter sind verschiedene Indefinitpronomen versteckt: waagerecht, senkrecht und diagonal. Finde sie und schreibe sie auf ein Blatt Papier.**

I	R	G	E	N	D	J	E	M	A	N	D
X	A	P	Ö	A	W	E	L	C	H	E	R
M	K	L	C	L	Z	D	Q	U	A	A	S
A	W	V	L	L	U	E	U	Z	A	H	I
N	R	E	X	E	B	R	O	P	Y	J	M
C	T	I	Y	R	S	A	K	Ö	M	M	A
H	Z	N	I	C	H	T	S	E	S	T	N
E	U	E	T	W	A	S	D	I	I	N	K
N	I	M	W	O	L	L	V	N	O	N	O
Ö	E	T	L	I	C	H	E	I	B	W	E
M	E	H	R	E	R	E	M	G	R	Ü	X
Ü	F	B	I	S	S	C	H	E	N	I	C

2 MODUS

2.1 Konjunktiv I

- **Fällt dir etwas auf? Unterstreiche alle Verben im folgenden Text.**

1. Annika: „Ich gehe morgen ins Kino."

2. Kevin: „Annika hat erzählt, sie gehe morgen ins Kino. Ich will morgen Fußball spielen."

3. Annika: „Kevin sagt, er wolle morgen Fußball spielen."

BOXENSTOPP

Der Konjunktiv I wird interviewt. Aber Fragen und Antworten passen nicht zusammen. Verbinde die Fragen mit den passenden Antworten.

Frage	Antwort
1 Wann wirst du benutzt, Konjunktiv I?	A Aber nein! Mich gibt es im **Präsens**, im **Perfekt** und im **Futur**.
2 Konjunktiv I, wie wirst du gebildet?	B Man braucht mich vor allem, um die **Aussage einer anderen Person** wiederzugeben (**indirekte Rede**) aber auch um einen **Wunsch**, eine **Möglichkeit**, eine **Empfehlung** oder **Anleitung** auszudrücken.
3 Also gibt es dich nur im Präsens?	C Ich werde gebildet, indem an den Präsensstamm die Konjunktiv-I-Endungen **-e, -est, -e, -en, -et** und **-en** angehängt werden.

Rückblende! Modus (im Plural: Modi) bedeutet nichts anderes als **Aussageweise**. Im Deutschen gibt es **drei** verschiedene Aussageweisen. Du kennst bereits den **Indikativ** (Wirklichkeitsform), mit dem du **Tatsachen** ausdrückst. Den **Imperativ** (Befehlsform) verwendest du, um **Aufforderungen**, **Befehle** und **Bitten** auszudrücken. Der dritte Modus ist der **Konjunktiv** (Möglichkeitsform), man unterscheidet hierbei zwischen **Konjunktiv I** und **Konjunktiv II**. Gleich erfährst du, was es mit dem Konjunktiv genau auf sich hat.

•• **Gleich ist nicht gleich! Ergänze in der Liste die entsprechenden Formen und markiere die Formen, die sich vom Indikativ nicht unterscheiden lassen.**

Indikativ Präsens	Konjunktiv I Präsens	Konjunktiv I Perfekt	Konjunktiv I Futur
1. er geht	**2.** er gehe	**3.** er sei gegangen	**4.** er werde gehen
5.	**6.** wir schreiben	**7.** wir haben geschrieben	**8.**
9. ich sage	**10.**	**11.** ich habe gesagt	**12.**

Du hast gerade gesehen, dass manchmal die Formen des **Konjunktivs I Präsens** identisch sind mit denen des **Indikativs Präsens**. Damit es hier keine Verwechslungen gibt, werden die Formen des **Konjunktivs I Präsens** durch die des **Konjunktivs II Präsens** ersetzt.

Soweit alles klar? Gut, denn jetzt musst du aufpassen. Manchmal ist dann die Form des **Konjunktivs II Präsens** identisch mit der des **Indikativs Präteritum**, dann umschreibt man ihn mit **„würde"**. So, das probieren wir jetzt gleich einmal aus:

Konjunktiv I Präsens: wir schreiben
→ **Problem: Form ist identisch mit Indikativ Präsens**: *wir schreiben.*
also: **Ersetzung durch den Konjunktiv II Präsens**: *wir schrieben*
→ **Problem: Identisch mit Indikativ Präteritum**: *wir schrieben.*
Lösung: **Umschreibung mit „würde"**: *wir würden schreiben.*

••• **Setze das folgende Rezept in den Konjunktiv I Präsens:**

Man 1 (nehmen) nehme gute Laune, 2 (vermischen) __________ sie mit schöner Musik, 3 (unterrühren) __________ super Stimmung __________, 4 (einladen) __________ viele Leute __________, 5 (geben) __________ ihnen Kleber und diverse Utensilien, 6 (verteilen) __________ Quarkbällchen, Lebkuchen und Zuckerguss, Schokolade und ein paar kleine Überraschungen und Extras, 7 (umrühren) __________ alles gut __________ und 8 (erhalten) __________ eine nette Feier!

2.2 Konjunktiv II

• **Schau dir in den folgenden Sätzen die fett geschriebenen Verbformen an und überlege, wie sie sich vom Konjunktiv I unterscheiden:**

Luca: „Julia, **würdest** du mir ein Gespensterbuch **ausleihen**?"
Julia: „Wenn ich eines hätte, **liehe** ich es dir gerne aus."
Luca: „Du ‚**liehest**' es mir gerne gerne aus. Was soll das denn heißen?"
Julia: „Na das heißt, ich **würde** es dir **ausleihen**!"

BOXENSTOPP

Die Sätze sind durcheinander geraten. Verbinde die passenden Satzteile miteinander.

1 Der Konjunktiv II wird verwendet, wenn etwas Erdachtes,

2 Er wird gebildet,

3 Den Konjunktiv II setzt man für den Konjunktiv I ein,

A indem man an den Präteritumstamm die Personalendungen des Konjunktivs **-e, -est, -en, -et** hängt.

B wenn der Konjunktiv I mit der Indikativform identisch ist.

C nicht Ausführbares oder ein nicht realisierbarer Wunsch gezeigt werden soll.

•• **Setze die fehlenden Formen in die Tabelle ein und markiere, wenn Indikativ Präsens und Konjunktiv I und/oder Indikativ Präteritum und Konjunktiv II gleich sind:**

Infinitiv	Person	Indikativ Präsens	Konjunktiv I Präsens	Indikativ Präteritum	Konjunktiv II Präsens
sagen	du	sagst	sagst	sagtest	sagtest
tun	es		tue	tat	
haben	wir	haben			

● ● ● **Bilde die Indikativ- und Konjunktivformen folgender Verben. Achte dabei darauf, dass es zu keinen Verwechslungen kommt:**

Indikativ Präsens	Konjunktiv I Präsens	Indikativ Präteritum	Konjunktiv II Präsens
du sagst			
wir haben			
ich warte			
ihr wandert			
sie laufen			

2.3 Indirekte Rede

● **Lies die folgenden Sätze und unterstreiche die Verben und Pronomen. Was fällt dir auf?**

1. Max: „Ich komme heute nicht!" – **2.** Daniela: „Max sagt, er käme heute nicht."

3. Till: „Wir sind gestern auf der Kirmes gewesen." – **4.** Max: „Till behauptet, dass ihr gestern auf der Kirmes gewesen seid."

5. Daniela: „Kann mir Till das Buch leihen?" – **6.** Max: „Daniela fragt, ob du ihr das Buch leihen kannst."

BOXENSTOPP

Ein paar Wörter sind aus dem folgenden Text herausgefallen. Setze sie an die richtigen Stellen.

Rede Konjunktiv I Nebensatz Indikativ sie ich Konjunktiv II

Die indirekte 1 ________ wird z. B. genutzt, wenn man etwas wiedergegeben möchte, was ein anderer gesagt hat. Meist stehen die Verben im 2 ________ . Auch hier gilt: Ist der Konjunktiv I nicht vom Indikativ zu unterscheiden, wird der 3 ________ verwendet. Die indirekte Rede steht immer in einem 4 ________ , der entweder mit „dass" eingeleitet wird oder verkürzt ohne Konjunktion formuliert ist. Wird im einleitenden Hauptsatz ausdrücklich darauf hingewiesen, dass man das wiedergibt, was ein anderer gesagt hat, kann man auch den 5 ________ benutzen. Bei der indirekten Rede darauf achten: Die Personen ändern sich! Aus 6 ________ wird **er** oder **sie**, aus **wir** wird 7 ________ . Schau dir die Sätze in der Aufwärmübung noch einmal an!

•• **Keine Zeit? Schreibe die folgenden Sätze von der wörtlichen Rede in die indirekte Rede um.**

1. Lisa: „Tim, kannst du heute …"

   Lisa fragt Tim, ob er heute (etwas) könne.

2. Tim: „Ich habe heute keine Zeit."

3. Lisa: „Das ist aber schade."

4. Tim: „Ich weiß doch, dass du wieder nur Grammatik üben willst!"

5. Lisa: „Eigentlich wollte ich heute mit dir ins Schwimmbad gehen."

6. Tim: „Für das Schwimmbad habe ich Zeit."

••• **Langeweile? Dann anders herum: Schreibe die Sätze von der indirekten Rede in die wörtliche Rede um.**

1. Yasmin sagt zu Sabine, sie langweile sich fürchterlich.

   Yasmin: „Ich langweile mich fürchterlich, Sabine."

2. Sabine fragt, ob Yasmin Lust auf eine Partie ‚Mensch ärgere dich nicht' habe.

3. Yasmin sagt, sie habe heute schon gegen Sabine verloren.

4. Sabine verspricht, dass sie Yasmin gewinnen lassen würde, wenn sie spielen würden.

5. Yasmin fragt, ob sie das schwören würde.

6. Sabine erwidert, was sie verspreche, das halte sie auch.

3 SATZLEHRE UND ZEICHENSETZUNG

3.1 Adverbialsätze

- **Wieso, weshalb, warum, wann? Lies die folgenden Sätze und unterstreiche den Teil des Satzes, der eine Erläuterung des Hauptsatzes darstellt.**

1. Weil es Richards Wunsch war, durfte er seinen Geburtstag in einem Erlebnispark feiern.

2. Er machte sich Sorgen, als Maurice zur vereinbarten Zeit nicht am Treffpunkt war.

3. Richard hätte der Erlebnispark keinen Spaß gemacht, wenn Maurice nicht gekommen wäre.

Schon gemerkt oder gewusst? Meistens werden Adverbialsätze durch **Konjunktionen** (als, weil, wenn, dass, indem usw.) eingeleitet. Die Personalform des Verbs (also das Verb, das durch die Person verändert wird) steht an letzter Stelle. Der Adverbialsatz wird durch ein Komma vom Hauptsatz abgetrennt.

BOXENSTOPP

Die wichtigsten Adverbialsätze wurden hier aufgelistet. Dabei sind die Beispielsätze durcheinandergepurzelt. Verbinde die Beispielsätze mit den passenden Beschreibungen.

1 Temporalsatz (= Zeit: als, bis, nachdem, während usw.)	**A** Als Maurice sich die Schuhe anzog, riss ein Schnürsenkel.
2 Konditionalsatz (= Bedingung: falls, wenn)	**B** Richards Freunde bedankten sich für die schöne Geburtstagsfeier, indem sie ihn zu einem großen Eis einluden.
3 Kausalsatz (= Grund: da, weil)	**C** Auf der Autobahn war ein Stau, sodass sie doch zu spät kamen.
4 Konsekutivsatz (= Folge: sodass)	**D** Er hätte seinen Bus erwischt, wenn er nicht einen neuen Schnürsenkel hätte suchen müssen.
5 Finalsatz (= Ziel, Zweck: damit, dass)	**E** Richard war erleichtert, weil sein Vater ihn zum Erlebnispark fahren wollte.
6 Modalsatz (= Art und Weise: indem)	**F** Damit sie viele Attraktionen ausprobieren konnten, beeilten sie sich.

●● Aus zwei mach eins! Verbinde die folgenden Sätze mit der dahinter stehenden Konjunktion und bestimme im zweiten Schritt den adverbialen Nebensatz.

1. Vanessa will nicht auf das Kettenkarussell gehen. Es ist ihr zu langweilig. (weil)

   Vanessa will nicht auf das Kettenkarussell gehen, weil es ihr zu langweilig ist. = Kausalsatz

2. Geburtstagskinder haben freien Eintritt. Tahar muss nichts bezahlen. (sodass)

   ____

3. Die Kinder warten vor der Achterbahn. David kauft Eis. (während)

   ____

4. Sie machen einen Plan. Sie können möglichst viele Attraktionen besuchen. (damit)

   ____

5. Marcel will nach Disneyland. Er feiert Geburtstag. (wenn)

   ____

6. Sabrina verkürzt sich die Wartezeit. Sie liest einen Comic. (indem)

   ____

Wusstest du schon: Die Bezeichnungen für Adverbialsätze stammen aus dem Lateinischen und geben an, worum es geht: **temporal = zeitlich** (wann?); **kausal = ursächlich** (warum?); **konditional = bedingend** (unter welcher Bedingung?); **final = ziel-, zweckgerichtet** (zu welchem Ziel/Zweck?); **konsekutiv = aufeinanderfolgend** (was ist die Folge?); **modal = die Art und Weise betreffend** (wie?).

●●● Es ist nur ein kleiner Strich, aber das Komma ist wichtig. Adverbialsätze werden vom Hauptsatz durch ein Komma getrennt. Lies die folgenden Sätze, setze das Komma richtig ein und bestimme die Adverbialsätze!

1. Als Ina im Erlebnispark einen Stand für Dosenwerfen sieht, will sie unbedingt werfen.

   ➜ Temporalsatz

2. Anna möchte den Teddybären haben wenn Ina ihn gewinnen kann.

   ➜ ______________

3. Den Teddy bekommt Ina wenn sie zehn Dosen trifft.

   ➜ ______________

4. Damit sie das schaffen kann benötigt Ina fünf Bälle.

➜ ______________________

5. Ina zielt genau sodass sie ihr Ziel nicht verpassen kann.

➜ ______________________

6. Weil sie vier Dosen nicht trifft möchte Ina noch einmal fünf Bälle.

➜ ______________________

7. Ina jubelt als sie die zehnte Dose trifft.

➜ ______________________

8. Sie wirft weiter da sie noch zwei Bälle übrig hat.

➜ ______________________

9. Indem Ina zuletzt den Teddy trifft fällt dieser herunter und ein Glasauge geht ab.

➜ ______________________

10. Weil der Teddy deshalb eine Augenklappe bekommt sieht er aus wie ein Pirat.

➜ ______________________

3.2 Direkte und indirekte Fragesätze

- **Fragen über Fragen: Lies dir das folgende Gespräch durch und unterstreiche alle Fragewörter, die du findest.**

1. Nina: „Wann kommst du zu mir, Dani?" **2.** Dani: „Kannst du das wiederholen?" **3.** Nina: „Bitte?" **4.** Dani: „Ich habe gefragt, ob du das wiederholen kannst." **5.** Nina: „Ich möchte wissen, wann du zu mir kommst." **6.** Dani: „Warum kommst du nicht zu mir?"
7. Nina: „Kannst du das noch einmal sagen?" **8.** Dani: „Ich habe dich nicht verstanden." **9.** Nina: „Ich habe dich gefragt, ob du das noch einmal sagen kannst." **10.** Dani: „Und ich habe gefragt, warum du nicht zu mir kommst."

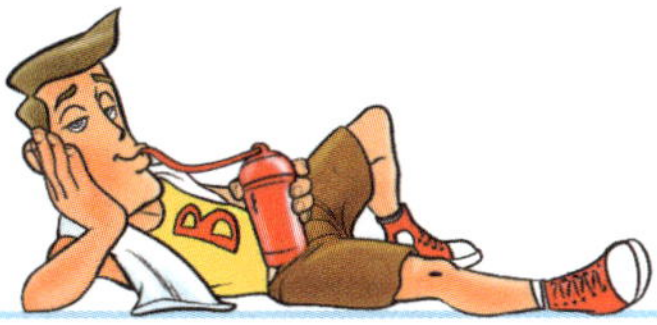

BOXENSTOPP

Schau dir die vorherige Übung noch einmal an und kreuze die richtigen Aussagen an.

☐ **1.** Fragen können mit einem Fragewort (wann, warum, was, wie usw.) anfangen.

☐ **2.** Fragen kann nur Nina stellen.

☐ **3.** Eine direkte Frage steht im Hauptsatz.

☐ **4.** Indirekte Fragen müssen immer eingeleitet werden.

☐ **5.** Es gibt auch Fragesätze ohne Fragewort am Anfang.

☐ **6.** Dani darf keine Fragen stellen.

☐ **7.** Indirekte und direkte Fragen sind nicht zu unterscheiden.

☐ **8.** Direkte Fragesätze enden mit einem Ausrufezeichen.

☐ **9.** Sätze mit einem Fragewort am Anfang heißen auch W-Fragen.

☐ **10.** Bei der indirekten Frage steht die Frage im Nebensatz und wird durch „ob" oder eine Phrase (z. B. „Kannst du mir sagen, ...") eingeleitet.

•• **A Wie bitte? Sven hört Musik über den MP3-Player und kann Hanna deshalb nicht verstehen. Er muss immer wieder nachfragen, was sie gesagt hat. Schreibe Hannas Antworten als indirekte Fragen in die Lücken.**

1. Hanna: „Wann übst du mit mir Englisch?" - Sven: „Bitte?"

- Hanna: „Ich habe gefragt, wann du mit mir Englisch übst!"
- Sven: „Wenn ich Zeit habe."

2. Hanna: „Hast du morgen Zeit?" - Sven: „Was?"

- Hanna: „Ich möchte wissen, ______________________________."
- Sven: „Könnte sein."

3. Hanna: „Kannst du direkt nach der Schule oder später?" - Sven: „Wie bitte?"

- Hanna: „______________________________."
- Sven: „Ja, da kann ich."

4. Hanna: „Warum hörst du mir nicht zu?" - Sven: „Häh?"

- Hanna: „______________________________."

B Ach so! Nun kommen indirekte Fragen. Überlege, wie die direkte Frage gelautet hat.

1. „Ich wollte wissen, ob ich heute länger draußen bleiben darf."

„Darf ich heute länger draußen bleiben?"

2. „Ich habe gefragt, wann ich wieder da sein soll."

3. „Merve möchte wissen, ob sie schwimmen gehen darf."

4. „Ich möchte gerne wissen, wie viel Uhr es ist."

Denke daran: Eine **direkte Frage** steht im **Hauptsatz**, eine **indirekte** im **Nebensatz**. Bei Fragen ohne Fragewort benutzt man in der indirekten Frage die Konjunktion „ob".

••• **Lies dir die folgenden Sätze durch, unterstreiche, ob es sich um direkte oder indirekte Fragen handelt und schreibe die jeweils andere Form darunter.**

1. „Wie ist das Wetter heute?" ~~direkt~~/indirekt

„Kannst du mir sagen, wie das Wetter heute ist?"

2. „Kannst du mir sagen, ob noch Butter im Kühlschrank ist?" direkt/indirekt

3. „Ich möchte wissen, weshalb er mir nicht antwortet." direkt/indirekt

4. „Weißt du, wann Peter kommt?" direkt/indirekt

5. „Woher soll ich das wissen?" direkt/indirekt

6. „Ist bekannt, wer sonst noch kommt?" direkt/indirekt

3.3 Kommasetzung bei Infinitivgruppen

- **Aufgepasst: Lies die folgenden Sätze und unterstreiche die Infinitivgruppen. Sieh dir an, wie ein Komma bei den Sätzen unter 4.) den Sinn verändert.**

1. Ich gebe ihr den Rat, nicht auf diese unverschämten Fragen zu antworten.

2. Ich gebe ihr einen Rat, statt weiter zu schweigen.

3. Ihr zu raten, das hatte ich mir vorgenommen.

4. Ich rate ihr nicht zu antworten.

Ich rate ihr, nicht zu antworten.

Ich rate ihr nicht, zu antworten.

Bei einer **Infinitivgruppe** steht immer ein Infinitiv, der ein „zu" bei sich führt!

BOXENSTOPP

Was passt zusammen? Sieh dir noch einmal die Sätze der vorherigen Aufgabe an und schreibe die passenden Nummern (1 bis 4) zu den folgenden Aussagen.

______ **a)** Bei Infinitivgruppen braucht man meistens kein Komma. Ist ein Satz aber ohne Komma missverständlich, sollte man eines setzen.

______ **b)** Infinitivgruppen werden durch Komma abgetrennt, wenn sie durch **als**, **anstatt**, **außer**, **ohne**, **statt**, **um** eingeleitet werden.

______ **c)** Ist die Infinitivgruppe von einem Nomen abhängig, wird ein Komma gesetzt.

______ **d)** Wird die Infinitivgruppe durch ein Wort oder eine Wortgruppe angekündigt, wird sie durch ein Komma abgetrennt.

•• **Der richtige Tipp: Lies dir die folgenden Sätze mit Infinitivgruppen durch und setze die Kommata. Kreuze an, ob ein Komma gesetzt werden *muss* oder gesetzt werden *kann*. Die Buchstaben ergeben, aneinandergereiht, ein Wort.**

	Komma kann	Komma muss
1. Sven geht in sein Zimmer um zu spielen.	B	(I)
2. Er wagte nicht sich zu rühren.	N	U
3. Denk daran den Koffer zu packen.	C	F
4. Anstatt sich zu freuen schimpft er nur.	H	I
5. Der Plan ein Baumhaus zu bauen wurde gefasst.	S	N
6. Wir bitten das zu wiederholen.	I	T
7. Noch einmal schwimmen zu gehen das hatten sie geplant.	A	T
8. Er traute sich nicht etwas zu sagen.	I	B
9. Eure Idee war es ihn einzuladen.	E	V

Lösung:

1	2	3	4	5	6	7	8	9
I								

••• **Lies den folgenden Text, unterstreiche die Infinitivgruppen und setze die Kommata ein.**

Dustin mag es, spannende Bücher zu lesen. Er vergisst nie sich zum Geburtstag oder zu Weihnachten neue Bücher zu wünschen. Diese dann auf seinem Regal platzsparend zu stapeln das ist eine Nachmittagsbeschäftigung. Neulich machte er abends das Licht aus nicht ohne noch ein Buch auf das Regal zu legen. Mitten in der Nacht gab es ein Getöse. Vor Schreck das Haus um sich zusammenstürzen zu fühlen sprang Dustin aus dem Bett. Was war geschehen? Um mehr erkennen zu können machte Dustin das Licht an. Das Regal halb auf seinem Bett liegend zu sehen das hatte er nicht erwartet. Nun war er einen Teil der Nacht damit beschäftigt sein Bett aufzuräumen. Er würde den nächsten Tag damit verbringen müssen eine neue Unterbringungsmöglichkeit für seine Bücher zu finden.

3.4 Kommasetzung bei Partizipgruppen

- **Schau genau hin: Lies die folgenden Sätze und markiere die Partizipgruppen. Sieh dir vor allem die Sätze unter 1.) und 4.) genau an.**

1. Laut schnurrend saß die Katze vor dem Fenster.

2. Laut vor Wohlbehagen schnurrend, so saß die Katze vor dem Fenster.

3. Die Katze, laut vor Wohlbehagen schnurrend, saß vor dem Fenster.

4. Die Katze saß laut vor Wohlbehagen schnurrend vor dem Fenster.
Die Katze saß, laut vor Wohlbehagen schnurrend, vor dem Fenster.

BOXENSTOPP

Hier ja, da nein: Kreuze an, welche Aussage zu welchem Satz aus der vorherigen Übung gehört.

Diese Aussage...	gehört zu Satz 1	2	3	4
1. Die meisten Partizipgruppen müssen nicht durch ein Komma vom übrigen Satz getrennt werden. Um die Gliederung des Satzes deutlicher zu machen, können sie getrennt werden (z. B.: Vor Aufregung laut bellend(,) lief der Hund hinter mir her.).	☐	☐	☐	☐
2. Wird die Partizipgruppe als nachgestellter Zusatz eingeschoben, wird sie durch ein Komma getrennt (z. B.: Der Hund lief, vor Aufregung laut bellend, hinter mir her.).	☐	☐	☐	☐
3. Wenn auf die Partizipgruppe durch ein Wort hingewiesen wird, wird sie durch ein Komma vom übrigen Satz getrennt (z. B.: Vor Aufregung laut bellend, so lief der Hund hinter mir her.).	☐	☐	☐	☐
4. Ist die Partizipgruppe nur ein ganz kleiner Teil vom Satz, wird sie nicht durch Komma abgetrennt (z. B.: Laut bellend lief der Hund hinter mir her.).	☐	☐	☐	☐

•• Wo ja, wo nein, wo kann? In den folgenden Sätzen fehlen alle Kommata. Lies dir die Sätze durch und setze die Kommata ein, wo sie nötig sind. Setze die Kommata in Klammern, wenn du sie setzen kannst aber nicht musst.

Laut singend kam Hannah nach Hause. Die Türklinke in der Hand haltend so rief sie nach ihrem Bruder. Dieser seine Musik in dröhnender Lautstärke hörend reagierte nicht. Hannah vor die Wahl gestellt überlegte: Sollte sie Geduld beweisend warten? Oder ihren Bruder nervend in sein Zimmer gehen? Hannah immer Neues ausprobierend hatte eine andere Idee. Leise kichernd öffnete sie den Sicherungskasten. Schnell hatte sie sich auskennend den richtigen Schalter gefunden. In die überraschte Stille hinein rief sie mit zuckersüßer Stimme ein zweites Mal nach ihrem Bruder.

••• Im folgenden Text sind Infinitiv- und Partizipgruppen sowie ganz viele Kommata vertreten. Überlege genau,

- welches Komma gesetzt werden muss (das lässt du stehen)
- welches gesetzt werden kann (das setzt du in Klammern)
- welches fehl am Platze ist (das streichst du natürlich)

Sven liebt es , ins Kino zu gehen. Den nächsten Film will er , so seinen Geburtstag feiernd , mit seinen Freunden sehen. Nun ist er dabei , einen spannenden Film auszusuchen. Sein Freund Malte , Abenteuerfilme bevorzugend , ist auch damit einverstanden , einen Trickfilm zu sehen. Sein Cousin Freddie schlägt vor , stattdessen DVDs auszuleihen. Seine Idee ist es , die Zeit der Feier auszunutzen. Sie könnten zwei Filme sehen , statt ins Kino zu fahren. Sven , das Kino-Popcorn bereits vermissend , kann sich nicht entscheiden. Laut diskutierend , kommen sie zu keiner Entscheidung.

3.5 Kommasetzung bei Datums- und Adressangaben

• Ganz viel mitgeteilt! In den folgenden Sätzen sind einige Zeit- und Ortsangaben zu finden. Kreise jede einzelne ein.

1. Ich lade dich ein, meinen Geburtstag am Montag, den 13. Februar, von 15.00 bis 19.00 Uhr im Spaßbad Neptunus, Aquastr. 10 in Wasserstadt mit mir zu feiern.
2. Am Freitag, den 5. Mai, schreiben wir von 9.00 bis 10.00 Uhr einen Chemietest in Raum 9, erster Stock, Altbau.

BOXENSTOPP

Adressangabe Kommata letzte

Hier fehlt was! Die Regeln sind nicht vollständig. Bitte füge die Wörter aus dem Kalender und dem Adressbuch noch ein.

Besteht eine Datums- oder 1 ______________________ aus mehreren Teilen, wird sie durch 2 ______________________ gegliedert. Wird hinter den Angaben der Satz weitergeführt, so kann das 3 ______________________ Komma wegfallen.

•• **Karo, der Kommaleger, war unterwegs. Er hat ganz viele Kommata fallen lassen. Streiche alle überflüssigen Kommata weg und kreise diejenigen ein, die stehen bleiben können.**

Gestern , Montag , den 11. März , ging ich , in der Eupener Straße , Belgisches Viertel , Stadtteil Bresedong , spazieren. Ich traf auf meinen Freund Dennis. Seine Adresse ist , Berliner Str. 11 , Lübeck. Mit ihm , verabredete ich mich , für morgen , Mittwoch , den 13. März , um 12.34 Uhr , in Hamburg , auf dem Balthasarplatz , am Infostand , des Touristikvereins. Am Donnerstag , 14. März , werde ich mich um 15.00 Uhr , in der Stresemannstraße , Hamburg-Altona , mit Dennis' Bruder treffen. Am selben Tag , um 18.00 Uhr , muss ich dann wieder nach Bresedong zurückfahren.

Dort, wo man beim Sprechen eine Pause macht, setzt man meist auch ein Komma!

••• **Kannst du alle? Komma bei Infinitiv- und Partizipgruppen, Datums- und Adressangaben: Setze alle Kommata, die gesetzt werden *müssen* und markiere die Stellen, an denen ein Komma gesetzt werden *kann*.**

Leonie immer ihre Termine einhaltend war viel zu früh an ihrem Ziel Stadtbücherei Pirmasens Hauptstraße 22 angekommen. Eigentlich wollte sie am Montag den 24. Juni um 15.30 Uhr dort sein. Nun saß sie schon seit einer halben Stunde in der Eisdiele La Domenica in der Adenauerstraße in Pirmasens und hatte noch eine weitere halbe Stunde Zeit. Anstatt auf die Uhr zu sehen blätterte sie in ihren Terminkalender. Morgen Dienstag den 25. Juni um 10.00 Uhr wollte sie Bernd in der Pizzeria „La Tavola" Esenser Straße in Hamburg treffen. Grübelnd steckte sie den Kalender weg. Ob sie einmal den Versuch wagen sollte zu spät zu kommen?

Grammatik 7. Klasse

TEST

Bist du bereit für einen Grammatiktest? Du hast 45 Minuten Zeit.

Notiere deine Start- und Endzeit. **Start:** ______ Uhr / **Ende:** ______ Uhr.

Wenn du fertig bist, gehe alle Aufgaben noch einmal durch und korrigiere mögliche Flüchtigkeitsfehler. **Auf die Plätze - fertig - los!**

Aktiv und Passiv

PUNKTE

1. Sortiere die richtigen Begriffe und Erläuterungen in die Tabelle ein:
(1 Punkt für jede richtige Zuordnung)

die Tatform - die Leideform - das Subjekt handelt - mit dem Subjekt geschieht etwas - gibt das Geschehen aus der Sicht des Handelnden wieder - gibt das Geschehen aus der Sicht des Betroffenen wieder

Aktiv	Passiv

PUNKTE

2. Wandle den Aktivsatz in das angegebene Passiv um.
(1 Punkt für jede richtige Umwandlung)

a) Der Schulleiter teilt den Schülern den Stundenplan mit.

b) ______________________ ➜ Täterabgewandtes Vorgangspassiv

c) ______________________ ➜ Täterloses Vorgangspassiv

d) ______________________ ➜ Zustandspassiv

Pronomen

PUNKTE

3. Schreibe die Sätze ab und ersetze die unterstrichenen Nomen und/oder ihre Begleiter durch sinnvolle Demonstrativpronomen.
(1 Punkt für jedes richtige Demonstrativpronomen)

a) Er greift in den Lostopf und zieht zwei Lose, das Los war ein Gewinn, das Los war eine Niete.

____

b) Hier ist dein Geschenk. Hoffentlich ist das Geschenk das richtige für dich.

c) Diese Entscheidung war richtig, die andere Entscheidung sicher nicht.

4. Unterstreiche im folgenden Text alle Indefinitpronomen.
(1 Punkt für jede richtige Unterstreichung)

PUNKTE

Ein römischer Legionär kommt von einer Erkundung zurück ins Lager. Dort berichtet er seinem Vorgesetzten Folgendes: „Wir waren in einem Dorf, das noch nicht von uns besetzt ist. Dort braute jemand einen Trank, der bei vielen Bewohnern für einige Kraft sorgt. Um diesen Trank herstellen zu können, benötigt man viele Zutaten. Ein paar Siebenwurzgräser müssen mit irgendeinem Gerät zerkleinert werden, dann muss ein bisschen Distelsaft ein wenig zerkocht werden. Abschließend kommen noch mehrere Kräuter, manch Gewürz und ein wenig Sporenpilzgelatine hinein, nichts vom Wildschwein und kein Barthaar."

Modus

5. Bestimme den Konjunktiv.
(1 Punkt für jede richtige Teilaufgabe)

PUNKTE

a) Wenn ich die Möglichkeit gehabt hätte, wäre ich Indianerhäuptling geworden.

b) Wenn du mir das Buch leihen würdest, würde ich es lesen.

c) Marvin sagt, er habe dir den Ball zurückgegeben.

Satzlehre und Zeichensetzung

6. Ordne die Fragewörter und Konjunktionen der richtigen Adverbialsatzart zu, indem du sie durch Linien verbindest: (1 Punkt für jede richtige Zuordnung)

PUNKTE

da, weil	Temporalsatz	Wie? Auf welche Weise?
wenn	Finalsatz	Welche Folge? Welche Wirkung?
als, nachdem	Konditionalsatz	Wozu? Zu welchem Zweck?
damit, dass, um zu	Kausalsatz	Unter welchen Bedingungen?
indem	Konsekutivsatz	Warum?
sodass	Modalsatz	Wann?

PUNKTE

7. Entscheide, ob die Frage direkt oder indirekt ist und schreibe die andere Form darunter.
(1 Punkt für jede richtige Antwort und 1 Punkt für jede richtige Umwandlung)

a) Es würde mich wirklich stark interessieren, wann Tante Martha kommt. direkt / indirekt

____

b) Weißt du vielleicht, wie spät es ist? direkt / indirekt

____

c) Entscheidest du dich heute noch? direkt / indirekt

____

PUNKTE

8. Setze im folgenden Text die fehlenden Kommata ein. (1 Punkt für jedes richtige Komma)

Ein Buch zu spät zurückbringend traf ich am Montag den 12. Juni 2017 in der Bibliothek Stephansstraße 7 Lübeck ein. Es sehr bedauernd mich so abgehetzt zu sehen bot mir die Bibliothekarin ein Glas Wasser an. Ich trank es ohne ihr zu danken. Zu sehr noch nach Luft schnappend verschluckte ich mich. Um mir zu helfen eilte die Bibliothekarin um ihren Tisch dabei einen Stapel Bücher umstoßend. Nach einer halben Stunde endlich die Bibliothek verlassend schwor ich mir nie mehr solche Eile zu haben.

PUNKTE GESAMT

Geschafft! Vergleiche nun deine Antworten mit dem Lösungsteil auf S. 451. Trage die jeweilige Punktzahl neben der Aufgabe ein und zähle dann deine Gesamtpunktzahl zusammen. Trage deine Gesamtpunktzahl auch gleich auf der Urkunde auf S. 295 ein!

Meine Gesamtpunktzahl: ______ / 41

41 - 28 PUNKTE
Einfach spitze! Du bist der Grammatik-Champion, denn du kennst dich schon gut in allen Bereichen aus!

27 - 14 PUNKTE
Eine gute Ausgangsposition, um dich noch zu verbessern! Überprüfe noch einmal, wo du Fehler gemacht hast und versuche die Aufgaben richtig zu lösen.

13 - 0 PUNKTE
Liebe Sportsfreundin, lieber Sportsfreund, leider hast du noch so einige Lücken in deinem Grammatikwissen! Schau dir am besten die Boxenstopps und Erklärungen noch einmal genau an und arbeite die Aufgaben erneut durch. Mit ein bisschen mehr Übung ist dann auch Silber oder sogar Gold drin!

4 GETRENNT- UND ZUSAMMENSCHREIBUNG

4.1 Verben mit Vorsilben

- **Vervollständige die folgenden Sätze, indem du das Verb in Klammern im Präsens einsetzt.**

1. Ich (aufschließen) die Tür. Ich schließe die Tür auf.

2. Ich (entscheiden) mich endlich. ____________________

3. Du (anstellen) dich! ____________________

4. Du (verstellen) dich! ____________________

5. Er (umfahren) das Schild. ____________________

6. Er (umarmen) seinen Vater. ____________________

BOXENSTOPP

zusammengeschrieben Partizip Präsens und Perfekt trennen Ende eines Nebensatzes

Trennbar oder nicht? Das ist hier die Frage. **Untrennbare Verben** sind all diejenigen, die durch alle konjugierten Verbformen hindurch 1 ____________________ werden:
z.B.: **verkaufen** - Ich **verkaufe** meine Inliner - Ich habe meine Inliner **verkauft**.

Dagegen kann man trennbare Verben, wie der Name schon sagt, in bestimmten Formen oder Satzstellungen 2 ____________________ : z.B.: einkaufen - Ich **kaufe** Obst und Gemüse **ein** - **Kauf** Obst und Gemüse **ein**!

Aber Achtung! Im Infinitiv, im 3 ____________________ und am 4 ____________________ werden diese Verben nicht getrennt, z.B.:
Viel Obst und Gemüse **einkaufend** wollte ich gesünder leben; Ich habe viel Obst und Gemüse **eingekauft**; Er freut sich, weil er viel **einkauft**.

Bei trennbaren Verben kommt im **Partizip Perfekt** die **Vorsilbe -ge** dazu (ich habe ein**ge**kauft). Bei untrennbaren Verben fällt sie im Partizip perfekt weg (ich habe verkauft).

●● **Bestimme, ob das Verb in der ersten Spalte trennbar oder untrennbar ist und setze dann die richtigen Formen ein.**

Infinitiv +	Präsens		Partizip Perfekt
1. empfinden	ich	ich empfinde	ich habe empfunden
2. herausfinden	er		
3. hingehen	du		
4. verstehen	ihr		
5. auffallen	wir		
6. zerfallen	Ruinen		
7. wiederholen	ich		
8. wiedergeben	du		
9. widerrufen	Tom		

Hier noch ein kleiner Trick: Wird im **Infinitiv** die **Vorsilbe betont**, ist das Verb meistens trennbar: **einkaufen - ich kaufe ein**. Wenn die Vorsilbe unbetont ist und die Betonung auf der zweiten Silbe liegt, handelt es sich um ein untrennbares Verb: **verkaufen - ich verkaufe**. Verben mit den Vorsilben **ab-, aus-, dar-, fehl-, inne-, nach-, vor-, zu-, zwischen-** usw. sind immer **trennbar**.
Verben mit den Vorsilben **be-, emp-, ent-, er-, ge-, hinter-, miss-, ver- und zer-** sind immer **untrennbar**.

●●● **Trennbar oder untrennbar? Vervollständige die Sätze mit Hilfe der richtigen Verbform.**

1. Vanessa (anrufen) Sarah.

2. Sie fragt: „(abholen) du mich heute?"

3. Sarah (überlegen), was sie heute (vorhaben).

4. „Heute (besuchen) mich meine Kusine."

5. „Die habe ich vor zwei Jahren schon (kennenlernen)."

____

6. „Aber ich weiß nicht, ob ich sie heute noch (erkennen)."

____

7. Schließlich (verabreden) sie sich für den nächsten Tag.

____

4.2 Verbindungen aus Verb + Verb und Nomen + Verb

- **Lässt du dich aufs Glatteis führen? Überlege, ob die fett geschriebenen Wörter Kombinationen aus *Verb + Verb* oder *Nomen + Verb* sind und schreibe sie in die entsprechende Zeile.**

Am Montag wollte ich erst **spazieren gehen**, danach **eislaufen**. Um 3 Uhr wollte ich da sein, um nicht **Gefahr zu laufen**, einen Wettlauf zu versäumen. Ich musste den Anordnungen des Eiswarts **Folge leisten**, um an dem Wettlauf **teilnehmen** zu können. Er verlangte, dass ich erst einmal **sitzen blieb** und **Tee trank**.

Verb+Verb-Kombination: ______________________________

____

Nomen+Verb-Kombination: ______________________________

____

BOXENSTOPP

Was ist denn hier passiert? Die unterstrichenen Wörter stehen in Spiegelschrift! Überlege, welches Wort in die Lücke kommt oder halte einen Spiegel daran.

Verbindest du zwei **nedreV** 1 Verben__________ zu einem Sinn, schreibst du die Wörter **getrennt**, z. B. schreiben üben, sitzen bleiben, kennen lernen.

Auch, wenn du ein **nemoN** 2 __________________ und ein Verb verbindest, werden sie meist getrennt geschrieben, z. B. Rad fahren, Radio hören, Zeitung lesen.

Achtung! Steht ein Artikel vor dieser Verbindung, wird sie als Nomen zusammen und **ßorg** 3 __________________ geschrieben, z. B. Fußball spielen - das Fußballspielen.

Die folgenden Ausnahmen werden **remmi** 4 __________________ zusammen geschrieben: eislaufen, kopfstehen, nottun, leidtun, standhalten, stattfinden, stattgeben, teilhaben, teilnehmen, wundernehmen. Hier hat das Nomen seine eigenständige Bedeutung **verloren**.

•• **Alles klar? Im Folgenden findest du einzelne Wörter, die zu Verb + Verb- oder Nomen + Verb-Kombinationen zusammengesetzt werden können. Verbinde sie richtig, schreibe dazu, welche Kombination es ist und bilde in der zweiten Person Singular das Perfekt dazu.**

~~Teil~~ ~~nehmen~~ Preis Radio Klavier gehen
Schlange verloren stehen Schlaf Schluss geben folgern
wandeln bleiben lassen spielen hören

1. teilnehmen → Nomen+Verb-Kombination - du hast teilgenommen
2. ____ → ____ - ____
3. ____ → ____ - ____
4. ____ → ____ - ____
5. ____ → ____ - ____
6. ____ → ____ - ____
7. ____ → ____ - ____
8. ____ → ____ - ____
9. ____ → ____ - ____

Bei den folgenden Kombinationen hast du im Infinitiv die Wahl, weil beides geht: **Acht geben / achtgeben, Dank sagen / danksagen, Gewähr leisten / gewährleisten, Halt machen / haltmachen, Maß halten / maßhalten, Staub saugen / staubsaugen, Brust schwimmen / brustschwimmen.** Aber Achtung: in der konjugierten Form werden diese Verben immer groß geschrieben: **ich sage Dank, ich sauge Staub, ...**

••• **Im folgenden Text sind alle Nomen + Verb- und Verb + Verb-Kombinationen hinter den Lücke/n in GROSSBUCHSTABEN geschrieben. Setze sie richtig ein, achte sowohl auf Groß- und Kleinschreibung als auch auf Getrennt- und Zusammenschreibung.**

Wir wollen an diesem Wochenende nicht **1** spazieren gehen ~~SPAZIERENGEHEN~~.
Wir möchten lieber eine andere Gegend **2** ____ KENNENLERNEN.
Deshalb werden wir zur Abwechslung **3** ____ RADFAHREN.
Damit wir nicht **4** ____ GEFAHRLAUFEN, uns zu verirren, planen wir die Fahrt ganz genau. Wir **5** ____ ACHTGEBEN, dass die Strecke eben ist. In einer Jugendherberge wollen wir **6** ____ HALTMACHEN.

Dort müssen wir am Abend **7** ______________________ RADIOHÖREN, um den Wetterbericht zu verfolgen. Am nächsten Tag werden wir gegen Mittag wieder **8** ______________________ RASTMACHEN und uns erholen.

4.3 Verbindungen aus Adjektiv + Verb

- **Zusammen oder getrennt? In den folgenden Sätzen findest du die Verben in Verbindung mit einem Adjektiv, einmal zusammen- und einmal getrennt geschrieben. Streiche die falsche Form durch.**

1. Diese Übung sollte dir nicht ~~schwerfallen~~ / schwer fallen.

2. Das Fleisch ist fertiggebraten / fertig gebraten.

3. Wegen der Arbeit solltest du nicht schwarzsehen / schwarz sehen.

4. Adjektive werden kleingeschrieben / klein geschrieben.

BOXENSTOPP

Wann, wie, warum zusammenschreiben? Zu jedem Satz der oberen Übung gibt es eine Aussage. Ordne sie den Sätzen zu.

Aussage 1: Ergibt das Verb in Verbindung mit dem Adjektiv einen anderen Sinn, so wird zusammengeschrieben. Tipp: Die Betonung liegt dann auf dem Adjektiv (z. B. hellsehen).

Aussage 2: Ist das Adjektiv nicht steigerbar, so wird es mit dem Verb zusammengeschrieben. Achtung! In einem anderen Zusammenhang kann dasselbe Verb steigerbar sein! (z. B. Am Satzanfang musst du **großschreiben**, aber: kannst du bitte **größer schreiben**?).

Aussage 3: Ist das Adjektiv steigerbar, wird es vom Verb getrennt geschrieben (z. B. Früher konnte ich **gut malen**, heute kann ich **besser malen**.).

Aussage 4: Endet ein Adjektiv auf **-ig, -isch** oder **-lich**, so wird es vom Verb getrennt geschrieben (z. B. Wir waren **chinesisch** essen.).

Aussage 1 gehört zu Satz ______ Aussage 3 gehört zu Satz ______

Aussage 2 gehört zu Satz __4__ Aussage 4 gehört zu Satz ______

Übrigens: alle Verbindungen mit „sein" werden getrennt geschrieben!
Z. B. gesund sein, hier sein, sportlich sein.

•• **Was geht? Entscheide, ob du die Verbindungen in die linke oder rechte Spalte schreibst. Manche gehören auch in beide Spalten.**

rot + ~~werden~~ | groß + schreiben | rot + sehen | lustig + sein | gesund + beten | herzlich + lachen

Adjektiv und Verb getrennt geschrieben	Adjektiv mit Verb zusammengeschrieben
rot werden	

•• **Überlege dir passende Wörter und setze sie in die Lücken:**

1. Meine Tante glaubt, sie kann ihren alten kranken Hund gesundbeten.
2. Am Satzanfang musst du ______ .
3. Ein Clown muss nicht immer ______ .
4. Die kleinen Buchstaben kann ich nicht lesen, kannst du das ______ ?
5. Das ist doch nicht schlimm, deshalb musst du doch nicht ______ !
6. Auf der Tastatur kann ich ______ .

••• **Vervollständige die Sätze, indem du die Adjektive und Verben in den Klammern richtig einsetzt. Zur Kontrolle kannst du ausprobieren, ob das Adjektiv gesteigert werden kann.**

1. Die Deutscharbeit werde ich dieses Mal (gut + schreiben) gut schreiben.
2. Diese Hose wird dir (besser + stehen) ______ .
3. Hiermit kannst du die Wäsche (rein + waschen) ______ .
4. Beim Arzt muss man manchmal den Oberkörper (frei + machen) ______ .
5. Wenn wir das zusammen machen wollen, müssen wir uns (einig + sein) ______ .
6. Am Ende des Jahres wird die Bank mir die Zinsen (gut + schreiben) ______ .

4.4 Zusammengesetzte Nomen und Adjektive

- **Aus zwei mach eins: In den Puzzlestücken findest du einzelne Wörter. Zusammengesetzt ergeben sie ein neues Wort. Suche die passenden Paare und schreibe das aus ihnen gebildete neue Wort auf.**

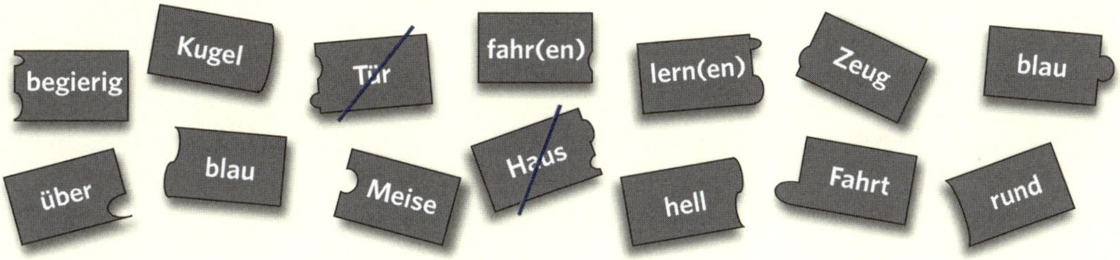

Haustür

____

____

BOXENSTOPP

Ordne die Wörter aus der ersten Übung den Regeln zu:

Es gibt viele **zusammengesetzte Nomen**. Egal, ob es sich um eine Verbindung aus
Nomen + Nomen, z. B. 1 Haustür,
Adjektiv + Nomen, z. B. 2 ______________,
(verkürztes) Verb + Nomen, z. B. 3 ______________ oder
Präposition + Nomen, z. B. 4 ______________ handelt,
diese Nomen werden **zusammen geschrieben**. Da das Nomen am Ende die Wortart bestimmt, werden diese auch **groß** geschrieben.

Ebenso gibt es viele **zusammengesetzte Adjektive**.
Verbindungen aus **Adjektiv + Adjektiv**, z. B. 5 ______________,
Nomen + Adjektiv, z. B. 6 ______________,
oder **(verkürztem) Verb + Adjektiv**, z. B. 7 ______________
werden **zusammen geschrieben**. Da das Adjektiv am Ende die Wortart bestimmt, werden diese Wörter **klein** geschrieben.

●● **Entscheide bei den folgenden Wörtern, ob es sich um zusammengesetzte Nomen oder Adjektive handelt und schreibe sie entsprechend klein oder mit dem dazugehörigen Artikel und groß.**

1. BÄREN + STARK bärenstark
2. SCHWIMM(EN) + BEGEISTERT ______
3. HINTER + HALT ______
4. TISCH + TUCH ______
5. SCHREIB(EN) + TISCH ______
6. LEICHT + GLÄUBIG ______

●●● **Sammle in der Tabelle zusammengesetzte Nomen und Adjektive, die mit den angegebenen Wörtern anfangen oder aufhören. Teilweise musst du die Wörter auch zweimal verwenden.**

~~Paar~~ ~~warm~~ ~~jährig~~ kommen Schuhe Blut endet Dampf automatisch greiflich Schrift verlesen groß freudig Masche Vogel Feuer

LAUF(EN)	HAND	VOLL
der Paarlauf	handwarm	volljährig

4.5 Das richtige Trennen von Wörtern

- **Lies die folgenden Wörter und sprich sie dabei ganz langsam und laut aus. Setze die Wortteile, die du ohne Pause sprichst, in jeweils ein Silbenkästchen unter dem Wort. Zähle anschließend, wie viele Silben und wie viele Vokale (a, e, i, o, u) sich in jedem Wort befinden.**

Sams|tag|mor|gen	dunkelgelb	wegstecken
Sams | tag | mor | gen		
4 Vokale, 4 Silben		

BOXENSTOPP

Jan-Luca sagt, er wisse alles über die Trennung von Wörtern. Aber nicht alles, was er sagt, stimmt. Kreuze die richtigen Aussagen an.

☐ **1.** Nur Nomen werden getrennt.

☐ **2.** Die Wörtertrennung braucht man, wenn beim Schreiben ein Wort nicht mehr in die Zeile passt.

☐ **3.** Bei mehreren Konsonanten kommt nur der letzte auf die nächste Zeile, z.B. Nar-be, schimp-fen.

☐ **4.** Einzelne Buchstaben am Beginn oder Ende eines Wortes trennt man nicht: z.B. aber, Igel, oder.

☐ **5.** In jeder Silbe findet man nur einen Vokal, Umlaut **(ä, ö, ü)** oder Doppellaut **(ai, au, äu, ei, eu)**.

☐ **6.** Silben erkennt man daran, dass sich beim langsamen Sprechen zwischen den einzelnen Silben winzige Sprechpausen ergeben: z. B. Fern - seh - ap - pa - rat.

☐ **7.** Wörter trennt man einfach dort, wo man möchte.

☐ **8.** Die Grundregel ist: Wörter trennt man nach den Sprechsilben.

☐ **9.** Besondere Konsonantenfolgen, die als einziger Laut gesprochen werden, trennt man nicht: **ch, ck, sch, ph, sh, th,** z.B. Wa-che, We-cker, pfu-schen. As-phalt, Su-shi, Biblio-thek.

☐ **10.** Zusammengesetzte Wörter trennt man an der Wortfuge, an der sie auch zusammengefügt wurden, z.B. Tür-schloss, Dia-bild.

•• **Alles klar? Trenne die folgenden Wörter durch senkrechte Trennstriche an der richtigen Stelle.**

Kat|zen|fut|ter – Wochenende – vergewissern – eiskalt – Zeitungsleser – Schlagzeug
und nun einmal ganz lang: Donaudampfschifffahrtsgesellschaftskapitänspatent

Ein **Fugen-s** gehört bei zusammengesetzten Wörtern immer zum ersten Wort und bleibt bei der Trennung deshalb auch bei der vorangegangenen Silbe: **Ge|burts|ort**.

••• **Die nachfolgenden Worte hat Naima getrennt. Prüfe nach, ob sie es richtig gemacht hat. Wenn es nicht stimmt, schreibe das Wort daneben und trenne es richtig.**

1. Te|ppi|ch|bo|den ______________________
2. dun|kel|grau ______________________
3. Hohl|raum ______________________
4. aus|ge|rit|ten ______________________
5. Bil|dha|u|er ______________________
6. Schi|ldk|rö|te ______________________
7. Turn|hal|le ______________________
8. le|ich|tsi|n|nig ______________________
9. dünn|häu|tig ______________________
10. Kons|er|vend|o|se ______________________

5 GROSS- UND KLEINSCHREIBUNG

5.1 Tageszeiten

- **Oje, da sind einige Wörter aus dem Text gefallen. Setze sie wieder ein. Aber Vorsicht! Es haben sich ein paar dazwischen geschmuggelt, die hier nicht hergehören oder falsch geschrieben sind.**

Nacht | spät | frühmorgens | ~~Abend~~ | mittags | nacht | abends | montag

Morgen **1** Abend ______ kannst du mich gegen 19 Uhr abholen.
Ich gehe am liebsten **2** ______ , so gegen 13 Uhr, schwimmen. In der **3** ______ sind alle Katzen grau. Ich bin **4** ______ um sechs, wenn der Wecker klingelt, noch sehr müde. Das machen wir jetzt nicht mehr am Morgen, sonder lieber **5** ______

BOXENSTOPP

Zu welcher Aussage passt welche Tageszeit? Lies dir die Regeln durch und schreibe die richtigen Beispiele daneben:

Wir erinnerten uns oft an den Abend. - Treffen wir uns Mittwochvormittag? - Ich denke, abends ist es kühler. - Das war gestern Abend.

Nach Adverbien wie **gestern**, **heute** oder **morgen** wird die Tageszeit groß geschrieben,
z. B.: Das war gestern Abend ______ .

Zeitadverbien, die auf -**s** enden, werden klein **geschrieben**,
z. B.: **1** ______ .

Wird eine **Wochentags**- und eine **Tagesbezeichnung zusammengesetzt**, wird diese **groß** geschrieben, z. B.: **2** ______ .

Steht ein **unbestimmter** oder **bestimmter Artikel** vor der Tageszeit, wird diese **groß** geschrieben, denn dann handelt es sich um ein Nomen.
Z. B.: **3** ______ .

•• **Groß oder klein? Kreise den richtigen Buchstaben ein.**

Am 1 M- m- ontagmorgen fragt Cleo ihre Freundin Ester, wann sie sich treffen wollen: „Kannst du 2 M- m- orgens?" **Ester:** „Kommt darauf an. Am 3 M- m- orgen kann ich nur 4 S- s- amstags. An den anderen Tagen bin ich 5 M- m- orgens in der Schule. Wie wäre es also mit dem kommenden 6 S- s- amstag?" **Cleo:** 7 „ S- s- amstagvormittag?" **Ester:** „Wir können uns 8 M- m- orgens treffen und frühstücken." **Cleo:** „Eine gute Idee! Also 9 F- f- rüh am 10 S- s- amstagmorgen. Abgemacht."

••• **Kurz und knackig. Überlege, ob die Tageszeiten groß oder klein geschrieben werden, streiche die falsche Form durch und begründe, warum du dich für Groß- oder Kleinschreibung entschieden hast.**

1. **Nachts/~~nachts~~** liege ich im Bett und schlafe. Satzanfang
2. Ich war gestern **Früh/früh** beim Bäcker. ____________
3. Ich stehe nicht gern **Frühmorgens/frühmorgens** auf. ____________
4. Vielleicht treffen wir uns **Morgen/morgen Abend/abend**. ____________
5. Der **Morgen/morgen** zeigte uns einen wunderschönen Sonnenaufgang. ____________

5.2 Adjektive in Eigennamen

• **Der kleine Karl oder Karl der Große: Wann werden Adjektive in Eigennamen groß geschrieben und wann klein? Streiche die falsche Form.**

1. Karl der **große/Große** war König der Franken.
2. Karl, der **große/Große** Fußballer, wurde auch König der Stürmer genannt.
3. Die **römischen/Römischen** Straßen sind breit und lang.
4. Das **römische/Römische** Reich existierte über 1000 Jahre.
5. Ich will ihm **erst/Erst** helfen.
6. Ich leiste **erste/Erste** Hilfe.
7. Du malst das Brett **schwarz/Schwarz** an.
8. Wir haben seit neuestem ein **schwarzes/Schwarzes** Brett.

BOXENSTOPP

Durchgeschüttelt: Im folgenden Text sind einige Wörter durcheinandergeraten. Sortiere die Buchstaben und setze die Wörter richtig ein. Wenn Du die Regel vervollständigt hast, vergleiche sie noch einmal mit den Sätzen aus der vorherigen Übung.

Diese 1 **(eeRgl)** Regel kennst du bereits: 2 **(detvAjkie)** ____________ schreibt man klein. Aber auch hier gibt es die Ausnahmen.

Wenn ein Adjektiv fest zu einem mehrteiligen 3 **(ienaeEgnmn)** ____________ oder Titel oder einem geografischen Begriff gehört, wird es 4 **(rßgo)** ____________ geschrieben.

Auch in Sachbezeichnungen können die Adjektive als Teil eines zusammengefügten 5 **(erfsBgif)** ____________ groß geschrieben werden.

Wenn eine Verbindung in einer neuen Gesamtbedeutung gebraucht wird, kann das Adjektiv ebenfalls groß 6 **(ecreegshibn)** ____________ werden.

•• **Entscheide: groß oder klein? Schreibe den richtigen Begriff neben den Satz.**

1. Der ~~B~~**/blaue** Himmel wölbt sich über uns. Der blaue Himmel
2. Die Erde wird auch der **B/blaue** Planet genannt. ____________
3. Das **R/rote** Kreuz gibt es in vielen Ländern. ____________
4. Es gibt sieben Weltmeere, dazu gehören die Ostsee, die Karibik, der **I/indische** Ozean und der **S/stille** Ozean. ____________, ____________
5. Die **S/schwäbische** Alb ist ein Mittelgebirge in Süddeutschland. ____________

Im Wortgitter findest du zwölf Adjektive. Sie sind waagerecht, senkrecht und diagonal versteckt. Mit ihrer Hilfe kannst du die Lücken in den Sätzen unten ergänzen. Achte auf Groß- und Kleinschreibung!

S	C	H	R	E	C	K	L	I	C	H	E
C	Q	E	U	S	T	A	R	K	E	Y	S
H	W	I	V	Z	Ü	H	Ö	L	C	K	Ä
R	C	L	D	K	D	L	E	E	E	L	C
E	J	I	W	E	E	E	Z	I	X	E	H
C	A	G	B	C	U	D	G	N	F	I	S
K	G	E	H	I	T	T	J	E	K	N	I
L	L	M	N	O	S	P	S	Q	K	E	S
I	R	E	S	T	C	U	V	C	A	R	C
C	W	X	I	Y	H	Z	A	B	H	C	H
H	D	F	H	N	E	I	K	L	L	E	E
E	N	P	R	T	E	V	X	Z	B	D	N

Ob Karl der **1** ______________ eine Glatze hatte?

Das ist unsere **2** ______________ Nachbarin.

Der **3** ______________ Abend ist am 24. Dezember.

Die **4** ______________ Dogge ist eine sehr großwüchsige Hunderasse.

Iwan der **5** Schreckliche war Zar in Russland.

Mein **6** ______________ Bruder kann sehr nett sein.

Kurfürst August der **7** ______________ trug seinen Beinamen zu Recht, er zerbrach beispielsweise Hufeisen mit bloßen Händen.

Wenn der Kopf **8** ______________ ist, hat man eine Glatze.

Der **9** ______________ Wagen, ein Sternbild, wird auch der **10** ______________ Bär genannt.

Die **11** ______________ Schweiz ist nahe Dresden.

Ich sehe heute einen **12** ______________ Film.

6 FREMDWÖRTER RICHTIG SCHREIBEN

- **Was soll das wohl heißen? Unterstreiche in jedem Satz das falsch geschriebene Wort und schreibe es richtig hinter den Satz.**

1. Im Zirkus habe ich heute einen Klaun mit großen Klauen gesehen. Clown

2. Im Teeater habe ich Tee getrunken. ____________

3. Diese Maschiene fährt auf Schienen. ____________

4. Ein Montör wollte nicht auf seinen Chef hören. ____________

BOXENSTOPP

Das bekommen wir geregelt! In der Tabelle findest du links Aussagen, die das richtige Schreiben von Fremdwörtern betreffen. Rechts stehen entsprechende Beispiele. Ordne die Beispiele den Regeln zu, indem du sie mit einem Strich verbindest.

1 Fremdwörter stammen aus verschiedenen Sprachen, z. B. aus dem Englischen, Französischen, Lateinischen oder Griechischen.

2 Die Wortbestandteile **-graph-, -phon-, -phot-** können auch als **-graf-, -fon-, -fot-** geschrieben werden.

3 Einige Fremdwörter sind eingedeutscht, aber noch lange nicht alle! Manche gibt es nur in der ursprünglichen Schreibweise gibt. Diese musst du dir gut merken!

4 Für manche Fremdwörter sind zwei Schreibweisen zugelassen: die ursprüngliche und die eingedeutschte. Du kannst beide verwenden, achte aber in einem Text darauf, die beiden Schreibweisen nicht zu mischen.

5 Das lange "I" wird in Fremdwörtern (außer bei der Endung -ieren) immer mit einfachem "i" geschrieben

A Clique, Clown, Ingenieur, Jalousie, Milieu, online, Philosophie, Physik, Rhythmus, Raver, Rheuma, usw.

B Photograph oder Fotograf, Grammophon oder Grammofon

C Delfin oder Delphin, Frisör oder Friseur, Jogurt oder Joghurt, Majonäse oder Mayonnaise, Panter oder Panther, Tunfisch oder Thunfisch usw.

D Apfelsine, Delfin, Kabine, Kamin, Kantine, Lawine, Margarine, Maschine, Mine, Ruin, Turbine, Violine, Vitrine

E englisch: Jeans, Chance
französisch: Milieu, Kontrolleur
lateinisch: separat, Semester
griechisch: Fantasie, Philosophie

Achtung! Die verschiedenen deutschen Laute werden in Wörtern aus dem Englischen und Französischen unterschiedlich geschrieben:

ä: in Champion, fair, managen,
au: in Count-down, Power, Sound,
ei: in Byte, Highlight, online
eu: in Cowboy, Choice, Troïka
ie: in Jeans, Duty-free-Shop, Team
ö: in Cordon-bleu, Friseur, Milieu
o: in Niveau, Walkie-Talkie

•• **„Dem Schüler ist nichts zu schwer!“ Im folgenden Text sind die Fremdwörter so geschrieben, wie sie ausgesprochen werden und damit falsch. Finde sie, streiche sie durch und schreibe die richtige Version auf die Linie.**

1. Heute ziehe ich meine neue ~~Dschiens~~ an und esse eine ~~Apfelsiene~~.
Jeans, Apfelsine

2. Kaubeus sind nicht allein unterwegs, sondern arbeiten oft in Tiems.

3. Es ist nicht fär, wenn du mein Händie nimmst, ohne mich zu fragen.

4. Der Frisör hat eine Violiene in der Vitriene.

5. Das Fantom bewegt sich so komisch, es hat bestimmt Reuma.

6. Der Delfihn hat richtig Pauer in seiner Schwanzflosse.

7. In Phüsik hat Malte wieder sehr viel Teeather gemacht.

8. Der Monitohr ist bei der Montahsche falsch zusammengebaut worden.

9. Hätte ich mein Portmonnee dabei, würde ich mir jetzt einen Jokurt kaufen.

••• **Wer kennt die Bedeutung? Bei Fremdwörtern musst du nicht nur wissen, wie sie richtig geschrieben werden, sondern auch, was sie bedeuten. Setze die Puzzlestücke zu Wörtern zusammen und ordne sie der jeweiligen Erklärung zu.**

Com | ~~ge~~ | lo | Cow | se | ter

ren | Ma | de | ~~Mon~~ | so | Jeans

gen | jo | Phi | phie

Car | pu | mons | jog | boy | ~~ta~~ | trie

Blue | vent | toon | E | nä

1. Aufstellung oder Auf-, Zusammenbau einer Maschine: Montage
2. vorführen, an einer Kundgebung teilnehmen: ______________________
3. Berittener amerikanischer Rinderhirt: ______________________
4. Hose aus blauem Baumwollstoff: ______________________
5. Laufen in mäßigem Tempo: ______________________
6. Veranstaltung: ______________________
7. Denkwissenschaft: ______________________
8. Witzzeichnung, kurzer Comic-Strip: ______________________
9. Rechner, Rechneranlage: ______________________
10. Kalte, dicke Soße; lecker auf Pommes frites: ______________________

Viele Fremdwörter erkennt man an den Endungen **-age, -eur, -ieren, -tion, -tor**, z. B.: **Montage, Ingenieur, organisieren, Reaktion, Monitor**.
Bist du dir nicht sicher, was ein Fremdwort bedeutet oder wie geschrieben wird, sieh im Wörterbuch oder speziell im Fremdwörterbuch nach!

Bist du bereit für einen Rechtschreibtest? Du hast 45 Minuten Zeit.

Notiere deine Start- und Endzeit. **Start:** ______ Uhr / **Ende:** ______ Uhr.

Wenn du fertig bist, gehe alle Aufgaben noch einmal durch und korrigiere mögliche Flüchtigkeitsfehler. **Auf die Plätze - fertig - los!**

Fremdwörter

PUNKTE

1. Bei den folgenden Wörtern konnte sich der Autor nicht entscheiden, wie sie geschrieben werden. Streiche die fehlerhaften Wörter durch. Aber Achtung: Manchmal kann sowohl die eingedeutschte wie die fremdsprachliche Schreibweise richtig sein!
(1 Punkt für jede richtige Lösung)

a) Fritöse - Frittöse - Fritteuse

b) Sose - Soße - Sauce

c) Telephon - Thelefon - Telefon

d) Elephant - Ehlefant - Elefant

e) Photo - Foto - Pfoto

f) Photosynthese - Fotosintese - Fotosynthese

g) Sacksophon - Saxofon - Saxophon

h) Theaterabonnement - Teaterabonement - Teatherabonnement

i) Kolege - Colege - Kollege

j) Portmonee - Portemonnaie - Portmoneh

k) Chauffeur - Schoför - Schofför

PUNKTE

2. Die folgenden Fremdwort-Anfänge bilden mit verschiedenen Endungen Nomen, Adjektive und Verben. Schreibe die richtigen Endungen hinter jeden Anfang.
(1 Punkt für jede richtige Lösung)

age - e - ement - en - ent - er - eur - eur - ieren - ieren - ieren - ement

a) Mont______	Mont______	mont______
b) Kontroll______	Kontroll______	kontroll______
c) Abonn______	Abonn______	abonn______
d) Manag______	Manag______	manag______

Trennung von Wörtern

3. Überlege, ob die folgenden Verben in den Sätzen trennbar oder untrennbar sind und schreibe den vollständigen Satz.
(1 Punkt für jede richtige Lösung)

PUNKTE

a) Es wird am Wochenende regnen, ich (SCHWARZSEHEN) für das Zeltlager.

______________________________.

b) Hast du schon überlegt, wer auf deiner Party (MUSIKMACHEN)?

______________________________.

c) Der Hund (STEHENBLEIBEN), wenn er eine Katze sieht.

______________________________.

d) Der Rektor (EMPFANGEN) uns heute.

______________________________.

e) Ups, zu weit geschossen! (WIEDERHOLEN) du den Ball?

______________________________.

4. Trenne die Wörter, die trennbar sind, durch senkrechte Striche in ihre Silben.
(1 Punkt für jede richtige Lösung)

PUNKTE

a) Blumentopf
b) als
c) Uhu
d) Feder
e) tun
f) Taten
g) Duftstoffflasche
h) Geburtstag
i) Hammerhai
k) Buchrücken
l) Rinderrücken
m) Perücken
n) Ballkleid
o) Torwart
p) Etui
q) Dose

Groß- und Kleinschreibung

5. Streiche im folgenden Text die falschen Anfangsbuchstaben.
(1 Punkt für jede richtige Lösung)

PUNKTE

a) g-G-estern v-V-ormittag hatte ich keine Schule.
b) Ich nutzte die Zeit und ging in den b-B-unten Park.
c) Mitten im Park steht eine Statue vom b-B-erühmten Captain Cook.
d) Er hat vor vielen hundert Jahren n-N-euseeland entdeckt.

e) Das liegt auf der anderen Seite der Welt zwischen dem p-P-azifischen Ozean und der t-T-asmanischen See.

f) Die Sterne sind ganz anders als hier. Man kann n-Nachts das Kreuz des Südens sehen.

g) Unsere Sternbilder wie Cassiopeia oder den g-G-roßen Bären sieht man dort nie.

PUNKTE

6. Wie waren die Regeln noch einmal bei den Tageszeiten? Vervollständige die Lücken.
(1 Punkt für jede richtige Lösung)

a) Der Satzanfang wird ______________ geschrieben.

b) Wenn am Ende des Wortes ein **-s** steht, wird es ______________ geschrieben.

c) Steht ein Artikel vor dem Wort, wird es ______________ geschrieben.

d) Steht die Tageszeit allein, wird sie ______________ geschrieben.

e) Nach einem Adverb wird sie ______________ geschrieben.

PUNKTE GESAMT

Geschafft! Vergleiche nun deine Antworten mit dem Lösungsteil auf S. 455. Trage die jeweilige Punktzahl neben der Aufgabe ein und zähle dann deine Gesamtpunktzahl zusammen. Trage deine Gesamtpunktzahl auch gleich auf der Urkunde auf S. 295 ein!

Meine Gesamtpunktzahl: ________ / 61

61 – 41 PUNKTE
Einfach spitze! Du bist der Rechtschreib-Champion, denn du kennst dich schon gut in allen Bereichen aus!

40 – 20 PUNKTE
Eine gute Ausgangsposition, um dich noch zu verbessern! Überprüfe noch einmal, wo du Fehler gemacht hast und versuche die Aufgaben richtig zu lösen.

19 – 0 PUNKTE
Liebe Sportsfreundin, lieber Sportsfreund, leider hast du noch so einige Lücken in deinem Rechtschreibwissen! Schau dir am besten die Boxenstopps und Erklärungen noch einmal genau an und arbeite die Aufgaben erneut durch. Mit ein bisschen mehr Übung ist dann auch Silber oder sogar Gold drin!

7 TEXTE SELBST VERFASSEN

7.1 Die Inhaltsangabe

- **Das kannst du! Lies die Sage und unterstreiche *wer* etwas tut, *wo* es stattfindet und *zu welchem Ergebnis* es führt. Damit kannst du in Kurzform den Inhalt wiedergeben.**

Die sieben Riesen des Siebengebirges

In früheren Zeiten war zwischen Koblenz und Köln ein Höhenzug. Dort staute sich der Rhein zu einem gewaltigen See. Oft kam es zu Überschwemmungen, und die Menschen auf der anderen Seite des Höhenzuges lebten in Angst vor dem Wasser.

Dann hörten sie von sieben Riesen, die gegen Lohn eine schwere Arbeit verrichten würden. Sie gingen zu den Riesen und versprachen ihnen einen gehörigen Lohn, wenn sie dem Rhein einen Weg durch den Höhenzug verschaffen würden. Man wurde sich schnell handelseinig, und die sieben Riesen schulterten ihre Schaufeln und kamen an den Rhein. In nur drei Monaten gruben sie dem Rhein ein Bett und der See floss ab. Die Menschen waren zufrieden, entlohnten die Riesen und verabschiedeten sie. Aber die Riesen wollten nicht mit ihren schmutzigen Schaufeln auf Wanderschaft gehen. Jeder von ihnen klopfte seine Schaufel auf den Boden und dort, wo die Erdklumpen auf den Boden fielen, entstanden sieben Berge. Diese Berge heißen seitdem „Siebengebirge“.

BOXENSTOPP

Das weißt du sicher schon, oder? In einer Inhaltsangabe informierst du über den Inhalt eines Textes, den du gelesen hast. Dazu gibst du auch den Text in eigenen Worten wieder. Lies dir die folgenden Sätze durch und kreuze an, welche der fett geschriebenen Aussagen stimmen.

1. Eine Inhaltsangabe schreibe ich **a)** im **Präsens** ☐ / **b)** im **Präteritum** ☐ .
2. Eine Inhaltsangabe ist **a) länger** ☐ / **b) kürzer** ☐ als der Originaltext.
3. Die Reihenfolge der Erzählschritte **a) kann geändert werden** ☐ / **b) bleibt erhalten** ☐ .
4. Ich darf zu einer Inhaltsangabe **a) nichts dazu erfinden** ☐ / **b)** ein **eigenes Ende schreiben** ☐ .
5. In den Einleitungssatz schreibe ich **a) meinen Namen und weshalb ich die Inhaltsangabe schreiben will** ☐ / **b) Titel**, **Autor**, **Textart**, **Textquelle**, **Ort**, **Zeit und Hauptpersonen der Handlung** ☐ .
6. Eine Inhaltsangabe hat **a) immer** eine Einleitung, einen Hauptteil und einen Schluss ☐ / **b) manchmal** eine Einleitung, **fast** nie einen Hauptteil und **keinen** Schluss ☐ .
7. In einer Inhaltsangabe kann ich meine Meinung über den Text in den **a) Hauptteil** ☐ / **b) Schlussteil** ☐ schreiben und begründen.
8. Eine Inhaltsangabe muss **a) spannend** ☐ / **b) sachlich** ☐ sein .

•• A **Welche sechs der folgenden Sätze gehören in die Inhaltsangabe der Sage über die sieben Riesen? Streiche zuerst, was nicht in die Inhaltsangabe gehört und nummeriere dann die übrigen Sätze in richtiger zeitlicher Abfolge.**

____ **a)** In drei Monaten gruben sie dem Rhein ein Bett.

____ **b)** Köln und Koblenz liegen am Rhein, genau wie Düsseldorf und Bonn.

____ **c)** Die Sage „Die sieben Riesen des Siebengebirges" erzählt von der Entstehung des Siebengebirges zwischen Köln und Koblenz.

____ **d)** Durch die heruntergefallenen Schaufeln entstanden die sieben Berge des Siebengebirges.

____ **e)** Die Menschen lebten in Angst vor dem Wasser.

____ **f)** Mir gefällt diese Sage, weil...

____ **g)** Sie klopften die Schaufeln auf den Boden.

____ **h)** Sie fragten sieben Riesen, ob sie dem Rhein einen Weg graben würden.

____ **i)** Ich glaube, die Riesen hießen Peter, Neter, Meter, Leter, Keter, Jeter und Heter.

B **Ordne die Sätze der oberen Übung der Einleitung, dem Hauptteil und dem Schluss zu.**

Einleitung: ____________ Hauptteil: *e),* ____________ Schluss: ____________

Noch ein kleiner Tipp: In einer Inhaltsangabe werden keine wörtliche Rede und auch keine Zitate verwendet. Wörtliche Rede wird immer in **indirekte Rede** umgewandelt. Die Zeitform ist – wie in der gesamten Inhaltsangabe – das Präsens. Wird etwas **vor** der eigentlichen Handlung beschrieben, dann benutzt man das Perfekt.

••• **Und jetzt du! Schreibe nun eine Inhaltsangabe zu der Sage „Die sieben Riesen des Siebengebirges". Selbstverständlich kannst du die Sätze aus der vorhergehenden Übung zur Hilfe nehmen. Nimm dir für diese Aufgabe ein Blatt Papier.**

So kannst du z.B. beginnen:

„Die sieben Riesen des Siebengebirges" erzählt von der Entstehung des Bergzugs am Rhein...

7.2 Eine Fortsetzung schreiben

- **Na so was! Lies den folgenden Text von Kurt Tucholsky aus dem Jahr 1932 und beantworte die darunter stehenden Fragen.**

Zur Erklärung: **Concierge** (franz.): Hausmeister(in), **Fräulein**: unverheiratete Frauen wurden Fräulein genannt, **Departement**: Bezirk, **Indiskretionen**: Neugier/ Taktlosigkeit, **Institution**: Einrichtung

Der Floh

Im Departement du Gard - ganz richtig, da, wo Nîmes liegt und der Pont du Gard: im südlichen Frankreich - da saß in einem Postbüro ein älteres Fräulein als Beamtin, die hatte eine böse Angewohnheit: sie machte ein bisschen die Briefe auf und las sie.

Das wusste alle Welt. Aber wie das so in Frankreich geht: Concierge, Telefon und Post, das sind geheiligte Institutionen, und daran kann man schon rühren, aber daran darf man nicht rühren, und so tut es denn auch keiner. Das Fräulein also las die Briefe und bereitete mit ihren Indiskretionen den Leuten manchen Kummer.

Im Departement wohnte auf einem schönen Schlosse ein kluger Graf. Grafen sind manchmal klug, in Frankreich. Und dieser Graf tat eines Tages folgendes: Er bestellte sich einen Gerichtsvollzieher auf das Schloss und schrieb in seiner Gegenwart an einen Freund:

Lieber Freund!

Da ich weiß, dass das Postfräulein Emilie Dupont dauernd unsre Briefe öffnet und sie liest, weil sie vor lauter Neugier platzt, so sende ich Dir inliegend, um ihr einmal das Handwerk zu legen, einen lebendigen Floh.

Mit vielen schönen Grüßen

Graf Koks

Und diesen Brief verschloss er in Gegenwart des Gerichtsvollziehers. Er legte aber keinen Floh hinein.

Als der Brief ankam, war einer drin.

Nun kreuze die richtigen Antworten an:

1. Wer öffnete die Briefe und wer schrieb einen Brief?

☐ **a)** Emilie Dupont öffnete sie und der Gerichtsvollzieher schrieb einen.

☐ **b)** Der Graf öffnete den Brief und Fräulein Dupont schrieb sie.

☐ **c)** Das Postfräulein Emilie Dupont öffnete Briefe und Graf Koks schrieb einen.

2. Was wurde – angeblich – in den Briefumschlag gepackt?

☐ **a)** ein Brief

☐ **b)** ein Floh

☐ **c)** Der Gerichtsvollzieher legte ein Formular in den Briefumschlag.

3. Wann spielt die Geschichte?

☐ **a)** vor 1950, das sieht man an Wörtern wie „Concierge“ und „Postfräulein“.

☐ **b)** Ungefähr vor zehn Jahren, da wurden noch mehr Briefe geschrieben.

☐ **c)** Das ist ein Märchen, das kann man nicht so genau sagen.

4. Wo spielt die Geschichte?

☐ **a)** in Deutschland

☐ **b)** ist nicht angegeben

☐ **c)** im Departement du Gard in Frankreich

5. Wie wird dem Postfräulein „das Handwerk gelegt“?

☐ **a)** Es wird bei der Polizei angezeigt.

☐ **b)** Der Graf schreibt einen Brief.

☐ **c)** Der Gerichtsvollzieher kommt.

6. Warum schreibt der Graf den Brief?

☐ **a)** Um zu beweisen, dass Emilie Dupont die Briefe liest.

☐ **b)** Um einen Kredit zu beantragen.

☐ **c)** Um einem Freund alles Gute zu wünschen.

7. Welche Folgen hat der Brief?

☐ **a)** Der Graf heiratet das Postfräulein.

☐ **b)** Der Gerichtsvollzieher wohnt auf dem Schloss.

☐ **c)** In dem Brief ist auf einmal ein Floh.

BOXENSTOPP

Fortsetzung folgt! Vervollständige die Lücken.

Situation

Personen | wörtliche Rede | beginnt | Charaktere

1. Willst du eine Geschichte fortsetzen, musst du dir genau ansehen, wie die Geschichte ______________ .

2. Achte auf die ______________ , ihre ______________ und die ______________ , um die Geschichte sinnvoll weiterzuführen.

3. Wenn es in der Geschichte einen Dialog gibt, solltest du die ______________ in der Fortsetzung dem vorhandenen Dialog anpassen.

Achtung, Achtung! Hast du es mit einer Geschichte zu tun, deren Wortschatz oder Stil nicht so modern ist, solltest du darauf achten, den Wortschatz und Stil deiner Fortsetzung dementsprechend anzupassen.

•• **„Der Floh" unter der Lupe! Bevor du eine Fortsetzung schreiben kannst, lies dir die Geschichte noch einmal genau durch. Kreuze die richtigen Antworten an!**

1. Aus welcher Sicht (Perspektive) ist die Geschichte geschrieben?
   - ☐ **a)** aus der Sicht des Postfräuleins, denn die bekommt den Brief
   - ☒ **b)** aus der Perspektive des Grafen, denn der schreibt den Brief
   - ☐ **c)** aus der Sicht des Erzählers, denn er weiß von allen etwas.

2. Sind dir im Text Wörter oder Wendungen aufgefallen, die in einer Fortsetzung bei der Wortwahl helfen können?
   - ☐ **a)** Nein
   - ☐ **b)** Z. B. „sie machte ein bisschen die Briefe auf...", „älteres Fräulein", „Concierge", „bereitete manchen Kummer"
   - ☐ **c)** Ja, z. B. „Angewohnheit", „und", „Gerichtsvollzieher", „Fürst"

3. Welche Charakterzüge haben die verschiedenen Personen der Geschichte?

☐ **a)** Emilie Dupont: neugierig, Graf Koks: klug, Gerichtsvollzieher: nicht festgelegt

☐ **b)** Emilie Dupont: bösartig, Graf Koks: neutral, Gerichtsvollzieher: klug

☐ **c)** Emilie Dupont: dumm, Graf Koks: böse, Gerichtsvollzieher: bequem

4. Gibt es einen Dialog in der Geschichte?

☐ **a)** Nein

☐ **b)** Ja, zwischen Graf Koks und seinem Freund

☐ **c)** Ja, zwischen dem Gerichtsvollzieher und dem Grafen

•• **Schon gewusst? Eine *Pointe* ist eine überraschende, meist lustige Wendung, mit der eine Geschichte enden kann. Lies dir die folgenden Sätze durch und entscheide, welcher die Pointe des Tucholsky-Textes „Der Floh" wiedergibt. Unterstreiche ihn.**

1. Mit einem Floh wirst du niemals froh.

2. Wenn du einen Gerichtsvollzieher brauchst, wird er dir behilflich sein.

3. Postfräulein lesen immer deine Post.

4. Ohne es dem Leser direkt zu sagen, ist klar, dass Emilie Dupont auch den Brief von Graf Koks geöffnet hat.

5. In Frankreich läuft alles anders: Das Gesetz, die Post, ein Graf und natürlich der Gerichtsvollzieher.

Damit du den Stil der Geschichte so gut wie möglich triffst, schau dir an, in welcher Art und Weise der Autor die Sätze gebaut hat und welche Wörter er gewählt hat. Findest du bestimmte Besonderheiten, die die Geschichte ausmachen, so solltest du sie in deine Fortsetzung übernehmen.

••• **Fortsetzung gelungen oder nicht? Hier findest du drei verschiedene Fortsetzungen der Geschichte in Kurzform. Entscheide, welche Fortsetzung den Stil der Geschichte trifft und Sinn macht. Begründe mit Hilfe der oben genannten Punkte.**

1. Am nächsten Tag bestellte Emilie Dupont eine Dose Flohspray im Internet und besprühte damit alle Briefe, die durch ihre Hände gingen. Erst nach dieser Prozedur machte sie sich ans Öffnen und Lesen der Post.

Diese Fortsetzung ist gut / nicht gut, weil... ______________________________

____

____

2. Der Gerichtsvollzieher war so beeindruckt von Fräulein Dupont und ihrer Gewitztheit, dass er um ihre Hand anhielt. Nach ihrer Heirat las sie alle Briefe, die er bekam oder schrieb.

Diese Fortsetzung ist gut / nicht gut, weil... ______________________________

____

____

3. Graf Koks und der Gerichtsvollzieher sprachen nun mit dem Postfräulein unter sechs Augen. Danach beschwerte sich nie mehr jemand über einen geöffneten Brief, denn Fräulein Dupont rührte die Post nicht mehr an.

Diese Fortsetzung ist gut / nicht gut, weil... ______________________________

____

____

••• **Und jetzt du! Vervollständige die Fortsetzung der Geschichte, indem du die fehlenden Verben einsetzt.**

Falls du dir nicht sicher bist, welche Worte du einsetzen kannst, findest du hier Vorschläge:

~~ließ mitteilen~~ bin gespannt quitieren würde sollte aufzunehmen besprechen war einverstanden erhalten habe bot wurden gelesen ist sollte schrieb habe bestellt kennen erschien ermöglichte

Der Freund, ein bedächtiger Mann, *ließ* dem Grafen *mitteilen*, dass er den Brief samt Floh **1** __________ __________ . Ohne Kontakt zu dem Fräulein von der Post **2** __________ , **3** __________ Graf Koks einen weiteren Brief an den Freund:

Lieber Freund!

Da wir beide (und der Gerichtsvollzieher) die Wirkung meines letzten Briefes an dich 4 ________________ , 5 ________________ *ich das Postfräulein Emilie Dupont für Freitagnachmittag, drei Uhr zu mir* 6 ________________ *, um mein zukünftiges Vorgehen zu* 7 ________________ *. Ich* 8 ________________ ________________ *, ob sie pünktlich* 9 ________________ .

Mit vielen schönen Grüßen
Graf Koks

Wie 10 __________ es in Frankreich anders sein, und wie 11 __________ es bei Emilie Dupont anders sein? An besagtem Freitag 12 __________ sie zwei Minuten vor der angegebenen Zeit bei dem Grafen. Der Graf, nicht nur klug, sondern auch großzügig, 13 __________ ihr eine Rente an, die ihr ein gutes Leben 14 __________ , wenn sie den Postdienst 15 __________ __________ .

Sie 16 __________ __________ , und im Departement du Gard 17 __________ die Briefe sofort nur noch von den Adressaten 18 __________ .

7.3 Die Erzählperspektive verändern

- **Wer erzählt hier? Der folgende Text gibt eine besondere *Erzählperspektive* der Geschichte „Der Floh" wieder. Welche?**

Ich lebte ein unbescholtenes Leben im Postbüro des Departements du Gard. Zwischen dem Stempelkissen und dem Stempel hatte ich mir eine bescheidene Wohnung eingerichtet. Täglich sah ich der ältlichen Postbeamtin dabei zu, wie sie über Wasserdampf Briefe öffnete und diese heimlich las. Dabei hatte ich oft die Möglichkeit, mein tägliches Blut zu verdienen. Das Postfräulein ahnte nichts von meiner Anwesenheit. Eines Tages schrie sie leise auf, während sie einen Brief las. Dann sah sie suchend umher. Neugierig hüpfte ich auf den Schreibtisch, da packte sie mich und steckte mich in den von ihr zuvor geöffneten Briefumschlag, um ihn sofort zu verschließen. Erst einen Tag später befreite man mich wieder. Nun lebe ich in einer Wohnung bei einem Mann, der mich „der Beweis" nennt.

Wer erzählt die Geschichte ? ____________________

Aus welcher Perspektive wird erzählt? ____________________

BOXENSTOPP

Juckt es dich jetzt? Nachfolgend findest du einige Stichwörter. Ordne sie richtig in die Perspektiven-Tabelle ein!

Person: 3. Person (er/sie) / 1. Person (ich) / 3. ~~Person (er/sie)~~

Beteiligung: ist häufig nicht selbst beteiligt / ist selbst beteiligt / ist selbst beteiligt

Wissen: Weiß das, was ihm selbst widerfährt / weiß das, was ihm selbst widerfährt / weiß alles

Gefühle und Gedanken: sind von allen bekannt und können kommentiert werden / nur die desjenigen sind bekannt, aus dessen Blickwinkel erzählt wird / nur die des Ich-Erzählers sind bekannt

	Ich-Perspektive	Perspektive des allwissenden (auktorialen) Erzählers	Perspektive des personalen Erzählers
In welcher Person wird erzählt?		3. Person (er/sie)	
Wie ist der Erzähler beteiligt?			
Was weiß der Erzähler vom Geschehen?			
Was weiß der Erzähler über die Gefühle und Gedanken der beteiligten Personen?			

Es ist auch möglich innerhalb einer Erzählung die Perspektive zu wechseln! Je nachdem, wer erzählt, verändern sich die in der Tabelle aufgeführten Punkte sowie die Hinweise auf Orte und Zeiten der Handlung. Natürlich ist auch das Wissen über das, was passiert ist, unterschiedlich.

•• In der Geschichte „Der Floh" werden verschiedene Figuren erwähnt. Ordne die verschiedenen Figuren den Aussagen zu.

Emilie Dupont, Graf Koks, der Gerichtsvollzieher, der Floh, der Freund, manche Leute

1. „Zu der Zeit wohnte ich in einem meiner Schlösser im Departement du Gard."
   Graf Koks
2. „Wir hätten uns gerne über das Postfräulein beschwert – aber wer beschwert sich schon über die Post?" ______
3. „Ich hatte mich gefragt, weshalb der Graf meine Dienste in Anspruch nehmen wollte."
   ______
4. „Eines Tages erhielt ich einen Brief von Graf Koks, einem guten Freund."
   ______
5. „Ich war gefangen zwischen Papier." ______
6. „Täglich kommen Briefe und Postkarten an. Auf die Postkarten verschwende ich nur einen Blick, dann weiß ich, wer sie geschrieben hat." ______

••• Was ist richtig? Im Folgenden findest du verschiedene Sätze, die angeblich aus der Sicht des Gerichtsvollziehers geschrieben sind. Überlege dir zuerst, was der Gerichtsvollzieher überhaupt wissen kann. Suche dann die Sätze heraus, die tatsächlich zu seinem Text gehören könnten und nummeriere sie in der richtigen Reihenfolge.

___ **a)** Der Graf, der ein kluger Mann war, bestellte mich eines Tages auf das Schloss.

___ **b)** Ich sah nicht, was der Graf in den Umschlag legte.

___ **c)** Er erzählte mir, dass ein Floh in dem Brief gewesen sei, als sein Freund ihn öffnete.

___ **d)** Alle wussten es, aber keiner wagte, etwas gegen eine Beamtin zu sagen – das Fräulein öffnete gern die Briefe, die durch ihre Hand gingen, und las sie.

_1_ **e)** Als ich im Departement du Gard als Gerichtsvollzieher tätig war, lebte Graf Koks auf dem Schloss.

___ **f)** Emilie Dupont arbeitete damals im Postbüro.

___ **g)** Fräulein Dupont war schon etwas älter und sehr neugierig.

___ **h)** In dem Brief stand, dass er einen Floh mit dem Brief schicken würde.

___ **i)** Aber der Graf versiegelte den Brief, ohne einen Floh hineinzustecken.

___ **j)** Ich war Zeuge bei diesem Vorgang, und verabschiedete mich aufs Herzlichste vom Grafen.

___ **k)** Das Fräulein entfernte die Briefmarken von den Briefen.

___ **l)** Ein paar Tage später traf ich ihn vor dem Gasthaus.

___ **m)** Als der Graf den Brief schrieb, war außer mir auch Emilie Dupont anwesend.

___ **n)** Der Graf hatte in seinem Schloss einen Flohzirkus.

___ **o)** Er weihte mich in seinen pfiffigen Plan ein und lachend gab ich meine Zustimmung.

___ **p)** Ich lebte damals auf dem Schloss.

___ **q)** Also schrieb er in meiner Gegenwart einen Brief an einen Freund.

___ **r)** Ich bin mit Fräulein Dupont verheiratet.

7.4 Die Sprache verändern

- **Was wäre, wenn...? Die Geschichte mit dem Floh wurde 1932 geschrieben. In dem Text findest du einige Ausdrücke und Redewendungen, die wir heute nicht mehr benutzen. Überlege, durch welche Worte man sie am besten ersetzen kann und streiche die unpassenden durch.**

1. **Postfräulein:** Postangestellte - ~~Postbotin~~ - ~~Postverkäuferin~~
2. **böse Angewohnheit:** Praxis - Macke - wunderliche Neigung
3. **Concierge:** Installateur - Hausmeister - Kanzler
4. **Sie bereitete manchen Kummer:** Sie plauderte Geheimnisse aus. - Den Kunden gefiel das nicht. - Sie war sehr traurig.

BOXENSTOPP

Auf den Kopf gestellt: Im folgenden Text sind einige Wörter umgedreht. Lies den Text, versuche, passende Wörter einzusetzen oder drehe den Text, um sie zu lesen.

Wenn du eine ältere Geschichte in unsere jetzige Zeit **1** versetzen ____________ willst, ändern sich nicht nur einzelne Worte. Je nach **2** Erzählung ____________ wandelt sich das ganze Umfeld, in dem die Geschichte spielt. Was du beachten musst ist, dass die **3** Aussage ____________ der Geschichte dieselbe bleibt. Dafür solltest du erst einmal genau schauen, welche **4** Pointe ____________ oder Moral aus der Geschichte hervorgeht, um diese in einem neuen **5** Text ____________ auch darzustellen.

Kennst du den **Thesaurus**? Nein, das ist kein Dinosaurier, sondern ein Wörterbuch, in dem man einander ähnliche Begriffe suchen kann. Das kann sehr hilfreich sein, wenn man „neue" gegen „alte" Ausdrücke tauschen will!

•• **Was gibt es heute? Früher wurden viele Briefe verschickt, heute sind es E-Mails. Überlege, welche Personen und Begriffe eingesetzt würden, wenn die Flohgeschichte heute spielen würde. Schau im Wörterbuch nach, wenn du dir unsicher bist.**

Früher	Heute
1. Postfräulein	Postangestellte,
2. Briefe	
3. „machte die Briefe auf"	
4. Floh	
5. Postbüro	
6. Gerichtsvollzieher	
7. „sende inliegend"	
8. Indiskretion	
9. „bereitete Ärger"	
10. „mit vielen schönen Grüßen"	

••• **Ist es heute wirklich anders? Setze in den folgenden in unsere Zeit versetzten Text die fehlenden Nomen und Adjektive ein. Als Hilfe stehen sie unter dem Text.**

Der Virus

In dem Büro einer großen Versicherung ______ in Düsseldorf - genau, in der Landeshauptstadt von NRW – arbeitete eine Sekretärin. Sie hatte eine unschöne 1 ______ : In der Mittagspause, wenn alle Anderen in der Kantine waren, ging sie an die 2 ______ ihrer Kollegen und las deren E-Mails.

Keiner traute sich, sie darauf anzusprechen, obwohl es alle vermuteten. So ist das in NRW: Sekretärin, 3 ______ und Computer - man könnte zwar was gegen sie sagen, aber das darf man nicht, also tut es auch keiner. Die Frau stöberte also in den Computern und es entstand so mancher Ärger durch ihre 4 ______ .

In dieser Versicherung gab es einen erfolgreichen und 5 ______ Manager. Der war eines Tages das Verhalten der Sekretärin leid. Deshalb bestellte er den Rechtsanwalt der Versicherung in sein Büro und schrieb in seiner 6 ______ an einen Kollegen:

Mittagspause · Gegenwart · Computer · Angewohnheit · ~~Versicherung~~ · fähigen · Telefon · Lästereien · freundlichen · Virus · automatisch

Sehr geehrter Herr Müller,

ich bin darüber im Bilde, dass Frau Jutta Heinzels dauernd die Mails der Kollegen liest, weil sie vor lauter Neugier platzt. Ich maile ich Ihnen jetzt in dieser Anlage einen Virus, der sich **7** ______________ öffnet, um dieses Benehmen ein für alle Mal abzustellen...

Mit **8** ______________ Grüßen

Peter Koks

Diese Mail verschickte er in Anwesenheit des Rechtsanwalts. Er hängte natürlich keinen **9** ______________ an.

Nach der **10** ______________ wunderte sich Herr Müller, dass sein Rechner ausgeschaltet war.

Wenn dir diese Übung gefallen hat, kannst du auch selbst den Text ein weiteres Mal umschreiben, indem du z. B. die Geschichte in die Zukunft setzt oder in der Schule spielen lässt oder... Viel Spaß dabei!

7.5 Einen Zeitungstext verfassen - Nachricht

- **Ist das zu glauben? Lies dir den folgenden Text durch und beantworte dann die darunter stehenden W-Fragen.**

Lebende Dinosaurier-Art entdeckt?

Stuttgart – Vier Jugendliche haben am Montag auf einem stillgelegten Fabrikgelände ein Tier eingefangen, das nach ersten Auskünften führender Biologen einer für ausgestorben erklärten Dinosaurier-Gattung angehören soll. Das Tier ist dreißig Zentimeter lang, sieht einer Eidechse sehr ähnlich, bewegt sich aber sehr langsam und ernährt sich nach ersten Erkenntnissen vegetarisch.

1. **Wer** hat etwas eingefangen? ______________
2. **Was** wurde eingefangen? ______________
3. **Wann** wurde es eingefangen? ______________
4. **Wo** wurde es eingefangen? ______________

BOXENSTOPP

Kurz und knackig! Hier wird eine Nachricht interviewt. Aber ihre Antworten sind durcheinandergeraten. Verbinde die Fragen mit den richtigen Antworten.

1 Nachricht, wie würdest du dich selbst beschreiben?

2 Kann ich mit dir auch nähere Informationen zu einem Geschehen geben?

3 Kann ich meine Meinung in dich einbauen?

4 Wo kann ich dich platzieren?

A Nein, das ist nicht meine Aufgabe. Ich bin dazu da, den Sachverhalt schnell und präzise klarzulegen.

B In der Zeitung, im Fernsehen, im Radio, mich gibt es also zu lesen, zu sehen und zu hören.

C Ich bin kurz und teile dem Leser die Antworten auf die Fragen wer, was, wann und wo mit.

D Weil ich so kurz bin und präzise sein möchte, ist für deine Meinung kein Platz.

●● **Passend? In der folgenden Tabelle findest du verschiedene Aussagen und Sätze. Kreuze an, ob sie in einer Nachricht auftauchen können oder nicht. Richtig gelöst, ergeben die Buchstaben ein Wort.**

Dieser Satz passt in eine Nachricht	Ja	Nein
Ich war mir unsicher, ob ich das grüne oder das blaue T-Shirt anziehen sollte.	E	(A)
Am letzten Samstag fuhren sie nach Paris.	U	I
Es war genau 15 Uhr.	S	F
Die Polizisten hatten viel Spaß auf dem Betriebsfest.	E	K
Sieben Minuten nach dem Anruf war die Feuerwehr vor Ort.	U	L
„Pinoccio“ habe ich als Kind immer gerne gelesen.	M	N
Die Polizei tappt noch immer im Dunkeln.	F	E
Im Dunkeln ist gut Munkeln.	R	T

Lösung: A _ _ _ _ _ _ _

••• **Der letzte Floh! Vervollständige die Nachricht zur Geschichte „Der Floh", indem du die richtigen Antworten auf die W-Fragen einsetzt. Achtung, manche Angaben sind falsch!**

der Brief | der Floh | übermorgen | Departement du Gard | der Gerichtsvollzieher | gestern | Graf Koks | Stuttgart

Unregelmäßigkeiten im Postdienst

Vom Postbüro im (Wo?) ____________________ wurde (Wann?) ____________________ ein Brief ausgeliefert, der einen Floh enthielt. Der Absender des Briefes, (Wer?) ____________________ , versicherte, er habe Zeugen dafür, dass (Was?) ____________________ keinen Floh enthalten hatte, als er ihn versiegelte. Der Empfänger des Briefes beteuerte, dass der Floh in dem Brief gewesen war. Nach der Herkunft des Flohs fahndet die Polizei.

7.6 Einen Zeitungstext verfassen - Bericht

• **Und noch eine weitere Form, die man in Zeitungen findet! Lies dir den Text durch und beantworte die erweiterten W-Fragen richtig.**

Lebende Dinosaurier-Art entdeckt?

Stuttgart – Auf dem Gelände einer verlassenen Fabrik haben am gestrigen Tag vier Jugendliche ein Tier eingefangen, das nach ersten Auskünften führender Biologen einer für ausgestorben erklärten Dinosaurier-Gattung angehören soll. Das Tier ist dreißig Zentimeter lang, sieht einer Eidechse sehr ähnlich, bewegt sich aber sehr langsam und ernährt sich nach ersten Erkenntnissen vegetarisch.

Die Jugendlichen im Alter zwischen 13 und 15 Jahren hatten eine genehmigte Exkursion auf das Fabrikgelände unternommen, um die Pflanzenwelt auf dem stillgelegten Gelände zu untersuchen. Das eidechsenähnliche Tier entdeckten sie bei seinem Sonnenbad. Mit einem mitgebrachten Netz fingen sie es ein und brachten es zunächst zu ihrem Biologielehrer. Der zeigte es sofort einem befreundeten Biologen.

Das Gelände wurde abgesperrt, da es nun genauer untersucht werden soll.

1. **Wie** wurde das Tier entdeckt?

☐ **a)** Jugendliche machten ein Sonnenbad

☐ **b)** Jugendliche machten eine Exkursion

☐ **c)** ein Biologielehrer fand es bei einem befreundeten Biologen

2. Warum wurde das Tier entdeckt?

- ☐ **a)** weil es ein Sonnenbad machte
- ☐ **b)** weil es entdeckt werden wollte
- ☐ **c)** es wurde gejagt

3. Welche Folgen hat das Geschehen?

- ☐ **a)** es gibt wieder Dinosaurier in Deutschland
- ☐ **b)** die Jugendlichen bekommen einen Orden
- ☐ **c)** das Fabrikgelände, auf dem das Tier gefunden wurde, wurde abgesperrt

BOXENSTOPP

Reporter Thore notiert die wichtigsten Regeln für den Bericht. Leider sind seine Notizzettel durcheinandergeraten. Was gehört hier zusammen? Verbinde die passenden Kärtchen.

1. Zeitungsberichte gehören zu

4. Das Ergebnis und die Folgen

a) beschreibe ich im **Hauptteil** (Wie und warum ist etwas geschehen?).

d) den **informierenden** Texten.

c) muss ich in der **Einleitung** des Berichts beantworten.

b) stelle ich im **Schluss** dar.

3. Den chronologischen Ablauf des Gesehens

2. Die wichtigsten W-Fragen (Wer? Was? Wann? Wo?)

•• **Jetzt du! Reporter Uwe L. hat sich Notizen gemacht. Überlege, welche davon in einen sachlichen Bericht kommen und streiche die überflüssigen Aussagen durch.**

1 Wetter war schön 2 Urwald von Amazonas 3 Uwe L. wollte eigentlich Urlaub machen 4 Politiker telefonierte mit Eigentümer des Gebietes 5 Bericht von Uwe L. 6 Uwe L. ist ein Mitarbeiter der Zeitung 7 Ältester Baum gefällt 8 Baum hatte 5 Meter Durchmesser 9 Mehrere hundert Ureinwohner vor Ort 10 Aus Holz des Baumes sollen Luxus-Möbel werden 11 Ureinwohner reisten tagelang an 12 Proteste der Ureinwohner gegen Fällung 13 Baumarkt hat Billigholz aus Deutschland im Angebot 14 Uwe L. hat mit Ureinwohnern Witze erzählt 15 Politiker hat Handy 16 Alle Einwendungen vergeblich

••• **Du bist der Reporter! Schreibe mit den Angaben aus der obigen Übung einen Bericht über die Baumfällung. Nimm dir hierfür ein Blatt Papier.**

7.7 Einen Zeitungstext verfassen - Reportage

• **Stimmt das? Lies das Gespräch zwischen Ronnie und Emma und streiche durch, was nicht richtig ist.**

Ronnie: „Ich möchte einen Text für die Zeitung schreiben. Eine Reportage."

Emma: „Ach, das ist doch die kürzeste Form eines Zeitungstextes: Einfach zwei Worte!"

Ronnie: „Nein, eine Reportage ist meist länger als ein Bericht."

Emma: „Dann denk dir mal was Spannendes aus."

Ronnie: „In einer Reportage darf ich zwar eigene Eindrücke hineinbringen, aber ich darf nichts schreiben, was nicht stimmt."

Emma: „Dann musst du gut recherchieren, das heißt nachforschen, ob alles so stimmt."

Ronnie: „Ach nein, es reicht, wenn ich ein paar Leute frage und mir daraus etwas zusammenbastele."

Emma: „Glaubst du wirklich? Schau auf jeden Fall in ein Fremdwörterbuch, damit du ganz viele Wörter einbauen kannst, die keiner versteht."

Ronnie: „Ob das gut wäre? Ich muss mir aber eine Schlagzeile ausdenken, die jeden zum Lesen bringt!"

BOXENSTOPP

Überlege, welche Wörter in die Tipps zur Reportage gehören und unterstreiche die richtigen.

1. Bevor man einen Text schreiben kann, muss man **recherchieren** - **sich amüsieren** - **jonglieren** - **maximieren**.
2. Das ist wichtig, damit man genügend **Deklinationen** - **Konjugationen** - **Informationen** - **Notationen** zum Thema hat.
3. Zur Recherche gehört auch, dass man von betroffenen Personen **Ja und Amen** - **Stellungnahmen** - **Rang und Namen** - **Pflanzensamen** bekommt.
4. Wichtig ist, sich immer **abzuschreiben** - **anzuschreiben** - **auszuschreiben** - **aufzuschreiben**, woher man seine Informationen hat.
5. Damit alle den Text gut verstehen, muss er so verfasst sein, dass **der Drache** - **die Sache** - **die Sprache** - **die Rache** klar und einfach ist.
6. Fremdwörter muss man nicht grundsätzlich **absetzen** - **einsetzen** - **zusetzen** - **ansetzen**, sondern sollte überlegen, ob ein deutsches Wort nicht besser ausdrückt, was man sagen möchte.
7. Die **Ableitung** - **Einleitung** - **Zuleitung** - **Umleitung** einer Reportage soll den Leser für das Geschehen interessieren.
8. Im **Vorderteil** - **Rückenteil** - **Schlussteil** - **Hauptteil** wird über das Geschehen berichtet.
9. An den **Anfang** - **Schuss** - **Stift** - **Schluss** kannst du eine Beobachtung oder einen Hinweis setzen, der den Leser dazu anregt, das Geschehen weiter zu verfolgen, über das Geschehen oder über seine Meinung dazu nachzudenken.
10. Wenn der Text fertig ist, sollte man noch eine packende Überschrift, die **Schlagzeile** - **Langeweile** - **Ringelreihe** - **Eile mit Weile**, formulieren. Sie sollte nicht zu lang sein, vielleicht witzig, auf jeden Fall **taghell** - **schnell** - **originell** - **provinziell** sein und auf den Text neugierig machen.

Für den rasenden Reporter! **Nachricht**: kurze und sachliche Meldung über ein Ereignis. **Bericht**: beschreibt auch Hintergründe. **Reportage**: gibt das subjektive Erleben des Reporters wieder, ist häufig spannend geschrieben.

•• Schau genau! Was gehört in eine Reportage, was kann man in der Reportage oder im Bericht verwenden? Lies dir die Sätze durch und kreuze richtig in einer der beiden Spalten an.

Text	Reportage	Bericht oder Reportage
Der Platz wirkt auf mich, als wäre er leergefegt.	☒	☐
Das Haus stammt aus der Zeit Napoleons.	☐	☐
Herr Schmidt ist Verkäufer bei einer Supermarktkette.	☐	☐
Frage: „Wie haben Sie diese anstrengende Reise geschafft?" Antwort: „Ich habe mich sehr gut darauf vorbereitet..."	☐	☐
Das Schulgebäude ist verlassen, in den Gängen ist nur noch der Hall der eigenen Schritte zu hören.	☐	☐
Hier haben 1.264 Schüler gelernt.	☐	☐
Ich besuchte den bekannten Autor am Mittag.	☐	☐

Nicht vergessen! Anders als beim sachlichen Bericht wird das Geschehen in der **Reportage** ausführlicher beschrieben. Hier werden auch **Betroffene** zitiert oder es wird eine **Wertung** hineingebracht, die die **Ansicht** des Reporters über das Geschehen mitteilt.

••• Aller guten Dinge... Schau dir die folgenden Texte zur Dino-Entdeckung an. Entscheide, welcher davon Teil einer Reportage ist. Nenne mindestens 3 Punkte, die deine Begründung stützen.

1. Ein 30 cm langes, bisher noch unbekanntes Tier ist auf dem Gelände einer stillgelegten Fabrik gefunden worden. Es sieht aus wie eine Eidechse. Die hinzugezogenen Biologen erklärten jedoch, dass es von der Knochenstruktur her nicht zu den heutigen Reptilien gezählt werden kann...

2. Der 26.6. ist ein besonderer Tag. Denn wir, das sind Ole, Bine, Paul und ich, entdeckten einen Dinosaurier. Kein Plastiktier oder so etwas, nein, einen richtigen, lebendigen Dinosaurier. Wir hatten die Aufgabe, für den Bio-Unterricht ein paar Pflanzen von einem Gelände zu holen. Vorher gab es noch ziemlichen Streit, weil Ole die Pflanzen lieber aus seinem Garten genommen hätte...

3. Die Fabrikgebäude liegen tot und kahl in einer vergessenen Landschaft. Hier blühen etliche Pflanzen, viele Tiere sind zu sehen und zu hören. Auf verrosteten Maschinen sonnen sich Reptilien, Vögel und Insekten. Vor der Fabrikhalle treffe ich die Schüler Bine, Ole, Paul und Fynn. Sie wollen mir die Stelle zeigen, an der sie das bisher unbekannte Tier gefunden haben...

Text ___ ist Teil einer Reportage, weil... ______________________

____

____

8 MIT TEXTEN UMGEHEN

8.1 Kalendergeschichte

- **Nicht nachmachen! Lies die Kalendergeschichte „Der unbequeme Weg". Du kannst die Geschichte einfacher verstehen, wenn du zuerst die W-Fragen unter dem Text durchliest.**

Der unbequeme Weg

Auf einem Rathaus, in dem es früher viel Mäuse gegeben haben soll, bis man in neuerer Zeit die Mauslöcher zustopfte und Öffentlichkeit und helles Licht einführte, was den Mäusen gar nicht passt - auf diesem Rathaus ließ sich ein Dieb freiwillig einsperren, heißt das, er war bisher kein Dieb, sondern machte sich jetzt erst dazu.

Als abends alle Türen geschlossen wurden, duckte sich der Diebskandidat in eine Ecke, und spät in der Nacht, als alles still geworden war, wollte er auch keinen Lärm machen, öffnete ganz leise die Tür und darauf die Kasse, in der die Gemeindegelder waren. Um ja die Menschen nicht aus ihrer Ruhe aufzustören, hatte er sich die Stiefel ausgezogen, und nachdem er sich alle Taschen gefüllt hatte, belegte er sich noch die Sohlen inwendig mit doppelten Talern, und er war auch ganz stolz, als er so auf Talern ging und stand.

Nun wollte er den Ort verlassen, indem er ein Seil an das Fensterkreuz gebunden hatte, sich hinausschwang und hinabzurutschen versuchte. Aber das Seil schnitt ihm tiefe Schrunden in die Hände, fast bis auf die Knochen, und noch ein Stockwerk hoch vom Boden entfernt, ließ er vor Schmerzen los und stürzte herab. Wie weh tat das jetzt, als das Talerpflaster und das Steinpflaster aufeinanderstießen!

Der arme Reiche klappte zusammen, als wenn er nie auf zwei Beinen gestanden hätte. Nun, als er zu Fall gekommen war, sprang das Geld aus den Taschen wie treulose Freunde. Da lag er jetzt und konnte kein Glied rühren, und als es Tag wurde, versammelte sich eine große Menge Menschen um ihn; es war leicht zu sehen, was da vorgefallen oder eigentlich herabgefallen war.

Der Doktor Gscheitle war auch mit unter den Versammelten, und er sagte zu dem vormaligen Diebskandidaten, der jetzt sich als Dieb versucht hatte: „Aber guter Mann, warum habt Ihr den sonderbaren Weg genommen, warum seid Ihr nicht auch die Treppe heruntergegangen wie die anderen Herren auch?"

Er ist ein Pfiffikus, der Gscheitle, er weiß seine Bosheiten anzubringen, dass man ihm nicht beikommen kann.

Berthold Auerbach (1812 - 1882)

Worterklärungen: inwendig - von innen, Schrunden - Schrammen, Talerpflaster - damit sind die Taler, die hier wie eine Sohle im Schuh liegen, gemeint, Steinpflaster - Straßenbelag aus Steinen, treulos - verräterisch, Pfiffikus - Komiker, Schelm

Beantworte nun folgende Fragen zum Text:

1. Wer hat die Geschichte geschrieben? Berthold Auerbach
2. Wann wurde sie geschrieben? ______________
3. Wer ist die Hauptfigur der Geschichte? Hat die Hauptfigur einen Namen? ______________
4. Was hat die Hauptfigur gemacht? ______________
5. Welche Person wird noch erwähnt? Wie heißt sie? ______________
6. Weshalb ist der Titel der Geschichte „Der unbequeme Weg"?
7. Wo liegt die Pointe der Geschichte?

BOXENSTOPP

Im folgenden Text fehlen in einigen Wörtern die Vokale (auch die Umlaute!). Wenn du den Text genau liest, findest du bestimmt schnell heraus, welche Vokale oder Umlaute du einsetzen musst um die Regel zu vervollständigen.

Kalendergeschichten sind kurze, volkstümliche, meist realitätsbezogene 1 __ rz __ hl __ ng __ n. Sie sind oft 2 __ nt __ rh __ lts __ m geschrieben und besitzen immer eine Lehre, die man aus ihnen ziehen kann. Sie ähneln manchmal auch der Legende, der Sage und dem 3 T __ ts __ ch __ nb __ r __ cht. Die Kalendergeschichten heißen so, weil sie in den ersten gedruckten 4 V __ lksk __ l __ nd __ rn abgedruckt wurden. Sie bilden seit dem 17. Jahrhundert eine eigenständige Gattung. Auch heute werden noch 5 K __ l __ nd __ rg __ sch __ cht __ n geschrieben.

•• **Schau genau! Wie ist die Kalendergeschichte aufgebaut? Schreibe neben die Zeilenzahlen, was zur Einleitung, zum Hauptteil und zum Schluss gehört.**

1. Zeile 1 bis 4: ______________
2. Zeile 5 bis 10: ______________
3. Zeile 11 bis 15: ______________
4. Zeile 16 bis 19: ______________
5. Zeile 20 bis 23: ______________
6. Zeile 24 bis 25: ______________

Kalendergeschichten gehören zur erzählenden Literatur. Sie haben genau wie andere Texte eine **Einleitung** (um wen geht es, wo und evtl. wann spielt die Geschichte?), einen **Hauptteil** (die Handlung wird erzählt) und einen **Schluss** (meist mit einer Lebensweisheit verbunden).

••• **Nun mal ran! In der nachfolgenden Inhaltsangabe zu der Kalendergeschichte „Der unbequeme Weg" sind die Sätze durcheinandergeraten. Lies sie durch und bringe sie in die richtige Reihenfolge.**

1. Er stopft sich damit die Taschen voll und zum Schluss legt er sich eine Schicht in seine Schuhe.
2. Weil er durch das Geld so schwer ist, stürzt er ab.
3. Viele Menschen versammeln sich um ihn.
4. Auch der Doktor Gscheitle ist da.
5. Dabei verletzt er sich am Seil.
6. Jedem ist aufgrund der Münzen klar, was er gemacht hat.
7. Die Kalendergeschichte „Der unbequeme Weg" von Berthold Auerbach spielt im 19. Jahrhundert.
8. Dort stiehlt er in der Nacht das Geld aus der Gemeindekasse.
9. Er fragt den Dieb, weshalb er nicht wie andere Menschen über die Treppe gekommen sei.
10. Dabei kullert das Geld aus seinen Taschen auf die Straße.
11. Der Aufprall auf die Geldschicht in seinen Schuhen ist so schmerzhaft, dass er zu Boden fällt.
12. Er versucht, das Rathaus durch ein Fenster an einem Seil zu verlassen.
13. Sie erzählt von einem Mann, der sich im Rathaus einschließen lässt.

Richtige Reihenfolge:

7 - ___ - ___ - ___ - ___ - ___ - ___ - ___ - ___ - ___ - ___ - ___ - ___

8.2 Ballade

- **Kennst du „Das Schloß am Meere" von Ludwig Uhland? Lies die Ballade und beantworte die darunter stehenden Fragen.**

Das Schloß am Meere

Hast du das Schloß gesehen,
Das hohe Schloß am Meer?
Golden und rosig wehen
Die Wolken drüber her.

Es möchte sich niederneigen
In die spiegelklare Flut;
Es möchte streben und steigen
In der Abendwolken Glut.

»Wohl hab ich es gesehen,
Das hohe Schloß am Meer,
Und den Mond darüber stehen
Und Nebel weit umher.«

Der Wind und des Meeres Wallen
Gaben sie frischen Klang?
Vernahmst du aus hohen Hallen
Saiten und Festgesang?

»Die Winde, die Wogen alle
Lagen in tiefer Ruh,
Einem Klagelied aus der Halle
Hört ich mit Tränen zu.«

Sahest du oben gehen
Den König und sein Gemahl?
Der roten Mäntel Wehen,
Der goldnen Kronen Strahl?

Führten sie nicht mit Wonne
Eine schöne Jungfrau dar,
Herrlich wie eine Sonne,
Strahlend im goldnen Haar?

»Wohl sah ich die Eltern beide,
Ohne der Kronen Licht,
Im schwarzen Trauerkleide;
Die Jungfrau sah ich nicht.«

A Schritt für Schritt! Wenn du eine Ballade untersuchen möchtest, gehst du dabei am besten in mehreren Schritten vor. Um die Ballade besser zu verstehen, solltest du sie zunächst in Sinnabschnitte gliedern. Auch hier helfen dir die W-Fragen, die du schon kennst. Gib den einzelnen Abschnitten auch passende Überschriften.

1. Sinnabschnitt: Vers 1–8, Beschreibung des Schlosses am Meer.

B Nächster Schritt - Sehr wichtig sind auch die Personen, die in einer Ballade vorkommen. Lies die Ballade noch einmal aufmerksam durch. Bestimme nun, *welche Person* in *welcher Strophe* spricht. Schreibe dann heraus, worüber die Personen in den einzelnen Strophen sprechen.

Stophe	Person 1	Person 2
1	Stellt eine Frage: „Kennst Du das Schloß am Meere?", beschreibt Aussehen und Ort des Schlosses.	
2		
3		
4		
5		
6		

7		
8		

Du solltest die Personen, die in einer Ballade handeln, auch immer **charakterisieren**. Manchmal sind die Personen selbst nicht genau beschrieben, aber anhand dessen, **was** sie **sagen**, **denken** oder **tun** bzw. **wie** sie **etwas sagen**, **denken** oder **tun**, kannst du oft herausfinden, in welcher **Gefühlslage** sich die Personen befinden.

•• **Und nun noch genauer! In der vorigen Übung hast du herausgearbeitet, *worüber* die Personen sprechen. Unterstreiche nun in der Ballade alle *Adjektive*, die die Personen benutzen, um etwas zu beschreiben. Benutze hierfür zwei unterschiedliche Farben. Achte auch auf andere Besonderheiten, wie z.B. Vergleiche und besondere Wörter.**

Nun kannst du bestimmt ableiten, in welcher Gefühlslage (fröhlich, traurig, gelangweilt, aufgeregt usw.) sich die Personen befinden. Was fällt dir auf? Begründe deine Aussage!

Person 1:

Person 2:

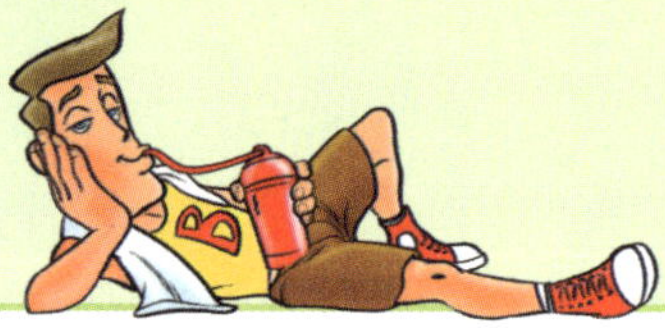

BOXENSTOPP

Die Ballade stellt sich vor, aber jemand hat dazwischen geredet! Streiche die drei Sätze, die die Ballade nicht gesagt haben kann.

1. Ich erzähle immer etwas Zukünftiges.
2. Ich bin eine Gedichtform.
3. Meine Anfangsbuchstaben ergeben eine versteckte Botschaft.
4. In mir gibt es eine Spannungsfrage, einen Höhepunkt und eine Auflösung.
5. Früher ging ich von Mund zu Mund, bis mich jemand aufgeschrieben hat.
6. In mir findet man oft Rede und Gegenrede.
7. In mir stecken Merkmale der Lyrik (Gedicht), Epik (erzählende Dichtung) und Dramatik (szenische Texte).
8. In meinem Text steckt eine Handlung.

Und noch ein Schritt: Wichtig sind in einer Ballade, wie in jeder Gedichtform, die lyrischen Mittel. Lass uns hier einen genauen Blick darauf werfen.

1. Die Verse der Ballade...

☐ **a)** reimen sich, und zwar der erste und der zweite sowie der dritte und der vierte Vers (a a b b) = Paarreim.

☐ **b)** reimen sich, und zwar immer der erste und der dritte sowie der zweite und der vierte Vers (a b a b) = Kreuzreim.

☐ **c)** reimen sich überhaupt nicht.

2. Jede Strophe hat..

☐ **a)** die gleiche Anzahl von Versen.

☐ **b)** eine unterschiedliche Anzahl von Versen.

☐ **c)** Es gibt keine Strophen.

3. Die Wortwahl...

☐ **a)** ist nicht besonders auffällig. Es werden ganz normale Wörter gebraucht.

☐ **b)** ist auffällig, denn es gibt Wörter und Wortarten, die immer wieder vorkommen, z.B.:

____

____

____

••• **Kreuz und quer! Lies „Das Schloß am Meere" noch einmal durch und auch die Übungen dieses Kapitels. Danach löst du das Kreuzworträtsel ohne Schwierigkeiten. Die Kästchen, an denen Buchstaben von a) bis d) stehen, sind unten in das Lösungswort einzutragen.**

1. Wer schrieb „Das Schloß am Meere"? (Nachname)
2. Wo steht das „Schloß"? Am...
3. Im Gedicht sind „die Jungfrau" und „die Eltern" erwähnt. Wie ist die Jungfrau also mit König und Königin verwandt? Sie ist die...
4. Wie nennt man die Abschnitte in einem Gedicht?
5. Wie nennt man den Gleichklang der Silben am Ende mindestens zweier Zeilen?
6. Wie nennt man diese Gedichtform?

B ___ L ___ A ___ ___
(a) b) c) d))

8.3 Naturgedicht / Haiku

• **Hier findest du zwei weitere Gedichte: ein traditionelles Naturgedicht und die japanische Gedichtform *Haiku*. Lies sie durch und beantworte die Fragen auf der nächsten Seite.**

Die Welt ist allezeit schön

Im Frühling prangt die schöne Welt
In einem fast smaragdnen Schein.

Im Sommer glänzt das reife Feld
Und scheint dem Golde gleich zu sein.

Im Herbste sieht man als Opalen
Der Bäume bunte Blätter strahlen.

Im Winter schmückt ein Schein, wie Diamant
Und reines Silber, Flut und Land.

Ja kurz, wenn wir die Welt aufmerksam sehn,
Ist sie zu allen Zeiten schön.

Barthold Heinrich Brockes (1680-1747)

Sieh das Jahr – ständig
zieht es sich andre bunte
Kleider übers Land.

Haiku

Arbeite nun die Unterschiede und Gemeinsamkeiten zwischen den beiden Gedichten heraus.

	„Die Welt ist..."	Haiku
Äußere Form / Aufbau:		
Überschrift?	☐ ja ☐ nein	☐ ja ☐ nein
Wie viele Strophen, wie viele Verse?	______	______
Aus wie vielen Silben besteht ein Vers?	______	______
Gibt es Reime?	______	______
Kannst du ein Metrum erkennen? (Weißt du nicht mehr, was ein Metrum ist? Im Buddy-Tipp findest du es heraus!)	______	______
Inhalt:		
Was wird in dem Gedicht beschrieben?	______ ______	______ ______

BOXENSTOPP

Das **Haiku** ist die kürzeste Gedichtform der Welt. Es besteht, wie du oben schon gesehen hast immer aus 3 Gruppen von jeweils 1 ______ **Silben**. Haikus beschreiben traditionell Bilder aus der Natur und enthalten mindestens ein Wort, das auf eine der vier 2 ______ hinweist. In Japan werden zu Haikus auch Bilder gemalt und es gibt Haiku-Wettbewerbe.

Rückblende! Bei Gedichten untersuchst du auch immer das **Metrum**, das ist eine bestimmte Abfolge von **betonten und unbetonten Silben**. Du bekommst ganz einfach heraus um welches Metrum es sich handelt, wenn du den Vers laut und übertrieben betont liest.

1. **Trochäus:** betonte Silbe, unbetonte Silbe: x́x x́x - **Müde ist mein Schritt und grau mein Haar**
2. **Jambus:** unbetonte Silbe, betonte Silbe: x x́ x x́ - **Der Mond ist aufgegangen**
3. **Daktylus:** eine betonte Silbe, zwei unbetonte Silben: x́xx x́xx
   - **Springende Reiter und flatternde Blüten**
4. **Anapäst:** zwei unbetonte Silben, eine betonte Silbe: xxx́ xxx́
   - **Und es wallet und siedet und braust**

• • **In einem Gedicht wählt der Dichter seine Worte ganz genau aus. Um den Gedichtaufbau besser zu verstehen, kann man z. B. ein Cluster erstellen, um darin die einzelnen Strophen des Gedichts genauer zu untersuchen. Markiere in dem Gedicht zunächst alle Jahreszeiten und *was* in den einzelnen Strophen genau beschrieben wird. Markiere dann alle Adjektive und Nomen, die der Dichter für die Beschreibung verwendet und vervollständige das Cluster.**

Die Welt ist allezeit schön

Im Frühling prangt die schöne Welt
In einem fast smaragdnen Schein.

Im Sommer glänzt das reife Feld
Und scheint dem Golde gleich zu sein.

Im Herbste sieht man als Opalen
Der Bäume bunte Blätter strahlen.

Im Winter schmückt ein Schein, wie Diamant
Und reines Silber, Flut und Land.

Ja kurz, wenn wir die Welt aufmerksam sehn,
Ist sie zu allen Zeiten schön.

Du kannst dein Wissen übersichtlich gliedern, wenn du ein Cluster oder eine Mindmap benutzt. Cluster ist Englisch und bedeutet **Worttraube** oder **Haufen**.

••• **Noch genauer! Schau dir die Worte an, die du im Cluster zusammengestellt hast. Aus welchem Bereich hat der Autor Vergleiche benutzt? Stelle gegenüber:**

1. Strophe: Frühling – schön – smaragden = Edelstein
2. Strophe: ____________________
3. Strophe: ____________________
4. Strophe: ____________________

____

8.4 Zeitungstexte untersuchen - Nachricht

• **Der Löwe ist los! Lies den Zeitungstext durch und beantworte die W-Fragen.**

1. Wer? ____________________
2. Was? ____________________
3. Wann? ____________________
4. Wo? ____________________
5. Wie? ____________________
6. Warum? ____________________
7. Mit welchen Folgen? ____________________

Löwe entlaufen?

Dierlinghausen – Der Löwe Paul ist nicht mehr in seinem Gehege, das haben seine Pfleger gestern gemeldet. Nach ersten Erkenntnissen hat er sich unter der Mauer, die das Löwengehege zur Straße hin abgrenzt, durchgegraben. Mehrere 100 Einsatzkräfte von Polizei und Feuerwehr suchen die Umgebung ab. Die Anwohner werden gebeten, das Haus nicht zu verlassen.

BOXENSTOPP

Das kennst du schon! Im folgenden Satz wird erklärt, was eine Nachricht ist. Aber Moment mal! Da sind ja Wörter rausgeflogen! Da im vorigen Kapitel die Nachrichten schon behandelt wurden, bekommst du das aber sicher zusammen!

erzählt. | sonst | Text, | es | Nachricht | ~~einer~~ | um. | kurzen | wichtigen, | sachlich | und | nichts, | ~~Bei~~

Bei einer __________ geht __ __ einen ______ _____, der alle __________ Fakten ________ zusammenfasst ___ _____ nichts ________.

•• **Im Zoo ist noch etwas passiert! Benedikt hat darüber eine Nachricht für die Schülerzeitung geschrieben. Allerdings stehen Aussagen und Informationen darin, die nicht in eine Nachricht gehören. Streiche alles, was in der Nachricht überflüssig ist.**

Robbe aus Gehege entwichen

Als ich am Samstag im Zoo war, spazierte auf einmal die Robbe „Selja“ über den Weg. Ich kenne den Namen der Robbe, weil ich oft im Zoo bin. Ich habe nämlich eine Jahreskarte. Sofort habe ich den Tierpflegern Bescheid gesagt. Selja ließ sich schnell einfangen. Sie ist ein Leckermaul und ihr Pfleger Weiser hat sie mit Fischen angelockt. Die Tierpfleger haben dann das Gehege untersucht. Selja hatte wohl beobachtet, dass die Tür nicht richtig verschlossen worden war und hat die Gelegenheit genutzt. Es war schon ganz schön aufregend gewesen!

••• **Du bist jetzt Reporter! In der Wortschlange stecken viele wichtige Informationen. Schreibe aus diesen Informationen selbst eine Nachricht. Überlege auch, in welcher Reihenfolge du die Informationen verwendest.**

SchimpanseChicoButterbrotausRucksackgestohlenDienstagwährenddes
BiologieunterrichtsimZooDieringhausenUnbemerktzuRucksack
gegangenundBrotmitBrotdoseherausgeholtNaschkatzemagernBrotmit
SchokoladenaufstrichVanessahattekeinBrotmehrChicohatteBauchschmerzen

8.5 Zeitungstexte untersuchen - Bericht

- **Eine weitere Form des Nachrichtentextes ist der Bericht. Lies den folgenden Bericht und schreibe selbst die 7 W-Fragen und die dazugehörigen Antworten auf.**

Löwe aus Zoo verschwunden

Tierpfleger Walter M. kann es immer noch nicht fassen. Sein Schützling Paul, der 25-jährige Löwe, ist weg. Nach eigenen Angaben bemerkte der 34-Jährige die Abwesenheit des Löwen, als er am Montagmorgen seinen Dienst im Dierlinghauser Zoo antrat. Paul war weder in seinem Nachtkäfig, noch im Außengehege zu finden. Eine sofort eingeleitete Suche ergab, dass sich der Löwe nicht mehr auf dem Zoogelände befand. Er ist anscheinend durch ein Loch, das er selbst gegraben hat, aus dem Gehege entkommen. Seither wird er gesucht; mehrere 100 Polizisten und Feuerwehrleute sind im Einsatz. Laut Zoodirektion ist Paul sehr friedlich. Unklar sei jedoch, wie er in Freiheit reagiert. Die Bevölkerung wird gebeten, sofort die Polizei oder den Zoo zu verständigen, wenn der Löwe oder Spuren von ihm gesehen werden.

Fragen und Antworten

1. ____________________
2. ____________________
3. ____________________
4. ____________________
5. ____________________
6. ____________________
7. ____________________

BOXENSTOPP

Verflixt, wer hat hier denn seine Wörter ausgekippt? Lies den Text und streiche die Wörter, die zuviel sind.

Ein Angesicht / Gericht / Bericht gibt, genau wie die Zeitung / Nachricht / Zeitschrift, sachlich das Märchen / Geschehen / Unterrichtsthema wieder. Er zeigt aber auch die Hintergründe / Hinterwände / Abgründe und Meinungen von z. B. Paten / Betrügern / Zeugen auf.

•• **Dein Können ist gefragt! Im nachfolgenden Bericht sind einige unsachliche Äußerungen enthalten. Streiche diese und ersetze sie, wo es dir sinnvoll erscheint, durch andere Wörter.**

Feuer im Elefantenhaus

Gestern ~~zu nachtschlafender Zeit~~, ~~nämlich~~ um 3 Uhr morgens,

hat ein total verantwortungsloser Pfleger eine Zigarette im Elefantenhaus in aufgeschüttetes

Stroh geworfen. Die durch den daraus entstandenen Qualm völlig benebelten Elefanten

wurden von einer wirklich fähigen Pflegerin, die auch Nachtdienst hatte, aus dem Elefantenhaus

befreit und in ihr Außengehege entlassen. Das muss übrigens vergrößert werden, da passt

ja noch nicht mal eine Ziege tierschutzgerecht rein. Die Feuerwehr, die anscheinend etwas

getrödelt hatte, traf erst nach langen bangen 15 Minuten ein, um das mittlerweile auf mickrige

Größe geschrumpfte Feuer zu löschen. Den Elefanten ist Gottseidank nichts passiert.

Schon bemerkt? In Zeitungstexten wird wörtliche Rede häufig indirekt wiedergegeben, z. B.: Frau Wank, Deutschlehrerin, sagt: „In diesem Schuljahr werden wir nach Wolfenbüttel fahren, um uns das Lessinghaus anzusehen." In der Schülerzeitung steht: „Wie uns die Deutschlehrerin Frau Wank mitteilte, wird ihre Klasse in diesem Schuljahr nach Wolfenbüttel fahren. Sie sehen sich das Lessinghaus an."

••• **Wer hat was gesagt? Der Journalist hat für seinen Artikel verschiedene Personen befragt. Lies dir den Text noch einmal durch, unterstreiche, welche Person welche Aussagen gemacht hat in jeweils einer anderen Farbe. Schreibe sie anschließend in die wörtliche Rede um.**

Löwe aus Zoo verschwunden

Tierpfleger Walter M. kann es immer noch nicht fassen. Sein Schützling Paul, der 25-jährige Löwe, ist weg. Nach eigenen Angaben bemerkte der 34-Jährige die Abwesenheit des Löwen, als er am Montagmorgen seinen Dienst im Dierlinghauser Zoo antrat. Paul war weder in seinem Nachtkäfig, noch im Außengehege zu finden. Eine sofort eingeleitete Suche ergab, dass sich der Löwe nicht mehr auf dem Zoogelände befand. Er ist anscheinend durch ein Loch, das er selbst gegraben hat, aus dem Gehege entkommen. Seither wird er gesucht; mehrere 100 Polizisten und Feuerwehrleute sind im Einsatz. Laut Zoodirektion ist Paul sehr friedlich. Unklar sei jedoch, wie er in Freiheit reagiert. Die Bevölkerung wird gebeten, sofort die Polizei oder den Zoo zu verständigen, wenn der Löwe oder Spuren von ihm gesehen werden.

1. *Tierpfleger Walter M.: „Ich habe es bemerkt, als ich am Montagmorgen meinen Dienst im Dierlinghauser Zoo antrat."*

2. __________

3. __________

8.6 Zeitungstexte untersuchen - Kommentar

• **Hier schreibt der Reporter Edgar Ehrlich einen Kommentar. Lies dir den folgenden Text durch. Unterstreiche die Sätze rot, die sich direkt auf den Löwen Paul beziehen.**

Zootiere und ihre Gefährlichkeit

Wir stehen vor den Gittern, die die Raubtiere von uns trennen. Auf Schildern lesen wir Warnhinweise. Trotzdem fallen immer wieder Zoobesucher ins Gehege und müssen „gerettet" werden. Nun ist es anders herum: Paul, der betagte Löwe, hat sich unter die Menschen gemischt. Seit drei Tagen muss er sich in unserer Nähe aufhalten, unentdeckt, mittlerweile sicher hungrig. Langsam macht sich Panik breit. Alle warten mit angehaltenem Atem auf die Entwarnung.
Ist eine solche Reaktion auf den Löwen Paul gerechtfertigt? Man stelle sich ein Tier vor, in der Enge eines Zoogeheges geboren und dort Zeit seines Lebens eingesperrt. Er kennt nichts anderes als den immer gleichen Ablauf seines Tages. Weshalb grub er, für einen Löwen völlig untypisch, ein Loch durch Sand und Erde? Jetzt ist in einer ihm völlig fremden Umgebung, ohne regelmäßiges Futter und Ansprache. Er ist an Menschen gewöhnt. Schließlich standen jeden Tag genügend Besucher vor seinem Gehege und starrten ihn an. Trotzdem wird sich Paul verkriechen. Wir haben ihm das Leben beschert, das er jetzt verlassen hat. Daher sollten wir nicht länger vor Angst zitternd danach schreien, dass eine wilde Bestie endlich gefangen wird, sondern Mitleid mit einem verängstigten Tier haben. Dabei dürfen wir aber nicht vergessen, dass er ein Raubtier ist und gefährlich sein kann.

BOXENSTOPP

Und jetzt du! Ein Reporter hat sich auf mehreren Zetteln Notizen zum Kommentar gemacht. Mit Hilfe dieser Notizen kannst du ganz schnell die Lücken füllen.

aktuelles Thema

Kommentar
= längerer Text

warum hat der
Journalist diese
Meinung

Meinung des
Journalisten

stellt dar, wie der
Journalist
zum Thema steht

Ein Kommentar gibt die 1 *Meinung des Journalisten* wieder, der sich zu einem 2 ______ Thema äußert. Er stellt dar, wie er zu dem 3 ______ steht und 4 ______ er diese Meinung hat. Ein 5 ______ ist meist ein etwas 6 ______ Text.

•• **In einem Kommentar sagt der Reporter seine Meinung zu einem Thema, aber er gibt auch Informationen. Die Informationen zu Paul hast du im Text „Zootiere und ihre Gefährlichkeit" bereits unterstrichen. Notiere anschließend, welche Textstücke direkt die Meinung des Reporters wiedergeben und warum.**

Seit drei Tagen muss er sich in unserer Nähe aufhalten, → der Reporter äußert hier eine persönliche Vermutung.

••• **A Was gehört wozu? In der Zeitung sind die Überschriften zwar alle noch vorhanden, aber die Texte passen nicht mehr dazu. Lies die Textstücke und die Überschriften und ordne sie einander richtig zu.**

Schulbuch kontra Schul-CD-ROM A

1 In der letzten Bildungsministerkonferenz wurde darüber debattiert, ob Schulbücher nur noch in digitaler Form als CDs oder auch CD-ROMs ausgegeben werden sollen. Grund für diese Überlegung ist, dass gedruckte Schulbücher im Verkauf um einiges teurer sind als die silbernen Scheiben. Die Debatte soll fortgesetzt werden.

2 Der Staat will also Eltern sagen, wann sie ihre Kinder vor den Fernseher lassen dürfen. Fraglich ist, ob sich die Eltern diese Einmischung gefallen lassen werden. Schließlich gehört ein Fernseher heutzutage zur Grundausstattung eines Wohn- und sicherlich auch so manches Kinderzimmers.

3 Die Turmuhr der Gemeinde Engersfurt hat vor sechs Jahren aufgehört die Zeit anzuzeigen. Durch eine großzügige Spende konnten nun einige dringend nötigen Arbeiten an der stark renovierungsbedürftigen Kirche vorgenommen werden. Die Turmuhr wurde restauriert. Es wurde auch ein Sekundenzeiger eingebaut. Nun können sich die Engersfurter an einer ganz genau gehenden Uhr erfreuen.

Fernsehverbot nach 20 Uhr für Kinder bis 10 Jahren? B

5 In der Konferenz der Kultusministerien wurde beschlossen, einen Ausschuss zu bilden, um die Möglichkeit eines generellen Fernsehverbotes nach 20 Uhr für Kinder bis 10 Jahren zu prüfen. Der Ausschuss soll in spätestens einem Jahr zu einem Ergebnis kommen.

Schulbücher in Zukunft nur noch digital D

4 Unsere Schulbücher waren noch kostenlos. Heute müssen die Eltern einen Anteil der Schulbuchkosten bezahlen. Dass diese Belastung durch Nutzung der elektronischen Medien verringert werden soll, ist begrüßenswert. Aber wird diese Entlastung auch wirklich bei den Eltern ankommen?

6 Die Engersfurter Kirchengemeinde hat anscheinend zu viel Geld: Nachdem die Kirche sehr aufwendig renoviert und einige neue Einrichtungsgegenstände – wie gepolsterte Bänke und Sitzheizungen – angeschafft wurden, hat der Gemeinderat nun beschlossen, die Kirchturmuhr neu zu gestalten und mit einem Sekundenzeiger auszurüsten. Da andererseits die Jugendarbeit in Engersfurt sehr unter Geldmangel leidet, stellt sich die Frage, ob das Geld nicht besser in einem gut ausgestatteten Jugendheim anstatt in einer neuen Turmuhr mit Sekundenzeiger angelegt wäre.

Braucht Engersfurt eine Turmuhr mit Sekundenzeiger? C

Zuviel Einmischung? E

Turmuhr in neuem Glanz und sekundengenau F

Und so passt alles zusammen:

1. ____ ______________________
2. ____ ______________________
3. ____ ______________________
4. ____ ______________________
5. ____ ______________________
6. C ______________________

B Schreibe nun in die zweite Leerzeile der oberen Übung, um welche Zeitungstextsorte es sich handelt. Markiere in den Texten, die du als *Kommentar* eingestuft hast, die eigene Meinung des Journalisten.

8.7 Zeitungstexte untersuchen - Reportage

- **Zeitungstext – die Letzte! Hier lernst du eine letzte Textsorte kennen, die in Zeitungen vorkommen kann: Die *Reportage*. Lies sie zunächst durch und beantworte dann die Fragen unter dem Text.**

Wo ist Paul?

Nächtliche Suche in Dierlinghausen: Leise rascheln die Schritte im Laub des Dierlinghauser Forsts. Seit einer Stunde ist Hauptkommissar Peter Strobel unterwegs. Er ist nicht der Einzige, der diese Nacht im Wald patrouliert. Mehr als 100 Polizisten sind auf der Suche nach Paul. Der Löwe war gestern aus dem städtischen Zoo entwischt. Für Strobel ist es der erste Einsatz dieser Art. Vor wilden Tieren habe er sich schon immer gefürchtet, erzählt er. Deshalb sei er ziemlich nervös. Die Hand an der Waffe geht er zum dritten Mal den Hauptweg entlang. Plötzlich ein Aufschrei. Die Stimme scheint etwa 50 Meter entfernt zu sein. Peter Strobel beginnt zu laufen. Er brüllt: „Was ist passiert?" Eine Antwort erhält er nicht. Nach einigen Schritten trifft er auf Kollegen. Auch sie wissen nicht, was los ist. Gemeinsam schleichen sie weiter, sie drehen sich immer wieder um, jederzeit in der Erwartung von Paul angefallen zu werden. Da sehen sie es: im hellen Mondlicht liegt ein Mensch auf dem Boden. Sie hasten auf die Person zu, es ist Marita Frisch, die junge Kollegin scheint bewusstlos zu sein. Über Funk ruft der Hauptkommissar nach Hilfe, dann beugt er sich zu ihr hinunter. Verletzt scheint sie nicht zu sein. Kurz bevor der Rettungswagen kommt, öffnet sie die Augen. Nein, sie habe den Löwen nicht gesehen, sagt sie, sie sei einfach über eine Wurzel gestolpert, an mehr könne sie sich nicht erinnern. Die Suche muss weitergehen - wenn Paul nicht gefunden wird, auch noch die nächsten Tage.

Du kennst nun insgesamt vier Textsorten, die in Zeitungen vorkommen können. Schreibe in die einzelnen Kästchen, die richtige Textsorte und ihre Besonderheiten. Für das letzte Kästchen musst du zuerst den untenstehenden Boxenstopp bearbeiten.

Löwe entlaufen? *Nachricht, kurz*	**Löwe aus Zoo verschwunden**
Zootiere und ihre Gefährlichkeit	**Wo ist Paul?**

BOXENSTOPP

Eine fehlt noch - die Definition der Reportage! Aber heute steckt der Fehlerteufel in dem Text und einiges ist durcheinandergeraten. Lies den Text, tausche die fetten Wörter an die richtigen Stellen und schreibe die Definition dann noch einmal richtig auf.

Die **Ergebnis** zeigt den **Löwe** bei der Arbeit. Er schildert subjektiv, was er **spannend**. Dabei kann er ohne weiteres **Reportage** so schildern, dass sie **erlebt** werden. Eine **Informationen** muss kein **Reportage** haben, in unserem Beispiel wurde der **Reporter** ja nicht gefunden.

____

____

____

____

____

•• **Wie war das noch? Zu welcher Sorte von Zeitungstext gehören die folgenden Sätze? Ist es A. die Nachricht oder der Bericht, B. der Kommentar oder C. die Reportage? Lies die Sätze durch und schreibe die Nummer der richtigen Textsorte daneben.**

___ **1.** Das vor drei Tagen gestohlene Auto ist gestern wiederaufgetaucht.

___ **2.** Frau M. zeigt traurig auf den Platz, an dem ihr Pkw vor drei Tagen noch stand.

___ **3.** In den letzten Wochen wurden viele Autos gestohlen und dies ist ein Tatbestand, der so nicht hingenommen werden darf.

___ **4.** Die durch ein achtjähriges Mädchen erfolgte Rettung eines ertrinkenden Rentners hat eine Diskussion über die Sicherheit in den Parks unserer Stadt ausgelöst.

___ **5.** Neben der abgesperrten Stelle rüttele ich an dem Geländer, das den Teich abgrenzt.

___ **6.** Rentner in letzter Sekunde von achtjährigem Mädchen vor dem Ertrinken gerettet.

___ **7.** Ist eine neue Energiekrise in Sicht? Unsere Politiker warnen uns davor und starten zu Besprechungen in andere Länder mit Privatjets.

___ **8.** Mein Weg führt mich zuerst zum Umweltminister. Sein Standpunkt zu dem Thema „Energiekrise" interessiert mich am meisten.

___ **9.** Bei einem Gespräch mit dem Bundesumweltminister wurden Pläne der Regierung bekannt, einen „autofreien Sonntag" einzuführen.

Schon gewusst? In Reportagen findest du häufig viele Bilder. Die Reportage ersetzt keine Nachricht oder einen Bericht, sondern ergänzt sie.

••• **Und zum guten Schluss... Wie geht die Geschichte um Paul aus? Schreibe eine Reportage darüber, wie Paul gefunden wird. Sieh dir dazu noch einmal dieses Kapitel und auch das Kapitel 7.7 an. Wenn der Platz nicht reicht, nimm dir ein Blatt Papier.**

8.8 Eine Werbeanzeige untersuchen

- **Aufgewirbelt! Ein Sturm hat von drei Plakaten die Werbetexte und Überschriften abgeschält und gemischt. Sortiere die verschiedenen Teile den richtigen Plakaten zu.**

Der Fernseher für höchste Ansprüche

a) für fetzige Frisuren

b) klarstes Bild in seiner Klasse

c) lecker und bekömmlich

Margarine für jeden Tag

d) für höchste Video-Ansprüche

e) Prickelerlebnis für saubere Kopfhaut

f) schnellster Sendersuchlauf

g) peppiger Geruch

h) mit hohem Vitamingehalt

Fffloyd-Shampoo für Kids

i) der Brotaufstrich, der zu jedem passt

j) da lacht die Brotscheibe!

k) niedriger Energieverbrauch

l) cremig, cool, klasse

BOXENSTOPP

Was will Werbung? Heute antwortet sie persönlich. Aber anscheinend ist sie gestolpert und hat einige Wörter ihrer Erklärung verloren! Setze in jeden Abschnitt die fehlenden Worte richtig ein!

Superlative Verein Produkt Menschen Sprache sachlich
Reklame Vorbilder Geld Zeitungen Zeitschriften Plakaten
Fernsehen Partei Internet Bild Radio Buchstaben

Ich heiße auch 1 ______ . In mir vereinen sich meist Text und 2 ______ , weil das sehr einprägsam ist. Schließlich soll ich ja die Menschen dazu bringen, dass sie sich in bestimmter Art und Weise verhalten. Sie sollen sich z. B. ein bestimmtes 3 ______ kaufen, einem 4 ______ beitreten, einer Organisation 5 ______ spenden oder eine politische 6 ______ wählen. Weil viele 7 ______ in anderen Menschen 8 ______ sehen oder sie bewundern, werden häufig Prominente, wie z.B. Schauspieler und Fußballer eingesetzt. Sie sagen und zeigen den Menschen, was sie kaufen oder tun sollen.
Die 9 ______ , die für mich verwendet wird, gebraucht häufig 10 ______ , (z.B. der **schnellste** Schreibstift, das **glatteste** Papier, das **leckerste** Eis). Oft findet man auch **Alliterationen**, wie z.B. **F**roggy **f**ür **f**rische **F**rösche, hier beginnt jedes Wort mit demselben 11 ______ . Oft werden Modewörter, kurze Sätze oder englische Wörter verwendet.
Je nach beworbener Sache oder den Menschen, die ich erreichen will, kann meine Sprache aber auch 12 ______ sein.

Man trifft mich an vielen Orten. Sehen kann man mich in 13 ______ , 14 ______ und 15 ______ . Sehen und hören kann man mich im 16 ______ und im 17 ______ . Im 18 ______ kann man mich nur hören.

Oft werden Dinge dargestellt, die in der Wirklichkeit nicht existieren, z.B. sprechende Tiere oder fliegende Menschen. Manche Dinge werden auch übertrieben schön, harmonisch und einfach dargestellt, z.B. unberührte Landschaften, glückliche Menschen, schwere Arbeit, die sich fast von allein erledigt usw.

Wäre das auch etwas für dich? Sieh dir die Anzeige an und beantworte die Fragen. Richtig gelöst, ergeben die Buchstaben vor den Antworten ein Wort.

Coolpen - der Stift

- und endlich schreibst du nur noch gute Noten!

- Kein mühseliges Üben
- Kein Vokabelpauken
- Keine Nachhilfestunden
- Dein Lehrer wird begeistert sein

Tausende von Schülern sind begeistert!

Schreib mit **Coolpen** deine Arbeit.
Mit **Coolpen** machen sich Hausaufgaben von alleine.

Du willst ihn auch?

Dann bestell **Coolpen** einfach unter: **www.coolpen.de**

1. Was wird in der Anzeige beworben?

a) Eine Kühlbox
m) Ein kühler Stift
s) Ein Zauberstift

2. Was verspricht die Anzeige?

u) Gute Noten
l) Verständnisvolle Lehrer
c) Nie wieder Unterricht

3. Gibt es konkrete Hinweise darauf, wie Coolpen funktioniert?

h) Ja, er wird genau erklärt
p) Nein, es werden zwar einige Sachen aufgezählt, aber es wird nicht klar, wie er funktioniert

4. Welche Personen haben bereits Erfahrungen mit Coolpen?

i) Der SMV-Arbeitskreis
a) Es werden keine Personen genannt
e) Eine große Anzahl von Schülern

5. Wie ist die Anzeige aufgebaut?

m) Nur Text
l) Nur Bild
r) Text und Bild

Lösung:

Um Vertrauen zu erwecken, werden Aussagen in der Werbung oft durch die Nennung von **wissenschaftlichen Fakten** und **Untersuchungsergebnissen** oder auch durch **Erfahrungsberichte von vermeintlich beteiligten Personen** untermauert, z.B.: **Das XyPi-Institut für Gesundheit empfiehlt den regelmäßigen Verzehr von 100 Gramm Coppy-Joghurt in der Woche für eine bessere Verdauung; 50 von 60 Anwenderinnen bestätigen nach 2 Wochen die positive Wirkung von MINA-Hautklar usw.**

••• **Mit welchen Mitteln wird hier geworben? Schau dir die Werbeslogans an und verbinde sie mit dem passenden Kästchen in der Mitte.**

a) Milch macht müde Männer munter!

b) ...wurde vom Paternius-Institut getestet und hat 10 x mit der Note „sehr gut“ abgeschnitten

c) Billig – will ich!

d) Schlecki, das leckerste Eis für Kinder...

1 Alliteration	**3 kurzer und einprägsamer Stil**
2 sachlich-informativer Stil	**4 Superlativ**

e) ...um 50% reduzierte Kohlenhydrate.

f) WASCHIL - für die buntesten und leuchtendsten Farben.

g) Jetzt neu!

h) Bewährt, bekannt, beliebt!

Textarbeit 7. Klasse

TEST

Bist du bereit für einen Test zur Textarbeit? Du hast 45 Minuten Zeit.

Notiere deine Start- und Endzeit. **Start:** ______ Uhr / **Ende:** ______ Uhr.

Wenn du fertig bist, gehe alle Aufgaben noch einmal durch und korrigiere mögliche Flüchtigkeitsfehler. **Auf die Plätze - fertig - los!**

PUNKTE

1. Zähle die W-Fragen auf!
(1 Punkt für jede richtige Antwort)

a) ______________________

b) ______________________

c) ______________________

d) ______________________

e) ______________________

f) ______________________

g) ______________________

PUNKTE

2. Ergänze die Merkmale des Haikus, indem du die richtigen Sätze ankreuzt.
Achtung: Manchmal sind mehrere Antworten richtig.
(1 Punkt für jede richtige Antwort)

a) Ein Haiku hat …

☐ beliebig viele Zeilen und Silben

☐ 3 Zeilen mit 5 / 7 / 5 Silben

☐ immer 11 Silben

b) ein Haiku ist …

☐ eine japanische Gedichtform

☐ eine chinesische Gedichtform

☐ eine deutsche Gedichtform

c) Ein Haiku besteht aus …

☐ mindestens einem Reim

☐ der Beschreibung eines Naturereignisses

☐ nichts Bestimmtem

d) Welche Besonderheiten gibt es?

☐ es gibt auch Haiku-Maler

☐ es gibt einen Haiku-Wettbewerb

☐ ein Vogel ist nach dem Haiku benannt

PUNKTE

3. Welche Erzählperspektiven unterscheidet man?
(1 Punkt für jede richtige Antwort)

a) ______________________________

b) ______________________________

c) ______________________________

4. Nenne die vier verschiedenen Arten von Zeitungstexten.
(1 Punkt für jede richtige Antwort)

PUNKTE

a) ____________________ **c)** ____________________

b) ____________________ **d)** ____________________

5. Was weißt du über Werbung? Setze die fehlenden Wörter ein.
(1 Punkt für jede richtige Antwort)

PUNKTE

a) Werbung nennt man auch ____________________ .

b) Werbung besteht meist aus ____________________ und Text.

c) Werbung soll die Menschen dazu bringen, sich in bestimmter Art und Weise zu ____________________ , z. B. indem sie ein bestimmtes Produkt ____________________ oder eine bestimmte Partei ____________________ .

d) Für Werbung werden häufig ____________________ eingesetzt, weil viele Menschen in ihnen Vorbilder sehen und sich von ihnen gerne sagen lassen, was sie machen sollen.

e) In der Werbung werden häufig ____________________ (z. B. der leckerste Pudding, das schnellste Auto) oder ____________________ (z. B. Willis weiche Wellenwackler) eingesetzt.

f) Es geht aber nicht immer lustig oder übertreibend in der Werbung zu; sie kann auch ____________________ sein.

6. Was darf nicht in einer Nachricht oder in einem Bericht stehen?
Streiche in den folgenden Sätzen durch, was nicht in diese Art Zeitungstext gehört.
(1 Punkt für jede richtige Streichung)

PUNKTE

a) Im Tierheim sitzen zurzeit viele total niedliche Hunde, Katzen und andere Vierbeiner, die darauf warten, dass supernette Tierliebhaber sich ihrer annehmen.

b) Vorgestern Abend fuhr ein ziemlich unvorsichtiger Autofahrer, von dem ich annehme, dass er betrunken war, mit einem Affenzahn gegen einen Brückenpfeiler.

c) Der Dieb flüchtete mit einem Opel Ascona, den ich für eins der besten Autos halte.

7. Was ist für eine Inhaltsangabe wichtig? Kreuze an, was stimmt.
(1 Punkt für jedes richtige Kreuzchen)

PUNKTE

- ☐ **a)** Eine Inhaltsangabe enthält keine persönlichen Wertungen.
- ☐ **b)** In einer Inhaltsangabe kann man Geschehnisse ausschmücken
- ☐ **c)** Eine Inhaltsangabe enthält alle wesentlichen Punkte des Textes, über den sie geschrieben wird.

- ☐ **d)** Eine Inhaltsangabe besteht aus Einleitung, Hauptteil und Schluss, in dem eine Pointe enthalten ist.
- ☐ **e)** Wörtliche Rede und Zitate werden in der Inhaltsangabe nicht verwendet.
- ☐ **f)** Die Zeitform ist das Präteritum
- ☐ **g)** In die Einleitung gehören Textart, Titel, Autor Thema, Entstehungsjahr und -ort.

PUNKTE

8. Was gehört in einen Kommentar und in eine Reportage? Ergänze den folgenden Text.
(1 Punkt für jede richtige Lücke)

a) Reportage und Kommentar sind ______________ , in denen der Reporter seine Erfahrung oder ______________ mitteilt.

b) Im ______________ begründet er seine Meinung zu einem Thema.

c) ______________ und Kommentar sind meist länger als ein Bericht oder eine ______________ .

d) In der Reportage sind auch Informationen zu den ______________ enthalten. Sie kann ______________ geschrieben sein.

PUNKTE GESAMT

Geschafft! Vergleiche nun deine Antworten mit dem Lösungsteil auf S. 467. Trage die jeweilige Punktzahl neben der Aufgabe ein und zähle dann deine Gesamtpunktzahl zusammen. Trage deine Gesamtpunktzahl auch gleich auf der Urkunde auf S. 295 ein!

Meine Gesamtpunktzahl: ______ / 45

45 – 30 PUNKTE
Einfach spitze! Du bist der Champion, was die Textarbeit betrifft und du kennst dich schon gut in allen Bereichen aus!

29 – 14 PUNKTE
Eine gute Ausgangsposition, um dich noch zu verbessern! Überprüfe noch einmal, wo du Fehler gemacht hast und versuche die Aufgaben richtig zu lösen.

13 – 0 PUNKTE
Liebe Sportsfreundin, lieber Sportsfreund, leider hast du noch so einige Lücken in deinem Textarbeitswissen! Schau dir am besten die Boxenstopps und Erklärungen noch einmal genau an und arbeite die Aufgaben erneut durch. Mit ein bisschen mehr Übung ist dann auch Silber oder sogar Gold drin!

URKUNDE

Herzlichen Glückwunsch! Du hast es geschafft und das **PONS Lerntriathlon 7. Klasse** erfolgreich abgeschlossen. Dafür hast du dir eine Urkunde verdient! Hier kannst du deine Punkte aus den drei großen Tests zusammenzählen:

Grammatik
Übertrage hier deine Punktzahl von Seite 228.

Rechtschreibung
Übertrage hier deine Punktzahl von Seite 248.

Textarbeit
Übertrage hier deine Punktzahl von Seite 293.

Summe
Trage hier deine Gesamtpunktzahl ein.

0 — 47 — 97 — 147

0 - 47 PUNKTE

Das war schon ganz gut, aber du kannst das bestimmt besser! Mit etwas mehr Training sind noch mehr Punkte drin!

48 - 97 PUNKTE

Prima! Du hast eine ganze Menge Punkte! Hier und da kannst du dich aber bestimmt noch ein bisschen mehr anstrengen, stimmt's?

98 - 147 PUNKTE

Absolute Spitze! Du hast ein super Ergebnis erzielt! Mach weiter so, dann schaffst du auch im nächsten Schuljahr prima Noten!

REFERATE HALTEN
ab der 8. Klasse

Vorbereitung
Präsentation
Moderation

Willkommen

Hey ... äh ... hallo ... ähhh ... willkommen ... fangen wir an ... ähhhhh ... Was wollte ich sagen?

Du möchtest ein Referat halten und dir fehlen die Worte? Dieser Teil *Referate halten* hilft dir nicht nur die passenden Worte zu finden, sondern begleitet dich auch von der **Vorbereitung** über die **Präsentation** bis hin zur anschließenden **Diskussion**.

Was finde ich in diesem Teil?

Alles rund um Referate und Diskussionen

- **Theorie-Kapitel „Referate"** – Hier wirst du auf deinem Weg zum präsentationsfähigen Referat begleitet. Schritt für Schritt wird jeder einzelne Aspekt genau beschrieben und erklärt: Wie plane und recherchiere ich richtig? Was ist ein geeigneter Referatsaufbau? Wie bereite ich mich auf den Auftritt vor und wie führe ich das Referat durch?

- **Theorie-Kapitel „Diskutieren"** – In diesem Kapitel erfährst du alles, was du wissen musst, um erfolgreich an einer Diskussion teilzunehmen oder eine Diskussion zu leiten: Wie stelle ich Argumente zusammen und präsentiere sie überzeugend? Wie reagiere ich auf Fragen richtig und wie moderiere und beurteile ich eine Diskussion?

- **Tipps** – In den einzelnen Kapiteln findest du am Rand praxisnahe Tipps, die für die Vorbereitung und den Auftritt besonders nützlich sind und deinem Referat noch den letzten Schliff geben.

- **Checklisten** – Mit einem Häkchen markierte Checklisten stellen wichtige Punkte, die es zu beachten gilt, im Überblick dar.

- **Infoboxen** – Hier findest du zusätzliche Informationen zu spezielleren Bereichen des jeweiligen Themas. Infoboxen erkennst du an einem Ausrufezeichen.

Konkrete Hilfen für die Umsetzung

- **Beispiele** – Immer wieder findest du Beispiele, die dir zeigen, wie sich Aufgaben konkret umsetzen lassen und die dir verdeutlichen sollen, was mit den Ausführungen gemeint ist.

- **Formulierungshilfen** – Zu vielen Themen gibt es Vorschläge, wie du bestimmte Dinge sprachlich ausdrücken kannst. Diese Formulierungsmöglichkeiten sollen dir helfen, deine Inhalte angemessen wiederzugeben.

- **Checkliste** – Nach dem letzten Kapitel findest du eine Checkliste, die dir einen Überblick über alle deine Aufgaben gibt und anhand der du vor einem Referat überprüfen kannst, welche Schritte du bereits hinter dir hast und welche noch vor dir liegen.

- **Index** – Am Ende dieses Teils findest du ein Stichwortverzeichnis, das dir hilft, gezielt nach Informationen zu suchen.

Übung macht den Meister!

- **Übungen** – Am Ende der beiden großen Kapitel findest du jeweils einen umfangreichen Übungsteil. Nutze die Übungen, um dich selbst zu überprüfen und das Erlernte zu festigen.

Einem erfolgreichen Spurt ins Ziel steht jetzt nichts mehr im Weg.
Starte durch: Auf die Plätze, fertig, los!

Wir drücken dir die Daumen!

Referate halten

Auf die Plätze: Inhalte suchen und aufbereiten

1. Gut geplant ist halb gehalten – Die Vorarbeit

1.1 Wie erstelle ich einen Arbeitsplan?

> ***TIPP:***
> *Beginne rechtzeitig mit der Vorbereitung und plane Zeitpuffer ein. So gerätst du nicht unter Druck.*

Bevor du dich um inhaltliche Aspekte kümmerst und dich in die eigentliche Vorbereitung stürzt, solltest du dein Vorgehen planen. Nur dann kannst du abschätzen, wie viel Zeit du für die einzelnen Arbeitsschritte überhaupt zur Verfügung hast. Notiere dir den Referatstermin in deinem Kalender und erstelle dann einen Plan, wann du welchen Arbeitsschritt in Angriff nehmen und beenden willst. Du solltest dabei dein eigenes Arbeitstempo berücksichtigen und dir realistische Ziele setzen. Auch andere Termine (z. B. Klausuren und Ferien), die dich eventuell an einem zügigen Arbeiten hindern, solltest du in deine Planung mit einbeziehen.

!

Arbeitsphasen

Themenfestlegung: Sprich das Thema mit deinem Lehrer/Dozenten ab und wähle den Termin dafür möglichst früh, so dass eventuell noch ein zweites Treffen stattfinden kann.

Recherche: Wichtige Bücher, die du für deine Arbeit ausleihen möchtest, können entliehen sein, dann musst du möglicherweise wochenlang darauf warten. Plane entsprechend viel Zeit für diesen Schritt ein.

Materialbearbeitung: Das Sichten, Bewerten und Ordnen von Material erfordert Ruhe und Zeit. Mache dir gründlich Notizen und schreibe immer deine Quellen auf. Das erspart später unnötiges Suchen, wenn du einzelne Aspekte genauer nachschlagen musst.

Gliederung: Der Aufbau muss eventuell noch mit der Lehrperson abgesprochen werden. Vereinbare rechtzeitig einen Termin. Plane für Änderungen, die dann noch vorgenommen werden müssen, Zeit ein. Vielleicht musst du ein Teilthema neu recherchieren.

Ausarbeitung: Dies ist eine sehr intensive Arbeitsphase, in der du dich teils kreativ, teils analytisch mit den Inhalten auseinandersetzt. Rechne damit, dass dieser Prozess nicht immer zügig läuft. Ein paar Tage Abstand können dann gut tun, um mit neuem Schwung die Sache wieder anzugehen.

Letzte Vorbereitungen: Viele Kleinigkeiten können jetzt Zeit und Nerven kosten. Du musst Folien und Handouts kopieren, Geräte organisieren etc. Dabei muss nicht

immer alles glatt gehen: Hast du auch dann genug Zeit, wenn Kopierer oder andere technische Geräte streiken?

Beispiel: Zeitplan für ein umfangreiches Referat

Zeit	Arbeitsschritte
Januar	• Themenfindung (evt. mit Mind-Map) • Themenfestlegung in Absprache mit dem Lehrer • Sammeln von Information: Recherche und Vorbestellung entliehener Bücher
1.–8. Februar	• Bewerten und Ordnen des Materials • Auswertung der Literatur (Notizen mit Quellenangaben)
9.–12. Februar	• Erarbeitung einer Gliederung • 2. Gespräch mit dem Lehrer
13.–21. Februar	• Ausarbeitung (Referatstext)
22.–24. Februar	• Wahl der Präsentationsmittel (evt. Erstellen von Folien und Handouts) • Erstellen von Karteikarten
25.–27. Februar	• Üben des Vortrags • Letzte Vorbereitungen (Handouts kopieren, Geräte besorgen)
28. Februar	• Referat

1.2 Wie präzisiere ich das Thema und definiere Ziele?

> ***TIPP:***
> *Eine spontane Stoffsammlung (Brainstorming, Mind-Map usw.) hilft, sich an das Thema heranzutasten. Auch ein Lexikon gibt einen ersten Überblick.*

Das Thema des Referates ergibt sich in den meisten Fällen aus dem Unterricht und wird durch die Lehrperson vorgegeben. Mache dir zunächst eigene Gedanken zum Thema. Kläre für dich, welchen Bezug du zu diesem Thema hast und welche Aspekte du besonders reizvoll findest. Gehe dann zu deinem Lehrer/Dozenten und kläre, inwieweit sich eure Vorstellungen treffen oder ergänzen. Besprich, wo der Schwerpunkt des Referates liegen soll und welche Bereiche unbedingt in deinen Ausführungen berücksichtigt werden müssen. Mache dir auch klar, für wen du dein Referat hältst und welche Informationen deine Zuhörer unbedingt brauchen.

> ***TIPP:***
> *Im Zweifelsfall immer Rücksprache mit der Lehrperson halten!*

Wenn du dein Thema selbst wählst, solltest du unbedingt auf den Umfang achten: Ist das Thema zu eng gewählt, langweilst du dein Publikum unter Umständen mit unnötigen Details und Spezialwissen. Ist das Thema zu weit gefasst, ist eine vertiefende Darstellung einzelner Aspekte unmöglich. Bitte auch hier deine Lehrperson um ein beratendes Gespräch.

Checkliste: Besprechung zur Themenfindung

- Wo soll der Schwerpunkt des Referates liegen?
- Was will ich mit meinem Referat erreichen?
- Welche Fragen und Unterthemen lassen sich formulieren?
- Welche Aspekte finde ich besonders spannend?
- Wie viel Zeit ist für die Durchführung des Vortrags vorgesehen?
- Gibt es Literatur, die mein Lehrer/Dozent mir empfehlen kann?
- Wann soll das Referat gehalten werden? Wie viel Zeit bleibt für die Vorbereitung?

Beispiel: Mind-Map für das Thema „Atomenergie"

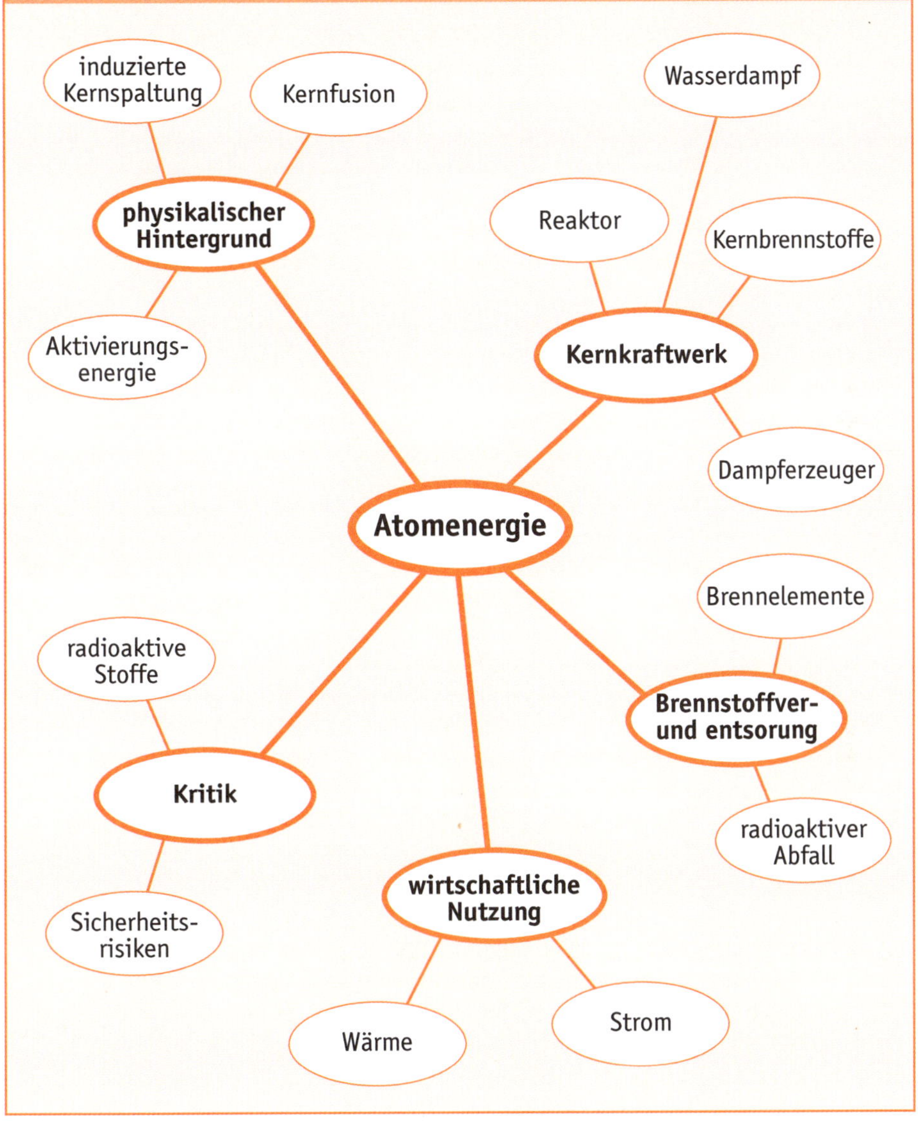

1.3 Welche Textsorte ist verlangt?

Die Themenstellung legt in den meisten Fällen bereits fest, um was für eine Art von Referat es sich überhaupt handeln soll. Es ist wichtig, sich klar zu machen, mit Hilfe welcher Textsorte sich das Referatsthema adäquat umsetzen lässt und an welche Richtlinien man sich demnach zu halten hat. Besonders wenn das Referat später schriftlich ausgearbeitet werden soll, ist es ratsam, bereits im Vorfeld die passende Textsorte für das Thema zu wählen und den Aufbau entsprechend zu gestalten.

Im Folgenden sind die wichtigsten Textsorten und ihre Merkmale kurz zusammengefasst.

Inhaltsangaben sind sachliche und knappe Zusammenfassungen von Büchern, Filmen, Vorträgen, Artikeln usw., deren Ziel es ist, den Leser über das Wesentliche zu informieren. Sie werden häufig gebraucht, um umfangreiches Material aufzubereiten und darzulegen, bevor vertiefend in eine Analyse oder Erörterung eingestiegen wird.

Checkliste: Merkmale von Inhaltsangaben

- im Präsens geschrieben
- keine wörtliche Rede
- keine Spannungselemente oder Ausschmückungen
- Einleitung: Dient der Orientierung und beantwortet wichtige Fragen (Was? Wer? Wo? Wann?)
- Hauptteil: Knappe und sachliche Zusammenfassung wesentlicher Elemente des Textes
- Schluss: Je nach Verwendungszweck Absicht des Autors oder auch persönliche Stellungnahme

Dokumentationen stellen zentrale Fakten, Aspekte, Zahlen usw. zu einem bestimmten Thema zusammen. Diese Informationen sollen dann für weitere Untersuchungen in einer Form zur Verfügung stehen, die es möglichst einfach macht, darauf zuzugreifen. Es geht also darum, das vorhandene Material zu sortieren, wesentliche Aspekte herauszugreifen und dem Stoff eine gewisse Ordnung zu geben, die einen schnellen Einblick ermöglicht. Wenn es sich um ein kontroverses Thema handelt, kann im Zuge der Systematisierung auch eine Kontrastierung vorgenommen werden, d. h. Gegensätzliches kann einander gegenüber gestellt werden.

Checkliste: Merkmale von Dokumentationen

- nach einem Ordnungssystem strukturiert
- übersichtlich und nachvollziehbar
- möglichst vollständig
- möglichst objektiv

Analysen können sich an Dokumentationen anschließen und gehen über die reine Beschreibung und Darstellung von Sachverhalten hinaus. Einzelne Aspekte des Themas werden erläutert und vertieft. Die sachliche Ebene bleibt aber auch hier erhalten, die eigene Meinung sollte keinen hohen Stellenwert einnehmen.

Checkliste: Merkmale von Analysen

- systematische Untersuchung formaler Aspekte
- Zerlegung in Bestandteile
- Ordnung, Untersuchung und Auswertung der einzelnen Bestandteile
- häufig die notwendige Vorstufe zur Interpretation

Interpretationen versuchen, den Sinn von Aussagen und Texten zu erfassen. Aufgabe des Interpretierenden ist es, sein Urteil über Sinn und Bedeutung des Textes möglichst plausibel und nachvollziehbar darzulegen. Bei literarischen Interpretationen ist es besonders wichtig, Inhalt und Form aufeinander zu beziehen.

Checkliste: Merkmale von literarischen Interpretationen

- Einleitung: Angaben zu Autor und Entstehungszeit; Thematik / Handlung des Textes
- Analyse des Inhalts (Figuren, Raum, Zeit, Themen)
- Analyse der Form (sprachliche Mittel, Erzählstruktur)
- evt. Bezug zu anderen Texten und Autoren
- Verstehen der Aussage, Deutung
- Schluss: Zusammenfassung; Urteil

Erörterungen dienen dazu, den eigenen Standpunkt zu einer Fragestellung zu finden und argumentativ zu untermauern. Pro- und Kontraargumente werden einander gegenübergestellt, die eigene Meinung wird logisch begründet.

Checkliste: Merkmale von Erörterungen

- These, die zumindest zwei kontroverse Standpunkte zulässt
- Einleitung: Möglichst interessanter und ansprechender Einstieg
- Hauptteil: Sachliche, stringente und zusammenhängende Argumentation mit Belegen
- Schluss: Eigene Meinung; Zusammenfassung des Ergebnisses; evt. Ausblick

Evaluationen sind Bewertungen von Problemen, Projekten und Prozessen. Empirische und statistische Daten sollen dabei helfen, die Evaluation argumentativ abzusichern. Entsprechend ist ein fundiertes Sachwissen Grundlage jeder Evaluation.

Checkliste: Merkmale von Evaluationen

- Beschreibung: Wie läuft etwas ab und was kommt dabei heraus?
- Zielorientierung: Welche Bedürfnisse sind vorhanden?
- Bewertung von Projekten und Prozessen
- Wirkungsüberprüfung und Informationsgewinn als Grundlage zur Optimierung

2. Wer sucht, der findet – Die Recherche

2.1 Wo suche ich, was ich brauche?

Die Recherche ist ein wichtiger Schritt auf dem Weg zu einem guten und vor allem informativen Referat. Die Möglichkeiten, nach geeignetem Material zu suchen, sind vielfältig.

Öffentliche Bücherei/Bibliothek: Der richtige Ort für die Recherche kann eine Bibliothek sein. Wenn du noch nicht mit den Gegebenheiten vertraut bist, lass dich vor Ort über das Bibliothekssystem informieren. Sowohl eine Suche nach thematischen Stichwörtern, als auch nach Autoren ist möglich. Du findest neben Fachbüchern, wissenschaftlichen Zeitschriften und aktueller Presse auch allgemeine Nachschlagewerke und Lexika.

> *TIPP:*
> *Stelle dir eine Liste mit Schlagwörtern zum Thema zusammen. So kommst du bei der Suche in der Bibliothek und im Internet schnell vorwärts.*

Archiv: In Archiven findest du Unterlagen, Schriftstücke, Pläne, Ton-, Bild- und Filmmaterial, die der Dokumentation und wissenschaftlichen Forschung dienen. Allerdings steht dieses Material nicht jedem frei zur Verfügung. Ein Besuch muss teilweise also angemeldet oder genehmigt werden. Das Ausleihen ist in der Regel nicht möglich, es können aber meist Kopien gemacht werden. Um besonders wertvolle Originale zu schonen, stehen diese häufig nur als Mikrofilmkopie zur Verfügung, was das Lesen etwas beschwerlicher macht. Vor allem, wenn das Thema die eigene Stadt oder nähere Gegend betrifft, kann es sich dennoch lohnen, das Stadt- oder Kreisarchiv zu besuchen.

Internet: Eine weitere Informationsquelle ist das Internet; das Problem ist hier aber, die gefundenen Seiten richtig einschätzen zu können und die verlässlichen Quellen von den zweifelhaften zu unterscheiden. Hierbei hilft es zum einen, sich eher auf Seiten von angesehenen Urhebern (Universitäten, Zeitschriften, Rundfunk) zu stützen. Zum anderen ist es ratsam, sich nicht nur auf eine Quelle zu verlassen, sondern mehrere zu vergleichen (→ Kap. 2.2 und 2.4).

Zeitzeugen: Wenn du über ein geschichtliches Thema referieren sollst, das noch nicht zu lange zurück liegt, kann es besonders spannend sein, Personen zu befragen, die das Ereignis miterlebt haben. Video- oder Tonaufzeichnungen können dein Referat auflockern.

> *TIPP:*
> *Berichte von Privatpersonen sind nicht objektiv. Mache also immer deutlich, dass es sich um die Meinung von Einzelpersonen handelt.*

Checkliste: Vorbereitung auf ein Zeitzeugeninterview

- gute Vorbereitung: Ausreichende Kenntnisse über die historischen Hintergründe
- Biografie des Zeitzeugen: Wie alt ist dein Zeitzeuge und was hat er erlebt?
- Kernfragen überlegen und stichwortartig aufschreiben
- Reihenfolge überlegen: Chronologisch oder thematisch?
- Überleg dir, wie du auf bestimmte Antworten reagierst.
- Wähle einen ruhigen Ort für das Interview.
- Erkläre dem Interviewpartner, worum es geht und wie du das Interview weiterverwendest.

Checkliste: Während des Zeitzeugeninterviews

- freundliche Atmosphäre: Versuche Vertrauen zu schaffen
- Fragen höflich und respektvoll stellen
- Blickkontakt halten und durch Mimik (Nicken, Lächeln) Interesse signalisieren
- nicht unterbrechen
- bei ungenügenden Antworten: Die Frage – etwas umformuliert – nochmals stellen

2.2 Wo recherchiere ich im Internet?

Die erste Anlaufstelle im Internet ist meist eine der zahlreichen **Suchmaschinen**, mit deren Hilfe man zu einem bestimmten Stichwort eine Liste von Verweisen auf mögliche relevante Internetseiten erhält (→ Kap. 2.3). **Metasuchmaschinen** dienen ebenfalls der Suche zu bestimmten Schlagwörtern. Allerdings benutzen Metasuchmaschinen andere Suchmaschinen (in der Regel mehrere gleichzeitig), sammeln die Ergebnisse und bereiten sie auf. Weiter unter sind sowohl einige Suchmaschinen als auch Metasuchmaschinen aufgelistet.

Alle wichtigen Zeitungen, Zeitschriften sowie Fernseh- und Rundfunkanstalten sind inzwischen im Netz. Dort hast du meist auch Zugriff auf umfangreiche **Archive** und die neusten **Nachrichten**. In Archiven kannst du meist auch nach Stichwörtern suchen.

Online gibt es natürlich auch zahlreiche nützliche **Nachschlagewerke** wie Lexika und Enzyklopädien, die dir die Arbeit erleichtern und eine erste Anlaufstelle sein können. Viele dieser Dienste sind kostenfrei, manchmal muss man aber auch dafür zahlen.

Wenn du im Internet unterwegs bist, solltest du sehr genau darauf achten, woher die Informationen stammen und ob die **Quelle** in angemessener und ausreichender Form angegeben ist. Im Internet gibt es in der Regel keinen Lektor, der Inhalte auf Richtigkeit und Vollständigkeit überprüft. Am sichersten ist es, wenn du dich auf seriösen Seiten bewegst (z. B. Seiten von Universitäten) und Fakten, bei denen du dir unsicher bist, noch einmal überprüfst (z. B. mit Hilfe eines Buches oder eines Lexikons). Speichere Internetseiten, die du verwendest, ab oder drucke sie auf. Du solltest dir auf jeden Fall die URL (d. h. die Adresse der Seite) notieren, um sie dann als Quelle angeben zu können.

Natürlich gibt es auch Seiten, auf denen bereits **fertige Facharbeiten, Referate und Hausarbeiten** angeboten werden. Du solltest dir aber gut überlegen, ob du dieses Material verwenden willst, es kommt schließlich aus zweiter Hand und du weißt nicht, wie zuverlässig der Verfasser gearbeitet hat. Es wörtlich zu übernehmen, wäre sowieso ein Plagiat (Gedankendiebstahl) und damit verboten. Außerdem kannst du dir sicher sein: Was du im Internet findest, findet auch dein Lehrer. Wenn er ein Plagiat entdeckt, wird er deine Arbeit mit ‚ungenügend' bewerten.

Ein großes Problem ist häufig, dass man sich einer ungeheuren **Fülle von Material** gegenüber sieht, das man kaum überblicken kann. Falsch wäre es dann, die erste Quelle einfach zu nehmen und sich damit zufrieden zu geben. Gerade im Internet ist es wichtig, Material sorgfältig zu überprüfen – dann fallen bestimmte Seiten sowieso recht schnell weg. In Kapitel 2.4 wird auf diese Frage noch einmal detailliert eingegangen.

Fasse bei deiner Recherche kein vorschnelles Urteil, sondern prüfe zunächst geduldig das Material und sammle verschiedene Aspekte und Sichtweisen, sodass deine Meinung wohlüberlegt und gut begründet ist.

Im Folgenden sind einige Adressen für dich zusammengestellt.

Lexika und Enzyklopädien

http://de.encarta.msn.com	(Microsoft® Encarta®)
http://www.schuelerlexikon.de	(Schülerlexikon)
http://www.wikipedia.org	(Wikipedia)
http://www.pons.eu	(Wörterbücher)

Suchmaschinen
www.bing.com
www.fireball.de
www.google.de
www.lycos.de

Meta-Suchmaschinen
www.metager.de
www.meta-spinner.de
www.apollo7.de

Verzeichnisse von Katalogen, Linksammlungen und Suchmaschinen
www.allesklar.de
www.recherchetipps.de
www.suchlexikon.de
www.web.de
www.yahoo.de

Bibliotheken
http://www.d-nb.de (Deutsche Nationalbibliothek)
http://www.gbv.de (Gemeinsamer Bibliotheksverbund)

Presse im Internet

www.berlinonline.de/berliner-zeitung
www.faz.de
www.focus.de
www.spiegel.de
www.stern.de
www.sueddeutsche.de
www.welt.de
www.zeit.de
www.zeitungen.de

Nachrichten von ARD und ZDF

www.heute.de
www.tagesschau.de

Natur und Wissenschaft

www.geo.de
www.wissenschaft.de
www.spektrum.de

2.3 Wie benutze ich eine Internet-Suchmaschine?

Eine Recherche im Internet sollte gut geplant sein – sonst kann man hier Stunden vertrödeln, ohne zu einem Ergebnis zu kommen. Überlege dir also, bevor es losgeht, welche Stichwörter du eingeben möchtest. Wenn dein Stichwort zu allgemein ist, wirst du viel zu viele Treffer erzielen, wenn es allerdings zu präzise ist, bekommst du unter Umständen gar keinen Treffer. Manchmal lohnt es sich, ein Lexikon zu Rate zu ziehen, um geeignete Stichwörter (z. B. Namen oder Orte) für dein Thema zu finden. Eine zusätzliche Hilfe bei der Suche bieten auch spezielle **Suchoperatoren,** die im Folgenden kurz vorgestellt werden.

Suche mit Anführungszeichen: Die Wörter, die bei einer Suchanfrage in Anführungszeichen stehen, behandelt die Suchmaschine als einen festen Begriff / eine Phrase. Es werden vor allem die Seiten angezeigt, die diesen festen Begriff / diese Phrase enthalten.
Wenn man z. B. Informationen über die Wüste Atacama sucht, könnte der Suchbegriff *„Wüste Atacama“* lauten.

Suche mit Pluszeichen: Wenn man zwei, drei oder mehrere Wörter durch ein Pluszeichen zu einer langen Suchanfrage verbindet, werden als Treffer diejenigen Seiten angezeigt, auf denen alle durch das Pluszeichen verbundenen Begriffe gleichzeitig vorkommen. Bei einigen Suchmaschinen muss statt Plus das Wort AND zwischen die Suchbegriffe gesetzt werden.
Eine Suchanfrage wie z. B.: *Wüste +Atacama +Temperatur* zeigt deshalb vor allem Treffer, bei denen es um die Temperaturen in der Atacamawüste geht.

Suche mit Minuszeichen: Wörter, die man aus einer Suche ausschließen möchte, kann man mit einem Minuszeichen versehen. Bei einigen Suchmaschinen muss statt Minus das Wort NOT zwischen die Begriffe gesetzt werden.
Eine Suchanfrage mit z. B. *Wüste -Atacama -Sahara* bringt Treffer, bei denen es um Wüste, aber nicht um Atacama bzw. Sahara geht.

Suche mit OR: Wenn man zwei Begriffe mit OR verbindet, werden nur die Seiten angezeigt, die entweder den einen oder den anderen Begriff enthalten.
Die Suchanfrage wie z. B. *Wüste OR Sand* bringt vor allem Fundstellen, in denen es entweder um Wüste oder um Sand geht.

Suche mit Sternchen: Wenn man direkt nach einem Suchbegriff zusätzlich noch ein Sternchen (sog. Platzhalter) hinzufügt, werden als Treffer alle Quellen angezeigt, die Zusammensetzungen mit dem Suchbegriff am Anfang enthalten. Wenn man z. B. nach *Atacama** sucht, bekommt man als Treffer Seiten über Atacama-Wüste, Atacama-Wetter, Atacama-Region usw.

Suche mit def!: Wenn man vor dem Suchbegriff def! hinzufügt, bekommt man als Treffer vor allem Seiten, die eine Definition des Suchbegriffs enthalten. Diese sog. Makro-Suche funktioniert allerdings nur bei der Suchmaschine Google®.
Mit dem Suchbegriff *def! Wüste* kann man schnell eine Definition zu Wüste finden.

2.4 Wie überprüfe ich Qualität und Informationsgehalt meines Materials?

Bücher: Die erste Orientierung, ob ein Buch für dich relevant ist oder nicht, gibt häufig bereits der Titel. Wesentlich mehr verraten aber das Inhaltsverzeichnis und die Einleitung. Themen und Aufbau des Buches können hier entnommen werden. Im Index (Personen- und Sachregister) am Ende des Buches kannst du zusätzlich nach bestimmten Begriffen suchen und so gezielt bestimmte Textpassagen zu einem Stichwort finden und lesen.

TIPP:
Beginne zunächst mit allgemeineren Büchern und Texten, bevor du dich mit Spezialgebieten befasst.

Checkliste: Die Nützlichkeit eines Buches schnell beurteilen

- Inhaltsverzeichnis lesen
- Index überfliegen
- Vorwort/Einführung anlesen
- zwei oder drei willkürlich ausgewählte Textpassagen anschauen

Es ist wichtig, nicht nur die Nützlichkeit eines Buches zu beurteilen, sondern auch seine Qualität zu erkennen. Manche Bücher sind unausgewogen und stellen eine Sachlage einseitig dar. Nicht immer ist es einfach, das auf den ersten Blick zu erkennen – vor allem dann nicht, wenn man selbst von der Thematik recht wenig Ahnung hat. Wenn man sicher gehen möchte, kann man seinen Lehrer nach geeigneter Literatur fragen oder recherchieren, welchen Hintergrund der Autor mitbringt. Die wichtigste Regel ist sicher, sich nicht mit dem ersten besten Text zufrieden zu geben. Besonders Informationen aus dem Internet sollten sorgfältig geprüft werden. Die folgende Checkliste soll helfen, die Qualität eines Buches angemessen zu beurteilen.

TIPP:
Um die Qualität eines Buches wirklich beurteilen zu können, solltest du mehrere Bücher gelesen und verglichen haben.

Checkliste: Die Qualität eines Buches beurteilen

- Wer ist der Autor des Buches? Welchen wissenschaftlichen Hintergrund hat er?
- Ist die Quelle verlässlich und lässt Niveau und Objektivität erwarten?
- Ist das Thema ausgewogen dargestellt oder wird etwas verschwiegen / verfälscht?
- Ist die Untersuchungsgrundlage repräsentativ und aussagekräftig?
- Argumentiert der Text logisch und nachvollziehbar?

Zeitschriften: In vielen Fachzeitschriften befindet sich am Anfang oder Ende der einzelnen Beiträge eine kurze Zusammenfassung. Danach kannst du oft bereits entscheiden, ob es sich für dich lohnt, den ganzen Artikel genau zu lesen. Auch Zwischenüberschriften liefern Hinweise über die behandelten Themen des Artikels.

Lexikonartikel: Sie liefern eine Fülle an Information in sehr komprimierter Form. Sie sind also zum einen dafür geeignet, sich einen Überblick zu verschaffen, zum anderen dafür, weitere Stichwörter für die Suche zu finden. Manches in einem Lexikonartikel muss an einer anderen Stelle nachgeschlagen und durch zusätzliche Informationsquellen angereichert werden.

> **TIPP:**
> *Achtung: Rechne für die Recherche im Internet viel Zeit ein. Sie ist oft aufwändiger als man denkt.*

Internet: Überlege dir eine Liste mit Stichwörtern, die bei deiner Suche sinnvoll sein könnten und nutze bei den gefundenen Texten die Suchfunktionen deines Browsers - so kannst du einen Artikel, den du im Internet findest, sehr einfach nach bestimmten Begriffen durchsuchen. Vor allem im Internet solltest du die Quelle des Artikels und seine Seriosität besonders gründlich untersuchen.

Checkliste: Die Qualität von Material aus dem Internet prüfen

- Ist der Text für mein Thema relevant?
- Ist die Urheberschaft eines Artikels oder einer Statistik angegeben?
- Ist die Quelle oder der Autor seriös und niveauvoll?
- Ist der Zeitpunkt der Veröffentlichung angegeben? Sind die Informationen aktuell?
- Wird das Thema objektiv dargestellt und von mehreren Seiten beleuchtet?
- Wird das Thema sachlich richtig und vollständig dargestellt?

Nicht alles, was du im Internet findest, solltest du ungefiltert übernehmen. Häufig sind Seiten unseriös und nicht wissenschaftlich fundiert. Bei bestimmten Quellen ist die Gefahr besonders hoch, dass Inhalte subjektiv oder ideologisch gefärbt sind.

Checkliste: Diese Quellen sollten mit Vorsicht behandelt werden

- Beiträge aus Internetforen und Blogs
- Informationen aus Werbebeiträgen
- Firmenseiten
- Private Produktbewertungen
- Seiten von religiösen Trägern und Sekten

2.5 Wie notiere ich, was ich finde?

Während der Materialsuche erscheint es oft problematisch, die Informationen so zu notieren, dass sie später gut verarbeitet werden können.

TIPP:
Notiere immer auch die genaue Quelle der gefundenen Information, da du diese später ohnehin angeben musst.

Lesetechniken: Bei deiner Recherche geht es darum, möglichst schnell zu beurteilen, ob ein Text für dich relevant ist oder nicht. Verschaffe dir einen Überblick über den Inhalt, indem du die Seiten überfliegst und die Schlüsselwörter erfasst. Entscheide dann, ob es sich lohnt diesen Text genauer zu bearbeiten.

TIPP:
Entnimm keine Textpassagen wörtlich, ohne sie als Zitate zu kennzeichnen.

Texte exzerpieren: Markiere in den Texten, die du als wichtig erachtest, zentrale Stellen und schreibe dir zur eigenen Orientierung Überbegriffe an den Rand. Mache dir die Hauptgedanken des Textes klar und fasse diese in eigenen Worten zusammen. Du kannst auch mit Abkürzungen und Symbolen arbeiten, um dir den Überblick zu erleichtern. Eine Definition könntest du mit *Def.* am Rand kennzeichnen, ein Argument mit *A*, ein Beispiel mit *Bsp.*, wichtige Stellen mit *!*, unklare Stellen, die du später genauer anschauen oder nachschlagen möchtest, mit *?*.

Vorstrukturieren: Es bietet sich an, das Material in Mind-Maps (→ Kap. 1.2) oder Clustern thematisch vorzustrukturieren. Man sollte einzelne Aspekte, die man in Büchern, Zeitschriften oder im Internet findet, gleich so zusammenstellen, dass man sie später wieder findet und bei der Erarbeitung keinen Aspekt vergisst.

Zitieren: Notiere Zitate, die du womöglich in deinem Vortrag zur Verdeutlichung verwenden willst, mit genauen Quellenangaben (Autor, Titel, Ort: Verlag, Jahr, Seitenzahl; z. B.: Hufnagel, Elke: *Schulgrammatik Plus Deutsch*. Stuttgart: PONS, 2009, S. 242 - 244).

Literaturverzeichnis anlegen: Du musst alle verwendeten Quellen angeben. Lege dir deshalb eine Liste an, auf der du die Angaben aller verwendeten Materialien notierst. Eventuell muss diese Liste auch abgegeben werden. In einem solchen Literaturverzeichnis (Bibliografie) werden folgende Abkürzungen verwendet.

Abkürzungen beim Bibliografieren

Hrsg./Hg.: Herausgeber/-in (in Klammer hinter Namen)

ders./dies.: der- oder dieselbe Autor/-in (wenn man direkt davor bereits einen anderen Text des Autors angeführt hat)

ebd.: ebenda (wenn man direkt davor bereits aus dem gleichen Text zitiert hat)

f./ff.: folgende Seite/Seiten (also anstatt S.17-18: S.17f. und anstatt S. 34-48: S. 34ff.)

o.J.: ohne Jahr (wenn das Erscheinungsjahr nicht angegeben ist)

o.O.: ohne Ort (wenn kein Ort angegeben ist)

Checkliste: Literaturverzeichnis (Bibliografie)

- **Bücher**: Name, Vorname: *Titel*. Ort: Verlag, Jahr.
- **Zeitschriftenartikel**: Name, Vorname: „Titel". In: Name der Zeitschrift. Ausgabe. Ort: Verlag, Jahr. Seite.
- **Internetseiten**: vollständige Webadresse, in Klammern dahinter das Datum, an dem die Seite besucht wurde.
- Internetseiten werden separat von Büchern und Zeitschriften aufgelistet.
- Die Namen der Autoren werden alphabetisch sortiert.

2.6 Wie formuliere ich aus, was ich mir notiert habe?

TIPP:
Verwende nur Begriffe, die du verstehst und erklären kannst.

Du solltest dein Referat möglichst in eigenen Worten wiedergeben – nicht nur, weil es deinen Mitschülern dann leichter fallen wird, dir zu folgen und die Inhalte zu verstehen, sondern auch, weil du so zeigen kannst, dass du dein Thema wirklich verstanden hast. Es macht nichts, wenn du dich dabei sprachlich sehr vom Ausgangstext entfernst, solange du den Inhalt treffend wiedergibst. Du solltest alle wesentlichen Informationen beibehalten und eine sinnvolle Reihenfolge wählen. Verzichte auf schwierige Fremdwörter und erkläre Fachbegriffe, sonst überforderst du deine Zuhörer.

Checkliste: Mit eigenen Worten den Inhalt wiedergeben

- Beschreibe ich alles mit meinen eigenen Worten?
- Gebe ich den Inhalt treffend wieder?
- Ist meine Reihenfolge sinnvoll?
- Kann ich Fachbegriffe verständlich erklären?
- Verwende ich nicht zu viele Fremdwörter?
- Ist meine Sprache angemessen und stilistisch einwandfrei? (→ Kap. 3.7)

2.7 Wie strukturiere ich, was ich verwenden will?

Mit dem Rohmaterial, das während der Recherche gesammelt wurde, wird nun eine endgültige Struktur erarbeitet. Du solltest dir noch einmal genau deine Themenformulierung und Zieldefinition anschauen. Überlege dir, welche der Informationen du tatsächlich auch verwenden willst bzw. solltest.

Finde Überschriften zu Unterkapiteln und bringe diese in eine schlüssige Reihenfolge. Ordne dann dein Material diesen Unterpunkten zu. (→ Kap. 5.1)

TIPP:
Lege am besten für jeden Unterpunkt ein eigenes Kartensystem an, das erleichtert das Zuordnen der verschiedenen Informationen.

Beispiel: Gefundenes Material sinnvoll ordnen

Ungeordnete Sammlung

Innerhalb der EU besteht Kennzeichnungspflicht für gentechnisch veränderte Produkte.

Der Verbraucher kann seine Kaufentscheidung selbstständig mit Hilfe der Kennzeichnung fällen.

Für die Wirtschaft ist es besser, die Produkte zu kennzeichnen, als sie ganz zu verbieten.

Der Staat hat die Aufgabe, seine Bürger zu schützen und muss deshalb vor möglichen Gefahren warnen. Eine Kennzeichnung hilft

Mögliche Ordnung

Definition:
Gen-Food = Lebensmittel (pflanzlich / tierisch), deren Genom gentechnisch verändert wurde

Rechtliche Lage
(europäische Kennzeichnungsverordnung): Verpflichtender Hinweis auf Etikett bei mehr als 0,9% genmanipulierter Rohstoffe (auf Zutatenliste: gentechnisch verändert)
Nicht bei: Fleisch, Milch, Eier von Tieren, die mit gentechnisch verändertem Futter gefüttert wurden.

dem Verbraucher und ist nicht teuer, da es bereits andere Kennzeichnungen gibt. Nach der europäischen Kennzeichnungsverordnung muss ein verpflichtender Hinweis auf die Zutatenliste auf das Etikett bei mehr als 0,9% genmanipulierter Rohstoffe.

Durch die Kennzeichnung entsteht ein negatives Bild von gentechnisch veränderten Lebensmitteln, obwohl wissenschaftlich nicht erwiesen ist, dass solche Lebensmittel überhaupt schädlich sind. Unternehmer werden zurückhaltender mit Investitionen in Forschung und Entwicklung sein, wenn ihre Produkte mit einem negativen Image belegt sind. Es kann ein großer Schaden für die Wissenschaft entstehen.

Gen-Food beschreibt Lebensmittel – sowohl von Tieren als auch von Pflanzen – deren Genom gentechnisch verändert wurde.

Züchtung war schon immer völlig normal, Gentechnik beschleunigt den Prozess lediglich. Es gibt demnach keinen Unterschied zwischen herkömmlichen und veränderten Lebensmitteln.
Die Kennzeichnung muss nicht nur durchgeführt, sondern auch kontrolliert werden, was mit hohen Zusatzkosten verbunden ist.

Man braucht keinen Hinweis bei Fleisch, Milch und Eiern von Tieren, die mit gentechnisch verändertem Futter gefüttert wurden.

Argumente für Kennzeichnung:
Entscheidungsfreiheit
Der Verbraucher kann seine Kaufentscheidung selbstständig mit Hilfe der Kennzeichnung fällen.

Nutzen überwiegt Kosten
Eine Kennzeichnung hilft dem Verbraucher und ist nicht teuer, da es bereits andere Kennzeichnungen gibt.

Kennzeichnung besser als Verbot
Für die Wirtschaft ist es besser, die Produkte zu kennzeichnen, als sie ganz zu verbieten.

Staat muss Bürger schützen
Der Staat hat die Aufgabe, seine Bürger zu schützen und muss deshalb vor möglichen Gefahren warnen.

Argumente gegen Kennzeichnung
Kein Unterschied zwischen herkömmlichen und veränderten Lebensmitteln
Züchtung war schon immer völlig normal, Gentechnik beschleunigt den Prozess lediglich.

Hohe Kosten mit Kennzeichnung verbunden
Die Kennzeichnung muss nicht nur durchgeführt, sondern auch kontrolliert werden, was mit hohen Zusatzkosten verbunden ist.

Kein erwiesenes Risiko
Durch die Kennzeichnung entsteht ein negatives Bild von gentechnisch veränderten Lebensmitteln, obwohl wissenschaftlich nicht erwiesen ist, dass solche Lebensmittel überhaupt schädlich sind.

Forschungsstandort Deutschland wird geschwächt
Unternehmer werden zurückhaltender mit Investitionen in Forschung und Entwicklung sein, wenn ihre Produkte mit einem negativen Image belegt sind.

Fertig: Auftritt vorbereiten

3 Ab in die Startlöcher – Vorbereitung und Visualisierung

3.1 Welche Möglichkeiten des Medieneinsatzes habe ich?

Tafel, Flipchart, Poster, Folie, Computer, Film oder Tonträger? Überlege dir, mit welchen Medien du deine Inhalte präsentieren kannst: Welches Medium ist am besten geeignet, die einzelnen Aspekte verständlich zu machen und zu veranschaulichen?

Stelle dir auch die Frage, was du mit deinem Medieneinsatz erreichen möchtest. Soll das Gesagte ergänzt, vertieft oder einfach wiederholt und verdeutlicht werden? Dient eine Visualisierung als Orientierungshilfe? Soll eine Zusammenfassung wesentlicher Punkte erfolgen oder ein Überblick gegeben werden? Vielleicht willst du die Zuhörer durch ein Bild oder einen Filmausschnitt emotional ansprechen oder eine Stellungnahme provozieren? Mache dir Ziel und Zweck deines Medieneinsatzes deutlich und wähle demnach Medium und Gestaltung aus. Der Medieneinsatz sollte niemals nur Lückenfüller sein.

> ***TIPP:***
> *Überprüfe die verwendeten Bilder, Filme und Tonträger auf ausreichende Bild- und Tonqualität hin.*

Berücksichtige bei deinen Überlegungen auch den Arbeitsaufwand während der Vorbereitung und wie einfach oder kompliziert die Handhabung während deines Referates ist.

Die Tafel kann während deines Referates dafür genutzt werden, Äußerungen aus dem Plenum zu sammeln oder einige Stichpunkte zu notieren. Komplexere Schaubilder solltest du, wenn die Möglichkeit besteht, schon vor dem Vortrag anbringen, oder dich für eines der anderen Medien entscheiden. Es kann Zuhörer langweilen, wenn sie dir zu lange beim Erstellen eines Tafelbilds zusehen müssen. Achte darauf, dass die Tafel ordentlich geputzt ist, verschmierte Tafeln erschweren die Lesbarkeit. Arbeite mit unterschiedlichen Farben. Wenn du während des Vortrags ein Tafelbild erstellst, solltest du darauf achten, nicht gleichzeitig zu sprechen und zu schreiben. Wende dich immer deinen Zuhörer zu, wenn du etwas erläuterst. Und noch ein kleiner Hinweis: Kreide hinterlässt unschöne Spuren an den Händen – wenn man also den weiteren Vortrag nicht mit Kreideflecken auf der Kleidung halten möchte, sollte man seine Hände von der Kleidung fernhalten.

> ***TIPP:***
> *Entscheide dich für wenige, sinnvolle und passende Medien. Zu viele verschiedene Medien überfordern den Zuhörer.*

Flipcharts haben eine ähnliche Funktion wie die Tafel. Besonders eignen sie sich für Stichwortsammlungen und Skizzen. Man kann hier innerhalb kürzester Zeit verschiedene Aspekte auf einem jeweils neuen Blatt behandeln. Auch hier hast du die Möglichkeit, mit farbigen Stiften zu arbeiten – achte aber unbedingt darauf, dass diese auch funktionieren. Hinterher können die Blätter als Gedächtnisstütze im Vortragsraum aufgehängt werden. Dafür kannst du Klebeband oder Reiszwecken mitbringen.

Plakate haben den Vorteil, dass sie während des gesamten Referates präsent sind und auch darüber hinaus als Erinnerungsstütze und Ergebnis genutzt werden können.

Folien sind sehr flexibel einsetzbar, da sie vor dem Vortrag erstellt werden können, aber auch spontane Ergänzungen während des Referates zulassen. Du kannst dabei auch Informationen schrittweise ergänzen. So können die Zuschauer die Entwicklung der Gedankengänge nach und nach mitverfolgen. Zu beachten ist hier allerdings der Faktor Zeit: Wenn Folien während des Referates erstellt oder vervollständigt werden, musst du entsprechend viel Zeit dafür einplanen. Achte auch dann auf die Schriftgröße und die Übersichtlichkeit. Folien sollten nicht mit Information überladen sein. Die Zuschauer sollen Folien leicht überblicken können. Farbliche Hervorhebungen und unterschiedliche Schriftarten können helfen, Folien übersichtlich zu gestalten – etwa bei Gegenüberstellungen. Auch hier gilt der Grundsatz: weniger ist mehr. Drei Farben bzw. Schriftarten sollten genügen.
Auch zu viele Folien können den Zuschauer überfordern. Die Zuschauer sollten immer genügend Zeit haben, die Informationen einer Folie zu „verdauen", bevor die nächste aufgelegt wird (→ Kap. 3.7).

Der Computer bietet die Möglichkeit, Grafiken, Bilder und Auflistungen mit Powerpoint zu erstellen und mit Hilfe des Beamers zu zeigen. Besonders wenn zahlreiche Bilder, Diagramme und Illustrationen eingesetzt werden sollen, ist dieses Medium sinnvoll. Achte aber auch hier darauf, dass deine Zuschauer Zeit brauchen, die Eindrücke aufzunehmen und zu verarbeiten.

Filme oder Filmsequenzen können einzelne Aspekte deines Themas eindrücklich veranschaulichen. Allerdings sollte der gewählte Ausschnitt genau auf das Thema abgestimmt sein und nur einen kleinen Teil deines Referates einnehmen. Nimm während deines Referates Bezug auf die gezeigten Szenen.

Tonträger können ähnlich wie Filme eingesetzt werden. Musik, Interviewausschnitte, Lesungen oder ähnliches lockern den Vortrag auf und können als Ausgangspunkt oder Beispiel dienen.

Checkliste: Welche Ansprüche an Filme und Tonträger müssen erfüllt sein?
- Ist der Filmausschnitt in dieser Länge tatsächlich notwendig?
- Tragen die ausgewählten Materialien zusätzliche Informationen zum Thema bei?
- Sind sie eine sinnvolle Ergänzung zum Thema und veranschaulichen es?
- Oder ist das Material eigentlich nur ein Lückenfüller?
- Ist die Bild- und Tonqualität in Ordnung?

3.2 Welche zusätzlichen Möglichkeiten der Visualisierung gibt es?

Du kannst deinen Zuhörern auch noch weitere optische Hilfen auf dem Handout oder auf Folien geben, um ihnen Orientierung und Verständnis zu erleichtern. Mit Diagrammen beispielsweise werden Häufigkeiten dargestellt. Symbole können die Verständlichkeit unterstützen oder logische Verknüpfungen verdeutlichen.

Symbole zur Verdeutlichung dienen meist der Hervorhebung von Inhalten. Der Blick des Betrachters wird automatisch auf bestimmte wesentliche Begriffe gelenkt, eine Orientierung wird erleichtert. Im Text selbst kannst du Umrahmungen und Unterstreichungen vornehmen, am Textrand kannst du einfache Symbole zeichnen, z. B. Pfeile, Ausrufezeichen, oder auch Glühbirnen sowie lachende und weinende Gesichter. Hier ein paar Beispiele mit ihren möglichen Bedeutungen:

TIPP:
Übertreibe es nicht mit Symbolen und Orientierungshilfen – sonst wird es unübersichtlich.

Logische Symbole sind prägnant und klar. An entsprechenden Stellen im Text platziert, zeigen sie Verknüpfungen und Zusammenhänge zwischen Aussagen an. Hier ein paar Beispiele:

TIPP:
Alle Symbole kannst du auch bei deiner eigenen Textanalyse verwenden.

Fazit oder Ergebnis | Schlussfolgerung | zwei Aspekte werden zusammengefügt

Kreisdiagramme stellen Anteile eines Ganzen dar, so werden unterschiedliche Verteilungen deutlich. Tortendiagramme sind dreidimensionale Varianten von Kreisdiagrammen, meist aber nicht so übersichtlich.

Säulendiagramme eignen sich besonders, um Unterschiede darzustellen. Balkendiagramme sind Säulendiagramme, die um 90° gedreht sind. Du solltest besonders auf eine aussagekräftige Beschriftung beider Achsen achten und eventuell die Werte an den einzelnen Säulen angeben.

Liniendiagramme (oder Kurvendiagramme) verzeichnen einen Verlauf oder eine Entwicklung. Achte aber auf den Maßstab – ist er zu klein gewählt, werden die Ausschläge größer und die Ergebnisse können dramatischer wirken, als sie es eigentlich sind. Du solltest außerdem nicht mehr als vier Kurven in einem Schaubild darstellen, sonst wird das Diagramm unübersichtlich.

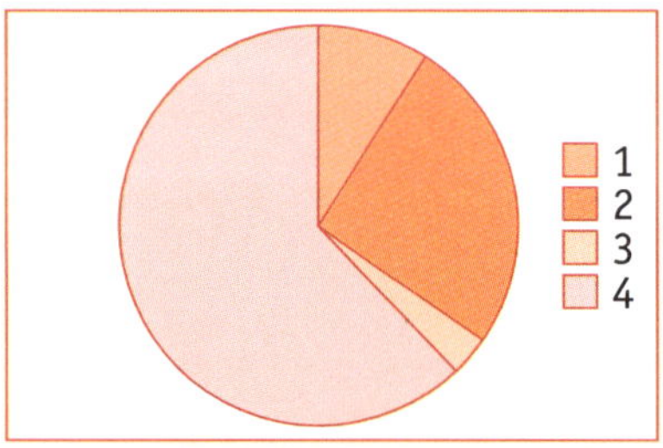

Kreisdiagramm

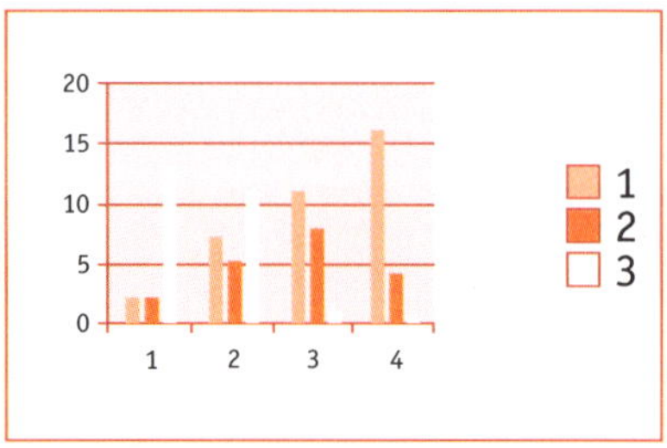

Säulendiagramm

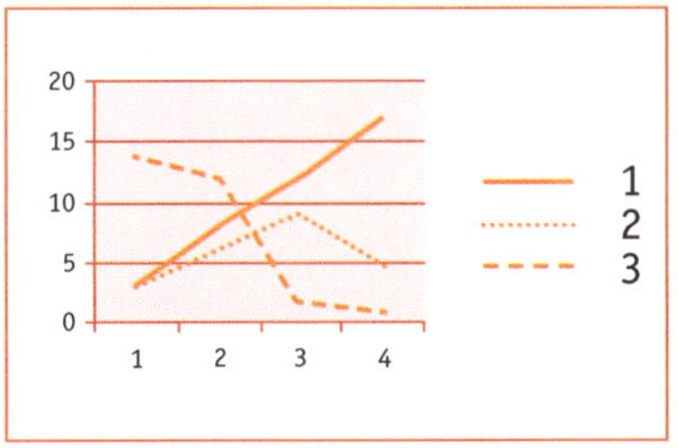

Liniendiagramm

Viele können sich visualisierte Inhalte wesentlich besser einprägen, trotzdem gilt die Regel, dass weniger mehr ist. Wer alles visualisiert, schafft weder Übersichtlichkeit noch Einfachheit, der Zuhörer wird schlicht überfordert. Frage dich deshalb immer, ob das Diagramm tatsächlich zum Verständnis benötigt wird. Außerdem sollte immer zunächst festgelegt werden, welche Aussage visuell unterstützt werden soll, bevor man sich für einen Diagrammtyp entscheidet (→ Kap. 5.3).

TIPP:
Pro Diagramm nicht mehr als eine Aussage!

Tabellen: Auch Tabellen können dir helfen, Informationen übersichtlich zu präsentieren. In einem Word-Dokument lassen sich Tabellen sehr einfach mit dem Befehl „Tabelle einfügen“ mit beliebig vielen Zeilen und Spalten erstellen, die du mit Hilfe von „Tabellenformat“ individuell gestalten kannst. Natürlich solltest du auch bei einer Tabelle auf Übersichtlichkeit achten und eine Schriftgröße von mindestens 18 Punkt wählen. Wenn du Zahlen in Tabellen auflistest, empfiehlt sich mindestens 20 Punkt, außerdem solltest du wichtige Zahlen oder Auffälligkeiten, auf die du hinweisen möchtest, fett oder farbig markieren.

Checkliste: Tabellen

- Schriftgröße mindestens 18, bei Zahlen 20 Punkt
- wichtiges farbig oder fett hervorheben
- bei Zahlen maximal zwei Stellen nach dem Komma
- auf Übersichtlichkeit achten, nicht zu viel Information
- übersichtliches Ordnen der Information

3.3 Welche Lerntypen sollte ich bei der Planung berücksichtigen?

Die Art und Weise, wie Menschen am besten lernen, ist individuell verschieden. Untersuchungen haben aber gezeigt, dass der Lernerfolg in der Regel dann am größten ist, wenn möglichst viele Sinne am Lernprozess beteiligt sind. Beim Lernen müssen Vorgänge erkannt, verarbeitet und gespeichert werden.

Auditiv: Manche Lerner können sich Dinge besonders gut merken, wenn sie sie hören (auditiver Lerntyp). Für diesen Lerntyp sind Vorträge und mündliche Erklärungen wichtig.

Visuell: Andere Lerner können sich Inhalte über das Sehen besser einprägen. Für diesen Lerntyp ist es wichtig, zentrale Punkte schriftlich an der Tafel oder auf Folie vor sich zu sehen, oder auch Bilder, Grafiken und Diagramme zu betrachten. Auch Filmausschnitte oder Plakate helfen diesem Lerntyp.

Motorisch: Manchen Lernern hilft es Dinge auszuprobieren und nachzubauen. Natürlich kann das nicht bei jedem Referatsthema berücksichtigt werden. Versuche aber, soweit dies möglich ist, auch diesen Lerntyp bei deiner Planung zu berücksichtigen. Vielleicht gibt es einfache Experimente, die alle machen können.

Kommunikativ: Kommunikativen Lerntypen erschließen sich bestimmte Sachverhalten besonders einfach über Gespräche und Diskussionen. Du kannst in dein Referat oder ans Ende kleine Gesprächs- und Diskussionsphasen einplanen, um diesen Lerntyp zu unterstützen.

3.4 Wie bereite ich mich auf meinen Auftritt vor?

Übungspräsentation: Sie gibt dir Sicherheit und weist dich auf eventuelle Schwachpunkte hin. Du kannst deine Freunde bitten, bei der Übungspräsentation auf bestimmte Dinge zu achten, dann wird es ihnen leichter fallen, dir eine differenzierte Rückmeldung zu geben. Wenn du bereits weißt, wo deine Schwachpunkte liegen, kannst du sie bitten, darauf besonderes Augenmerk zu legen.

Checkliste: Worauf ein Freund bei einer Übungsoräsentation achten könnte

- Kann man dem Inhalt leicht folgen?
- Gelingt es mir, komplizierte Sachverhalte einleuchtend zu erklären?
- Veranschauliche ich wichtige Aspekte sinnvoll?
- Gebe ich genügend Beispiele?
- Folgen die einzelnen Punkte logisch aufeinander?
- Ist die Struktur des Referates klar?
- Ist meine Wortwahl, mein Ausdruck und mein Stil dem Thema angemessen?
- Spreche ich klar, laut und deutlich?
- Spreche ich frei?
- Ist meine Körpersprache angemessen?
- Wird die vorgegebene Zeit eingehalten?

Der Abend zuvor: Versuche, am Abend zuvor rechtzeitig mit allen Vorbereitungen fertig zu sein, so dass du genügend Schlaf bekommst. Ein ausgeschlafener Referent tritt wesentlich überzeugender und souveräner auf als ein übermüdeter.

TIPP:
Beschäftige dich nicht bis zum letzten Augenblick mit deinem Referat. Das bringt dich nur unnötig durcheinander.

Lampenfieber: Wenn du dich gut vorbereitet hast, gibt es eigentlich keinen Grund aufgeregt zu sein. Trotzdem ist es normal, ein gewisses Maß an Lampenfieber zu spüren. Oft hilft es, das Referat im Vorfeld vor Freunden oder auch nur vor dem Spiegel zu halten. Wenn dieser Probeauftritt gut läuft, legt sich die Nervosität von selbst. Auch Entspannungsübungen können helfen (→ Kap. 3.5). Sei am Tag selbst pünktlich an Ort und Stelle. Plane lieber einen Zeitpuffer ein, damit du nicht zusätzlich unter Druck gerätst.

Zeit am Morgen: Achte darauf, dass du am Morgen genügend Zeit hast, noch eine Kleinigkeit zu essen und du nicht in zusätzlichen Stress durch Zeitmangel gerätst. Nikotin und Koffein können Stresssymptome steigern, du solltest deshalb besser darauf verzichten. Beschäftige dich am besten gar nicht mehr mit dem Referat, das kann dich sonst durcheinander bringen. Mache lieber eine Entspannungsübung. Vielleicht hilft es dir auch, angenehme Musik zu hören.

Nobody is perfect: Setze dich selbst nicht zu sehr unter Druck. Es ist kein Problem, wenn dir zwischendurch einmal kleine Fehler unterlaufen. Auch Versprecher wird niemand übel nehmen. Es ist vollkommen in Ordnung, sich bei Unsicherheiten an den Karteikarten zu orientieren, solange man nicht durchgängig abliest. Stelle keine übertrieben hohe Ansprüche an dich.

Entspannungsübung: Großer Stress kann dazu führen, dass du dich verkrampfst, deine Körperhaltung unnatürlich und steif wirkt und deine Sprache undeutlich oder wesentlich schneller wird als von dir beabsichtigt. Es kann auch passieren, dass dir plötzlich bestimmte Informationen nicht mehr einfallen oder du gar nicht mehr weiter weißt. Diesem gefürchteten Blackout kannst du vorbeugen, indem du vor dem Referat Entspannungsübungen machst, die dir helfen, zur Ruhe zu kommen und dich zu konzentrieren. Tipps dazu kannst du dir gleich im nächsten Kapitel holen.

Checkliste: Wie ich mich vor dem Referat verhalten sollte

- Halte (rechtzeitig vorher) ein Übungsreferat vor Freunden.
- Verknüpfe das Referat mit positiven Gedanken.
- Gehe rechtzeitig ins Bett und mache eventuell Entspannungsübungen zum besseren Einschlafen.
- Wähle bequeme und angemessene Kleidung.
- Vergiss nicht, ein wenig zu frühstücken.
- Mache eine Entspannungsübung direkt vor dem Referat.

3.5 Wie kann ich mich vor dem Referat entspannen?

Atmung: In Stresssituationen verändert sich häufig die Atmung. Sie wird schneller und flacher, was zu einer abgehackten, leisen oder zittrigen Stimme führen kann. Außerdem kann das Gehirn nicht mehr ausreichend mit Sauerstoff versorgt werden, die Denkleistung nimmt ab. Stelle dich bequem hin und atme bewusst durch die Nase ein und aus – im Idealfall so, dass sich die Bauchdecke deutlich hebt und senkt. Verlängere die Phase des Ausatmens bei jedem Atemzug.
Du kannst auch auf vier Schläge einatmen, dann auf vier Schläge eine Atempause machen und auf vier Schläge ausatmen. Der Vorteil dieser Übung ist, dass du sie immer – auch beim Gehen – machen kannst. Sie hilft vor allem bei Angst und Einschlafstörungen.

Funktionale Entspannung: Höre in dich hinein und versuche zu erspüren, wo du gerade verspannt bist oder welches Körperteil schmerzt oder verkrampft ist. Mache an diesen Stellen kleine Bewegungen, die lockern und Verspannungen lösen.

Autogenes Training: Hier wird versucht, sich durch Selbstbeeinflussung zu entspannen. Zu Beginn wird eine bequeme Stellung eingenommen. Für Anfänger ist eine Position im Liegen am einfachsten. Normalerweise werden sieben Übungen aneinander gereiht, die Ruhe, Schwere und Wärme der Gliedmaßen, Beruhigung der Atmung, Beruhigung des Pulses, Wärme im Bereich des Solarplexus (direkt unter dem Brustkorb) und Kühle der Stirn hervorrufen sollen. Der Übende sagt sich im Geist bestimmte Vorstellungen immer wieder konzentriert vor. Typische Vorstellung bei der Schwereübung ist beispielsweise: „Meine Arme und Beine sind ganz schwer." Versuche dabei, dir die Vorstellung tatsächlich vor Augen zu führen.

Progressive Muskelrelaxation (nach Edmund Jacobson): Der Körper wird entspannt, indem bestimmte Muskelgruppen nacheinander bewusst an- und entspannt werden. Du kannst die Übung im Sitzen oder im Liegen machen, am besten in einer dir angenehmen Atmosphäre und an einem Ort, an dem du nicht gestört wirst. Wähle verschiedene Muskelgruppen aus – beispielsweise Hand (wird in der Anspannungsphase zur Faust geballt), Oberarmmuskeln, Schultern (ziehe diese nach oben zu den Ohren), Stirn (wird gerunzelt), Lippen (werden zusammengepresst), Bauchmuskeln und Oberschenkelmuskeln. Spanne dann die erste Muskelgruppe (z. B. die Muskeln der rechten Hand) für etwa 5 Sekunden an und entspanne dann für etwa 10 Sekunden. Ball dann die linke Hand zur Faust und entspanne wieder. Gehe nach der Entspannungsphase zur nächsten Muskelgruppe. Hole am Ende tief Luft und strecke dich.

Referatssituation vorstellen: Manchen Referenten hilft es, sich schon vorher in die Situation hineinzuversetzen und sich den Ablauf genau Schritt für Schritt vorzustellen. Male dir dabei aber keine Horrorszenarien aus, sondern einen positiven Verlauf – sonst hat diese Übung den gegenteiligen Effekt.

3.6 Wie bereite ich mein Material vor?

Kümmere dich rechtzeitig um die Anfertigung deiner Materialien. Kopiere Handouts und Folien mindestens einen Tag vor deinem Auftritt und nimm dir genügend Zeit, alles zu kontrollieren. Tippfehler schleichen sich schneller ein, als man denkt. Überlege dir im Vorfeld, welche technischen Geräte du benutzen wirst und reserviere diese gegebenenfalls. (→ Kap. 3.1).
Um frei sprechen zu können, solltest du dir nur Stichworte notieren. Ausformulierte Sätze verleiten dazu abzulesen und sind nicht übersichtlich genug. Bewährt haben sich Karteikarten, aber auch ein Merkzettel mit den wichtigsten Stichworten ist sinnvoll. Probiere aus, mit welcher Möglichkeit du am besten zurechtkommst.

Lege dir am besten alle Materialien so zurecht, dass du direkt vor deinem Referat sicher sein kannst, alles in der richtigen Reihenfolge und vor allem komplett vorliegen zu haben.

Checkliste: Karteikarten

- für jeden neuen Aspekt eine eigene Karte benutzen
- Stichworte so knapp wie möglich halten
- groß und leserlich schreiben
- unterschiedliche Farben verwenden (aber nicht zu viele!)
- Schlüsselbegriffe markieren
- Karten nummerieren
- nur eine Seite beschriften

Beispiel: Möglicher Aufbau einer Karteikarte

Überschrift 1

01

Unterüberschrift 1

Stichwort a
(Beispiel oder Fakten/Zahlen)

Stichwort b
(Beispiel oder Fakten/Zahlen)
[Folie 1 auflegen]

Stichwort c
(Beispiel oder Fakten/Zahlen)

Beispiel: Möglicher Aufbau eines Merkzettels

Überschrift

Begrüßung

Einführung
- Stichwort
- Stichwort
- Stichwort

Unterüberschrift 1
- Stichwort a
  (Beispiel oder Fakten/Zahlen)
- Stichwort b [Folie 1 auflegen]
  (Beispiel oder Fakten/Zahlen)
- Stichwort c
  (Beispiel oder Fakten/Zahlen)

Unterüberschrift 2 [Folie 2 auflegen]
- Stichwort a
  (Beispiel oder Fakten/Zahlen)
- Stichwort b
  (Beispiel oder Fakten/Zahlen)

Zusammenfassung
- Stichwort
- Stichwort
- Stichwort

Schlussfolgerung

Abschluss

Checkliste: Merkzettel

- übersichtliche Gliederung mit Überschriften zur schnellen Orientierung
- chronologische Abfolge einhalten
- möglichst wenig Text schreiben
- groß und leserlich schreiben
- unterschiedliche Farben verwenden (aber nicht zu viele!)
- Schlüsselbegriffe markieren

Folien: Folien sollten keinesfalls überladen sein, sondern dank Überschriften und einer übersichtlichen Gliederung eine schnelle Orientierung bieten. Gib deinen Zuhörern Zeit, sich auf einer Folie zurecht zu finden und wechsle nicht zu schnell. Mit unterschiedlichen Farben kannst du Gegensätze deutlich machen oder auf Wichtiges hinweisen. Auch Diagramme und Schaubilder lassen sich meist gut auf Folien darstellen, wenn sie nicht zu klein geraten (→ Kap. 3.2). Die Lesbarkeit solltest du auf jeden Fall vorher prüfen und gegebenenfalls zusätzlich durch Nachfragen sicherstellen.
Bei deinem Vortrag solltest du darauf achten, dich nicht mit dem Rücken zum Publikum zu stellen, wenn du die Folie erläuterst. Diese Gefahr besteht nämlich, wenn man selbst auf die Projektion an der Wand blickt. Für dein Publikum kann das Zuhören dann schnell anstrengend werden. Besser du erklärst direkt am Projektor und schaust auf die Folie. Mit Hilfe eines spitzen Bleistifts kannst du dann auch auf bestimmte Dinge zeigen oder spontan mit einem Folienstift Ergänzungen vornehmen (→ Kap. 3.1).

Handouts: Gestalte das Handout so, dass es deinen Zuhörern eine schnelle Orientierung bietet und sie die wichtigsten Punkte deines Referats vor Augen haben. Die zwei Hauptfehler, die bei Handouts passieren, sind zum einen, dass zu viel Text auf das Handout gepackt wird. Der Sinn eines Handouts ist nicht, den Zuhörern alle Informationen an die Hand zu geben, sondern lediglich einen Leitfaden zu bieten. Der andere häufige Fehler ist, so wenig auf das Handout zu schreiben, dass der Zuhörer hinterher nicht mehr nachvollziehen kann, worum es in deinem Referat eigentlich ging. Maßgebliche Definitionen, Daten, Fakten und Begriffe gehören also auf jeden Fall auf ein Handout. Auch die wichtigsten Ergebnisse und Schlussfolgerungen kannst du aufnehmen. Falls du eine anschließende Diskussion planst, ist es sinnvoll, die entsprechende Fragestellung auf dem Handout zu formulieren.
Um den Zuhörern die Orientierung zu erleichtern, sollte die Reihenfolge der Themen auf dem Handout auf jeden Fall der deines Vortrags entsprechen. Du solltest

deshalb das Handout erst nach der Ausarbeitung deines Vortrags erstellen. Sicher sind deine Zuhörer auch dankbar, wenn du ihnen auf dem Handout genug Platz lässt, um selbst Notizen zu ergänzen. Vergiss nicht dein Referatsthema anzugeben sowie deinen Namen, Datum und Kurs- bzw. Klassenbezeichnung. Insgesamt sollte dein Handout auf keinen Fall länger als zwei Seiten sein. Am Ende solltest du Quellenangaben auflisten (→ Kap. 2.5). Vielleicht möchte der ein oder andere deiner Zuhörer noch mehr zu deinem Thema erfahren.
Du kannst das Handout auch hinterher als Gedächtnisstütze austeilen, um zu verhindern, dass deine Zuhörer abgelenkt sind und sich stattdessen ganz auf deinen Vortrag konzentrieren. Beachte aber, dass du während deines Vortrags dann in besonderem Maße darauf achten musst, deinen Zuhörern Orientierung zu bieten und du immer wieder deutlich machen solltest, an welchem Punkt du dich gerade befindest.

Plakate: Wichtig bei Plakaten ist, dass du groß genug schreibst und Sachverhalte übersichtlich darstellst. Farbige Plakate sind zwar meist ansprechender, beachte aber, dass man auf dunklen Farben (wie beispielsweise ein dunkleres Blau) eine schwarze Schrift aus der Ferne nicht mehr lesen kann. Bringe Klebeband oder Reiszwecken mit, sodass das Plakat entsprechend präsentiert werden kann. Plakate sind besonders dann sinnvoll, wenn du Bilder in ein Schaubild integrieren und präsentieren möchtest.

Checkliste: Folien, Handouts und Plakate

- so wenig wie möglich, so viel wie nötig schreiben
- Gliederung übersichtlich gestalten
- grafische Elemente zur Veranschaulichung nutzen
- nicht zu viel auf eine Seite packen
- Schriftgröße nicht zu klein wählen (Handouts ca. 12 Punkt, Folien ab 16 Punkt)
- leserliche und einheitliche Schriftart benutzen
- Quellen angeben

Beispiel: Folie

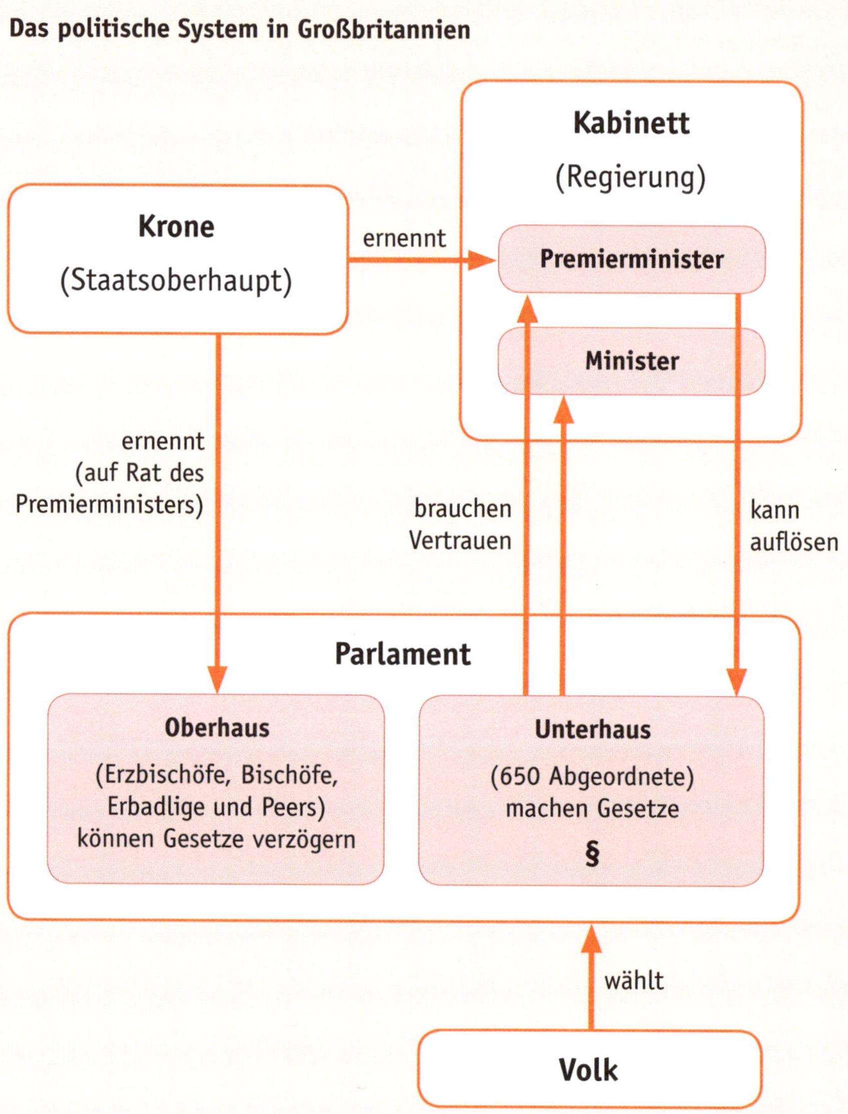

Beispiel: Plakat

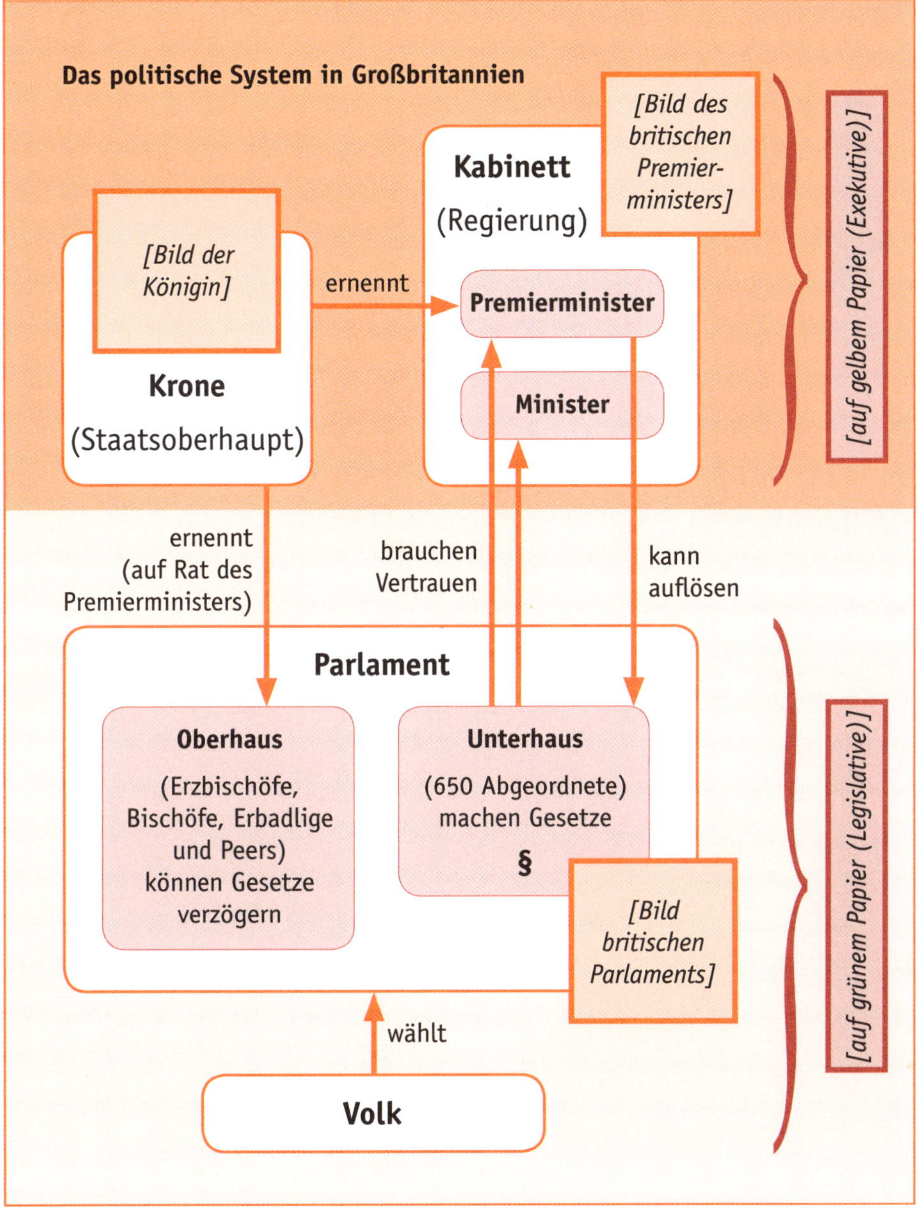

3.7 Wie gebe ich meinem Referat den letzten Schliff?

Häufig wird bei Referaten ein wichtiger Schritt bei der Vorbereitung vergessen: Wenn der Inhalt auf Richtigkeit und Vollständigkeit überprüft ist, Folien erstellt und Materialien vorbereitet sind, solltest du alles noch einmal genau im Hinblick auf sprachliche Richtigkeit und Ausdruck durchgehen. Schließlich möchtest du auch in dieser Hinsicht einen guten Eindruck hinterlassen.

> ***TIPP:***
> *Fehler findest du leichter, wenn du eine ausgedruckte Version deines Textes vorliegen hast.*

Rechtschreibung und Zeichensetzung: Überprüfe auf Folien, Handouts etc. unbedingt deine Rechtschreibung und Zeichensetzung. Verlasse dich dabei nicht ausschließlich auf die Rechtschreibüberprüfung deines Computers – manche Fehler erkennt er nicht. Vielleicht kann eine zweite Person einen Blick auf deine Ausarbeitungen werfen – vier Augen sehen mehr als zwei.

> ***TIPP:***
> *Verzichte auf eingeschobene Nebensätze und Attribute.*

Grammatik und Syntax: Auch die Grammatik solltest du auf Richtigkeit durchgehen – und zwar nicht nur in deinen schriftlichen Texten. Auch dein mündlicher Vortrag sollte grammatikalisch einwandfrei sein. Wichtig ist, dass die Syntax klar strukturiert ist und die Aussage eines Satzes für die Zuhörer leicht zu erkennen ist. Komplizierte Satzkonstruktionen sind unnötig.

Formulierungshilfe: Komplizierte und einfache Satzkonstruktionen

kompliziert	einfach
Ich hatte am letzten Dienstag vor, wie ich es schon wochenlang geplant hatte, eine ausgedehnte Einkaufstour mit meiner Großmutter zu unternehmen, die ich schon seit Monaten nicht gesehen hatte.	Ich hatte am letzten Dienstag vor, eine ausgedehnte Einkaufstour mit meiner Großmutter zu unternehmen. Ich hatte sie schon seit Monaten nicht gesehen. Diese Einkaufstour war schon wochenlang geplant.
Als Sonja eilig über die stark befahrene Straße gehastet war, nachdem ihr eingefallen war, dass sie den Schlüssel in der Haustür stecken gelassen hatte, wäre sie beinahe über einen kleinen Jungen gestolpert, der gerade ein Eis schlotzte.	Sonja fiel ein, dass sie den Schlüssel in der Haustür stecken gelassen hatte. Sie hastete eilig über die stark befahrene Straße. Beinahe wäre sie über einen kleinen Jungen gestolpert, der gerade ein Eis schlotze.

Ausdruck und Stil: Vermeide Umgangssprache und flapsige Bemerkungen, die dem Thema nicht angemessen sind. Überlege dir, wie du Sachverhalte einfach und klar, aber dennoch stilistisch einwandfrei ausdrücken kannst. Der Nominalstil macht Texte unnötig schwerfällig und unverständlich, stattdessen solltest du lieber ausdrucksstarke Verben verwenden.

Formulierungshilfe: Nominalstil und mögliche Alternativen

Umständlicher Nominalstil	Einfachere Alternative
Ich möchte nicht in Abrede stellen, dass diese Gesetzmäßigkeiten noch heute Gültigkeit besitzen.	Ich möchte nicht bestreiten, dass diese Gesetzmäßigkeiten noch heute gelten.
Ich möchte unter Beweis stellen, dass diese Praktiken in zahlreichen Ländern Anwendung finden.	Ich möchte beweisen, dass diese Praktiken in zahlreichen Ländern angewendet werden.

Formulierungshilfe: Umgangssprache und mögliche Alternativen

Umgangssprache	Alternative in schönerem Deutsch
Wir liegen zeitmäßig im Plan.	Wir liegen zeitlich im Plan.
Diese lilane Säule zeigt uns …	Diese lilafarbene Säule zeigt uns …
Ich weiß selbst, dass das nicht die optimalste Lösung ist.	Ich weiß selbst, dass das nicht die optimale Lösung ist.

Fremdwörter: Achte darauf, nicht übermäßig viele Fremdwörter zu verwenden. Die Zuhörer sollten deinem Vortrag leicht folgen können. Du solltest außerdem alle Fremdwörter erklären können, falls Nachfragen kommen. Auch zu viele Anglizismen gehören nicht zu einem guten Stil.

Formulierungshilfe: Anglizismen und mögliche Alternativen

Anglizismen	Alternative in schönerem Deutsch
Ich werde euch kurz briefen und am Ende checken, ob ihr das auch verstanden habt.	Ich werde euch kurz informieren und am Ende prüfen, ob ihr das auch verstanden habt.
Dieses Statement hört sich zwar ziemlich schwierig an, ist aber eigentlich ganz easy.	Diese Aussage hört sich zwar ziemlich schwierig an, ist aber eigentlich ganz einfach.

Floskeln: Manche Wörter tragen eigentlich nichts zum Inhalt eines Satzes bei, sondern blähen den Text nur unnötig auf. Es handelt sich häufig um formelhafte Wendungen und Redewendungen, „die man so sagt". Lass diese einfach weg.

Formulierungshilfe: Floskeln

Floskeln	Alternative in schönerem Deutsch
Auch und gerade dieser Aspekt ...	Gerade dieser Aspekt ...
Ihr wollt doch nicht ernsthaft bestreiten, dass bereits im Vorfeld Fehler passiert sind. Das ist die nackte Wahrheit!	Ihr wollt doch nicht bestreiten, dass bereits vor Beginn Fehler passiert sind. Das ist die Wahrheit!

Redundanzen: Ständige Wiederholungen machen dein Referat langweilig und trocken. Dies kann sowohl einzelne Wörter betreffen als auch bestimmte Inhalte, die du immer wieder auf ähnliche Weise vorträgst. Achte darauf, einen vielfältigen Wortschatz zu verwenden und inhaltliche Wiederholungen nur dann einzusetzen, wenn sie notwendig, wichtig und sinnvoll sind. Natürlich kann es durchaus sinnvoll sein, am Ende des Referats wesentliche Punkte zu wiederholen oder zentrale Aspekte nicht nur einmal kurz zu erwähnen, sondern mehrfach zu betonen. Dies sollte aber in einem angemessenen Umfang geschehen – schließlich willst du nicht, dass der Eindruck entsteht, du hättest sonst nur wenig zu sagen und willst die Zeit deshalb mit Wiederholungen füllen.

Checkliste: Ausdruck und Stil

- klare Aussagen zum Thema treffen
- einfache und übersichtliche Syntax wählen
- keine eingeschobenen Nebensätze und Attribute verwenden
- auf eine angemessene Wortwahl achten
- aussagekräftige, wenn möglich nicht mehrteilige Verben wählen
- kurze, anschauliche Wörter verwenden
- Konstruktionen im Aktiv bevorzugen
- Fremdwörter erklären

Los: Referate durchführen

4 Auf los geht's los – Die Einleitung

4.1 Wie stelle ich mich vor und begrüße meine Zuhörer?

Hi, schon klar, wir wären alle am liebsten woanders, aber Herr Roman Tiker will eben, dass ich euch über diesen langweiligen Eichentorf-Typen was erzähle ...

Der erste Eindruck entscheidet – nicht alles, aber einiges: Er legt den Grundstein für eine gute und überzeugende Präsentation. Deshalb ist es noch vor Beginn des eigentlichen Referates wichtig, einen positiven Kontakt zum Publikum aufzubauen. Begrüße deine Zuhörer freundlich und teile ihnen durchaus auch mit, dass du dich über ihr Erscheinen freust. Ein Publikum ist gerne bereit, sich auf das Kommende einzulassen, wenn es sich persönlich angesprochen fühlt und merkt, dass es dir Freude macht, dein Thema zu präsentieren.

> ***TIPP:***
> *Die Aufregung zu Beginn eines Referates bekommt man besser in den Griff, wenn man den Einstieg besonders gründlich vorbereitet und eventuell sogar auswendig lernt.*

Solltest du vor fremdem Publikum sprechen, ist es wichtig, dich und eventuelle Mitreferenten kurz vorzustellen: Nenne deinen Namen, eventuell deine Funktion und umreiße kurz, inwieweit du Experte für das von dir präsentierte Thema bist.

Auch deine Stimme ist ein wichtiges Instrument, das du nicht vernachlässigen solltest.

Lautstärke: In der Aufregung kann es passieren, dass du zu laut sprichst, was nicht nur für deine Zuhörer unangenehm ist, sondern auch deine Stimme unnötig anstrengt. Schlimmer ist es aber, wenn du zu leise sprichst und deine Zuhörer sich Mühe geben müssen, um dich zu verstehen. Frage einfach zu Beginn nach, ob die Lautstärke in Ordnung ist.

Sprechtempo: Ist dein Sprechtempo zu langsam, langweilst du deine Zuhörer, ist es zu schnell, ist dein Referat im schlimmsten Fall unverständlich. Gerade gegen Ende tendieren viele Sprecher dazu, Geschwindigkeit aufzunehmen, um den Vortrag endlich hinter sich zu bringen. Das wirkt gehetzt und unsicher. Achte darauf, während des Vortrags ein möglichst gleichmäßiges Sprechtempo beizubehalten.

Artikulation: Sprich deutlich und verschlucke Endsilben nicht. Eine allzu übertrieben deutliche Aussprache wirkt zwar unter Umständen aufgesetzt, ist aber immer noch besser als ein unverständliches Genuschel (→ Übung 13, S. 361).

Sprachmelodie: Häufig werden Referate sehr monoton und leblos vorgetragen – damit wird jeder noch so spannende Inhalt langweilig und öde. Arbeite mit deiner Stimme und hebe Besonderheiten, wesentliche Details oder interessante Aspekte auch stimmlich hervor, indem du sie betonst. Auch die Höhe deiner Stimme kann dabei variieren.

Sprechpausen: Mache Pausen, wenn Grammatik oder Inhalt sie erfordern. Pausen müssen gesetzt werden, sollten aber immer motiviert sein.

Fülllaute: „Ähs" oder „öhs" sind unnötige Fülllaute, die von Zuhörern häufig als ungenügende Vorbereitung oder Unsicherheit interpretiert werden. Außerdem lenken sie vom eigentlichen Inhalt ab und können auf Dauer nerven. Versuche deshalb darauf zu verzichten.

Checkliste: Freies Sprechen

- Beginne mit Schwung – das sichert dir Aufmerksamkeit.
- Schreibe nur Stichworte, dann kommst du nicht in die Gefahr nur abzulesen.
- Verwende kurze, verständliche Sätze.
- Mache ausreichend Pausen und sprich langsam, sodass alle dir folgen können.
- Erkläre schwierige Sachverhalte zweimal mit unterschiedlichen Worten.
- Versuche deine Stimme zu variieren (Geschwindigkeit, Lautstärke und Tonhöhe).
- Suche Blickkontakt und überprüfe so auch, ob deine Zuhörer dir folgen können.
- Beende deinen Vortrag nicht mit einem „Das war's jetzt.", sondern fasse Wesentliches zusammen.

4.2 Wie trete ich richtig auf?

Ich erzähl euch was zu Reichendorff, lasst euch bitte nicht durch den ekelhaften Fleck auf meinem weißen Hemd ablenken, meine anderen Hemden sind gerade alle in der Wäsche.

Oft vergessen wir, dass zu einer guten Präsentation nicht nur Inhalt und Materialien gehören, sondern auch ein entsprechendes Auftreten. Wenn ich verkrampft und unsicher vor meinem Publikum stehe, wird es mir kaum gelingen, meine Zuhörer für mein Thema zu interessieren oder sie von einer Ansicht zu überzeugen. Wie ich auf andere wirke, hat viel mit meiner Körperhaltung zu tun. Oft genügt es, sich bestimmte „Fehlhaltungen" bewusst zu machen und schon wirkt das Auftreten insgesamt offener und sicherer. Gerade in einer Stresssituation ist es aber häufig

nicht einfach, die Körperhaltung, die meist unbewusst eingenommen wird, zu kontrollieren. Folgende Punkte können helfen, dir bestimmte Aspekte zum Auftreten bewusst zu machen.

Kleidung: Achte darauf, dass du dich angemessen kleidest und dich wohlfühlst. Es gibt kaum etwas Schlimmeres, als sich während des Vortrags darauf konzentrieren zu müssen, den Kaffeefleck auf seinem Hemd zu verbergen oder sich zu fragen, ob das Oberteil nicht vielleicht doch zu eng gewählt ist. Auch deine Zuhörer können durch unangemessene Kleidung abgelenkt werden.

Körperhaltung: Vermeide es auch, hin- und herzuwippen oder durch den Raum zu „tigern". Verschränke deine Arme nicht ständig vor dem Körper – das wirkt verschlossen. Deine Hände solltest du nicht in den Hosentaschen verstecken, außerdem kann es Zuschauer ablenken, wenn du ständig mit irgendetwas herumspielst. Lasse deine Arme möglichst locker herunterhängen – dann hast du die Möglichkeit, Wichtiges mit spontanen Armbewegungen zu unterstützen.

Gestik: Deine Gesten sollten offen sein und deinen Vortrag unterstützen. Klammere dich nicht an Tische oder Gegenstände – das wirkt – genauso wie das Falten der Hände – unsicher. Lasse deine Hände „mitreden". Oft hat man einen natürlichen Impuls, das Gesagte durch eine Geste zu unterstreichen – durch die Anspannung (oder weil man sich gerade am Tisch festhält) folgen wir diesem natürlichen Reflex manchmal nicht. Lass deinen Händen also möglichst freien Lauf, dann musst du dir auch keine spezielle Gestik antrainieren, die oft übertrieben oder künstlich wirkt. Wildes Gestikulieren ist sowieso nicht erwünscht.

Verhalten im Raum: Stelle dich zu Beginn vor deine Zuhörer und versuche dabei, so zu stehen, dass du Plakate oder Folien nicht verdeckst. Wenn du dich sicher fühlst, kannst du dich natürlich auch im Raum bewegen und andere Positionen einnehmen. So kannst du flexibel auf dein Publikum reagieren.

Mimik: Blicke deine Zuhörer möglichst offen und freundlich an. Halte Blickkontakt und lächle (zumindest hin und wieder). Das schafft eine gute Atmosphäre. Vielleicht hilft es dir, dein Gesicht vor Beginn des Vortrags ein wenig zu lockern. Du kannst es beispielsweise selbst sanft massieren.

Sprache: Auch die Sprache ist natürlich für das Gelingen eines Referates entscheidend. Entsprechende Hinweise dazu findest du in Kapitel 4.1. Frei, unverkrampft und sicher zu sprechen, ist entscheidend für das Gelingen des Referats.

! Richtiges Auftreten

Wichtig ist nicht nur, was du sagst, sondern auch wie du es sagst. Hier ein paar einfache aber sehr wirkungsvolle Tipps für dich:

Natürlich auftreten: Ziehe das an, worin du dich wohl fühlst. Dabei sollte die Kleidung gepflegt und dem Anlass angemessen sein.

Nervosität verbergen: Stehe aufrecht und unverkrampft, gehe nicht zu viel umher, wippe nicht.

Wichtiges betonen: Unterstreiche deine Ausführungen dezent mit Gestik und Mimik.

Kontakt zum Publikum: Vergiss nicht, dass du Zuhörer hast und halte Blickkontakt.

Positive Atmosphäre: Ein aufmunterndes Lächeln hilft dir, eine positive Atmosphäre im Raum zu schaffen.

Üben im Voraus: Finde das richtige Maß an Bewegung, Gestik und Mimik für dich heraus, indem du einen Teil des Referates einmal einem Freund präsentierst (→ Kap. 3.4).

4.3 Wie kläre ich technische und organisatorische Fragen?

Ich hab 'ne ziemlich schlimme Erkältung, deshalb werdet ihr mich nicht hören und ich hab keine Ahnung, wie hier das Licht angeht, deshalb werdet ihr mich nicht sehen; aber ich bin hier und habe eine dreistündige Rede über Eichenschorfs Lyrik geplant ...

Bevor es mit der Präsentation richtig losgeht, ist es ratsam, noch einige technische und organisatorische Dinge zu klären und vorzubereiten.

Licht und Lesbarkeit: Achte darauf, dass das Licht im Vortragsraum hell genug ist, so dass du als Vortragender deine Aufzeichnungen gut lesen kannst; andererseits sollte es nicht so hell sein, dass die Zuschauer die Schrift auf OHP, Bildschirm oder Tafel nicht mehr lesen können. Teste dies am besten im Vorfeld und frage dein Publikum, ob alles gut sichtbar ist.

Lautstärke: Erkundige dich, ob deine Stimme oder die CD-Einspielung für alle Zuhörer laut genug und verständlich ist. Das vermeidet Unmut und Missverständnisse auf beiden Seiten.

Technische Probleme: Solltest du Probleme mit dem CD-Player, dem Tageslichtprojektor oder einem anderen Gerät haben, erkläre kurz die Lage und bitte um ein wenig Geduld.

Fragen: Wenn Fragen aus dem Publikum kommen, gibt es zwei Möglichkeiten der Handhabung: Entweder du lässt die Fragen immer dann stellen, wenn sie auftreten oder du verweist auf die Möglichkeit einer offenen Fragerunde am Ende deines Referates.

TIPP:
Wenn du dich beim Reden stark auf dein Konzept konzentrieren musst, lass die auftauchenden Fragen erst am Ende deines Vortrages stellen, so dass du den roten Faden nicht verlierst.

Zeitplanung: Sage, wie lange dein Referat ungefähr dauern wird. So können sich die Zuhörer darauf einstellen und unnötige Unruhe wird vermieden.

Handout: Du kannst das Handout vor dem Referat als Orientierungshilfe austeilen. Die Zuhörer haben dann die Möglichkeit, eigene Notizen zu ergänzen. Wenn du dein Handout nach dem Referat als Zusammenfassung austeilst, solltest du deine Zuhörer zu Beginn darauf hinweisen, dass sie nicht mitschreiben müssen, weil ein Handout mit den wesentlichen Informationen noch folgt (→ Kap. 3.6).

4.4 Wie steige ich in mein Thema ein?

Ein zentrales Thema im „Taugenichts" ist die Problematik der Langeweile. Ich hoffe, ihr interessiert euch alle für die Langeweile, falls nicht – macht nichts. Mich hat's auch nicht interessiert, deshalb erzähl ich euch jetzt einfach ein paar Dinge über Leichendorff bis die Stunde rum ist.

Nenne das Thema und erläutere es gegebenenfalls kurz, bevor du mit dem Hauptteil loslegst. Sprich die Zuhörer direkt an. Der Einstieg soll das Interesse der Zuhörer wecken und möglichst spannend sein. Dies kann man auf unterschiedliche Art und Weise erreichen:

Begründung: Begründe kurz, warum du dich für dieses Thema entschieden hast, oder erläutere, warum das Thema für die Zuhörer wichtig ist.

Beispiel: Ein anschauliches oder witziges Beispiel bietet dem Zuhörer einen Anknüpfungspunkt und erleichtert den Einstieg ins Thema. Die Verbindung zum Thema darf dabei nicht aus dem Blickfeld geraten. Beispiele sollten deshalb klar verständlich sein und direkt zum Thema führen.

Ziel und Schwerpunkte: Gib an, worauf du im Laufe deines Referates hinauswillst und welches Ziel du dir vorgenommen hast. Provokante Thesen können die Aufmerksamkeit des Publikums fesseln. Bei sehr weit gefassten Themen empfiehlt es sich, Inhalte einzugrenzen und zu klären, welche Schwerpunkte du legst.

TIPP:
Hilf den Zuhörern sich zu orientieren, indem du während deines Referates immer wieder Bezug auf deine Gliederung nimmst.

Aufbau: Erkläre in ein paar Stichworten, wie dein Referat aufgebaut ist. Dies schafft einen Überblick und informiert die Zuhörer darüber, was sie während des Vortrages erwartet. Zur besseren Orientierung kannst du den Aufbau auch auf einer Folie oder auf einem Handout darstellen.

Formulierungshilfe: Mögliche Einstiege

Ich möchte euch in dieser Präsentation mit einem Thema vertraut machen, das ...

... klingt vielleicht zunächst etwas langweilig / altmodisch. Ich hoffe aber, euch im Verlauf der Präsentation vom Gegenteil überzeugen zu können.

Ich interessiere mich schon lange für ...

Mich hat an diesem Thema besonders fasziniert / gereizt / bewegt / interessiert, dass ...

Was hat dieses Thema eigentlich mit uns zu tun?

Ich würde gerne einen bisher noch wenig bekannten Aspekt in den Vordergrund stellen.

5 Jetzt geht's um die Wurst – Der Hauptteil

5.1 Wie präsentiere ich Inhalte und stelle meine Argumente vor?

Wie bereits gesagt, werde ich heute über Laichendorffs Lyrik sprechen. Und damit's ein bisschen spannender wird, werde ich das nicht nach der Reihe tun, sondern die Gedichte alle ineinander mischen ... und ihr dürft am Ende raten, welche Gedichte dabei waren.

Nach der Begrüßung und der ersten Darstellung deines Themas geht es nun darum, die Hauptinhalte, zentrale Fragen oder Thesen deines Referates detailliert zu erläutern. Dabei ist es wichtig, die Kerngedanken deutlich zu machen und eine übersichtliche Struktur zu schaffen.

> ***TIPP:***
> *Sprich in kurzen, einfachen Sätzen. Zu komplizierten Satzkonstruktionen kann man als Zuhörer nur schwer folgen.*

Kerngedanken: Überlege dir im Vorfeld gut, welche Kerngedanken deine Zuhörer aus deinem Referat mitnehmen sollen. Konzentriere dich dabei auf das Wesentliche, da zu viele Informationen verwirren und die Gefahr besteht, dass die Zuhörer abschalten.
Diese Auswahl ist eine der schwierigsten aber auch wichtigsten Aufgaben bei der Erstellung eines Referates: Durch die Wahl der Inhalte wird die Zielrichtung und der Schwerpunkt des Vortrages festgelegt (→ Kap. 2.5 und 2.7).

These aufstellen: Bei manchen Themenstellungen bietet es sich an, oder wird sogar erwartet, dass eine These formuliert wird. Eine These ist eine Behauptung, deren Richtigkeit noch zu klären ist. Es ist eine Aussage, über die es sich lohnt, länger nachzudenken und die durch verschiedene Argumente unterstützt oder entkräftet werden kann. Manchmal provoziert sie auch und steigert so das Interesse der Zuhörer. Findet sich bei der Vorbereitung eine solche These, kann der Aufbau des Hauptteiles durch die Abfolge von Pro- und Kontraargumenten gestaltet werden (→ Kap. 7.2, 7.3 und 8.2).

Reihenfolge: Lege eine Reihenfolge deiner ausgewählten Inhalte fest, die eine sinnvolle Struktur entstehen lässt (→ Kap. 2.7 und 3.6). Bei historischen Themen ist es möglich, die Aspekte chronologisch zu ordnen. In anderen Fällen bietet es sich unter Umständen an, nach Themengebieten vorzugehen. Bei der Darstellung einer wissenschaftlichen Arbeit kann häufig die Struktur des Textes beibehalten werden. Wurde zu Beginn des

> ***TIPP:***
> *Schreibe die einzelnen inhaltlichen Aspekte auf Kärtchen und schiebe diese so lange hin und her, bis du die optimale Abfolge gefunden hast.*

Referates eine These aufgestellt, folgen nun die Pro- und Kontraargumente. Das Hauptargument ist am Ende eventuell besonders wirkungsvoll (→ Kap. 8.2).

Checkliste: Aufbau einzelner Argumente

- Sind meine Argumente klar formuliert?
- Erkläre ich meine Argumente ausreichend?
- Sind die Begründungen nachvollziehbar und schlüssig?
- Habe ich genügend Fakten, um meine Argumente zu stützen?
- Habe ich genügend Beispiele, um meine Argumente zu veranschaulichen?

→ Kap. 7.2 und 7.3

Formulierungshilfe: Präsentieren von Inhalten und Thesen

Wir gehen von folgender Grundlage aus:

Lasst uns als Arbeitshypothese erst einmal annehmen, dass ...

Ich möchte in meinen Ausführungen diese These mit neuen Argumenten stützen.

Der bisherige Stand der Forschung lässt vermuten ...

Zunächst einmal möchte ich zeigen, dass ...

Darüber hinaus sollte erwähnt werden, dass ...

Auch folgender Aspekt sollte nicht vergessen werden:

5.2 Wie verknüpfte ich Inhalte und mache Zusammenhänge deutlich?

Sehr gute Frage: Was ist das verbindende Element? ... hmmm ... naja, das hab ich selbst nicht ganz kapiert ... für mich war's auch ein bisschen verwirrend, aber ich hatte gehofft, dass ihr damit was anfangen könnt.

Von Beginn deines Referates an sollte klar sein, wie die verschiedenen Aspekte miteinander zusammenhängen und wo die Verbindungen sind.

Gliederung transparent machen: Baue kleine Orientierungshilfen in dein Referat ein. Verweise immer wieder auf die Gliederung, lege bei Bedarf zwischendurch

erneut die Gliederung auf Folie auf und mache so den roten Faden deutlich. Wenn du für die einzelnen Punkte einprägsame Überschriften findest, ist es sehr leicht, allein durch den Verweis auf eine dieser Überschriften deutlich zu machen, wo du dich befindest.

Übergänge gestalten: Zwischen den Informationsblöcken sollten kurze Zusammenfassungen des bereits Gesagten geliefert werden. Diese Zwischenfazits geben dem Zuhörer eine gewisse Sicherheit, die Inhalte wirklich verstanden zu haben und deuten an, dass man sich nun einem neuen Punkt zuwenden kann. Dieser neue Aspekt sollte ebenfalls durch eine kurze Ankündigung eingeleitet werden; das schafft weitere Orientierung.

Formulierungshilfe: Überleitungen

Damit möchte ich überleiten zu ...

Diese Themen sind wichtig für den nächsten Punkt.

Dies führt mich zu meinem nächsten Punkt.

Bevor ich auf ... eingehe, möchte ich kurz festhalten ...

Ganz anders verhält es sich mit ...

Auf einen vorhergehenden Punkt verweisen: Sollten zwischen den einzelnen Aspekten Parallelen zu finden sein und sich Sachverhalte in ihrer Struktur ähneln, ist das eine wichtige Information für deine Zuhörer. Verweise deshalb auf diese Verbindungen und beziehe dich auf bereits genannte Punkte.

Formulierungshilfe: Zusammenhänge deutlich machen

Dies erinnert an den vorherigen Punkt, der sich mit ... beschäftigte.

Wie ich bereist erwähnte, ...

Um nochmals auf ... zurückzukommen:

Und jetzt werden die anfangs erwähnten Punkte wieder wichtig.

Hier kann eine Parallele zu ... festgestellt werden.

Ich kann euch versichern, dass dies kein Widerspruch zu ... ist.

5.3 Wie baue ich Beispiele, Zahlen und Fakten ein?

Weichendorff ... hmmm ... Ich glaube der wurde geboren am ... – naja, so ungefähr um ... vielleicht im 18.Jh.? Na, jedenfalls ist es schon ziemlich lang her.

Deine Thesen, Argumente und Ausführungen können erst dann wirklich überzeugen, wenn sie durch Beispiele, Zahlen und Fakten veranschaulicht und untermauert werden. Achte darauf, diese Information an den entsprechenden Stellen sinnvoll und im Zusammenhang in dein Referat einzubauen. Mache auch deutlich, was ein Schaubild zeigen und belegen soll. Behalte deinen Schwerpunkt im Auge und verliere dich nicht in Zusatzinformationen, die keinen wesentlichen Beitrag zum Hauptthema liefern.

Je nach Thema müssen unterschiedliche Informationen präsentiert werden:

TIPP:
Bilder der vorgestellten Personen und kurze Anekdoten aus ihrem Leben machen den Vortrag anschaulich.

Biografische Daten werden in chronologischer Reihenfolge präsentiert. Konzentriere dich auf wesentliche Eckdaten und beleuchte auch das geschichtliche Umfeld. Eventuell bietet sich ein Vergleich mit einer anderen historischen Person an.

Historische Ereignisse sollten in Bezug zum geschichtlichen Gesamtgeschehen gesetzt werden. Vergleiche beispielsweise die Entwicklung des von dir dargestellten Phänomens mit anderen Ländern und weise auf Zusammenhänge hin. Auch ein Vergleich mit der heutigen Zeit kann für viele Zuhörer das Verständnis erleichtern.

Zahlen und Fakten lassen sich ebenfalls gut vergleichen, um ihre Bedeutung zu verdeutlichen. Es hilft den Zuhörern, wenn du Zahlen in Relation setzt und Vergleichsgrößen bietest.

TIPP:
Gib den Zuhörern genug Zeit, ein Schaubild zu betrachten und zu verstehen. Für sie ist das Schaubild neu!

Statistiken lassen sich in Diagrammen anschaulich darstellen. Besonders komplexe Zusammenhänge solltest du auf jeden Fall visualisieren und erklären. Allerdings darfst du auch hier die Zuhörer nicht überfordern: Schaubilder sollten so einfach und übersichtlich wie möglich sein (→ Kap. 3.2).

Statistik

Beim Umgang mit Statistiken ist besondere Sorgfalt geboten: Manchmal werden Statistiken mit dem Hintergedanken erstellt, eine bestimmte These zu belegen oder in Frage zu stellen. Dies wird erreicht, indem bestimmte Aspekte überbewertet werden und andere unberücksichtigt bleiben. So können Ergebnisse verändert oder geschönt werden. Du solltest deshalb besonders bei Statistiken sicher gehen, dass du seriöse Quellen verwendest, die keine bestimmte Absicht verfolgen oder verfälschte Ergebnisse darstellen (→ Kap. 2.1). Statistiken sollten den folgenden Kriterien standhalten:

Objektivität: Die eigene Meinung sollte bei der Erstellung der Statistik keine Rolle spielen.

Zuverlässigkeit: Ergebnisse sollten formal genau und verlässlich sein und nicht dem Zufall unterliegen.

Validität: Das Ergebnis soll gültig und relevant in Bezug auf das sein, was es zeigen soll.

Checkliste: Umgang mit Beispielen, Zahlen und Fakten

- Habe ich für alle meine Ausführungen auch Belege?
- Reichen die Belege aus, um meine These zu stützen?
- Kenne ich die Quelle und habe ich sie angegeben (z. B. auf dem Handout)?
- Handelt es sich um eine verlässliche Quelle?
- Ist alles verständlich und klar dargestellt? Habe ich komplexere Zusammenhänge visualisiert?
- Ist die Fülle an Zahlen meinen Zuhörern noch zuzumuten?

5.4 Wie gebe ich Meinungen an und zitiere Experten?

Da gibt es diesen einen Mann, der denkt, dass dieser andere Mann, der was zu Reichendorff geschrieben hat, total falsch lag und das eigentlich nur diese Frau aus Breslau die wahre Bedeutung der Langeweile erfasst hat.

> **TIPP:**
> *Mache dich darauf gefasst, dass Nachfragen zu den von dir genannten Namen kommen. Die wichtigsten Dinge solltest du also über diese Personen wissen.*

Mache es sprachlich deutlich, wenn du nicht deine eigene Meinung, sondern die Meinung Anderer wiedergibst. Zitiere nur seriöse Wissenschaftler und Forscher, deren Meinung in der Fachwelt Gewicht hat. Wenn du wörtlich zitierst, musst du unbedingt den Namen des Autors nennen. Ein Vortrag wird spannender, wenn du Experten aus verschiedenen Lagern zu Wort kommen lässt, die du gegeneinander stellst und diskutierst.

Übertreibe es aber nicht mit fremden Meinungen: Schließlich soll es ein von dir persönlich gestalteter Vortrag sein, in dem vor allem du selbst zu Wort kommst. Du kannst auch Stimmungen in der Gesellschaft beschreiben oder landläufige Meinungen aufgreifen, um an diese anzuknüpfen oder sie zu widerlegen.

Formulierungshilfe: Einfügen von Zitaten und fremden Meinungen

In seinem Aufsatz / Buch / seiner Veröffentlichung [*Die deutsche Lyrik*]* weist [Peter Müller] bereits darauf hin ...

[Peter Müller] plädiert für / gegen ...

In diesem Zusammenhang möchte ich folgende Aussage von [Peter Müller] zitieren:

Auch [Peter Müller] stellt in seinen Veröffentlichungen wiederholt diese These auf.

Auf Seite 26 des Buches [*Die deutsche Lyrik*] von [Peter Müller] aus dem Jahr 2003 finden wir folgende Bemerkung:

Im Gegensatz zu dem, was [Peter Müller] in seinem Aufsatz [*Die deutsche Lyrik*] behauptet, ...

In wissenschaftlichen / informierten / politischen Kreisen geht man davon aus ...

5.5 Wie formuliere ich meine persönliche Stellungnahme?

Fragt mich nicht, was ich dazu meine – ich habe keines von Seichendorffs Gedichten gelesen.

Die persönliche Stellungnahme ist nicht immer unbedingt notwendig, kann aber dazu dienen, dem Vortrag eine eigene Note zu verleihen. Auch die Zuhörer zeigen in der Regel ein starkes Interesse an der Meinung des Vortragenden. In vielen

* Elemente in eckigen Klammern (z. B. Eigennamen oder Titel) sind nur als Beispiel angegeben und können beliebig ausgetauscht werden.

Fällen wird die eigene Stellungnahme als wesentlicher Bestandteil der Arbeit betrachtet und sollte deshalb entsprechend viel Raum einnehmen. Was hier von dir erwartet wird, solltest du rechtzeitig mit deinem Lehrer klären. Die persönliche Stellungnahme bietet sich besonders als Anknüpfungspunkt für Diskussionen an, in die das Publikum einbezogen werden soll.

Wenn du deine eigenen Gedanken und Ansichten zu einem Thema darlegen willst, mache deutlich, dass du jetzt deine eigene Position beschreibst. Achte darauf, dass sich deine Stellungnahme schlüssig aus den vorangegangenen Ausführungen ergibt und keine neuen Unklarheiten aufwirft. Begründe deine Position und nimm dabei vergleichend oder distanzierend Bezug auf zuvor genannte Argumente und Meinungen. Du kannst natürlich auch dargestellte Positionen kritisch hinterfragen oder Vor- und Nachteile einer Sache aufzeigen. Wichtig dabei ist vor allem, dass du deine Stellungnahme fundiert und nachvollziehbar begründest.

Formulierungshilfe: Vertreten der eigenen Meinung

Ich bin der Ansicht, dass ...

Ich halte es für sehr wahrscheinlich, dass ...

Ich kann mich der Meinung von [Peter Müller] anschließen.

Besonders überzeugend finde ich ...

Ich habe große Zweifel, ob ...

Das Argument überzeugt mich nicht, weil ...

Im Gegensatz zu [Peter Müller] bin ich der Meinung, dass ...

Ich sehe hier Vorteile, aber auch ganz entscheidende Nachteile:

Ich ziehe folgende Schlüsse:

6. Ende gut, alles gut – Der Schluss

6.1 Wie fasse ich die Hauptpunkte zusammen?

Na, hoffentlich vergisst ihr keine dieser interessanten Fakten über Teichendorff. Vielleicht sollte ich euch alles noch einmal erzählen – nur um sicher zu gehen.

TIPP:
Baue am Ende keine völlig neuen Gedanken und Argumente ein.

Der Schluss ist nicht nur ein Anhängsel, sondern auch das Finale deines Vortrags. Dieses Finale gilt es, möglichst kurz, prägnant und eindrücklich zu gestalten. Ziehe den Schluss nicht unnötig in die Länge – vor allem dann nicht, wenn du das Ende bereits angekündigt hast.

Versuche also nicht, sämtliche Argumente in Kurzform wiederzugeben, sondern zähle die wichtigsten Hauptpunkte deines Referates auf. Es könnte sich beispielsweise anbieten, dein Hauptargument in zugespitzter Form noch einmal auf den Punkt zu bringen. Ein Fazit oder eine Bewertung der Befunde sind weitere Möglichkeiten, um den inhaltlichen Teil des Referates abzuschließen und die einzelnen Aspekte zu bündeln.

Formulierungshilfe: Abschließende Zusammenfassung

Lasst mich das Wesentliche noch einmal zusammenfassen:

Abschließend möchte ich ...

Nach sorgfältiger Abwägung der Argumente ...

Ich komme zu folgendem Schluss:

Als Konsequenz aus meinen Ausführungen ergibt sich für mich ...

Lasst mich nun zu einer Bewertung kommen:

6.2 Wie beende ich die Präsentation?

Ok. Das war's. Eich-Ende

Genauso wichtig wie eine freundliche Begrüßung ist auch ein gelungener Abschluss, der deutlich signalisiert, dass dein Referat beendet ist. Vergiss vor Erleichterung über den erfolgreich gehaltenen Vortrag nicht, dich angemessen bei deinen Zuhörern für die Aufmerksamkeit zu bedanken oder mit einem höflichen, an die Zuhörer gerichteten Schlusssatz, das Referat offiziell zu beenden.

Checkliste: Das Ende eines Referats

- Kündige an, wenn du dich dem Ende deines Referats näherst.
- Fasse wesentliche Punkte noch einmal prägnant und kurz zusammen.
- Ziehe ein Fazit / eine Schlussfolgerung, die sich logisch aus deinem Referat ergibt.
- Gehe auf die Ausgangsfrage deines Referats ein.
- Räume den Zuhörern die Möglichkeit ein nachzufragen.
- Bedanke dich bei deinen Zuhörern und verabschiede dich.

Formulierungshilfe: Ende der Präsentation

Vielen Dank fürs Zuhören.

Ich bedanke mich für eure Aufmerksamkeit.

Ich hoffe, euch Denkanstöße / Diskussionsstoff gegeben zu haben.

Ich hoffe, dass ich eine neue Sichtweise auf ... vermitteln konnte.

Ich hoffe, dass ich euch dieses Thema unter einem neuen Blickwinkel präsentieren konnte.

Wenn ihr euch näher mit diesem Thema beschäftigen wollt, kann ich euch folgende Literatur empfehlen:

Hiermit möchte ich die Diskussion eröffnen.

6.3 Wie rege ich Fragen an und gehe mit ihnen um?

Bitte fragt mich nichts zu Schleichendorff – ich habe euch alles erzählt, was ich weiß.

Gib den Zuhörern am Ende auf jeden Fall die Gelegenheit, Fragen zu stellen. So hast du die Möglichkeit, Unklarheiten zu beseitigen und vertieft auf bestimmte Sachverhalte einzugehen. Überlege dir vorher, welche weiterführenden Fragen die Zuhörer stellen könnten und wie du die Fragen

> ***TIPP:***
> *Gib zu, wenn du auf eine Frage keine Antwort weißt und biete an, die Antwort herauszufinden und nachzureichen.*

beantworten kannst. Dann wirst du nicht überrascht und kannst dir bereits mögliche Antworten zurechtlegen.

Verständnisfragen: Zunächst sollten Verständnisfragen geklärt werden, damit jeder genau weiß, was gemeint ist. Lege gegebenenfalls eine Folie ein zweites Mal auf, um eine Problematik zu erläutern.

Weiterführende Fragen: Du solltest darauf gefasst sein, dass auch Fragen zu Themen kommen, die du in deinem Referat nur am Rande angeschnitten hast, oder dass tiefer gehende Erklärungen von dir erbeten werden. Es ist deshalb ratsam, möglichst viele Details zu kennen und sich die Zusammenhänge und Verbindungen zu verwandten Themen bereits im Vorfeld klar zu machen. Achte aber darauf, sehr spezielle Fragen Einzelner nicht zu ausführlich zu beantworten, um die übrigen Zuhörer nicht zu langweilen. Verweise eventuell auf Literatur, die sich näher mit diesem Thema befasst.

Formulierungshilfe: Fragen anregen und darauf reagieren

Gibt es dazu Fragen?

Ist noch etwas unklar?

Für Fragen stehe ich gerne zur Verfügung.

Falls es Fragen gibt, könnt ihr diese jederzeit stellen.

Bitte scheut euch nicht zu fragen.

Eine ausführlichere Beantwortung der Frage würde etwas zu weit führen.

Diese Frage würde ich gerne ins Plenum zurückgeben.

Diskussion: In manchen Fällen bietet sich eine Diskussion am Ende eines Referates an. Die bis dahin passiven Zuhörer erhalten die Möglichkeit, sich aktiv zu beteiligen, du dagegen solltest dich nun zurücknehmen und in die Rolle des Moderators schlüpfen. Deine Aufgabe ist es, die genannten Argumente und Stellungnahmen immer wieder zu bündeln, Dinge auf den Punkt zu bringen und durch geschickte Fragen die Diskussion am Laufen zu halten. Zur Diskussionsleitung beachte bitte auch Kapitel 10.

Formulierungshilfe: Zur Diskussion überleiten

Hiermit möchte ich die Diskussion eröffnen.

Wie steht ihr zur dieser Fragestellung?

Was ist eure Meinung zu diesem Thema?

Würdet ihr dem zustimmen?

6.4 Wie beurteile ich ein Referat?

Bei der Beurteilung des Referats geht es natürlich in erster Linie um eine fundierte Sachkenntnis, die es zu zeigen gilt. Sachliche Richtigkeit, ein klarer Aufbau und Verständlichkeit sind hier wichtige Kriterien.
Doch damit allein ist es nicht getan. Ein wesentlicher Bestandteil des Referats ist der Vortrag, der nach sprachlicher Ausdrucksweise, Wortwahl, Flüssigkeit und Auftreten beurteilt wird. Auch eine vollständige Angabe der Quellen und die Auswahl der verwendeten Literatur fließen in die Bewertung mit ein. Außerdem ist es wichtig, auch spontan mit weiterführenden Fragen umgehen zu können und so eine gewisse Flexibilität und ein Hintergrundwissen unter Beweis zu stellen.

Häufig wird auch eine gewisse Transferfähigkeit erwartet, d. h. das angeeignete Wissen muss auch auf andere Bereiche übertragen werden können. Problembewusstsein, Leistungsbereitschaft, Kreativität, Genauigkeit, Interesse und Urteilsfähigkeit sind weitere Kriterien, an die man vielleicht häufig nicht denkt, die aber bei der Beurteilung eine Rolle spielen können.

TIPP:
Zeige deinen Zuhörern, dass du Lust hast, ihnen das Thema näher zu bringen. Wenn du begeistert bist, begeisterst du auch deine Zuhörer.

Bewertungskriterien für ein Referat

Es gibt mehrere Bereiche, die bei der Bewertung eine Rolle spielen:

Inhalt: Du solltest zeigen, dass du dich mit deinem Thema auseinandergesetzt hast und nicht nur die notwendigen Fakten kennst, sondern darüber hinaus dein Thema auch kritisch beleuchten und analysieren kannst. Arbeite dabei genau, vermeide sachliche Fehler und versuche, die Informationen so zu strukturieren, dass den Zuhörern klar wird, wo deine Schwerpunkte liegen. Die Reihenfolge sollte logisch und nachvollziehbar sein (→ Kap. 2.7).

Vortragsweise: Sprich frei und flüssig, achte auf deine Wortwahl und Ausdrucksweise und versuche, deinen Vortrag möglichst verständlich und klar zu formulieren (→ Kap. 3.7).

Quellen: Wähle möglichst solide und unterschiedliche Quellen und achte darauf, wirklich alles, was du verwendet hast, auch anzugeben (→ Kap. 2.1).

Checkliste: Fähigkeiten, die bei einem Referat eine Rolle spielen

- Kreativität und Vorstellungsvermögen
- Transferfähigkeit und Problembewusstsein
- Leistungsbereitschaft und Genauigkeit
- Teamfähigkeit und Verantwortungsbewusstsein
- Urteilsfähigkeit und Kritikfähigkeit
- Belastbarkeit und Selbstvertrauen

Wenn es hinterher ein Gespräch zwischen dir und deinem Lehrer oder Dozenten gibt, solltest du darauf achten, dich realistisch einzuschätzen und durchaus auch selbstkritisch zu sein. Versuche Schwächen aufzudecken (ohne dich selbst dabei „niederzumachen") und Stärken zu betonen. Es ist sicher nicht einfach, nach einem Referat reflektiert über sich selbst Rückmeldung zu geben. Die folgende Checkliste zeigt wichtige Punkte auf und soll dir bei einer sachlichen Rückmeldung helfen.

Checkliste: Selbsteinschätzung

- Habe ich das Thema sicher und verständlich dargestellt?
- Habe ich alle notwendigen Inhalte gebracht?
- War eine Struktur für meine Zuhörer erkennbar? Habe ich darauf hingewiesen?
- Habe ich ein nachvollziehbares Fazit gezogen?
- Ist es mir gelungen, Interesse bei meinen Zuhörern zu wecken?
- Konnte ich Fragen zu meinem Thema sicher beantworten?
- Habe ich frei gesprochen und meine Zuhörer angeschaut?

Übung macht den Meister

Informationen finden

1 Welche **Suchoperatoren** kannst du im Internet benutzen, wenn du ...

a) eine feste Phrase oder mehrere zusammenhängende Worte suchst, z. B. *Vegetation der Tropen*?

b) Zusammensetzungen mit einem bestimmten Wort suchst, z. B. alle Verbindungen mit *Kernkraft*?

c) Worte von der Suche ausschließen möchtest, z. B. du suchst nach *Gebirge*, möchtest aber *Alpen* und *Ural* ausschließen?

d) nach mehreren Begriffen gleichzeitig suchen möchtest, z. B. *Kernkraft*, *Energie* und *Radioaktivität*?

2 **Ordne die Informationen** zum Thema Alpen den passenden Unterüberschriften in der Tabelle zu.

a) Sommertourismus: Wandern, Klettern, Radfahren

b) Geologische Auffaltung begann vor etwa 135 Millionen Jahren

c) das höchste Gebirge innerhalb Europas

d) Größe ca. 200.000 m²

e) Wintertourismus: Skisport

f) Abschluss der Auffaltung im Tertiär (vor etwa 30 Millionen Jahren)

g) Höchster Gipfel: Montblanc (4.808 m)

h) Klimascheide Europas

i) Mehrstufiger Prozess der Auffaltung

j) Südliche Alpen: Mediterranes Klima

k) Typisches Wetterphänomen: Föhn

l) Klimawandel: Abschmelzen der Gletscher

1) Allgemeines / Überblick	**2) Entstehung der Alpen**
3) Klima	**4) Tourismus**

3 Welche **Themen** könnten beim Thema Alpen noch behandelt werden?

____

____

4 Ordne die folgenden Begriffe schlüssig in einer **Mind-Map** zum Thema *Energiequellen* an. Arbeite mit Ober- und Unterbegriffen.

Erdgas	Wasser	fossile Energiequellen	Meeresströmung	
regenerative Energiequellen	Kohle	Sonne	Erdwärme	
nukleare Energiequellen	Wind	Kernspaltung	Erdöl	Wellen

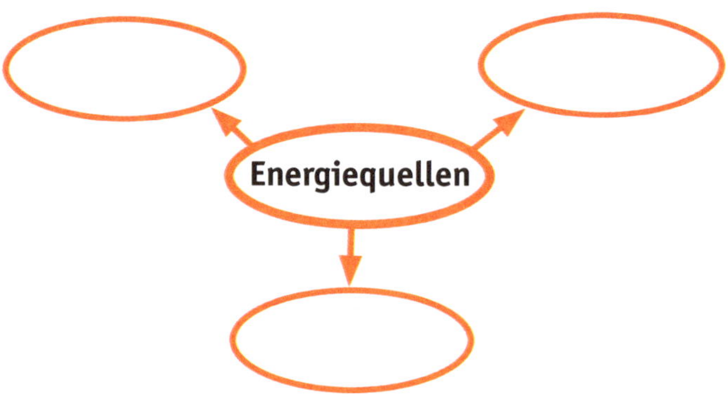

Karteikarten schreiben

5 Ein Teil deines Referats ist zum Thema Alpenflora. Der unten abgedruckte Text entspricht ungefähr den Informationen, die du an deine Mitschüler weitergeben möchtest. Wie könntest du die Informationen möglichst knapp und sinnvoll auf zwei **Karteikarten** schreiben?

Die Vegetation der Alpen ist sehr vielfältig. Etwa 4500 Blütenpflanzenarten sind hier verbreitet, davon kommen 650 hauptsächlich oder nur hier vor. Es gibt ganz typische Pflanzen, die mit den Alpen assoziiert werden, wie das Edelweiß oder der blaue Enzian. Bei der Flora spielen die Verhältnisse des Untergrundes, also Bodenzusammensetzung und Bodenstruktur, eine wichtige Rolle. Kalkböden beispielsweise sind trockener und wärmer als Silikat. Auch die Lage ist entscheidend für die Vegetation. In den östlichen Nordalpen dominieren Fichtenmischwälder, in den Zentralalpen finden sich neben Bergmatten Lärchen- und Fichtenwälder.

Ein weiterer zentraler Punkt für die Vegetation ist die Höhe. Man unterscheidet mehrere Stufen auf unterschiedlicher Höhe, die sich in ihrer Vegetation deutlich unterscheiden.

Die montane Stufe (ab 500 m) ist bewaldet und kann bis auf 2000 m reichen. Je nach Lage wechseln die Baumbestände. Im gemäßigten mitteleuropäischen Klima beispielsweise wachsen unten Eichen, dann folgen Rotbuche und Fichte.

Die subalpine Stufe (1900 – 2200 m) bildet den Übergang hin zur baumlosen alpinen Stufe. Hier finden sich Straucharten, an trockenen Standorten beispielsweise die Latschen-Kiefer.

Auf der alpinen Stufe (2300 – 3000 m) ist der Boden weitgehend mit Rasen bedeckt. Besonders der Kalkrasen ist reich an unterschiedlichen Blütenpflanzen.

Auf der nivalen Stufe (ca. 3000 m bis in die Gipfelbereiche) gibt es keine geschlossene Vegetationsdecke mehr, Pflanzen wachsen vereinzelt, Flechten gibt es häufig. Immerhin gibt es aber etwa 150 Pflanzenarten, die man noch über 3000 m anfinden kann.

1

2

Bibliographie erstellen

6 Ordne die Angaben auf der linken Seite ihren entsprechenden Bedeutungen auf der rechten Seite zu! Erstelle dann eine vollständige **bibliographische Angabe**!

a) ☐ Stuttgart	1) Verlag und Jahreszahl
b) ☐ PONS, 2007	2) Titel
c) ☐ *Zweifelsfrei Deutsch. Grammatik.*	3) Autor
d) ☐ Balcik, Ines	4) Seitenangabe
e) ☐ S.12ff.	5) Ort

____

7 Du findest in einer Bibliografie folgende **Abkürzungen**. Was bedeuten sie?

a) ders. / dies. ____________________________

b) ebd. ____________________________

c) f. / ff. ____________________________

d) o.J. ____________________________

e) o.O. ____________________________

Visualisierung

8 Welchen **Diagrammtyp** wählst du in den folgenden Fällen sinnvollerweise: Säulendiagramm, Kreisdiagramm oder Liniendiagramm?

a) Du hast genaue Zahlen, wie viele Raucher es in den Jahren von 1998 bis 2008 in Deutschland gab und möchtest deinen Zuschauern diese Entwicklung deutlich machen.
b) Du möchtest die Anzahl der Raucher im Jahr 1950, 1970 und 1990 miteinander vergleichen.
c) Du möchtest darstellen, wie viel Oberfläche eines Landkreises auf welche Weise genutzt wird und hast folgende Zahlen: 500 km² Landwirtschaft, und 470 km² Waldfläche,152 km² Städte, Gemeinden und Infrastruktur und 26 m² Wasserfläche.

Arbeit an Ausdruck und Stil

9 Wie könntest du die folgenden Sätze einfacher und damit **stilistisch besser** formulieren?

a) An dieser Entschlossenheit, die sich bereits im Auftreten der Parteispitze zeigte, die an der neu erworbenen Machtstellung keinen Zweifel aufkommen lassen wollte, ist ersichtlich, dass auch die katastrophale Versorgungslage keine Abkehr von diesem System bewirken würde.
b) Mitte der 30er Jahre, in denen sich ein rascher gesellschaftlicher Wandel vollzog, der alle Schichten betraf, war in deutlich ansteigenden Produktionszahlen zu sehen, dass sich der industrielle Fortschritt wirtschaftlich auswirkte.

a) ______________________________

____

____

b) ______________________________

____

____

10 Wie lassen sich die **Anglizismen** durch deutsche Begriffe ersetzen?

a) Dieses Event war ein echtes Highlight in ihrem Leben.
b) Die Stimmung bei diesem Meeting war relaxed.

a) ______________________________

b) ______________________________

11 Wie kannst du die **Umgangssprache** in gutes Deutsch übertragen?

a) Das ist kein Thema.
b) Bingo!

a) ______________________________

b) ______________________________

12 Wie kannst du den umständlichen **Nominalstil** umgehen?

a) Ich möchte hierzu einige Ausführungen machen.
b) Diese These möchte ich in Zweifel ziehen.

a) ____

b) ____

Aussprache

13 Und zum Abschluss eine kleine Übung, die deine **Aussprache** deutlicher macht:

Nimm einen Korken in deinen Mund und versuche damit möglichst verständlich zu sprechen. Mache das einige Minuten lang (am besten auch direkt vor dem Referat). Wenn du möchtest, kannst du so deinen Referatstext noch einmal durchgehen oder dich an ein paar Zungenbrechern versuchen. Nimm den Korken dann wieder aus dem Mund – jetzt wirst du merken, dass die Sache mit der Aussprache schon wesentlich besser klappt!

Diskutieren

Diskutieren

7. Worum geht's? – Die Vorbereitung

7.1 Wie kläre ich das Thema und bilde mir eine Meinung?

Bei einer Diskussion werden zu einem bestimmten Thema Meinungen und Argumente ausgetauscht. Häufig ist das Thema bereits vorgegeben.

> ***TIPP:***
> *Schreibe alle Ideen – auch ungewöhnliche – zu einem Thema ungefiltert auf und entscheide dann, welche du für gut und wichtig hältst.*

Ideen: Sammle zunächst Ideen zu deinem Thema und schlage Begriffe im Lexikon nach. So erleichterst du dir den Einstieg. Entscheide dich erst für einen Standpunkt, wenn dir das Thema vertraut ist.

Ziele: Die Ziele einer Diskussion können unterschiedlich sein: Vielleicht willst du die anderen von deinem Standpunkt überzeugen, oder du möchtest im Laufe der Diskussion die Lösung eines Problems erreichen. Auch ein Kompromiss oder eine neue Erkenntnis können am Ende einer Diskussion stehen.

Standpunkte: Eines jedoch haben alle Diskussionen gemeinsam: Sie bieten die Möglichkeit, eine Sache aus einem neuen Blickwinkel zu betrachten. Versuche, möglichst viele Aspekte in deinen Überlegungen zu berücksichtigen. Erst dann kannst du dich auf die Argumente der Gegenseite einstellen und in der Diskussion angemessen darauf reagieren.

Checkliste: Thema erfassen

- Warum lohnt es sich, über dieses Thema zu sprechen?
- Welche sind die zentralen Schlüsselbegriffe in der Themenstellung?
- Wie sind diese Begriffe definiert?
- Welche Hintergründe muss ich recherchieren?
- Welche Themenbereiche hängen mit meinem Diskussionsthema zusammen?
- Welchen Standpunkt möchte ich in einer Diskussion vertreten?

7.2 Wie sammle ich Argumente und recherchiere diese gründlich?

Sammle zunächst so viele Ideen wie möglich. Formuliere dann die Argumente aus. Überlege dir, mit welchen Argumenten du deinen Standpunkt stützen kannst. Ordne deine Argumente in zwei Spalten (pro und kontra). Überlege dir bereits jetzt, wie du eventuell auf Gegenargumente reagieren könntest. Streiche erst im letzten Schritt besonders schwache oder unsinnige Argumente.

> ***TIPP:***
> *Konzentriere dich beim Sammeln der Argumente gleichermaßen auf die Pro- und Kontraseite!*

Überlege dir, welche Informationen du benötigst, um deine Argumente zu belegen und zu veranschaulichen. Beschaffe dir diese Informationen, Fakten und Zahlen aus möglichst seriösen Quellen, beispielsweise aus renommierten Zeitungen und Zeitschriften, vertrauenswürdigen Statistiken und Büchern. Die Regeln für das Recherchieren von Argumenten findest du in Kapitel 1.2.

Checkliste: Kriterien, nach denen sich Argumente ordnen lassen

- Welche meiner Argumente lassen sich unter einem Hauptargument zusammenfassen?
- Welche Argumente sind inhaltlich miteinander verbunden?
- Welche Argumente sind sehr stark und überzeugend? Welche sind schwächer?
- Welche Argumente eignen sich als Reaktion auf ein Argument der Gegenseite?

7.3 Wie baue ich ein Argument auf?

Ein Argument begründet oder widerlegt eine These. Argumente sollten aber nicht nur aus einer Aussage bestehen, die die These entkräftet oder stützt. Sie müssen gegebenenfalls erläutert, auf jeden Fall aber durch weitere Informationen gestützt werden, um überzeugend zu sein. Nimm dir Zeit, um die Argumente exakt zu formulieren und zu erklären.

Checkliste: Argumente stützen

- Expertenmeinungen miteinbeziehen
- Fakten, Zahlen und Statistiken anführen
- Normen und Grundsätze erläutern
- Beispiele angeben

8 Dafür! – Der Aufbau des Diskussionsbeitrages

8.1 Wie definiere ich mein Thema?

Sind Selbstdekonstruktion und Transzendenz wichtig für Eichendoofs Lyrik? – Ich nehme in dieser Sache die ontologische Sichtweise ein, weil ich überzeugt bin, dass uns dieser Ansatz ganz neue Einsichten in seine Lyrik gewährt. Mein Hauptargument ist ...

Um sicher zu stellen, dass alle Diskussionsteilnehmer das Thema verstehen und um eine Verständigung über bestimmte Wörter zu erreichen, sollte eine Diskussion immer mit einer kurzen Definition des Themas begonnen werden. Schreibe alle Begriffe deines Themas auf, die unter Umständen missverstanden werden können und schlage diese in mehreren Lexika nach. Versuche dann, auf dieser Grundlage selbst eine möglichst einfache, nachvollziehbare und verständliche Definition der Begriffe zu formulieren.

Checkliste: Kriterien für eine gute Definition

- so einfach wie möglich
- so eindeutig wie möglich
- so exakt wie möglich
- möglichst scharf abgegrenzt zu anderen Begriffen
- möglichst ohne Ausnahmeregelungen

Formulierungshilfe: Definieren

Ich möchte das Thema kurz definieren ...

Mit diesem Begriff meine ich ...

Damit ist sowohl ... als auch ... gemeint.

Damit ist nicht gemeint, dass ... sondern ...

8.2 Wie argumentiere ich am besten?

Ich werde euch nun erklären, warum ich mit Peter Müllers Argumentation keinesfalls übereinstimmen kann. Auf der ersten Seite seines Aufsatzes ist ein Tippfehler! Das ist unglaublich! Ich kann ihn einfach nicht mehr ernst nehmen.

Grundsätzlich gibt es zwei Möglichkeiten, seine Argumente aufzubauen:

Linearer Argumentationsaufbau: Hier konzentrierst du dich ganz auf deine Position. Zunächst nennst du deinen eigenen Standpunkt zum Thema, dann folgen die Argumente, die diesen stützen. In der Regel (aber nicht notwendigerweise) ordnest du deine Argumente vom schwächsten zum wichtigsten. Wenn du mit dem stärksten Argument endest, hinterlässt du einen bleibenden Eindruck. Um die Aufmerksamkeit der Zuschauer zu wecken, kannst du aber auch mit einem starken Argument beginnen. Besonders überzeugend ist eine Argumentationskette dann, wenn die Argumente gedanklich folgerichtig aufeinander aufbauen und sich logisch ergeben.
Ein Vorteil des linearen Argumentationsaufbaus ist es, dass du deine eigene Position besonders stärkst. Du nennst nur Argumente, die deinen Standpunkt stützen. Allerdings berücksichtigst du die Argumente der Gegenseite dabei nicht. Gegenargumente können deine Argumentationskette deshalb empfindlich treffen.

Formulierungshilfe: Linearer Argumentationsaufbau

Erstens ... . Zweitens ...

Zusätzlich ...

Und wenn außerdem richtig ist, dass ...

Als Konsequenz ergibt sich ...

Dialektischer Argumentationsaufbau: Hier werden Gegenargumente in die eigene Diskussion miteinbezogen. Auf ein eigenes Argument folgen mögliche Gegenargumente, die wieder durch eigene Argumente entkräftet werden. Der Redner greift also bereits in seinem Beitrag mögliche Einwände und Argumente der Gegenseite auf und widerlegt diese. Ein Vorteil dieser Form ist es, dass du gleich beide Seiten berücksichtigst und dadurch dem Zuschauer als überlegen und souverän erscheinst. Allerdings sollte auch bedacht werden, dass dieser Aufbau für Zuhörer wesentlich anspruchsvoller und schwieriger nachzuvollziehen ist als ein linearer Aufbau. Außerdem lässt sich nicht jedes Argument der Gegenseite so einfach entkräften.

Formulierungshilfe: Dialektischer Argumentationsaufbau

Auf der einen Seite ... auf der anderen Seite ...

Das ist zwar grundsätzlich richtig, aber ...

Im Gegensatz dazu muss gesagt werden, dass ...

Dem widerspricht aber ...

Weitere spezielle Argumentationsmuster

Sonderfallargumentation: Hier gehst du von einem allgemein gültigen Regelfall aus, bringst dann aber einen Sonderfall und begründest, warum in dem von dir dargestellten, speziellen Fall von der Regel abgewichen und anders gehandelt werden sollte. Du kannst bei dieser Argumentationsweise die Argumente sowohl dialektisch als auch linear ordnen.

Vergleich: Zunächst werden zwei Positionen einander gegenüber gestellt, die erläutert und verglichen werden. Im Aufbau ähnelt dieses Muster einem dialektischen Argumentationsaufbau, allerdings werden die Begründungen der beiden Ansichten in diesem Fall ohne persönliche Wertung dargelegt. Deine eigene Meinung nennst du erst am Ende deines Diskussionsbeitrags.

Konsens: Auch hier werden zwei konträre Positionen vergleichend betrachtet und zunächst ohne eigene Stellungnahme dialektisch erläutert. Dann wird versucht, zwischen den Positionen zu vermitteln und einen Kompromiss zu finden, der beide Seiten berücksichtigt. Dies kann geschehen, indem Gemeinsamkeiten der Positionen herausgearbeitet werden.

Formulierungshilfe: Sonderfallargumentation

In diesem besonderen Fall aber ...

Wir haben es hier aber mit einer sehr speziellen Situation zu tun.

Grundsätzlich ist dies zwar richtig. Hier aber ...

Formulierungshilfe: Vergleich

Seine Gründe dafür sind ...

Ich halte diesen Standpunkt für weniger überzeugend, weil ...

Keiner der beiden konnte mich überzeugen. Ich denke, dass ...

Formulierungshilfe: Konsens

Sicherlich ist auch stichhaltig, dass ...

Folgende Gemeinsamkeiten sind sichtbar:

Beide treffen sich in folgendem Punkt:

8.3 Wie lege ich Sachverhalte dar und vertrete meinen Standpunkt?

Peter Müller behauptet A. Und dieser andere Typ sagt B. Jetzt weiß ich gar nicht mehr, was ich glauben soll. Das ist so verwirrend. Warum können die sich nicht einmal einig sein?! Muss ich immer selber denken?

Übersichtlich: Gerade bei einer Diskussion ist es wichtig, deutlich zu signalisieren, an welchem Punkt der Diskussion du dich befindest: Ob du gerade die These erläuterst, auf ein Argument der Gegenseite reagierst, ein eigenes Argument für deine These bringst oder ein Argument anhand von Beispielen und Fakten veranschaulichst. Nur so machst du unmissverständlich klar, welche Position du vertrittst.

Zielgerichtet: Sage, was du in der Diskussion erreichen willst und beziehe deine Argumente immer wieder direkt auf deine These, um Zusammenhänge zu verdeutlichen.

Schlagkräftig: Reihe nicht nur Argument an Argument. Dies wirkt öde und ist meist wenig überzeugend. Schlagkräftig werden deine Argumente dann, wenn es dir gelingt, sie anhand von Fakten, Zitaten und Beispielen zu veranschaulichen.

Sicher: Lass dich nicht verunsichern oder aus dem Konzept bringen. Gerade in einer Diskussion ist es wichtig, immer die Kontrolle zu behalten und sicher und überzeugt aufzutreten. Wenn Fragen kommen, die du nicht gleich beantworten kannst, versuche durch Fragen oder Floskeln etwas Zeit zu gewinnen, um deine Gedanken zu ordnen.

Formulierungshilfe: Meinen Standpunkt vertreten

Meine These ist, dass ...

Ich möchte euch davon überzeugen, dass ...

Für meine Haltung gibt es zahlreiche Gründe:

Als besonders schwerwiegend kommt hinzu, dass ...

Vielleicht wird dies durch folgendes Beispiel klarer:

Ein paar Zahlen werden diese Befunde verdeutlichen.

Dies spricht für die anfangs aufgestellte These.

Checkliste: Unsicherheiten überspielen

- Wiederhole kurz das Gesagte, um den roten Faden wiederzufinden.
- Fasse deine bisherigen Ausführungen knapp zusammen.
- Nenne eine weitere Zahl oder ein weiteres Beispiel zum eben genannten Argument.
- Stelle eine Frage zu deinen Ausführungen.
- Verweise kurz auf die These.
- Schreibe bei der Vorbereitung mögliche „Notfallreaktionen" auf deine Stichwortzettel.

8.4 Welche Argumentationsstrategien kann ich einsetzen?

Meine Mutter stimmt mir in diesem Punkt zu. Mein Onkel auch. Der Finanzminister auch. Und der Präsident der USA auch. Sogar Superman stimmt mir zu. Findet ihr das nicht überzeugend?

Es gibt unterschiedliche Möglichkeiten, wie du deine Argumente überzeugend gestalten kannst und welche Strategien es gibt, um ihnen Gewicht zu verleihen.

Autorität: Du zitierst wörtlich oder sinngemäß eine bekannte Autorität auf diesem Gebiet. Das können Experten, Wissenschaftler oder berühmte Persönlichkeiten sein. Allerdings ist zu bedenken, dass auch Experten sich zu einer Frage nicht immer einig sind.

Tatsachen: Du stützt dich auf Fakten und Zahlen, führst nachprüfbare Forschungsergebnisse und Statistiken an. Allerdings kann es auch hier unterschiedliche Ansätze und Resultate geben.

> **TIPP:**
> *Zahlen und Fakten müssen aktuell sein!*

Normen und Gesetze: Du berufst dich auf Wertvorstellungen und Gesetze, die in der Gesellschaft als gültig anerkannt werden. In der heutigen pluralistischen Gesellschaft mit ihrem ständigen Wertewandel ist das allerdings nicht immer einfach.

Erfahrung: Du berufst dich auf eigene Erfahrungen, die nachvollziehbar und verallgemeinerbar sein müssen.

Analogie: Es werden Vergleiche zu ähnlichen Vorgängen gezogen. Aber Vorsicht: Eine Übertragung ist nicht in jedem Fall möglich.

Gefühl: Du sprichst Wertevorstellungen an und appellierst an die Emotionen der Zuhörer. Achtung: Wenn du deinen Zuhörern zu verstehen gibst, dass alle anderen Denkweisen – außer deiner eigenen – verwerflich, moralisch schlecht und damit unzulässig sind, ist das Manipulation.

> **TIPP:**
> *Wenn du zu offensichtlich versuchst, deine Zuhörer zu manipulieren, bringst du diese gegen dich auf.*

Gesunder Menschenverstand: Einige Redner appellieren an den „gesunden Menschenverstand". Dabei wird der eigene Standpunkt als Meinung der Mehrheit dargestellt. Wer dieser Meinung nicht folgt, befördert sich selbst ins Abseits. Dieses Mittel bewegt sich am Rande der Fairness, weil es ebenfalls manipulativ ist.

Formulierungshilfe: Sich auf Autoritäten, Zahlen und Fakten stützen

Auch [Peter Müller]* stellt in seinen Veröffentlichungen wiederholt diese These auf.

Schon [Peter Müller] hat gesagt ...

Auch [Peter Müller] vertritt die Meinung, dass ...

Die Zahlen zeigen, dass ...

Folgende Fakten beweisen meine These:

Diese Statistik belegt ...

* Elemente in eckigen Klammern (z. B. Eigennamen oder Titel) sind nur als Beispiel angegeben und können beliebig ausgetauscht werden.

8.5 Wie gestalte ich ein wirkungsvolles Schlussplädoyer?

Glaubt's mir einfach. Ich habe Recht.

TIPP:
Konzentriere dich darauf, die Vorteile deiner Position hervorzuheben.

Ein Schlussplädoyer schließt sich dem Argumentationsaustausch an und dient dazu, die eigene Position abschließend auf den Punkt zu bringen.

Sehr wirkungsvoll ist es, das stärkste Argument am Ende noch einmal aufzugreifen und in verschärfter und zugespitzter Form kurz zu wiederholen. Mache noch einmal unmissverständlich deutlich, worauf es dir ankommt. Ziehe ein Fazit, dass sich klar aus deinen Ausführungen ergibt und vertrete deinen Standpunkt selbstbewusst.

Wenn du um einen Kompromiss bemüht bist oder zwischen den beiden Standpunkten vermitteln willst, solltest du dein Schlussplädoyer so gestalten, dass du keine der genannten Positionen zu vehement vertrittst und stattdessen eher abschwächende und einschränkende Formulierungen verwendest. Vermeide in diesem Fall Phrasen, die die Gegenseite abwerten.

Checkliste: Möglichkeiten eines Schlussplädoyers ✓

- Hauptargument in zugespitzter Form nennen
- Appell an die Zuhörer richten
- abschließendes Fazit ziehen
- Ziel deiner Argumentation nennen
- Gemeinsamkeiten der Standpunkte betonen
- einen Kompromiss vorschlagen

Formulierungshilfe: Mein Schlussplädoyer

Lasst mich das Wesentliche noch einmal zusammenfassen:

Nach sorgfältiger Abwägung der Argumente ...

Ich bin fest davon überzeugt, dass ...

Es gibt keinen Zweifel daran, dass ...

Folgender Kompromiss wäre denkbar:

Wenn wir beide Seiten berücksichtigen ...

Ich halte eine Kompromisslösung für möglich.

Darstellung eines Argumentationsaufbaus mit nützlichen Wendungen

These nennen / Definition	Meine These ist, dass... Ich möchte das Thema näher erläutern. Mit dem Begriff ... ist gemeint ... Ich vertrete diese These, weil ...
↓	
Argument 1 anführen / Argument 1 mit Belegen und Beispielen stützen	Denn wir können an ... sehen, dass ... Dafür spricht, dass ... Folgendes Beispiel soll veranschaulichen ... Die Zahlen zeigen ...
↓	
Argument 2 anführen / Argument 2 mit Belegen und Beispielen stützen	Zweitens ... Zusätzlich ... Wenn wir noch einen Schritt weiter gehen ...
↓	
Schlussfolgerungen und eigene Stellungnahme	Ich möchte das Wesentliche kurz zusammenfassen. Als Konsequenz ergibt sich für mich: ... Ich bin davon überzeugt, dass ... Es gibt keinen Zweifel daran, dass ... Wir sollten ...

9 Dagegen! – Die Reaktion auf die Gegenseite

9.1 Wie reagiere ich auf die Gegenseite?

Unsinn!

TIPP:
Sei immer darauf gefasst, spontan etwas auf die Ausführungen der Gegenseite erwidern zu müssen.

TIPP:
Diskutiere nicht über feststehende Tatsachen oder subjektive Ansichten. Darüber lässt sich nicht streiten.

Im Gegensatz zu einem Referat musst du bei einer Diskussion flexibel auf die Einwände der Gegenseite reagieren. Verfolge den Diskussionsablauf aufmerksam und notiere dir, wenn möglich, die Argumente und Belege der Gegenseite stichwortartig mit, um darauf Bezug nehmen zu können. Konzentriere dich vor allem auf Schwachpunkte in der Argumentation der anderen. Hier kannst du ansetzen, um die Vorzüge deiner Position darzulegen. Ironie kann ein wirkungsvolles Mittel sein, um eine Unstimmigkeit aufzudecken. Versuche aber nicht zwanghaft, allen Punkten der Gegenseite zu widersprechen, das ist meist nicht möglich. Gerade wenn es dir darum geht, einen Kompromiss zu schließen, solltest du nicht zu kleinlich auf deinen Argumenten beharren. Mache aber deutlich, wo du die Schwierigkeiten in der Argumentationsweise der Gegenseite siehst und halte eigene Lösungsvorschläge bereit.

Mache sprachlich deutlich, wogegen du dich aussprichst und welche Punkte du unter Umständen bereit bist zu akzeptieren. Du kannst Aussagen der anderen vollständig ablehnen, teilweise ablehnen oder auch nur anzweifeln. Nutze hier sprachliche Mittel zur Differenzierung. Wenn du ein Argument für vollständig abwegig oder irrelevant hältst, solltest du dies unmissverständlich zum Ausdruck bringen.

TIPP:
Nimm sachliche Argumente nicht persönlich!

Bleibe dabei unbedingt sachlich und bewahre einen kühlen Kopf, um angemessen, höflich aber bestimmt deine Position vertreten zu können. Lass dich nicht zu vorschnellen Aussagen hinreißen, sondern bedenke immer die Tragweite deiner Argumente.

Checkliste: Der Umgang mit Diskussionsbeiträgen der Gegenseite

- aufmerksam zuhören und wesentliche Argumente mitnotieren
- flexibel auf die Argumentation der Gegenseite reagieren
- Reaktion auf Gegenargumente überdenken und nicht vorschnell vorbringen
- Schwachstellen und Fehler in der Argumentation erkennen und darauf reagieren
- sich nicht auf „Nebenschauplätze" abdrängen lassen, sondern am Kern der Sache arbeiten
- Lösungsvorschläge bringen
- immer sachlich, ruhig und höflich bleiben

Formulierungshilfe: Reaktion auf die Gegenseite

Ich fürchte, dem kann ich nicht zustimmen.

Das Argument überzeugt mich nicht, weil ...

Das ist nicht der Punkt.

Ich persönlich halte das für diskussionswürdig.

Ich habe große Zweifel, ob ...

Das kann teilweise stimmen, aber ...

Das war früher vielleicht der Fall, aber ...

Ist es nicht vielmehr so, dass ...?

9.2 Wie durchschaue ich unfaire Tricks und begegne ihnen?

Ihr seid so gemein. Warum lasst ihr mich nicht einfach in Ruhe? Ich hasse euch alle!

Es gibt einige unfaire Mittel, die man selbst nicht verwenden sollte, die einem aber in einer Diskussion immer wieder begegnen. Man sollte sie also durchschauen und möglichst angemessen darauf reagieren.

Persönlicher Angriff: Hier geht es nur noch vordergründig um die Sache. In Wirklichkeit werden aber Personen und/oder Institutionen attackiert, beleidigt oder lächerlich gemacht. Dir wird mangelnde Sachkenntnis, fehlende Sorgfalt oder gar Dummheit vorgeworfen. Lass dich auf solche Provokationen nicht ein, weise dein Gegenüber auf die Unsachlichkeit seines Beitrages hin und bleibe selbst unbedingt sachlich.

Verallgemeinerungen: Von einem Einzelfall wird sofort auf allgemein gültige Regeln geschlossen, obwohl es sich nicht um einen typischen Allgemeinfall handelt. Es gibt auch den umgekehrten Fall: Hierbei wird eine allgemeine Regel pauschal auf einen Einzelfall übertragen, ohne dabei spezielle Umstände zu beachten. Entlarve diese Tricks.

Trugschlüsse: Falsche und nicht zulässige Schlüsse werden oft so geschickt verpackt, dass der Zuhörer den unlogischen Zusammenhang nicht bemerkt. So wird beispielsweise von einer fehlerhaften Annahme ausgegangen, die dann zu einer scheinbar schlüssigen Konsequenz führt. Deine Aufgabe ist es, den Fehler im Gedankengang offen zu legen und so den Trugschluss aufzudecken.

Scheintatsachen: Zwischen Tatsachen und der eigenen Meinung besteht häufig ein großer Unterschied. Weise dein Gegenüber darauf hin, wenn er eine persönliche Meinung als allgemein anerkannte Tatsache darstellt.

Imponieren: Zitate werden dazu missbraucht, die Gegenseite zu beeindrucken; Analogien werden angeführt, ohne darzulegen, ob ein Vergleich überhaupt zulässig ist; bloße Behauptungen werden als Fakten verkauft. Lass dich durch ein solches Imponiergehabe nicht beeindrucken, sondern nimm immer wieder auf Fakten und Tatsachen Bezug.

Manipulation: Durch starkes Emotionalisieren und/oder rhetorische Fragen wird versucht, die Zuhörer auf eine bestimmte Seite zu ziehen. Weise auf die Manipulationstechniken der Gegenseite hin.

Killerphrasen: Wenn einer Seite die sachlichen Argumente ausgehen, greift sie häufig auf Phrasen und Sätze zurück, deren alleiniges Ziel ist, die Gegenseite zum Schweigen zu bringen und Recht zu behalten: „An deiner Stelle würde ich das auch sagen.“ oder: „Das war aber schon immer so.“ sind typische Killerphrasen.

Checkliste: Kriterien, die Argumente erfüllen müssen

- enger Bezug zur These
- objektiv wahr oder wenigstens wahrscheinlich
- schlüssig oder plausibel
- auf logischen Schlussverfahren beruhend
- neutral und sachlich

→ Kap. 7.3

Formulierungshilfe: Unfairen Tricks begegnen

Bleiben wir doch sachlich.

Mit persönlichen Angriffen kommen wir nicht weiter.

Du vergleichst Äpfel mit Birnen.

So einfach lässt sich dieser Einzelfall nicht übertragen.

Du kannst daraus keine allgemein gültige Regel ableiten.

Dabei lässt du aber völlig unberücksichtigt, dass ...

Bereits die Annahme, dass ... ist fehlerhaft.

Kommen wir doch zum Kern der Sache zurück.

Diskussionen leiten

10 Die Rolle des Moderators

10.1 Worauf muss ich als Moderator achten?

Du hast noch 10 Sekunden Zeit. Neun … acht … sieben …

> ***TIPP:***
> *Als Moderator solltest du Argumente beider Seiten kennen, um während der Diskussion gegebenenfalls nachhaken und auf fachlich falsche Redebeiträge reagieren zu können.*

Es ist die Aufgabe des Moderators, zu Beginn der Diskussion mit einigen Informationen in das Thema einzuführen. Im Anschluss sollte er die einzelnen Diskussionsteilnehmer sowie deren Standpunkte vorstellen. Dazu ist es nötig, sich im Vorfeld inhaltlich gut mit dem Thema vertraut zu machen sowie sich über die Teilnehmer zu informieren.

Wächter der Form: Du solltest immer die Uhr im Blick haben und dafür sorgen, dass die Redebeiträge nicht ausufern, so dass alle Teilnehmer sich äußern können. Außerdem liegt es in deiner Verantwortung, dass auch die etwas zurückhaltenden Diskussionsteilnehmer zu Wort kommen. Du kannst gezielt das Wort erteilen und so die einzelnen Wortmeldungen und Redebeiträge koordinieren und dafür sorgen, dass niemand anderen ins Wort fällt.

Strukturierender Vermittler: Neben formalen Aufgaben bist du als Moderator auch dafür verantwortlich, den Aufbau der Redebeiträge durch geschickte Fragen, Zusammenfassungen oder Kommentare zu verdeutlichen. Weise auf Verbindungen zwischen den vorgebrachten Argumenten hin, wenn die Diskutierenden das nicht selbst tun. Bitte darum, einzelne Aspekte noch zurückzustellen, bis andere ausreichend besprochen wurden und kläre Missverständnisse und Fehldeutungen. Dreht sich die Diskussion im Kreis oder wendet sie sich zu speziellen Fragen zu, solltest du weitere inhaltliche Impulse bringen oder den Sachverhalt knapp zusammenfassen. So machst du den Weg frei für neue Argumente. Es ist also unerlässlich, ständig den Überblick zu behalten und eine sehr gute Kenntnis des jeweiligen Themas zu besitzen.

Sachlicher Koordinator: Falls ein Diskussionsteilnehmer im Eifer des Gefechts die sachliche Ebene verlässt, ist es an dir, ihn darauf hinzuweisen und zu ermahnen, nicht persönlich zu werden. Nur so kann eine Diskussion erfolgreich sein und gegebenenfalls auch zu einem Ergebnis gelangen bzw. über einen reinen Schlagabtausch hinausgehen.
Generell bist du als Moderator nicht an der Diskussion beteiligt und beziehst demnach auch nicht Stellung zum Thema. Bleibe also neutral.

Formulierungshilfe: Eine Diskussion sachlich koordinieren

Ich muss dich bitten, dich kurz zu fassen.

Die Zeit ist begrenzt, deshalb sollten wir nun auch die anderen noch zu Wort kommen lassen.

Bleibe bitte sachlich.

Bitte bleibe in dieser Sache objektiv.

Das gehört jetzt nicht mehr zum Thema.

Ich bitte dich, persönliche Angriffe zu unterlassen.

10.2 Wie bringe ich die Diskussion voran?

Jetzt kommt schon, Leute. Versucht mal, euch ein bisschen was Intelligenteres auszudenken.

Es gibt verschiedene Möglichkeiten, eine Diskussion, die ins Stocken geraten ist, durch geschickte Fragen wieder in Schwung zu bringen. Es bieten sich in verschiedenen Situationen unterschiedliche Frageformen an.

Vorfragen: Durch gezielte Vorfragen kannst du zu Beginn der Diskussion das Thema und seine Ausprägungen eingrenzen und verdeutlichen. So stellst du sicher, dass alle Teilnehmer einzelne Sachverhalte und Begriffe auf die gleiche Weise verstehen.

TIPP:
Betrachte dich in deiner Moderatorenrolle als Stellvertreter für Zuschauer und Diskussionsteilnehmer. Fragen, die du stellst, ermöglichen allen einen Informationsgewinn.

Offene Fragen: Stelle Fragen, die nicht nur mit einem Wort oder Satz beantwortet werden können, um die Diskussion lebendig zu halten. Solche offenen Fragen ermöglichen den Teilnehmern, ausführliche und teilweise auch persönliche Stellungnahmen sowie Erläuterungen zu Argumenten anzubringen. Allerdings bergen diese oft unpräzisen Fragen die Gefahr, dass sich niemand zu Wort meldet oder Redebeiträge sehr weitschweifig werden.

Geschlossene Fragen: Wenn du eine ganz spezielle Information erfragen möchtest, stelle direkte, geschlossene Fragen. Es lassen sich so Kernaussagen herausarbeiten und klar formulieren. Mit Hilfe dieser Fragen können Sachverhalte vereinfacht oder übersichtlich aufgeschlüsselt werden. Der Nachteil dieser Frageform liegt darin, dass die Antwortmöglichkeiten sehr eingeschränkt sind.

Entscheidungsfragen: Sie sind eine Sonderform der geschlossenen Fragen, da sie die Antwort noch weiter einschränken, indem sie lediglich die Wahl zwischen zwei Alternativen vorgeben. Dem Befragten bleibt also keine Möglichkeit, eigene Überlegungen in seine Antwort mit einzubringen.

Scheinfragen: Fragen, deren Antworten bereits nahe gelegt werden (Suggestivfragen) oder die keine Antwort benötigen, da diese bereits in der Frage enthalten ist (rhetorische Fragen), sind Scheinfragen, die aus taktischen Gründen eingesetzt werden. Die Fragestellung lässt keine neutrale Beantwortung zu. Diese Art der Fragen bringt die Diskussion nicht voran, sondern gibt eine ganz bestimmte Richtung vor und manipuliert damit die Teilnehmer. Als Moderator solltest du diese Frageform deshalb soweit wie möglich meiden.

Gegenfragen: Hin und wieder ist es ratsam, Fragen der Teilnehmer geschickt umzudrehen und zurückzugeben oder eine Präzisierung zu verlangen. Dies nimmt den Druck vom Befragten, alles sofort beantworten zu müssen und lässt ihm Zeit zum Nachdenken. Außerdem nimmt es aggressiven Teilnehmern oft den Wind aus den Segeln. Es können auch Fragen an die gesamte Diskussionsrunde weitergegeben werden. Das bezieht die anderen mit ein, verhindert Zwiegespräche zwischen Einzelnen und entlastet den Moderator.

Formulierungshilfe: Diskussionen voranbringen

Wurde die hier vertretene Position deutlich?

Was ist die Gegenposition zu diesem Standpunkt?

Ihr habt jetzt die Möglichkeit, euch zu einem der genannten Aspekte zu äußern.

Wie stellt sich die Lage in euren Augen dar?

Worin besteht für dich die Kernaussage?

Was ist deiner Meinung nach das schwerwiegendste Argument und warum?

Wie würdest du dich verhalten, wenn ...

Sind alle hier der Ansicht, dass ...

Wenn wir diesen Gedanken weiterverfolgen, was wäre die Konsequenz?

Wäre es möglich, dies zu präzisieren?

11 Der Umgang mit schwierigen Situationen

11.1 Wie reagiere ich in schwierigen Situationen?

Woher soll ich das denn wissen? Bin ich Gott? Übrigens: Darum geht's in der Diskussion gar nicht, du Idiot.

Oftmals treten während Diskussionen Situationen auf, die nicht leicht zu beherrschen sind. Es ist wichtig, gerade dann ruhig zu bleiben und nicht die Nerven zu verlieren. Manchmal erscheinen unerwartete Fragen von Teilnehmern nur auf den ersten Blick schwierig.

Persönliche Angriffe und Polemisieren: Versuche, freundlich aber bestimmt, die Diskussion wieder auf eine sachliche Ebene zu lenken und sprich aufgetretene Schwierigkeiten auch direkt an.

Polarisieren und Beharren auf Meinungen: In diesem Fall ist es wichtig, dass du als Diskussionsleiter vermittelnd eingreifst, Gemeinsamkeiten zwischen den Positionen hervorhebst und durch weiterführende Fragen die Entwicklung des Diskussionsprozesses förderst. Manchmal lässt sich eine angespannte Situation auch durch Humor auflockern.

Stillstand der Diskussion: Hier helfen dir im Voraus vorbereitete Fragen oder zusätzliche Argumente weiter, zu denen sich die Teilnehmer äußern können. Auch bewusst sehr provokant formulierte Thesen geben neue Impulse. Sprich gezielt Personen an und hake nach, wenn Antworten nicht ausführlich genug ausfallen oder formuliere selbst nochmals das vorliegende Problem um, so dass die Teilnehmer neue Ansatzpunkte sehen.

Formulierungshilfe: Auf schwierige Situationen reagieren

Wenn wir uns rein auf die Sachlage stützen, dann sehen wir ...

Persönliche Angriffe bringen uns nicht weiter.

So unvereinbar sind die beiden Standpunkte nicht.

Wenn wir versuchen, beide Aspekte zu berücksichtigen ...

Versuchen wir uns von diesem Punkt zu lösen und beachten wir auch ...

Wie könnten wir das konkret umsetzen?

Hast du vielleicht eine Idee, wie ...

Warum lehnst du dieses Argument ab?

11.2 Welche Hilfsmittel unterstützen mich bei der Moderation?

Moment, bitte! Sprich nicht so schnell, ich muss das alles mitschreiben und habe keinen Stift.

Notizen und Tabellen helfen dir, eine Diskussion angemessen zu moderieren, flexibel zu reagieren und immer den Überblick zu behalten.

Notizen: Notiere dir Fragen, provokante Thesen, hilfreiche Formulierungen und eigene Argumente zu beiden Seiten übersichtlich auf Moderationskärtchen. So vorbereitet kannst du schnell auf unterschiedliche Situationen reagieren und die Diskussion, wenn sie ins Stocken gerät, mit neuen Impulsen wieder in Gang bringen.

Tabelle: Lege dir im Vorfeld eine Tabelle an (z. B. mit einer Übersicht der Pro- und Kontrateams), in die du während der Diskussion die genannten Argumente stichwortartig eintragen kannst. So weißt du, was bereits gesagt wurde und kannst jederzeit eine stichhaltige Zusammenfassung geben. Eine andere Möglichkeit ist, dir die Argumente, die du erwartest, bereits einzutragen und diese nur abzuhaken, wenn sie tatsächlich fallen. Auf diese Weise siehst du, nach welchen Punkten du als Moderator unter Umständen noch fragen kannst. Lass ausreichend Platz für weitere Argumente und Beispiele.

11.3 Welche Hilfsmittel unterstützen meine Diskutierenden?

Hört gut zu und merkt euch alles. Das ist alles sehr wichtig.

Auch für die Diskutierenden ist es nicht immer einfach, der Diskussion zu folgen. Vor allem dann nicht, wenn, du die Diskussion einfach laufen lässt und nicht eingreifst, um wesentliche Aspekte zu betonen, Argumente zusammenfassend zu bündeln oder um hin und wieder ein Zwischenfazit zu ziehen.
Du kannst den Diskutierenden aber nicht nur helfen, indem du lenkend und zusammenfassend in die Diskussion eingreifst, sondern auch, indem du einen schriftlichen Überblick bietest. Es gibt zwei Möglichkeiten wie du als Moderator den Diskutierenden helfen kannst, alle genannten Punkte zu überblicken.

Verlaufsprotokoll: Notiere wichtige Aspekte auf Folie mit, so dass alle den Verlauf der Diskussion sehen können. Dies kann als Tabelle oder auch als Mind-Map erfolgen. Der Vorteil ist, dass am Ende bereits eine Art Protokoll über die Diskussion vorliegt, anhand welcher eine Bewertung vorgenommen werden kann.

> ***TIPP:***
> *Du erleichterst dir dein Leben als Moderator, wenn du die Aufgabe des Mitprotokollierens an einen Zuhörer delegierst, der nicht aktiv an der Diskussion teilnimmt.*

Handout: Falls sich die Diskussion an dein Referat anschließt, und du die Rolle des Moderators übernimmst, kannst du ein Handout an alle Teilnehmer verteilen, auf dem die im Referat dargelegten Argumente zusammengefasst sind. Den Teilnehmern fällt es damit leichter, an Punkte anzuknüpfen und sich auf einzelne Aspekte zu beziehen.

Diskussionen analysieren

12 Beobachten

12.1 Worauf soll ich achten?

Nur um das richtig zu verstehen: Ich soll auf den Inhalt, Beispiele, Stil, Struktur, Sprache, Einleitung, Argumentation, Intonation, Rethorik, Gestik und Mimik achten. Sonst noch was?

TIPP:
Lege deinen Fokus zunächst auf einzelne Kriterien. Es ist schwierig, sich auf alles gleichzeitig zu konzentrieren.

Oftmals schließt sich an eine Diskussion eine Feedbackrunde an. Die Teilnehmer sowie der Moderator sollen dabei von den Zuschauern eine Rückmeldung erhalten, die es ihnen erlaubt, bei folgenden Diskussionen noch überzeugender aufzutreten. Damit das Feedback möglichst umfassend und konkret ausfällt, ist es die Aufgabe der Zuhörer, sowohl den Moderator als auch die einzelnen Teilnehmer zu beobachten und zu beurteilen. Mache dir als Zuhörer zunächst klar, welche Aufgaben die Diskutierenden und der Moderator haben und was du von ihnen erwartest.

Checkliste: Beobachtungskriterien zur Bewertung des Moderators

- sinnvolle Einführung ins Thema und prägnante Zusammenfassung der Ergebnisse
- Begrüßung der Zuhörer und Vorstellung der Teilnehmer
- Einhalten der formalen Regeln (z. B. zeitliche Vorgaben)
- ordnende, strukturierende und klärende Kommentare
- souveräner Umgang mit schwierigen Situationen (z. B. persönliche Angriffe)
- Sachkenntnis und hilfreiche Impulse (Argumente, provokante Thesen, weiterführende Fragen, etc.)

Checkliste: Beobachtungskriterien zur Bewertung der Diskutierenden

- fundierte Sachkenntnisse und gut gestützte Argumente (Belege, Beispiele)
- schlüssige, überzeugende Argumente
- logische Anordnung der Argumente und klare Struktur
- enger Bezug zur These
- Einhalten der sachlichen Ebene, keine unfairen Tricks
- Eingehen auf zuvor Gesagtes und Entkräften von Gegenargumenten
- klare Artikulation, Körpersprache und Mimik
- Sprache und Stil (Wortwahl, Überleitungen, rhetorische Mittel etc.)

12.2 Wie notiere ich, was ich beobachte?

Könntest du dich bitte kurzfassen? Sonst kann ich mir nämlich nicht alles merken, was du sagst.

Es ist hilfreich, sich im Vorhinein eine Tabelle anzulegen, in der die einzelnen Punkte, auf die geachtet werden soll, eingetragen werden. Während der Diskussion wird so mit einfachen Zeichen ein kleines Protokoll erstellt. Sprich dich mit anderen Beobachtern ab, so dass jeder auf andere Personen oder Kriterien achtet.

So kann sich einer der Beobachter beispielsweise nur auf die Körpersprache, ein anderer speziell auf die Sprache und den Stil, ein dritter nur auf die Argumente konzentrieren. Im günstigsten Fall (d. h. wenn genügend Beobachter vorhanden sind), konzentriert sich jeder Beobachter nur auf eine Person.
Wichtig ist, dass sich die Beobachter bereits während des Zuhörens Notizen machen, damit sie später ganz gezielt und konkret Rückmeldung geben können.
Es kann sich auch anbieten, Argumente oder Formulierungen stichwortartig mitzuschreiben, um hinterher untersuchen zu können, was die Stärken und Schwächen bestimmter Argumente und Formulierungen waren.

Beispiel: Möglicher Aufbau eines Beobachtungsbogens für Argumente

Name (der zu beobachtenden Person)

Argument 1: **Beleg:**	**+ (positiv):**	**- (negativ):**
Argument 2: **Beleg:**	**+**	**-**
Argument 3: **Beleg:**	**+**	**-**

13 Bewerten

13.1 Wie gebe ich ein sinnvolles Feedback?

Ich habe noch nie so bescheuerte Argumente wie die von dir gehört. Und deine Stimme ging mir total auf den Keks. Bitte tu mir einen Gefallen und nimm nie wieder an einer Diskussion teil.

> **TIPP:**
> *Denke immer daran: Es ist leicht, Kritik zu üben, viel schwieriger aber, sie aktiv umzusetzen.*

Der Sinn des Feedbacks ist es, die Diskussionsteilnehmer weiter zu bringen. Indem sie auf bestimmte Aspekte aufmerksam gemacht werden, erhalten sie eine Hilfestellung für zukünftige Diskussionen und können sich so verbessern. Optimalerweise beginnt ein Feedback mit positiven Aspekten. Dies ist wichtig, damit derjenige, der die Rückmeldung erhält, zunächst in seinen Fähigkeiten und seinem Selbstbewusstsein gestärkt wird. Gib dem zu Beurteilenden ein Feedback, bei dem er das Gefühl hat, dass du tatsächlich helfen willst und auch positive Aspekte erkannt hast. So ist er viel offener für negative Kritik. Formuliere diese in Form von konkreten Ratschlägen, die direkt umgesetzt werden können.

Checkliste: Gutes Feedback

- beginnt mit positiven Punkten
- ist konstruktiv
- ist subjektiv formuliert
- beschreibt das Problem sachlich
- bezieht sich auf konkrete Beobachtungen

Formulierungshilfe: Eine gute Rückmeldung

Besonders beeindruckt hat mich, dass ...

Schön fand ich, dass ...

Du hast gut reagiert, als ...

Ich finde, du könntest an ... arbeiten.

An dieser Stelle konnte ich nicht nachvollziehen ...

Überzeugender wäre das, wenn ...

Ich würde mir wünschen, dass du auch auf die Argumente der Gegenseite eingehst.

Übung macht den Meister

Thesen und Argumente finden

Sollte klassische Literatur an Schulen unterrichtet werden?

1 In vielen Ländern wird die klassische Literatur als wesentlicher Bestandteil der schulischen Bildung betrachtet. Texte von Shakespeare, Goethe und Aristoteles werden an vielen Schulen in ganz Europa unterrichtet und interpretiert. Die Frage lautet: Warum eigentlich?

2 Schulen sollten sich doch viel stärker an zeitgenössischen Texten orientieren, die der heutigen Denkweise wesentlich näher stehen. Moderne Texte helfen Schülern, die Ereignisse der heutigen Zeit besser zu verstehen. Sie nehmen auf die neuesten Entwicklungen und Entdeckungen Bezug und sollten deshalb eher gelesen werden als klassische Literatur.

3 Zudem ist es für Schüler wesentlich einfacher, einen Bezug zu heutigen Texten zu finden. Es ist wichtig, Schülern etwas anzubieten, bei dem sie einen Bezug zu ihrem Leben herstellen können. Zeitgenössische Texte bringen universelle Themen (z. B. Liebe, Tod, Verrat, ...) in einer heutigen Sprache zum Ausdruck. Der Leser kann sich mit den Figuren identifizieren. Die Sprache klassischer Texte ist oftmals schwer verständlich. Literatur zu lesen sollte aber niemals Arbeit bedeuten: Wenn Leser schon mit der Sprache solche Schwierigkeiten haben, dass sie diese kaum verstehen, sind sie vielleicht – wenn sie sich mühsam durch alte Formulierungen gekämpft haben und endlich wissen, worum es in dem Text geht – schon gar nicht mehr am Inhalt interessiert.

4 Außerdem wird unsere Welt zunehmend von wirtschaftlichen Faktoren beeinflusst, derer sich viele Jugendliche gar nicht bewusst sind. Schulen sollten auch für Fächer Zeit haben, die für die Wirtschaft relevant sind. Wenn die Wirtschaft angekurbelt werden soll und junge Menschen darin ihren Platz finden wollen, dann sollte sich die Schule auf Technologie, Naturwissenschaft und Wirtschaft konzentrieren. Das ist für unsere Gesellschaft von größerem Nutzen, als unsere Zeit an nostalgische Ideen zur kulturellen Bildung zu verschwenden. Das höchste Ziel der Schulen sollte es sein, ihre Schüler erfolgreich auf den Arbeitsmarkt vorzubereiten. Kaum ein Beruf, außer dem Lehrberuf, erfordert Wissen über Shakespeare und Molière.

5 Natürlich kann man argumentieren, dass das Studium klassischer Literatur eine intellektuelle Herausforderung darstellt – aber das tun naturwissenschaftliche Studien auch. Und als zusätzlicher Pluspunkt ist die naturwissenschaftliche Bildung wirtschaftlich relevant.

1 Ordne die folgenden Überschriften den entsprechenden **Abschnitten im Text** zu!

- ☐ a) Lernen: Was Schüler wirklich brauchen, um erfolgreich zu sein
- ☐ b) Naturwissenschaft: Eine intellektuelle Herausforderung, die nützt
- ☐ c) Zeitgenössische Texte: Schlüssel zu einer modernen Welt
- ☐ d) Verstehen: Wozu Schüler einen Bezug finden können
- ☐ e) Einleitung

2 Welche der folgenden **Thesen** vertritt der Autor? Kreuze diese an!

- ☐ a) Literatur sollte an Schulen nicht unterrichtet werden.
- ☐ b) Es sollte klassische und zeitgenössische Literatur an Schulen unterrichtet werden
- ☐ c) Klassische Literatur sollte an Schulen nicht unterrichtet werden.

3 Die Textabschnitte 2, 3 und 4 enthalten je ein **Argument**, das die These des Autors stützt. Schreibe die drei Argumente auf!

1) ______________________________
2) ______________________________
3) ______________________________

4 Stelle dir vor, dass du die Argumente des Textes in einer kleinen Rede vorstellen sollst. Welche der folgenden **Schlüsselwörter und -sätze** findest du nützlich? Was würdest du auf eine Karteikarte schreiben?

- ☐ 1) Klassische Literatur: Shakespeare, Goethe, Aristoteles → warum?
- ☐ 2) schulische Ausbildung: wichtig → warum?
- ☐ 3) Zeitgenössische Texte: heutige Ereignisse und die neuesten Entdeckungen
- ☐ 4) sie beziehen sich mehr auf Heutiges als Klassiker
- ☐ 5) relevant
- ☐ 6) universelle Themen in verständlicher Sprache: Liebe, Tod, Betrug → Identifikation

☐ 7) Wenn Leser schon mit der Sprache solche Schwierigkeiten haben, dass sie diese kaum verstehen, sind sie vielleicht – wenn sie sich mühsam durch alte Formulierungen gekämpft haben und endlich wissen, worum es in dem Text geht – schon gar nicht mehr am Inhalt interessiert.

☐ 8) Schulen: Technologie, Naturwissenschaft, Wirtschaft → Arbeitsmarkt

☐ 9) Lehrer fordern: Kennen bekannter Schriftsteller

☐ 10) intellektuell herausfordernd und von wirtschaftlichem Nutzen: Naturwissenschaften

Eigene Argumente als Gegenposition aufbauen

5 Du möchtest eine Gegenposition zu der im Text vertretenen Meinung aufbauen. Im folgenden Abschnitt findest du drei Argumente, die dafür sprechen, dass klassische Literatur in der Schule unterrichtet werden sollte. Zu jedem Argument gehört eine **Erklärung**. Versuche, diese Erklärungen dem jeweiligen Argument zuzuordnen!

Argument 1: Klassische Texte haben einen großen Einfluss auf heutige Literatur, Theater und Film.

Erklärung 1: ______________________________

Argument 2: Klassische Texte behandeln Themen, die sowohl damals als auch heute für die Menschen entscheidend sind.

Erklärung 2: ______________________________

Argument 3: Kulturell gebildete Jugendliche sind erfolgreicher in unserer heutigen Gesellschaft.

Erklärung 3: ______________________________

a) In vielen Bereichen der heutigen Gesellschaft ist es wichtig, unseren kulturellen Hintergrund zu kennen und darüber in angemessener Form sprechen zu können.

b) Die heutige Literatur kann ohne den Hintergrund klassischer Literatur nicht entsprechen verstanden und gewürdigt werden: Die klassische Literatur bildet das Fundament.

c) Themen sind nicht veraltet, sondern bleiben relevant. Schüler können Verbindungen zur heutigen Zeit sehen.

6 Zu jedem der oben genannten Argumente gehören auch ein bis zwei **Beispiele**. Ordne auch die Beispiele dem jeweiligen Argument zu!

Argument 1: Klassische Texte haben einen großen Einfluss auf heutige Literatur, Theater und Film.

Beispiele 1: ______________________________

Argument 2: Klassische Texte behandeln Themen, die sowohl damals als auch heute für die Menschen entscheidend sind.

Beispiele 2: ______________________________

Argument 3: Kulturell gebildete Jugendliche sind erfolgreicher in unserer heutigen Gesellschaft.

Beispiele 3: ______________________________

a) Updike, *Gertrud and Claudius* (bezieht sich auf Shakespeares *Hamlet*)

b) Tod, Liebe, Hass, Macht, …

c) Präsentationen hinterlassen einen besseren Eindruck, wenn der Sprecher gekonnt klassische Stücke oder bekannte Philosophen zitieren kann.

d) *Macbeth*: Die Schüler können die Folgen von Macht und Machtmissbrauch damals und heute vergleichen.

7 Du bist mitten in einer Diskussion zum Thema *Wehrpflicht*. Welche **Gegenargumente** könntest du anbringen?

1) Die nötige Truppenstärke kann nur durch die allgemeine Wehrpflicht garantiert werden. Nur so ist die Verteidigung des Landes möglich.

a) ______________________________

____

____

____

2) Deutschland hat Verpflichtungen aus Bündnissen und muss diesen nachkommen. Deutsches Militär wird auch im Ausland eingesetzt. Fällt die Wehrpflicht weg, kann Deutschland diese Pflichten nicht mehr erfüllen, weil die Truppenstärke sinkt.

b) ______________________________

____

____

____

3) Durch die Wehrpflicht sind die Streitkräfte in die Gesellschaft integriert. Auf diese Weise findet auch eine soziale Kontrolle statt.

c) ______________________________

____

____

____

Unfairen Argumenten begegnen

8 Du diskutierst über die *Schädlichkeit des Rauchens*. Ordne richtig zu. Mit welchen Sätzen kannst du **kontern**, wenn dein Gegenüber sagt:

1) ☐ „Wir sind doch auch Autoabgasen ausgesetzt – da kräht kein Hahn danach, obwohl das auch schädlich ist. Nur die Raucher werden attackiert."

2) ☐ „Mein Opa hat geraucht wie ein Schlot und der wurde 98! Rauchen schadet also nicht."

3) ☐ „Du bist doch nur gegen Raucher, weil du so eine stinklangweilige Person bist, die im Leben keinen Spaß hat."

4) ☐ „Wir Raucher sollen eh immer an allem Schuld sein – demnächst macht ihr uns noch für den Klimawandel verantwortlich."

a) Bleiben wir doch sachlich.

b) Du vergleichst Äpfel mit Birnen.

c) Mit persönlichen Angriffen kommen wir nicht weiter.

d) Du kannst daraus keine allgemein gültige Regel ableiten.

Ein sinnvolles Feedback

9 Welche Sätze sind bei einer guten **Rückmeldung** sinnvoll? Kreuze die Sätze an, die dem Referenten nicht weiterhelfen oder die so formuliert sind, dass sie den anderen verletzten könnten.

- ☐ a) Also, ich fand das alles schon nicht schlecht.
- ☐ b) Besonders beeindruckt hat mich, dass du das schwierige Schaubild so einfach und klar erklärt hast.
- ☐ c) Du hast gut reagiert, als der Zwischenruf kam und gleich mit einem Gegenargument gekontert.
- ☐ d) Man hätte das auch anders strukturieren können. So wie du das gemacht hast, war das nicht so klar.
- ☐ e) Ich finde, du könntest an deiner Aussprache arbeiten. Manchmal hast du die Wortenden verschluckt, so dass ich Schwierigkeiten hatte, dich zu verstehen.
- ☐ f) An dieser Stelle konnte ich nicht nachvollziehen, was du mit dem Begriff *Hybris* gemeint hast.
- ☐ g) Überzeugender wäre es gewesen, wenn du noch eine Statistik gezeigt hättest, um deine Argumente zu untermauern.
- ☐ h) Das Ende war total plötzlich und nicht so gut.
- ☐ i) Du bist einfach nicht der geborene Redner, aber mach dir nichts draus. Es kann ja nicht jeder alles können.

Checkliste: Ein Referat vorbereiten und halten

VORBEREITUNG

Planung und Themenfindung

- [ ] Rechtzeitiges Treffen mit dem Lehrer / Dozenten zum Absprechen des Themas
- [ ] Festlegen eines Präsentationstermins
- [ ] Erste Ideen und Vorschläge erarbeiten (Mind-Map, Brainstorming, Lexika)
- [ ] Eingrenzen des Themas in Abstimmung mit der Lehrperson und Festlegen des Ziels
- [ ] Formulieren von Fragen und Unterthemen
- [ ] Erstellen eines Zeitplans (mit Puffer!)

Die Recherche

- [ ] Vorbestellen von Büchern, die eventuell interessant sein könnten und entliehen sind
- [ ] Verschiedene Quellen nutzen (Bücherei, Internet, Archive, Zeitzeugen, ...)
- [ ] Quellen auf Seriosität prüfen
- [ ] Material hinsichtlich der Relevanz für das Thema beurteilen
- [ ] Quellen vollständig aufschreiben (für die Bibliografie)
- [ ] Nützliches Material systematisch sammeln und ordnen
- [ ] Gliederung erstellen und mit der Lehrperson absprechen
- [ ] Ausarbeiten des Vortrags

Medieneinsatz und Visualisierung

- [ ] Geeignete Medien zur Veranschaulichung wählen
- [ ] Zahl der verwendeten Medien angemessen wählen und genügend Zeit dafür einplanen
- [ ] Überprüfen, ob das verwendete Material optimal zum Referat passt
- [ ] Übersichtliche Strukturierung der Folien / Plakate / ...
- [ ] Die Lesbarkeit immer gewährleisten (Folie, Tafel, ...)
- [ ] Bei Filmausschnitten oder Hörbeiträgen Ton- und Bildqualität sowie Dauer überprüfen
- [ ] Die Quelle der verwendeten Filmausschnitte / Diagramme / Bilder / ... angeben

Mein Handout

- [ ] Alle notwendigen formalen Angaben machen (Datum, Thema, Klasse / Kurs usw.)
- [ ] Gliederung des Referats angeben
- [ ] Wichtige Diagramme oder Zusammenfassungen auf das Handout schreiben
- [ ] Handout inhaltlich und auf Rechtschreibung und Grammatik hin überprüfen

- [ ] Literaturangaben korrekt auflisten
- [ ] Das Handout übersichtlich und einheitlich gestalten

Der organisatorische Rahmen

- [ ] Handouts in ausreichender Anzahl kopieren
- [ ] Alle erforderlichen Geräte rechtzeitig auf Funktionstüchtigkeit überprüfen
- [ ] Raum ordentlich herrichten, lüften und Tafel putzen
- [ ] Rechtzeitig in den Raum gehen und pünktlich beginnen
- [ ] Die Zeitvorgaben (Länge des Referats) einhalten

Meine Vorbereitung

- [ ] Einen oder mehrere Probedurchläufe machen – auch vor Freunden
- [ ] Genügend Schlaf am Tag zuvor
- [ ] Keine Hektik am Morgen und das Frühstück nicht vergessen
- [ ] Spaziergang, Musikhören oder Entspannungsübungen vor Referatsbeginn

AUFTRITT

Mein Auftreten

- [ ] Bequeme und angemessene Kleidung tragen
- [ ] Sichere und ruhige Körperhaltung
- [ ] Freundliche und offene Mimik
- [ ] Das Gesagte mit Gestik unterstreichen
- [ ] Augenkontakt zum Publikum suchen
- [ ] Dem Publikum zugewandt stehen und sprechen
- [ ] Auf das Publikum reagieren, beispielsweise, wenn sich Unverständnis zeigt

Meine Sprache

- [ ] Frei sprechen (Stichworte als Hilfe)
- [ ] Deutlich, laut und klar sprechen
- [ ] Flüssig vortragen, dabei aber nicht zu schnell und monoton werden
- [ ] Pausen einbauen, Wichtiges betonen, Tempo und Lautstärke variieren
- [ ] Verständlich erklären, Satzbau einfach halten
- [ ] Auf einen angemessenen Sprachgebrauch achten
- [ ] Zitate kenntlich machen und angeben, wenn die Meinung eines anderen wiedergegeben wird

DIE PRÄSENTATION DES INHALTS

Die Einleitung

- [ ] Zuschauer begrüßen und Thema vorstellen
- [ ] Interesse der Zuhörer wecken
- [ ] Gliederung angeben
- [ ] Darauf hinweisen, wann Fragen gestellt werden können
- [ ] Nachfragen, ob Folien / Anschriebe / etc. für alle gut lesbar sind

Der Hauptteil

- [ ] Auf sachliche Richtigkeit achten
- [ ] Konzentration auf das, was wirklich wichtig ist
- [ ] Möglichst vielseitiges Beleuchten des Themas
- [ ] Eigene Worte benutzen
- [ ] Einzelne Punkte logisch verknüpfen und Zusammenhänge aufzeigen
- [ ] Den roten Faden nicht verlieren und immer wieder deutlich machen
- [ ] Beispiele, Zahlen und Fakten einbauen
- [ ] Die eigene Meinung, die Meinung Anderer und Fakten klar voneinander trennen
- [ ] Unbekannte Fachbegriffe erklären

Der Schluss

- [ ] Wichtige Aspekte und Argumente knapp zusammenfassen
- [ ] Eine Schlussfolgerung angeben, die sich schlüssig aus den Ausführungen ergibt
- [ ] Die eigene Meinung angeben und ein Fazit ziehen
- [ ] Gegebenenfalls auf die Ausgangsfrage des Referats eingehen
- [ ] Eventuell einen Ausblick geben oder offene Fragen zur Diskussion stellen
- [ ] Den Zuhörern die Möglichkeit geben, nachzufragen und Dinge zu klären
- [ ] Sich auf Fragen aus dem Publikum vorbereiten und diese ausreichend beantworten können
- [ ] Sich bedanken und verabschieden

Index

A
Analyse 305
Anglizismen 335
Arbeitsphasen 300
Arbeitsplan 300
Archiv 307
Argument aufbauen 344, 365
Argumentationsaufbau 366, 367, 373
Argumentationsstrategien 370, 371
Argumente 376
Argumente ordnen 365
Argumente recherchieren 365
Argumente vorstellen 343
argumentieren 366
Artikulation 337
Atmung 326
Auftreten 338, 340
Ausdruck und Stil 335
ausformulieren 316
autogenes Training 327

B
Beispiele 341, 346
beobachten 384
Beobachtungsbogen 385
Beurteilung 353
bewerten 386
Bewertung 353
Bibliografieren 316
Bibliothek 307
Bibliothek online 310
biografische Daten 346

C
Computer 320

D
Definition 366
Diagramme 322
Diskussion 352
Diskussion leiten 378
Diskussion voranbringen 379, 380
Dokumentation 304

E
eigene Meinung 349
Einleitung 337
Einstieg ins Thema 341
Ende 350
Entscheidungsfragen 388
Entspannung 326
Enzyklopädien online 309
Erörterung 305
Evaluation 306
exzerpieren 315

F
Film 320
Flipchart 320
Floskeln 336
Folie 320, 330, 332
Fragen anregen 351
Fragen beantworten 351
freies Sprechen 338
Fremdwörter 335
Fülllaute 338

G
Gegenfragen 380
geschlossene Fragen 379
Gestik 339

H
Handout 330, 383
Hauptteil 343
Hausarbeiten online 311
Hilfsmittel für Diskutierende 382
Hilfsmittel für Moderator 382
historische Ereignisse 346

I
Imponieren 376
Inhalte präsentieren 343
Inhaltsangabe 304
Internet 307, 308
Interpretation 305

K
Karteikarten 328

Kerngedanken ... 343
Killerphrasen ... 376
Kleidung ... 339
Körperhaltung ... 339

L
Lampenfieber ... 325
Lautstärke ... 337, 338
Lerntypen ... 324
Lesbarkeit ... 340
letzter Schliff ... 334
Lexika online ... 309
Licht ... 340
Linksammlungen ... 310
Literaturverzeichnis ... 315, 316

M
Manipulation ... 370, 376
Material ordnen ... 317
Material vorbereiten ... 327
Medieneinsatz ... 319
Meinungen angeben ... 347
Merkzettel ... 329
Metasuchmaschine ... 308, 310
Mimik ... 339
Mind-Map ... 303, 315
Moderator ... 378
Muskelrelaxation ... 327

N
Nachrichten online ... 311
Nominalstil ... 335
notieren ... 315
Nützlichkeit beurteilen ... 313

O
offene Fragen ... 379
Organisatorisches ... 338, 339
Orientierungshilfe ... 344

P
persönliche Stellungnahme ... 349
persönlicher Angriff ... 375
persönlicher Angriff ... 381
Plakat ... 320, 331, 333
Polarisieren ... 381
Polemisieren ... 381
Presse online ... 311

Q
Qualität prüfen ... 313
Quellen online ... 314

R
reagieren ... 374
recherchieren ... 307
Redundanzen ... 336
Referate online ... 311
Reihenfolge ... 343
Rückmeldung ... 386

S
Sachverhalte darlegen ... 369
Scheinfragen ... 380
Scheintatsache ... 376
Schluss ... 350
Schlussplädoyer ... 372
schwierige Situationen ... 381
Selbsteinschätzung ... 353
Sprachmelodie ... 338
Sprechpausen ... 338
Sprechtempo ... 337
Standpunkt vertreten ... 369
Statistiken ... 346
Stil ... 334
Stillstand ... 381
Stimme ... 337
Suche online ... 307, 312
Suchmaschine ... 308, 310, 311
Symbole ... 321

T
Tabelle ... 323
Tafel ... 319
technische Fragen ... 340, 341
Textsorte ... 304
Thema definieren ... 366
Thema finden ... 302
Thema klären ... 364
These aufstellen ... 343

Tonträger ... 321
Trugschluss ... 376

U
Übergänge ... 345
Übungspräsentation ... 324
Umgangssprache ... 335
unfaire Tricks ... 375
Unsicherheiten ... 379

V
Verallgemeinerung ... 376
Verhalten ... 339
Verlaufsprotokoll ... 383
Verständnisfragen ... 352
Visualisierung ... 321
Vorarbeit ... 300
Vorbereitung ... 364
Vorfragen ... 379
Vorstrukturieren ... 315
weiterführende Fragen ... 352

Z
Zahlen und Fakten ... 346
Zeitplan ... 301
Zeitzeuge ... 307
Ziele definieren ... 302, 341
zitieren ... 315, 347, 348
zusammenfassen ... 350
Zusammenhänge ... 344

ANHANG

Lösungen

Lösungen 5. Klasse

S. 13 - 24

1 WORTARTEN

1.1 Nomen, Verb, Adjektiv •

1. Nomen, **2.** Nomen, **3.** Adjektive

Boxenstopp: **1.** Verb, **2.** Nomen, **3.** Adjektiv

••/•••

1. schleichen, sein, klauen, kaufen, haben, müssen, zurückholen, sehen, laufen, rennen, erreichen, holen, sprechen, wollen, grunzen, abhauen, wiederholen, sagen, schubsen, wissen, antworten, versuchen, beruhigen, erzählen, passieren, schildern, vorfallen, umdrehen, wegrennen, folgen, trennen, nähern, beobachten, ergreifen, schaffen, schwenken, machen, entgegennehmen

2. Ecke, Haus, Dieb, Kerl, Kickboard, Bäckerei, Süßigkeit, Lust, Autos, Straße, Mann, Luft, Ärger, Junge, Arme, Streifenpolizisten, Polizist, Atem, Polizisten, Seiten, Schauspiel, Gesicht, Grinsen, Board

3. vorsichtig, neues, kurz, leckere, drohend, jüngere, aufgeregt, ruhig, plötzlich, aufregende, netten, zufriedenes, glücklich

1.2 Nomen •

Singular:
der Wald, das Knusperhexenhaus, das Bett / ein Bett, eine Fragerei

Plural: (die) Wälder, (die) Knusperhexenhäuser, (die) Betten, (die) Fragereien

Boxenstopp: **1.** Singular, **2.** Plural, **3.** Artikel, **4.** bestimmten, **5.** unbestimmten

••

1. Schaufeln, **2.** Besenstiele, **3.** Staubsauger, **4.** Staubtücher

••

Erste Übung:
Maskulinum --> der, ein: Becher, Bälle, Zauberstab, Zylinder

Femininum --> die, eine: Münze, Spielkarten, Kerze, Trillerpfeife

Neutrum --> das, ein: Seil, Tücher, Streichholz, Stofftiere

Zweite Übung:

1. die Bälle, **2.** der Spielkarte, **3.** des Seiles

•••

2. Nominativ, Maskulinum, Plural, **3.** Akkusativ, Femininum, Plural, **4.** Nominativ, Neutrum, Plural, **5.** Genitiv, Femininum, Singular, **6.** Genitiv, Neutrum, Plural, **7.** Dativ, Maskulinum, Singular, **8.** Akkusativ, Femininum, Plural, **9.** Akkusativ, Femininum, Singular, **10.** Akkusativ, Maskulinum, Singular, **11.** Nominativ, Neutrum, Singular

1.3 Adjektive •

1. Haare: braun, **2.** Augen: braun, rund, **3.** Nase: stupsig, **4.** Mund: groß

Boxenstopp: **1.** Lebewesen, **2.** Eigenschaftswörter, **3.** Vorgänge, **4.** Prädikat, **5.** Genus, **6.** steigern

••

1. vorsichtig, **2.** grabesstill, **3.** gleichmäßiges, **4.** grausigen, **5.** alten, **6.** schnell, **7.** ordentlich, **8.** langsam, **9.** falsch

•••

2. groß, größer, am größten, **3.** klug, klüger, am klügsten, **4.** schneller, schneller, am schnellsten, **5.** rasch, rascher, am raschesten, **6.** mutig, mutiger, am mutigsten, **7.** langsam, langsamer, am langsamsten, **8.** arm, ärmer, am ärmsten

1.4 Personalpronomen •

1. Rapunzel, **2.** Aschenputtel, **3.** der Froschkönig, **4.** Frau Holle, **5.** das tapfere Schneiderlein, **6.** die sieben Zwerge, **7.** die Bremer Stadtmusikanten, **8.** Hänsel und Gretel

Boxenstopp: **1.** Fürwörter, **2.** abwechslungsreicheren, **3.** Beziehungen, **4.** seines, **5.** Sie, **6.** ihm, **7.** persönlichen

••

1. ich, ich; **2.** du, wir, er, wir; **3.** ihr, ich, sie, wir

•••

Anna, Bernd und Zoë gehen gemeinsam ins Schwimmbad. ~~Ihr~~ **Sie** gehen immer in dieses Bad, ~~er~~ **es** ist ihr Lieblingsschwimmbad mit tollem Wasser. Zudem treffen ~~wir~~ **sie** dort meistens auch noch weitere Freunde. Bernd ist immer am schnellsten umgezogen, deshalb ist ~~sie~~ **er** auch der Erste im Wasser. ~~Es~~ **Er** winkt ihnen kurz zu, taucht unter und stößt unter Wasser fast mit Frank zusammen. ~~Sie~~ **Er** geht in die gleiche Klasse wie Bernd, Anna und Zoë. „Wo hast ~~ich~~ **du** deine Mädels gelassen?", ärgert ~~sie~~ **er** ihn wie immer. „Kennst ~~ihr~~ **sie** ja, ~~es~~ **sie** suchen immer noch ein schönes Plätzchen", antwortet Bernd. „Na, ~~du~~ **ihr** seid ja ein tolles Team! ~~Wir~~ **Ich** würde niemals mit zwei Mädchen schwimmen gehen!", frotzelt Frank weiter. „~~Er~~ **Du** bist doch nur neidisch, weil ~~du~~ **sie** schneller schwimmen können als ~~ich~~ **du!"**, kontert Bernd. Am Beckenrand tauchen auf einmal Anna und Zoë auf. „He, Bernd, kommst ~~er~~ **du** bitte mal raus, meine Eltern haben uns Geld für Eis gegeben. Oh, hallo Frank, tut uns Leid, aber ~~ich~~ **wir** haben nur Geld für drei Eis!"

1.5 Possessivpronomen •

Katze

Boxenstopp: **1.** besitzanzeigende, **2.** dekliniert, **3.** Nomen

••

2. unsere, **3.** ihren, **4.** mein Bruder, **5.** meines, **6.** unserer/meiner, **7.** ihrem, **8.** meines, **9.** meinem, **10.** meinem, **11.** seinen, **12.** unserer/meiner, **13.** mein

Lösungen 5. Klasse

S. 24 - 32

• • •

2. Unsere Laune verbessert sich. **3.** Mich verärgert euer Verhalten. **4.** Ich treffe mich mit meinen Freunden. **5.** Deine Klasse ist sehr lustig.

1.6 Das Präsens •

Folgende Zeitangaben müssen unterstrichen sein:

1. Im Jahr 1879, **2.** Jedes Jahr im Sommer, **3.** In den nächsten Ferien, **4.** keine Zeitangabe, **5.** gerade eben, **6.** Nachher, **7.** schon im Jahr 1869, **8.** Gestern

Boxenstopp: **1.** Vergangenes und Spannungserzeugung: 1, 7, 8, **2.** Gegenwärtiges: 5, **3.** Zukünftiges: 3, 6, **4.** Grundsätzliches und Wiederholungen: 2, 4

• •

niesen: ich niese, du niest, er/sie/es niest, wir niesen, ihr niest, sie niesen

lesen: ich lese, du liest, er/sie/es liest, wir lesen, ihr lest, sie lesen

• • •

1. Das Übernachten ist sehr aufregend. **2.** Es macht dennoch großen Spaß. **3.** Ich habe große Lust darauf. **4.** Niemand vergisst das.

1.7 Das Futur •

Wie werden die Schüler in hundert Jahren wohl zur Schule gehen? Wird man sie auf motorisierten Skateboards herumsausen sehen? Werden sie mit einem Düsenrucksack heranschweben? Wird man sie mit Flugzeugen zur Schule bringen? Wird es statt Bürgersteigen Laufbänder geben? Oder werden die Eltern sie gar in die Schule beamen?

Boxenstopp: 1 C, 2 A, 3 B

• •

Vielleicht werden aber die Schüler in hundert Jahren überhaupt nicht mehr in die Schule gehen, sondern die Schule wird sozusagen zu ihnen kommen – zum Beispiel über das Internet. Dann wird es nicht mehr nötig sein, sich Gedanken über den Schulweg zu machen. Ob sich die Schüler wohl darüber freuen werden?

• •

1. Lisa wird ans Meer fahren. **2.** Paul und Max werden eine Fahrradtour machen. **3.** Simone wird ins Waldheim gehen. **4.** Anne und Bastian werden zu Hause bleiben. **5.** Lukas wird die Großeltern besuchen.

• • •

Futur: wird ... aussehen, wird ... geben, gehen wird, wird ... haben, wird ... geben.
Präsens: betritt, öffnet, bestehen, verwandelt, wirst, stellst.

1.8 Das Präteritum •

Folgende Verben müssen markiert sein: war, wurden, krochen, zogen, wunderten, durften, sollten, merkten, war, gewöhnten, konnten, machte, war, schien, aßen, las, wirkte, erlebten, schliefen

Boxenstopp: **1.** Vergangenheit, **2.** schriftlichen, **3.** Präteritum

••

1. sah, **2.** war, **3.** weckte, **4.** schliefen, **5.** machten

••

1. ihr kommt, ihr kamt, zweite Person Plural, **2.** du bist, du warst, zweite Person Singular, **3.** ihr wollt , ihr wolltet, zweite Person Plural, **4.** ich bleibe, ich blieb, erste Person Singular, **5.** wir fahren, wir fuhren, erste Person Plural, **6.** sie spielen, sie spielten, dritte Person Plural, **7.** es regnet, es regnete, dritte Person Singular

Präteritumsformen machen uns das Leben nicht gerade leichter - schlief, weckte... wo ist da die Regel? Bei den schwachen Verben kommt einfach ein -t- ins Spiel: ich wecke - ich weckte. Bei den starken Verben ändert sich der Stammvokal: ich schlafe - ich schlief. Und bei den unregelmäßigen passiert meist sogar beides: ich bringe - ich brachte, ich mag - ich mochte. Noch mehr Gehirnfutter für dich!

•••

Als wir neulich mit der Klasse im Theater (gewesen sind) **waren** und gerade eine ganz ruhige und spannende Szene **gespielt** (worden ist) **wurde**, (hat) **klingelte** auf einmal ein Handy (geklingelt). Die ganze Spannung (ist) **war** wie weggeblasen (gewesen), überall (ist) **wurde** in Hosentaschen und Jacken gesucht (worden), aber die Quelle des Klingeltons (hat) **ließ** sich irgendwie nicht finden (lassen).

Unser Lehrer (hat) **schaute** schon recht böse von einem Schüler zum anderen (geschaut), aber keiner (ist) **war** sich einer Schuld bewusst (gewesen). Nach einer Ewigkeit, so (ist) **kam** es mir zumindest vor (vorgekommen), (hat) **stieß** mich Felix, der neben mir (gesessen hat) **saß**, mit dem Ellenbogen in die Seite (gestoßen) und **zeigte** mit dem Finger auf die Bühne (gezeigt). Ganz im Hintergrund (hat) **sah** man da einen Schauspieler mit etwas in der Hand (gesehen) - eben mit einem Handy. „Da sind wir auf den Gag des Regisseurs ja ganz schön reingefallen", (habe) **flüsterte** ich Felix irgendwie erleichtert **zu** (zugeflüstert).

1.9 Das Perfekt •

1. Ich bin ein Wortewurstler und Worteverdreher gewesen. **2.** Ich habe die Geldgier eines Spitalbesitzers entlarvt. **3.** Ich habe in einem Bienenkorb geschlafen. **4.** Die Leute haben mich ausgelacht. **5.** Ich habe mich an ihnen gerächt.

Boxenstopp: 1 B, 2 D, 3 A, 4 C

••

1. kommentiert, kapiert, **2.** geärgert, geschrieben, geklärt, **3.** erklärt, erzählt, unterbrochen, entlarvt **4.** vorgetäuscht, untergejubelt, eingeschlafen

•••

Neulich habe ich mir bei der Gartenarbeit beide großen Zehen gebrochen. Ich habe mich beim Blumenschneiden geschnitten und bin zum Schuppen gegangen, um ein Pflaster zu holen. Vor dem Schuppen bin ich ins Stolpern gekommen, habe das Gleichgewicht verloren und bin hingefallen. Beim Aufstehen habe ich mir den Kopf am Türrahmen des Schuppens gestoßen. Etwas benommen bin ich zurückgetaumelt und dabei auf die Zinken des Rechens getreten, sodass mir dessen Stiel gegen den Hinterkopf geschlagen ist. Ich habe den Rechen voll Zorn gepackt und ihn gegen die Wand des Schuppens geschleudert. Das hat den von meinem Sohn am Schuppen angebrachten Flaschenzug gelöst. Der mit Steinen gefüllte Eimer ist direkt auf meinem linken großen Zeh gelandet. Ich habe vor Schmerz geschrieen und voller Wut mit dem rechten Fuß gegen den Eimer getreten ...

1.10 Das Plusquamperfekt •

Die Vorvergangenheit (das Plusquamperfekt)

Boxenstopp:

1. zusammengesetzte Zeit, **2.** Partizip Perfekt, **3.** sein, **4.** haben

••

Kolumbus hatte sich hervorragende Kenntnisse über Navigation und Geografie erworben. Er hatte eigene Berechnungen angestellt. Er hatte dabei die Kugelgestalt der Erde berücksichtigt. Er war sich sicher gewesen, einen kürzeren Weg nach Indien errechnet zu haben. Er war zum spanischen Hof gereist, um dort Unterstützung zu erhalten. Er hatte drei Schiffe mit gut neunzig Mann ausgerüstet. Er hatte eine Fahrtdauer von etwa drei Wochen errechnet.

•••

2. sie werden landen (Futur), sie waren gelandet, **3.** er erspäht (Präsens) er hatte erspäht, **4.** ich berechnete (Präteritum) ich hatte berechnet, **5.** ihr werdet sehen (Futur) ihr hattet gesehen, **6.** wir haben gehofft (Perfekt) wir hatten gehofft, **7.** ihr seid gestrandet (Perfekt) ihr wart gestrandet, **8.** du zweifeltest (Präteritum) du hattest gezweifelt

2 SATZGLIEDER

2.1 Satzglieder erkennen •

2. Architektinnen ➜ Häuser, **3.** Lehrer ➜ Schüler, **4.** Richter ➜ Urteile, **5.** Ärzte ➜ Menschen, **6.** Piloten ➜ Flugzeuge, **7.** Gärtner ➜ Blumen

Boxenstopp: **1.** Prädikat, **2.** Subjekt, **3.** Objekt

••

Den schulnahen Wald (= Objekt) durchsucht (= Prädikat) unsere Bande (= Subjekt) nach einem perfekten Geheimversteck (= Präpositionalobjekt).

•••

Sie (= Subjekt) durchsucht (= Prädikat) ihn (= Akkusativobjekt) danach (= Präpositionalobjekt).

2.2 Das Subjekt •

1. Sherlock Holmes und Dr. Watson, **2.** beide, **3.** Sherlock Holmes, **4.** Dr. Watson, **5.** intelligentes Leben, **6.** man

Boxenstopp:

1. Numerus, **2.** Person, **3.** Nominativ

• •

2. Haar, **3.** Knusperhäuschen, **4.** Max und Moritz, **5.** tapfere Schneiderlein

• • •

1. Wer spann für die Müllerstocher das Stroh zu Gold? Rumpelstilzchen. **2.** Was diente den sieben Zwergen als Trauerort für ihr geliebtes Schneewittchen? Ein Glassarg. **3.** Wer verschlang nach der Großmutter das Rotkäppchen? Der böse Wolf. **4.** Wer wird von einem Zwerg immer wieder beschimpft? Schneeweißchen und Rosenrot.

2.3 Das Prädikat •

1. Mit großem Feuerwerk feiert sein 25-jähriges Bestehen der Bahnhof Gleisheim am 15. November.
2. Der Bahnhof Gleisheim feiert am 15. November mit großem Feuerwerk sein 25-jähriges Bestehen.
3. Er bleibt stets an **zweiter** Position.

Boxenstopp: **1.** Personalform des Verbs, **2.** jemand tut, **3.** geschieht

•

2. bewältigt, **3.** atmen, **4.** nimmt, **5.** kostete, **6.** unterhalten, **7.** misst, **8.** erzielte

• •

So sollten deine Verbklammern aussehen:

Durch den Hauptbahnhof **<** sind 2.700 Züge gefahren. **>**

Durch den Hauptbahnhof **<** sind gestern 2.700 Züge gefahren. **>**

Durch den Hauptbahnhof **<** sind gestern unglaublicherweise 2.700 Züge gefahren. **>**

Durch den Hauptbahnhof **<** sind gestern unglaublicherweise 2.700 vollbesetzte Züge gefahren. **>**

• • •

2. Die Reisenden warten die Lautsprecherdurchsagen ab. **3.** Die Zugführerin stellt den Reisenden ihr Zugbegleiterteam vor. **4.** Die Zugbegleiterin bietet Getränke und Snacks während der Reise an. **5.** Der Bahnhofsvorsteher sagt die verspäteten Züge über die Lautsprecher an.

2.4 Das Objekt •

1. 13 Löwenmähnenhaare zupfen, **2.** 200 ml Lamaspucke, **3.** 2 Fledermauszähne, **4.** 1 Haifischzunge, **5.** 4 Krötenaugen, **6.** 500 ml Krokodilstränen auf, **7.** Elefantenstoßzahn

Lösungen 5. Klasse

S. 43 - 52

Boxenstopp: **1.** Satzkern, **2.** Pronomen, **3.** Dativobjekt, **4.** Genitiv, **5.** Präpositionalobjekt.

● ●

Erste Übung: **2.** Wessen harrt der Ritter mit großer Geduld? Des Turnierbeginns. **3.** Wem antwortet der Angeklagte nur mit großer Mühe? Dem König. **4.** Wem gefällt das hübsche Burgfräulein unglaublich gut? Den beiden Hofnarren. **5.** Wem gratuliert die Ritterschaft nach dem Kampf? Der einzigen Ritterin des Königs. **6.** Wessen bemächtigt sich der Ritter nach dem Turniersieg? Des Pokals und des Geldes.

Zweite Übung: **1.** vor dem Winter, **2.** auf baldigen Regen, **3.** an die Angel, **4.** am Eise

● ● ●

Erste Übung: **2.** Ihre Reviere (= Akkusativobjekt) verteidigen (= Prädikat) Tiger (= Subjekt) gegen Artgenossen (= Präpositionalobjekt). **3.** Auf eine Mahlzeit pro Woche (= Präpositionalobjekt) beschränken sich (= Prädikat) Krokodile (= Subjekt). **4.** Schlangen (= Subjekt) entledigen sich (= Prädikat) ihrer Haut (= Genitivobjekt). **5.** Vögel (= Subjekt) bauen (= Prädikat) ihre Nester (= Akkusativobjekt) aus Ästen und Gräsern (= Präpositionalobjekt).

Zweite Übung: Diese Objekte solltest du unterstrichen haben:

ums Leben (Präpositionalobjekt), kein einziges totes Wildtier (Akkusativobjekt), einen berühmten Nationalpark (Akkusativobjekt), Elefanten und Leoparden (Akkusativobjekt), Den Biologen (Dativobjekt), Erstaunen (Akkusativobjekt), nach Erklärungen für dieses Phänomen (Präpositionalobjekt), ihres sechsten Sinnes (Genitivobjekt), Ähnliches (Akkusativobjekt), ein unruhiges Verhalten (Akkusativobjekt), elektromagnetischen Wellen (Dativobjekt), die Ursache (Akkusativobjekt), für diese Verhaltensweisen (Präpositionalobjekt).

3 SATZLEHRE UND ZEICHENSETZUNG

3.1 Satzarten und Satzschlusszeichen ●

A Aussagesatz: 4, 7, **B** Aufforderungssatz: 3, 6, **C** Fragesatz: 2, 5, **D** Ausrufesatz: 1, 8

Boxenstopp:

1. ein Punkt, **2.** Ausrufezeichen, **3.** Fragezeichen, **4.** Ausrufezeichen

● ●

2. ! (Ausrufesatz), **3. ?** (Fragesatz), **4. !** (Ausrufesatz), **5. .** (Aussagesatz), **6. !** (Ausrufesatz)

● ● ●

2. Warum lispeln viele Schlangen? (Fragesatz), **3.** Schlangen können die Beine nicht einschlafen. (Aussagesatz), **4.** Stell dich gefälligst hinten an! (Aufforderungssatz), **5.** Wie giftig ist eigentlich mein Gift? (Fragesatz), **6.** Ich spreche mit gespaltener Zunge (Aussagesatz), **7.** Autsch, ich habe mir auf die Zunge gebissen! (Ausrufesatz), **8.** Lass mal deine Klappern hören! (Aufforderungssatz)

3.2 Zeichensetzung bei Aufzählungen ●

1. Tina isst am liebsten Nudeln**,** Bratkartoffeln**,** Tomatenreis und Schnitzel. **2.** Möchtest du heute Broccoli**,** Möhren oder Erbsen zu Mittag essen? **3.** Auf dem Einkaufszettel stehen Bananen**,** Käse**,** Milch**,** Mehl und Apfelsaft. **4.** Der Obststand auf dem Wochenmarkt bietet abwechselnd rote und weiße Weintrauben**,** Mangos und Papayas an.

Boxenstopp:

Richtig ist:

1. ein Komma, **2.** kein Komma

● ●

Erste Übung:

Die Deutsche Gesellschaft für Ernährung empfiehlt, jeden Tag Vollkornbrot, Nudeln, Reis **oder** Getreideflocken zu essen. Darin sind viele Vitamine, Mineralstoffe **und/sowie** Spurenelemente enthalten. Fünfmal am Tag solltest du zu Obst, Gemüse **oder** frischem Saft greifen. Beeren, Zitrusfrüchte **und/sowie** einige Kohlsorten enthalten viel Vitamin C) Ein wenig Fleisch tut ebenfalls gut: Es enthält Eisen **sowie** Vitamin B1, B6 und B1**2.** Zuletzt sollten jeden Tag etwa 1,5 Liter Wasser, ungesüßter Tee **oder** verdünnte Säfte getrunken werden. So bleibst du fit und gesund!

Zweite Übung: **1.** Möchtest du rote**,** weiße oder blaue Trauben essen? An diesem Stand gibt es besonders knackige weiße Trauben. **2.** Ulrike hat immer weißen**,** grünen**,** roten und schwarzen Tee im Küchenschrank. Heute gibt es einen schmackhaften schwarzen Tee

● ● ●

1. Beim Italiener gibt es Spaghetti, Lasagne**,** Cannelloni**,** Fusilli und Tortellini. **2.** Auf der Speisekarte stehen leckeres Gyros**,** gegrillter Fisch sowie würziges Zaziki. **3.** Wiener Schnitzel**,** Jägerschnitzel**,** Zigeunerschnitzel - mir schmecken alle! **4.** Magst du lieber Schoko oder Vanille**,** Erdbeer oder Zitrone?

TEST Grammatik 5. Klasse

1.

a) Wiesenrand: **Dativ, Maskulinum, Singular**
b) Riesenwand: **Akkusativ, Femininum, Singular**
c) Rasenheizung: **Nominativ, Femininum, Singular**
d) Hasen: **Dativ, Maskulinum, Plural**
e) Reizung: **Akkusativ, Femininum, Singular**

2.

a) Max: „Mein Handy ist viel **kleiner**." Benedikt: „Mein Handy ist allerdings **am kleinsten**."
b) Max: „Mein MP3-Player klingt viel **besser**."Benedikt: „Mein MP3-Player klingt allerdings **am besten**."
c) Max: „Mein Vater verdient viel **mehr**." Benedikt: „Mein Vater verdient allerdings **am meisten**."

3.

a) „~~Mir~~ **Meine** Eltern sind komisch!", beschwert sich Anne-Sophie bei ~~seiner~~ **ihrer** Freundin. „Erst haben sie ~~mich~~ **mir** mit viel Mühe das Sprechen beigebracht, und jetzt kann ~~mir~~ **ich** es endlich, und nun verbieten ~~ihr~~ **sie** mir dauernd den Mund!"

b) Ein Zauberer ruft einen Jungen auf die Bühne: „~~Eure~~ **Meine** sehr verehrten Damen und Herren, dieser Junge und ~~mich~~ **ich** haben ~~meines~~ **uns** noch niemals zuvor irgendwo getroffen." Er gibt dem Jungen lächelnd die Hand und sagt: „Nicht wahr, ~~dein~~ **mein** Junge, ~~er~~ **du** hast ~~ihm~~ **mich** noch niemals gesehen?" Der Junge: „Stimmt, Papa!"

4.

1. Ich hatte mich geirrt. (Plusquamperfekt)**, 2.** Ich irrte mich. (Präteritum), **3.** Ich habe mich geirrt. (Perfekt), **4.** Ich irre mich. (Präsens), **5.** Ich werde mich irren. (Futur), **6.** Wir brachen schnell auf. (Präteritum), **7.** Wir waren schnell aufgebrochen. (Plusquamperfekt), **8.** Wir sind schnell aufgebrochen. (Perfekt), **9.** Wir brechen schnell auf. (Präsens), **10.** Wir werden schnell aufbrechen. (Futur)

5.
Der Hund (**Subjekt**) beißt (**Prädikat**) den Postboten (**Akkusativobjekt**).
Den Brief (**Akkusativobjekt**) schluckt (**Prädikat**) der Briefkasten (**Subjekt**).

6.
richtig sind: a und c

7.
Die Bäche**,** Flüsse sowie der große See sind zugefroren. Lina**,** Marina und Micha ziehen sich warm an: lange Unterhosen**,** dicke Wollsocken**,** warme Hemden**,** Skihosen**,** Mützen und Schals. Lina weiß nicht**,** ob sie die neuen roten oder die alten blauen Handschuhe mitnehmen soll. Dann packen die drei Schlittschuhe**,** heißen Tee sowie ein paar Kekse ein. Auf geht's zum Wintervergnügen!

4 WÖRTER RICHTIG SCHREIBEN

4.1 Lange Vokale •

1. Langer Vokal: Meer, Hering, weht, frieren, baden
2. Kurzer Vokal: Strand, Welle, Sonne, Wind, Watt

Boxenstopp: **1.** einfacher Vokal, **2.** Doppelvokal, **3.** Dehnungs-h

••

1. a-Laut: Der Blauw**a**l bringt 200 Tonnen auf die W**aa**ge, wegen seines Tr**a**ns wird er gej**a**gt.

2. ä-Laut: Ich z**äh**le j**äh**rlich die Tr**ä**nen des P**ä**rchens.

3. e-Laut: Der H**e**ring im M**ee**r ist ein vorn**eh**mer Verk**eh**rsteiln**eh**mer.

4. i-Laut: Sie sp**ie**lt **ih**m eine l**ie**bliche Melod**ie** auf der Viol**i**ne.

5. o-Laut: Ganz **o**ben im Z**oo** lebt ein Fl**oh** und ist fr**oh**.

6. ö-Laut: Wir vers**öh**nten uns in der H**öh**le bei str**ö**mendem Regen.

7. u-Laut: Der **u**rige Bes**u**cherst**uh**l steht auf dem Fl**u**r.

8. ü-Laut: Im k**üh**len Gew**üh**l ergatterte ich eine eigent**ü**mliche T**ü**te.

•••

2. Kaff**ee**, k**a**m, d**ie**, Id**ee**, Tourn**ee**, **3.** Johannisb**ee**ren, s**eh**r, **4. Oh**r, g**u**t

•••

1. wieder: wiederkommen, wiederbringen, wiederholen, wiedergeben
2. wider: widersprechen, widerspiegeln, widerstehen, widerlegen

Sprich die Verben mal laut aus. Merkst du was? Die Verben mit **wieder** betonst du auf der ersten Silbe: **wiederkommen, wiederbringen**. Bei den Verben mit **wider** liegt die Betonung auf dem zweiten Element: **widersprechen, widerstehen**. So kannst du **wieder** und **wider** ebenfalls leicht unterscheiden!

4.2 Kurze Vokale •

1. schm**u**ggeln, **2.** Sch**a**tz, **3. I**nsel, **4.** D**e**ck schr**u**bben, **5.** Sch**i**ff

Boxenstopp: **1.** Insel, **2.** schmuggeln, schrubben, Schiff, **3.** Deck, **4.** Schatz

• •

2. knurren - schnurren, surren, murren, **3.** Knall - Ball, Fall, Stall, **4.** Held - Geld, Welt, **5.** offen - hoffen, **6.** Speck - Dreck, Heck, Deck, **7.** Hitze - Witze, (ich) schwitze, **8.** rennen - flennen, kennen, **9.** Hand - Wand, Strand, **10.** sammeln - gammeln

• • •

1. Schneewittchen, **2.** Zeugnistag, **3.** Mittwoch, **4.** Schneewittchen, **5.** mit, **6.** dummen, **7.** Zeugnisse, **8.** manchen, **9.** anderen, **10.** Tanzen, **11.** Mitschülerinnen, **12.** Tänzerinnen, **13.** mittelmäßige, **14.** Schneewittchen, **15.** allen, **16.** nett, **17.** Schneewittchen, **18.** kämmen, **19.** konnte, **20.** Backen, **21.** stand, **22.** Lehrerin, **23.** immer, **24.** Alles, **25.** allem, **26.** bestimmt, **27.** Klasse

4.3 s, ss oder ß? •

Aas, an, Ass, aus, essen, Fessel, fesseln, Fluse(n), Fluss, Flüsse, Fuß, Gans, Gasse, Genuss, Guss, Kuss, lassen, Laus, lesen, Nase, nass, Nuss, Nüsse, Pass, Pause, Saus, sausen, süß

Boxenstopp:

1. Ende, **2.** Konsonant, **3.** kurz, **4.** lang

• •

Erste Übung:

stimmhaft: Socken, Senf, verreisen, selber, Wiese

stimmlos: Haus (Regel: im Plural stimmhaft: Häuser), Echse (Regel: nach Konsonant), Missgeschick (Regel: nach kurzem Vokal), genießen (Regel: nach langem Vokal), heiß (Regel: nach Diphthong (Doppelvokal))

Zweite Übung:

lesen:

Singular: ich lese, du liest, er liest (Präsens), ich las, du last, er las (Präteritum)

Plural: wir lesen, ihr lest, sie lesen (Präsens), wir lasen, ihr last, sie lasen (Präteritum)

messen:

Singular: ich messe, du misst, er misst (Präsens), ich maß, du maßt, er maß (Präteritum)

Plural: wir messen, ihr messt, sie messen (Präsens), wir maßen, ihr maßt, sie maßen (Präteritum)

• • •

1. reist, **2.** Sandra, **3.** Küste, **4.** Sie, **5.** Wasser, **6.** bärbeißiger, **7.** Sandra, **8.** Neues, **9.** Das, **10.** sind, **11.** Silbermöwen, **12.** Biester, **13.** fressen, **14.** Krebse, **15.** hast, **16.** kannst, **17.** Nester , **18.** Ästen, **19.** nächsten, **20.** süße, **21.** liebsten, **22.** sie, **23.** Piepser, **24.** Hause, **25.** Klasse

• • •

Na, stimmt dein Text soweit? Vergleiche die schwierigen Wörter noch einmal genau mit den Lösungen!

Lösungen 5. Klasse

S. 59 - 66

4.4 Das oder dass? •

Neptun, das Pferd von Anna, galoppiert schnell über das Gras, das sehr kurz geschnitten ist. Anna hofft, dass sie den hohen Sprung schaffen. Neptun fliegt über das letzte Hindernis. Anna ist erleichtert, dass sie das Turnier hinter sich hat. Sie lobt ihr Pferd, das viel geschafft hat.

Boxenstopp:

1. einem s; **2.** zwei s

• •

2. Das - (ein/dies/dieses/jenes), **3.** dass - (Ersatzprobe funktioniert nicht), **4.** das - (welches), **5.** das - (ein/dies/dieses/jenes), **6.** dass - (Ersatzprobe funktioniert nicht)

• • •

Erste Übung:

2. Erika wünscht sich, **dass** die Algen ihre Pickel verschwinden lassen.
3. Nach dem Bad geht Erika zum Zauberweib Zurika, **das** Erikas Haare grün zaubern soll.
4. Erika hofft, **dass** Kurt der Koboldprinz sich auf dem Herbstball unsterblich in sie verliebt.

Zweite Übung:

Kurt der Koboldprinz hofft, dass er den Schwimmwettkampf der Waldwesen gewinnt. Er wünscht sich, seinen Rivalen Zack den Zwerg zu schlagen. Kurt weiß, dass er ein pfeilschneller Schwimmer ist. Er fürchtet, dass er den Start verpatzt. Kurt glaubt, dass er morgen sehr aufgeregt sein wird. Er hofft, dass Erika die Elbenprinzessin ihn toll findet.

4.5 Leicht zu verwechselnde Laute: ä/e usw. •

2. häuslich - Haus, **3.** sich schnäuzen - Schnauze, **4.** schwächlich - schwach, **5.** Fähre - fahren/Fahrt, **6.** glätten - glatt, **7.** Räuber - rauben/Raub, **8.** gläubig - Glaube, **9.** Ärmel - Arm/umarmen

Boxenstopp:

1. e, **2.** eu, **3.** ei

• •

Erste Übung:

1. Gänse, **2.** fressen, **3.** Gräser, **4.** Graugänse, **5.** helle, **6.** Flügel, **7.** Flecken, **8.** Herbst, **9.** es, **10.** wärmer, **11.** Schwäne, **12.** ernähren, **13.** Gewässers

Zweite Übung:

1. Meuterei, **2.** Kniebeuge, **3.** Gemäuer, **4.** teuer, **5.** steuern, **6.** täuschen, **7.** Bräutigam, **8.** Heuschrecke, **9.** Wollknäuel, **10.** Enttäuschung, **11.** heute, **12.** Säule, **13.** Meute, **14.** sich räuspern, **15.** Geräusch

• • •

1. C Manche H**ai**e legen **Ei**er
2. G M**ei**ne Gitarre hat sechs S**ai**ten
3. B In m**ei**nem Buch habe ich heute fünf S**ei**ten gelesen
4. D B**ei**m Bäcker kaufe ich einen L**ai**b Brot
5. A Im M**ai** h**ei**raten viele Paare

6. F Der K**ai**ser hat neue Kl**ei**der
7. E Er hat k**ei**n sauberes Stück Stoff am Leib

4.6 Leicht zu verwechselnde Laute: b/p usw. •

1. Hund, **2.** bunt, **3.** Zwerg, **4.** Werk, **5.** Sieb, **6.** Piep

Boxenstopp:

1. Konsonanten, **2.** gleich, **3.** verlängern, **4.** ableiten

• •

2. Zug (Züge), **3.** Weg (Wege), **4.** Krug (Krüge), **5.** rund (runder, am rundesten), **6.** Land (Länder), **7.** Markt (Märkte), **8.** berühmt (berühmter, am berühmtesten), **9.** Betrieb (Betriebe), **10.** Dieb (Diebe, diebisch), **11.** grob (gröber, Grobian), **12.** Typ (typisch)

• • •

Erste Übung:

Diesen Her**bst** hatte der Gi**p**sermeister Stuck eini**g**e Pro**b**leme**.** In seiner Wohnung wurde es plötzlich eiskal**t**. Die Heizung war ka**p**utt! Er rief einen Klem**p**ner. Der hatte einen Gi**p**sfuß und konnte nich**t** kommen. Er empfahl dem Gi**p**sermeister, zum Aufwärmen einen Schna**ps** zu **t**rinken. Pros**t**!
Was wurde Herrn Stuck da schwindeli**g**! Also wollte er etwas essen, hatte aber nur Er**b**sen, ein weni**g** O**b**st und Ke**k**se im Schran**k**. Da Sonnta**g** war, konnte er nich**t** einkaufen.
Zum Glück kam am Aben**d** ein Freun**d** zu Besuch. Er brachte Rollmo**p**s mit und re**p**arierte die Heizung. In der Zuleitung hatte sich ein Kre**b**s verstec**kt**.

Zweite Übung:

1. Raps – Schnaps, **2.** Sieb – Hieb/lieb/Piep, **3.** Raub – Staub/Laub/Raub, **4.** Strand – Wand/Land/Hand/Tand, **5.** Steg – Weg

4.7 Groß oder klein? •

Hanna fliegt mit ihren Eltern in den Urlaub. Dieses Jahr geht es nach Kalifornien. Ihr kleiner Bruder Tom ist auch dabei. Hanna freut sich schon sehr auf das Meer und den Strand. Dort will sie unbedingt das Surfen lernen.

Boxenstopp:

1. Anfang, **2.** Nomen, **3.** Anrede, **4.** Nomen, **5.** Verben, **6.** Adjektiven

• •

Hi Mona,

wie geht es **Dir/dir**? **Mir** geht es prima. Bei **uns** in Kalifornien ist super Wetter. **Wir** baden jeden Tag. Sei nicht traurig, dass **Du/du** nicht in den Urlaub fährst. **Du** hast doch **Deine/deine** Mama. Macht **Euch/euch** tolle gemeinsame Ferien!

Viele Grüße von **Deiner/deiner** Hanna

P.S. Liebe Frau Kunz, bitte seien **Sie** nett zu Mona, solange **ich** nicht da bin. Ich finde, **Ihre** Tochter ist total cool! Viel Spaß **Ihnen** beiden in den Ferien.

Ihre Hanna Weber

Lösungen 5. Klasse

S. 67 - 74

LÖSUNGEN

• • •

Erste Übung:

1. erstem, Erster, **2.** zweite, Zweiten, **3.** Stillen, stille, **4.** Heilige, heiliges, **5.** neuer, Neue, **6.** Vereinten, vereint

Zweite Übung:

1. Verzweifeln, **2.** verzweifeln, **3.** Gutes, **4.** gut, **5.** aufgewacht, **6.** Aufwachen, **7.** Nerviges, **8.** Rausgehen, **9.** nervig, **10.** Neues, **11.** Tanzen, **12.** Quatschen, **13.** Essen, **14.** Murren

TEST Rechtschreibung 5. Klasse

1.

Ein schre**ck**licher Abend

Mein Fr**eund** Max hatte alle seine Ku**m**pel zu einer fürchterl**i**chen Halloween-Party **ei**ngel**a**den. Sein Hau**s** war duster, ka**l**t und voller Spinnenw**e**ben. Es ga**b** keinen K**u**chen, so**n**dern trockenes Brot und versch**imm**el-ten K**ä**se. **I**m Dunkeln gingen wir auf den Fr**ie**dhof. Jeder Party-Gast bekam einen Z**e**ttel mit einem N**a**men darauf: D**ie**ses Gra**b** mu**ss**te er suchen, um einen Scha**tz** zu finden. Gan**z** all**ei**n schlich ich durch die Reihen der Gr**ä**ber. Plötzlich sprang Max hinter einem Baum hervor und erschre**ck**te mich fa**s**t zu Tode. Ich landete mit einem Sa**tz** auf dem Grab, das ich gesucht hatte. Dort fand ich meine Bel**oh**nung: Einen alten Turnsch**uh**.

N**ä**chstes Jahr an Halloween werde ich behaupten, ich sei krank.

2.

einfacher Vokal: Marmelade, Laden, Auflösung
Doppelvokal: Heer, Tee, Waage
Dehnungs-h: ihm, nahe, ruhig
ie: gießen, nieste, fließen

3.

rasen:

1. Person Singular Präsens: ich **rase**
1. Person Plural Präteritum: wir **rasten**

rasten:

3. Person Plural Präsens: sie **rasten**
3. Person Singular Präteritum: er **rastete**

essen:

1. Person Singular Präsens: ich **esse**

2. Person Plural Präteritum: ihr **aßt**

wissen:

3. Person Singular Präsens: er **weiß**

1. Person Singular Präteritum: ich **wusste**

heißen:

2. Person Singular Präsens: du **heißt**

3. Person Singular Präteritum: sie **hieß**

4.

a) Was, **b)** morgens, **c)** wusste, **d)** dass, **e)** lustig, **f)** Das, **g)** das, **h)** Das, **i)** heiß, **j)** Es, **k)** dass, **l)** klitschnass

5.

Liebe Frau Winter,

hier an der Nordsee ist es prima. Das Tollste sind die hohen Wellen. Dann ist das Schwimmen richtig cool! Gestern bin ich in einen Seeigel getreten. Zum Glück kann Mama Erste Hilfe.

Ihr Tom

5 TEXTE SELBST VERFASSEN

5.1 Wie schreibe ich eine Erzählung? •

Erste Übung: **1.** B, C, F, **2.** A, D, E

Zweite Übung: Ich bemerkte eines Tages, dass mein Name rückwärts viel besser klang. Ich meldete mich bei der Stadt mit dem Namen Tumleh Ttimhcs aus der Eßartstpuah 17 an. Beim Zahnarzt machte ich einen Termin unter diesem Namen. Überall hielt man mich für einen interessanten, weit gereisten Menschen aus der Mongolei, aus Moldawien oder gar Marokko...

Boxenstopp: **1.** Erlebniserzählung, **2.** Fantasieerzählung, **3.** Einleitung, **4.** Hauptteil, **5.** Schluss, **6.** ersten, **7.** dritten, **8.** Präteritum

••

Erste Übung:

1. Herr Schmitt rückwärts

- Herr Schmitt wundert sich, dass keiner ihn mehr anruft; aber es sucht eben niemand unter Ttimsch im Telefonbuch.
- Herr Schmitt lernt die hübsche Frau Rellüm kennen.
- Herr Schmitt gründet einen Verein für Rückwärtsnamenträger (Regärtnemansträwkcür-Nierev).

2. Breitmaulfrosch auf Abwegen

- Dr. Forsch verliert im Sumpf seinen Ehering, findet ihn im Teich der Breitmaulfrösche wieder.
- Dr. Forsch bringt seinem Sohn als Haustier einen Breitmaulfrosch mit.
- Dr. Forsch entdeckt, dass die Breitmaulfrösche vom Aussterben bedroht sind, weil eine gefährliche Fabrik in ihren Sumpf gebaut werden soll.

Zweite Übung: **Einleitung**: 1, 6, 7; **Hauptteil**: 2, 3, 5, 9, 10; **Schluss**: 4, 8

•••

Richtige Reihenfolge: 7, 1, 6, 3, 5, 10, 2, 9, 8, 4

5.2 Abwechslungsreich erzählen •

Es war ein schöner Sommertag. „Schönes Wetter heute!", dachte Hedi, als sie aus ihrem schönen Haus ging. Sie trug schöne neue Stiefel, ein schönes langes Kleid und natürlich ihr schönes Schwert. Im Dorf begegnete sie ihrem Freund Torkal. Er war wirklich nett, fand Hedi. Er lächelte stets so nett, war nett zu den Alten und nett zu kleinen Kindern. Hedi und Torkal gingen zum Schmied und ließen ihre Schwerter schärfen. Dann gingen sie ins Wirtshaus und tranken ein Bier. Dann gingen sie zum Training auf dem Kampfplatz. Dann gingen sie zum Fluss und badeten. Dann ruhten sie sich aus.

Lösungen 5. Klasse

S. 75 - 78

Boxenstopp: **1.** wenig, **2.** ausführlich, **3.** treffend

• •

Erste Übung:

1. schön - betörend, bezaubernd, bildschön, gut aussehend, hübsch, wunderschön; Wetter: angenehm, mild, sommerlich, sonnig, warm

2. nett - angenehm, freundlich, gütig, herzlich, höflich, lieb, liebenswert, liebenswürdig, sanft, sympathisch, umgänglich, warmherzig

3. gehen - eilen, humpeln, laufen, marschieren, rasen, rennen, schleichen, schlendern, schlurfen, schreiten, sich begeben, spazieren, taumeln, wandern, waten

4. dann - anschließend, danach, daraufhin, hierauf, im nächsten Augenblick, jetzt, nun, später

Zweite Übung:

1. anstrengenden, **2.** gemütliches, **3.** erschrocken, **4.** hässliches, **5.** pickelige, **6.** graue, **7.** verschlagenes, **8.** rauer, **9.** dunkel, **10.** stürmisch, **11.** erleichtert, **12.** böse, **13.** Fluchtartig, **14.** leckeres, **15.** lodernden

• •

Es war ein trüber Regentag, als meine Stiefmutter bei uns einzog.
„Pack sofort meine Kleider aus und bügele sie ordentlich!", schnauzte sie. Anschließend verlangte sie**:**
„Lackiere mir jetzt die Fingernägel."
„Aber ich muss Hausaufgaben machen. Danach bin ich mit Gabi verabredet", erklärte ich.
„Von nun an habe ich über dich zu bestimmen", meinte meine Stiefmutter**, „also bleib gefälligst zu Hause!"**
Von da an sah ich meine Freunde nur noch in der Schule. Manchmal beschwerte ich mich bei Papa: **„Ich soll so viel im Haushalt helfen!"**
„Meine arme Kleine!", tröstete er. Trotzdem blieb alles beim Alten.
Eines Tages hörte ich, wie die beiden sich stritten. **„Behandele meine Tochter anständig oder ich drehe den Geldhahn zu!"**, brüllte er. Das wirkte! Von nun an sagte meine Stiefmutter: **„Würdest du mir bitte helfen?"**
Manchmal tue ich es sogar. Schließlich sind wir eine Art Familie.

• • •

Lösungsvorschlag:

1. Fredl spürte ein Kribbeln und Krabbeln im Bauch. Angst kroch in ihm hoch. Er fragte sich, was er bloß tun sollte. Er kannte doch den Weg nicht! In spätestens einer Stunde würde er in nachtschwarzer Dunkelheit sitzen. Sollte er sitzen bleiben und auf Rettung warten? Oder lieber selber nach dem richtigen Weg suchen? Würde er sich dabei immer weiter in den Tiefen der Stollen verfransen? Fredl zitterte. Er hatte von Nachtratten, Stollenwölfen und schlimmeren Untieren gehört. Aber es half nichts. Entschlossen ging er los.

2. Es war wie ein Feuerwerk. Überall sah Maja verschiedene Farben und Formen: Leuchtend rote Früchte, sattgrüne Salate und tiefblaue Gemüse. Gewürze in allen Farben des Regenbogens verströmten einen betäubenden Duft. Mal scharf, mal süß kitzelten sie die Nase. Ein Mann reichte Maja eine fremdartige Frucht. Die Schale zerplatzte mit einem Knacken, als sie hineinbiss. Köstlich süßer Saft strömte heraus. Musik erreichte Majas Ohren: Eine tiefe Stimme und leichte Gitarrenklänge. Maja fühlte sich wie im Märchen.

5.3 Die Erlebniserzählung •

Erlebniserzählung: 1, 2, 5

Boxenstopp: **1.** realen, **2.** glaubhaft, **3.** fantastisch, **4.** sprechenden, **5.** Wer, **6.** Wann, **7.** wo, **8.** Was

••

A: **Ideen für „Pechtag"**: Tommi und seine Schwester Klara auf dem Weg in die Schule; falschen Bus genommen; in übler Gegend gelandet; beobachtet, wie jemand ein Auto aufbricht; den Übeltäter verfolgt und die Polizei alarmiert; Polizist nimmt den Dieb fest und bringt Tommi und Klara in die Schule; der ganzen Klasse von Erlebnis berichtet; Polizist lobt sie sehr

Ideen für „Zeugnistag": Max hat Angst vor Zeugnis; tut so, als sei ihm schlecht; Mutter geht mit ihm zum Arzt; er bekommt Medizin; muss doch in die Schule; tut so, als ob er sich am Bein verletzt hat; Hausmeister untersucht ihn und trägt ihn in die Klasse; tut so, als rieche er Feuer; die Lehrerin durchschaut den Trick; sein Zeugnis ist gut

Ideen für „Geburtstag": Anna ist traurig; ihr Geburtstag ist in den Ferien und alle ihre Freunde sind verreist; Vater geht mit ihr zum Schwimmen, sie findet es doof; Vater geht mit ihr ins Kino, sie findet es langweilig; Vater geht mit ihr zum Kegeln; Überraschung! Alle Freunde sind da und haben nur auf Anna gewartet; lustige Party

Manchmal sprudelt man vor Ideen nur so über. Bei dem Aufsatz zum Thema „Meine schlimmste Geburtstagsparty" fällt dir vielleicht ein, wie Tante Hanna an deinem zwölften Geburtstag deinen Wellensittich frei ließ und sich dann mit Tante Frieda stritt, den Bus verpasste, ihr Vermögen einem Heiratsschwindler übergab und im Lotto gewann. Sehr lustige Erzählung! Sie hat nur leider nichts mehr mit der Aufgabe zu tun.
Also: Denke beim Schreiben daran, dass du eine Erzählung passend zur Aufgabenstellung schreibst!

B: **Pechtag:**

Einleitung: Tommi und seine Schwester Klara auf dem Weg in die Schule

Hauptteil: falschen Bus genommen; in übler Gegend gelandet; beobachten, wie jemand ein Auto aufbricht; den Übeltäter verfolgt und die Polizei alarmiert; Polizist nimmt den Dieb fest

Schluss: Polizist bringt Tommi und Klara in die Schule; der ganzen Klasse von Erlebnis berichten; Polizist lobt sie sehr

Zeugnistag:

Einleitung: Max hat Angst vor Zeugnis

Hauptteil: tut so, als sei ihm schlecht; Mutter geht mit ihm zum Arzt; er bekommt Medizin; muss doch in die Schule; tut so, als ob er sich am Bein verletzt hat; Hausmeister untersucht ihn und trägt ihn in die Klasse; tut so, als rieche er Feuer; die Lehrerin durchschaut den Trick

Schluss: sein Zeugnis ist gut

Geburtstag:

Einleitung: Anna ist traurig; ihr Geburtstag ist in den Ferien und alle ihre Freunde sind verreist

Hauptteil: Vater geht mit ihr zum Schwimmen, sie findet es doof; Vater geht mit ihr ins Kino, sie findet es langweilig; Vater geht mit ihr zum Kegeln; Überraschung! Alle Freunde sind da und haben nur auf Anna gewartet

Schluss: lustige Party

Lösungen 5. Klasse

S. 78 - 86

• • •

5.4 Die Nacherzählung •

B: **richtig**: 2, 5, 6, 8, **falsch**: 1, 3, 4, 7

Boxenstopp: 1 B, 2 D, 3 A, 4 C

• •

1. Die Fliege Ssrrs, ein Kind

2. Ssrrs setzt sich auf einen leer gegessenen Teller, der Teller wird hochgehoben und zur Spülmaschine getragen; sie will wegfliegen, klebt aber am Teller fest; Ssrrs entkommt im letzten Moment, bevor sich die Spülmaschinentür schließt

3. Ssrrs ist eine Fliege; sie entdeckt ein Kind beim Essen; das bedeutet für Ssrrs ein Festmahl

4. Ssrrs sitzt erleichtert auf einer Lampe, sie will nie wieder Tomatenketchup essen

5. Vorschläge: Ssrss hat Hunger, Ssrss und der Tomatenketchup, Fliege in Gefahr

• • / • • •

Hast du an alle wichtigen Punkte gedacht, die du beachten musst, wenn du eine Nacherzählung schreibst? Wenn dir unsicher bist, sieh noch einmal im Boxenstopp nach.

5.5 Personenbeschreibung •

1. Weihnachtsmann/Nikolaus, **2.** Pippi Langstrumpf

Boxenstopp:

1. Nicht in eine Personenbeschreibung gehören Angaben über den **Wohnort**, die **Schönheit**, die **Stimme**, die **Gesundheit**, die **Lieblingsband**

2. Beim Beschreiben solltest du **kein Präteritum** verwenden, **nicht mit unterschiedlichen Stiften** schreiben und etwas **weder amüsant noch grob** beschreiben.

• •

Erste Übung: Die Beschreibung passt auf Bild **3**

Zweite Übung: **So oder so ähnlich könnte deine Personenbeschreibung aussehen:**

Die Person ist ein etwa 15-jähriges Mädchen. Sie ist schlank, hat ein ovales Gesicht und leicht gebräunte Haut. Die dunkelblonden Haare sind gut schulterlang und glatt. In der rechten Hand hält das Mädchen ein Handy, auf dem sie gerade etwas liest oder anschaut. Sie lacht fröhlich dabei. Bekleidet ist das Mädchen mit einem grün-weiß-gestreiften T-Shirt und einer blauen Jeans. Über der linken Schulter hängt ein pinkfarbener Rucksack mit einem schwarzen Trageriemen.
Das Mädchen wirkt auf mich wie eine zufriedene Schülerin in der großen Pause.

• • •

Die Person ist ein Mann von etwa 30 Jahren. Er ist bestimmt Basketballer, denn er ist über zwei Meter groß und sehr schlank. Er hat ein wunderschönes ovales Gesicht mit reiner, rosiger Haut. Seine blonden, glatten Haare trägt er zum Pferdeschwanz gebunden. Ein kurzer Bart gibt dem Mann ein verwegenes Aussehen, fast wie ein Pirat.

Total auffällig fand ich seinen goldenen Ohrring. Er hatte eine Jeansjacke und Jeanshosen an. Er hatte ein grün-braunes T-Shirt an, so genau weiß ich das nicht mehr. Er hatte einen süßen kleinen Hund dabei.

5.6 Briefe schreiben •

David schreibt **an einen Menschen, den er gut kennt.**

Begründung: Der Adressat des Briefes wird von ihm geduzt und David schreibt in einem sehr lockeren und freundschaftlichen Tonfall.

Boxenstopp:

1 = Geistingen
2 = 28. 10. 2008
3 = Lieber Dennis
4 = der ganze Abschnitt von „hiermit möchte ich .... bis „dass du kommst!"
5 = Gruselige Grüße
6 = Dein David
7 = P.S.: Du musst dich...

• •

Geeignete Anrede- und Grußformeln für Freunde und Verwandte: A, C, D, G, H, I, J

• •

Mausbach, 1.8. 2009 (das muss in deinem Brief rechts stehen)

Lieber Onkel Bernd,

Viele Grüße

Anton

P.S. Papa sagt, er hätte sich nie getraut, einen waschechten Löwen auf den Arm zu nehmen!

• • •

So oder so ähnlich könnte dein Brief aussehen:

Hausdorf, 7.11. 2009

Hallo Songül,

wie geht es Dir? Hast Du Dich schon von der Operation erholt? Wie war es, eine Betäubung zu bekommen? Hattest Du Angst?
Mir geht es gut, auch wenn es ohne Dich ganz schön langweilig ist. In der Schule sitze ich jetzt neben Sabrina. Sie kann einfach alles und hat nie Fehler in den Hausaufgaben, das nervt!
Gestern Nachmittag kam Tante Anna zu Besuch und wir haben „Frauengespräche" geführt, wie sie sagt, und uns geschminkt. Das war klasse!

Ich freue mich, wenn Du wieder da bist. Werd schnell gesund!

Liebe Grüße
Lena

Lösungen 5. Klasse

S. 87 - 95

6 TEXTE VERSTEHEN

6.1 Sachtexte verstehen •

Sachtexte: 1, 2

Boxenstopp: **1.** schlage...nach, **2.** Schlüsselwörter, **3.** Sinnabschnitte, **4.** Fasse ... zusammen

••

germanischen Stämme, heutigen Deutschland und Skandinavien, Handwerker, tägliche Leben, Holz, Schmiede, Thing, alle Männer, Kriegszüge, ein Anführer gewählt, Streitfälle

1: Abschnitt: **Wann und wo lebten die germanischen Stämme?** (erster Absatz)

2: Abschnitt: **Handwerk bei den Germanen** (zweiter Absatz)

3: Abschnitt: **Das Thing, die Versammlung der Germanen.** (dritter Absatz)

•••

eventuell unbekannte Wörter: Minister, abhörsichere, Staatsoberhaupt, Bundesverdienstkreuz

Schlüsselwörter: Bundeskanzlerin, Bundeskanzleramt, Bundespräsident

1: Abschnitt: **Die deutsche Bundeskanzlerin und ihre Aufgaben** (erster Absatz)

2: Abschnitt: **Das Bundeskanzleramt: Büros und Wohnung für die Bundeskanzlerin** (zweiter Absatz)

3: Abschnitt: **Der Bundespräsident und seine Aufgaben** (dritter Absatz)

6.2 Märchen verstehen •

Märchenelemente sind:

Zeit und Ort sind nicht benannt

Es gibt eine Aufgabe für die Hauptfigur (Königstochter zum Lachen bringen)

magische Gegenstände (Schlüssel zum Herz der Prinzessin)

fantastische Figuren (Zwerg)

sprechende Tiere (Wal und andere)

magische Zahlen: **drei** Bewerber um die Hand der Prinzessin, **sieben** Tage und Nächte auf der Reise zum Ende der Welt, **sieben** Tage bis zur Hochzeit

wiederkehrende Sätze: Es war einmal, Und wenn sie nicht gestorben sind ...

Boxenstopp: **1.** gute Fee, **2.** böser Zauberer, **3.** Spiegel, Schlüssel, **4.** Riesen, Zwerge, **5.** Wolf, Tauben

1. Anfangssatz: Es war einmal ...

2. Aufgabe: Die Königstochter zum Lachen bringen

3. Gute Figuren: Königstochter, ihre Familie, der Bauernsohn, der Zwerg

4. Böse Figuren: es gibt keine wirklich böse Person. Negative Züge hat hier nur der Königssohn, der eitel und eingebildet ist

5. Magische Gegenstände: Schlüssel zum Herz der traurigen Prinzessin

6. Fantastische Figuren: Zwerg

7. Sprechende Tiere: Wal und andere

8. Magische Zahlen: drei Bewerber um die Hand der Prinzessin, sieben Tage und Nächte auf der Reise zum Ende der Welt, sieben Tage bis zur Hochzeit

9. Schlusssatz: Und wenn sie nicht gestorben sind, dann leben sie noch heute

● ●

Aufgaben in Märchen: **2, 3, 4**

● ● ●

1. Märchenhaft: Anfangssatz, sprechendes Tier

2. Nicht märchenhaft: genaue Zeit- und Ortsbestimmung, Angabe des Namens

6.3 Sagen verstehen ●

Berlin

Boxenstopp: 1 C, 2 B, 3 A

● ●

Im Königreich Hamburg lebte zur Zeit des mächtigen Königs Günther ein Mann namens Manfred. **(1 C)**

Er war groß und stark und geschickt mit dem Schwert. Manfred hatte ein Frau, die schöne Hilde, und eine Tochter, die er sehr liebte **(2 B)**

In diesem Moment wurde das Herz von Hilde zu Stein. Sie warf einen letzten Blick auf ihre Familie und ging mit dem Zwerg davon. So kam es, dass der tapfere Krieger Manfred doch noch eine Wunde erlitt: eine Wunde am Herzen. Über den Verlust seiner Frau wurde er so traurig, dass er bald darauf starb **(3 A)**

● ● ●

Sage

Bestimmter **Ort** und bestimmte **Zeit**: Stadt Montana, wo die Alpen am allerhöchsten sind; vor 300 Jahren

Hauptfiguren = Götter oder mächtige Helden: Ludo ist übermenschlich stark

Schlechter Ausgang: Stadt wird verschüttet, alle sterben

im Gegensatz dazu:

Märchen

Keine Orts- und Zeitangaben

Helden sind meist **normale** Menschen

Guter Ausgang

6.4 Gedichte untersuchen ●

1. Haus, **2.** Fisch, **3.** Spaß

Boxenstopp: **1.** Versen, **2.** Strophen, **3.** Endreim, **4.** Paarreim, **5.** Kreuzreim

Lösungen 5. Klasse

S. 96 - 104

● ●

Erste Übung: **1.** 12 Verse und 3 Strophen, **2.** C, **3.** abba

Zweite Übung: **3.** traurig

Beispiel für Textstellen:

1. tödlich kahl liegen Feld und Wald

2. ihr Weinen gellt wohl und weit.

Das Gedicht wirkt teilweise sehr bedrückend. Es ist Winter und sehr trostlos, kalt und eisig. Tiere und Menschen verstecken sich, der Himmel ist von Wolken bedeckt. Gegen Ende wird die bedrückende Stimmung aufgelöst, wenn der Frühling „spricht". Anhand des Schlafes des Frühlings wird das Warten der Welt auf das neu erwachende Leben im Frühling deutlich gemacht.

● ● ●

Das Wort **Regentropfen** erscheint fünfmal. Es ist in seine vier Silben unterteilt, diese 20 Silben sind durcheinander von oben nach unten angeordnet. Sie sehen dadurch wie fallende Regentropfen aus .

Der Nebensatz **die auf die Straße klopfen** steht dreimal nebeneinander unterhalb der fallenden Regentropfen. Er steht für die Straße, auf die der Regen niederprasselt.

6.5 Redensarten ●

1 B, 2 F, 3 C, 4 E, 5 A, 6 D

Boxenstopp:

1. feste, **2.** nicht wörtlich, **3.** nicht mehr, **4.** Sätze, **5.** Tipps, **6.** gleich

● ●

Erste Übung: 1 A, 2 F, 3 G, 4 B, 5 E

Zweite Übung: 1 A, 2 D, 3 C, 4 A, 5 B

● ● ●

Erste Übung: 1 A, 2 B, 3 B

Zweite Übung: **2.** Er findet immer ein Haar in der Suppe! **3.** Fall bloß nicht mit der Tür ins Haus! **4.** Damit traf sie ins Schwarze. **5.** ... ich bin aus allen Wolken gefallen.

TEST Textarbeit 5. Klasse

1.

a) Erlebniserzählung, **b)** Einleitung, **c)** Maxi, der Junge, der Schüler, **d)** Präteritum

2.

a) weiblich, **b)** ungefähr 15 Jahre, **c)** dunkelblond und lang, **d)** gestreiftes T-Shirt, **e)** Präsens

3.

a) Abschnitt: Wenn du kochst ... wie von selbst zur Kläranlage fließt. Überschrift: Der Weg des Wasser zur Kläranlage
b) Abschnitt: Dort wird es gründlich gereinigt ... in unseren Flüssen und Seen. Überschrift: Reinigung des Wassers in der Kläranlage

4.

Märchen: spielen in der fernen Vergangenheit, Ort und Zeit sind unwichtig.
Sagen: enthalten ebenfalls oft fantastische Figuren und Erlebnisse, können auch schlecht ausgehen.

5.

a) 3, **b)** a a b b, **c)** Paarreim

6.

a) Ende gut, alles gut. / Wenn etwas gut ausgeht, ist es nicht wichtig, was zwischendurch war.
b) Wer A sagt, muss auch B **sagen**. / Wenn man etwas beginnt, muss man es auch zu Ende führen.
c) Übung macht den **Meister**. / Man wird nur gut, wenn man eine Sache lange übt.

Lösungen 6. Klasse

S. 107 - 118

1 WORTARTEN

1.1 Hilfs- und Modalverben •

Ich zeichne - „Zeichnen ist ein Vollverb", Ich kann zeichnen - „Können" ist ein Modalverb, Ich werde zeichnen - „Werden" ist ein Hilfsverb.

Boxenstopp: **1.** Modalverben, **2.** Hilfsverben

••

A: **1.** ist = Hilfsverb, darf = Modalverb, **2.** wird = Hilfsverb, sollen = Modalverb, **3.** kann, muss = Modalverben, **4.** muss, kann = Modalverben

B: **1.** Vorschrift, **2.** Zwang, **3.** Wille, **4.** Erlaubnis, **5.** Möglichkeit, **6.** Wunsch

•••

A: **2.** ist, **3.** sind, **4.** hat, **5.** wird, **6.** sind/haben

B: **2.** musst, **3.** darfst, **4.** musst, **5.** kannst, **6.** möchtest, **7.** willst

1.2 Pronomen - Relativpronomen •

1. der, **2.** das, **3.** Wer

Boxenstopp: Wenn etwas in einer Relation steht, dann steht es in einer Beziehung.
Deshalb nennt man Wörter, die sich auf einen ganzen Satz, Nomen oder Pronomen beziehen, Relativpronomen. Sie lauten: der, die, das, welcher, welche, welches, wer, was.

••

Erste Übung: **2.** Wer, **3.** Marterpfahl, **4.** alles

Zweite Übung: **2.** die/welche, **3.** das/welches, **4.** deren/-, **5.** dem/welchem, **6.** denen/welchen

•••

2. Was der Häuptling befiehlt, **das** wird von allen befolgt. **3. Was** auf dem täglichen Speiseplan steht, **das** bestimmt die Natur. **4. Wer** in Not geraten ist, **der** gibt Rauchsignale.

1.2 Pronomen - Reflexivpronomen •

1. Zeile: ich, **2.** Zeile: dich, **4.** Zeile: uns, **5.** Zeile: Ihr, **6.** Zeile: sich

Boxenstopp: Du wäscht dich, Sie waschen sich

••

A: **2.** uns, **3.** sich, **4.** mir, **5.** euch, **6.** sich, **7.** sich

B: **2.** euch - Präpositionalobjekt, **3.** deiner - Genitivobjekt, **4.** euch - Akkusativobjekt

•••

2. erV, **3.** urV, **4.** erV, **5.** urV, **6.** erV, **7.** erV, **8.** urV, **9.** erV

1.3 Präpositionen •

1. modal, **2.** temporal, **3.** lokal, **4.** kausal

Boxenstopp: vor

••

2. modal, **3.** modal, **4.** kausal, **5.** temporal, **6.** lokal, **7.** modal, **8.** lokal, **9.** temporal, **10.** lokal

•••

A: **2.** täglichen Übens, **3.** unseres Hauses, **4.** besonderer Dringlichkeit, **5.** des Besuchs, **6.** wichtiger Termine

B: **2.** in, **3.** ohne, **4.** beim Sport, **5.** zwischen, **6.** trotz

1.4 Konjunktionen •

Marie erzählt: Ich feierte meinen Geburtstag diesmal nur mit fünf Freundinnen, da ich ein Pizzaessen mit Übernachtung geplant hatte. Die ersten Gäste klingelten, als ich gegen 19.00 Uhr gerade die Pizza in den Ofen schob. Nicole und Lena standen vor der Tür und streckten mir die Geschenke entgegen. Es klingelte schon wieder, nachdem sie hereingekommen waren. Charlotte, Karla und Britta standen mit ihren Schlafsäcken im Treppenhaus und lachten.

Boxenstopp: **1.** C, **2.** D, **3.** B, **4.** A

••

1. Weil, **2.** und, **3.** Während, **4.** Obwohl, **5.** und, **6.** dass, **7.** wenn

•••

nebenordnende Konjunktion: sowie, aber, und, und, denn, oder

unterordnende Konjunktion: da, als, nachdem, ob, ob, dass, weil, damit, obwohl

2 SATZGLIEDER

2.1 Adverbiale Bestimmungen •

Wann? ➜ im 14. Jahrhundert,
Wo? ➜ In Portugal,
Warum? ➜ Weil er den Seeweg nach Indien entdeckte,
Womit? ➜ Mit seinem Schiff,
Wie? ➜ Um Afrika herum.

Boxenstopp: **2.** lokale Adverbien, **3.** kausale Adverbien, **4.** modale Adverbien

••

A: **2.** immer, **3.** geduldig, **4.** wegen des hohen Salzgehalts, **5.** so schnell

B: **2. Wann** haben die Spanier ihn entdeckt? **3. Warum/wieso** ist der Amazonas an der Mündung in den Atlantik ganz gelb? **4. Wo** liegt seine Mündung?

C: **2.** kausal, **3.** temporal, **4.** lokal, **5.** modal, **6.** kausal, **7.** temporal, **8.** lokal, **9.** modal

Lösungen 6. Klasse

S. 119 - 128

● ● ●

A: **2.** Paul liest gerade in seinem Buch (temporal), **3.** Paul liest mit einem Schmunzeln auf dem Lippen in seinem Buch (modal), **4.** Paul liest auf der Terrasse in seinem Buch (lokal), **5.** Lisa hat wegen des Baustellenlärms auf der Straße die Musik laut aufgedreht (kausal), **6.** Lisa hat vorhin die Musik laut aufgedreht (temporal), **7.** Lisa hat ganz langsam die Musik laut aufgedreht (modal), **8.** Lisa hat in ihrem Zimmer die Musik laut aufgedreht (lokal), **9.** Zum dritten Mal repariert Nico sein Fahrrad (temporal), **10.** Voller Ungeduld repariert Nico sein Fahrrad (modal), **11.** Aufgrund des Fahrradausfluges morgen repariert Nico sein Fahrrad (kausal), **12.** In der Garage repariert Nico sein Fahrrad (lokal)

B: ins Mittelmeer = präp. Ausdruck, bereits = Adverb, längste = Adjektiv

C: **1.** Adv., **2.** P.A., **3.** Adj., **4.** Adv., **5.** P.A., **6.** P.A., **7.** Adj.

2.2 Attribute - Adjektivattribute ●

1. Der große Stürmer trifft das Tor ja nie.
2. Ich mag die grünen Trikots nicht.

Boxenstopp:

Satzteile, die ein Nomen näher bestimmen, nennt man Attribute.

Du kannst sie durch die Frage **welcher? welche? welches?** ermitteln.

● ●

A: **2.** Der großе Stürmer trifft das Tor nie. (Subjekt), **3.** Das Publikum wünscht sich ein spannenderes Spiel. (Akkusativobjekt), **4.** Der Trainer reagiert mit großer Enttäuschung. (Dativobjekt), **5.** Allerdings ist die Technik des kleinen Abwehrspielers bewundernswert. (Genitivobjekt)

B: **Anna**: Anna Huber. **Lisa**: Hallo Anna, hier spricht Lisa. Hast du heute Nachmittag Zeit? Wollen wir irgendeinen spannenden Film anschauen? **Anna**: Zeit habe ich schon, aber irgendwie keine große Lust auf Kino. **Lisa**: Hast du eine bessere Idee? **Anna**: Wir könnten vielleicht in die neue Eisdiele gehen. **Lisa**: O.k., ich hole dich nachher ab. Bis dann. **Anna**: Ich warte an unserem kleinen Gartentor. Tschüss.

● ● ●

1. Satzglied: das grüne Eis, Bestimmung: Subjekt, **2.** Satzglied: dem kleinen Jungen, Bestimmung**:** Dativobjekt**, 3.** Satzglied: einen großen Eisbecher, Bestimmung: Akkusativobjekt

2.2 Attribute - Genitivattribut ●

Die markierten Satzteile stehen im **Genitiv.**

Boxenstopp: **1.** Attribute, **2.** Genitiv, **3.** Genitivattribut

● ●

3. seiner Freunde, **4.** seines Bruders, **5.** eines Autos, **6.** ihres Nachbarn, **7.** seines Sweatshirts, **8.** des Mountainbikes

●●●

A: **2.** Der Beifall **der Zuschauer** ermuntert ihn. **3.** Er nimmt die Mützen **der drei Clowns** und fängt an mit ihnen zu jonglieren. **4.** Die Clowns tun so, als seien sie über das Lachen **des Publikums** empört. **5.** Schließlich treffen die Mützen wieder nacheinander die Köpfe **der ursprünglichen Besitzer**.

B: **1.** Bestimmung: Subjekt, **2.** Satzglied: **von** der Vorführung des Messerwerfers
Bestimmung: Präpositionalobjekt

2.2 Attribute – Präpositionalattribut ●

Alle Wortgruppen beginnen mit einer **Präposition.**

Boxenstopp: Präpositionalattribute

●●

1. mit mehreren falschen Spuren, **2.** um sie, **3.** in der Mitte, **4.** über die einzuschlagende Richtung, **5.** unter Bäumen

●●●

2. Satzglied mit dem Jungen **aus dem Nachbarhaus**; Bestimmung: **Präpositionalobjekt**
3. Satzglied: Die Tischtennisplatten **im Pausenhof** Bestimmung: **Subjekt**

●●●

1. Adv., **2.** PA, **3.** PO, **4.** Adv., **5.** PA

2.2 Attribute – Adverbattribut ●

Die fettgedruckten Wörter sind **Adverbien**.

Boxenstopp: richtig: Attribute, genauer

●●

Bestimmung: Subjekt, **2.** Satzglied: den Ausblick oben, Bestimmung: Akkusativobjekt, **3.** Satzglied: auf den Abstieg danach, Bestimmung: Präpositionalobjekt

●●●

Adverbien, die als temporales oder lokales Adverbial gebraucht werden: Heute, dort, da, nun, nebeneinander, dort, Danach, oft
Adverbien, die als Attribut gebraucht werden: oben, unten, hinunter

2.2 Attribute – Attribute unterscheiden ●

Attribute: großer, zuvor, des Drachen, nach dem Gral

Boxenstopp: zuvor = Adverbattribut, nach dem Gral = Präpositionalattribut

• •

Erste Übung: Doch ich glaub' die Rittersleute hatten die Schnauze **oft** voll.

Zweite Übung: **Präpositionalattribute**: mit der Baskenmütze, mit einem Band-Namen, mit dem Stirnband und den Schlagstöcken, **Adjektivattribute**: rote, gelbes, **Adverbattribute**: daneben, **Genitivattribute**: unserer Gitarristin

• • •

1. Vor unserem Auftritt **auf dem Schulfest** (**Präpositionalattribut**)
2. der Vater **eines Mitschülers** (**Genitivattribut**)
3. eine CD **mit ein paar Liedern** (**Präpositionalattribut**)
4. ein **unrealistischer** Wunschtraum (**Adjektivattribut**)
5. kein Kontakt **mit diesem Vater** (**Präpositionalattribut**)
6. Die Reaktionen **des Publikums** (**Genitivattribut**)
7. während der Proben **seither** (**Adverbattribut**)

3 ZEICHENSETZUNG UND SATZLEHRE

3.1 Komma bei Aufzählungen •

Heute hatten wir Deutsch**,** Englisch**,** Bio**,** Sport**,** Mathe.

Boxenstopp: Aufzählungen, die nicht mit **und** oder **oder** verbunden sind, werden immer durch ein Komma abgetrennt.

Aufzählungen können aus Wörtern, Wortgruppen sowie Teilsätzen bestehen.

Steht vor dem letzten Aufzählungspunkt ein **und** oder **sowie,** dann entfällt das Komma.

• •

Zu meiner Geburtstagsparty am Samstag habe ich Lena , Anne Sophie Mara und Jana eingeladen. Sie haben mir zusammen ein grellgelbes Freundschaftsbuch , einen Kinogutschein für morgen Abend und ein süßes Kuscheltier geschenkt. Nach dem Auspacken der Geschenke , dem Kaffeetrinken und dem kurzen Lästern über die Jungen zogen wir dann los. Sophie und Jana hatten eine tolle , unglaubliche und einfach wunderbare Überraschung vorbereitet. Die beiden führten uns in einen Wald (,) und dort standen sie , hoben die Köpfe in unsere Richtung und scharrten mit den Hufen: sechs gesattelte Ponys unseres Reitvereins. Waren das ein Jubel , und eine Freude und ein Geschrei , als wir uns in die Sättel stürzten. Und so galoppierten wir über die Wiesen , schossen über Lichtungen hinweg , ließen Moore neben uns liegen und tasteten uns durch dicht stehende Bäume.

Müde , erschöpft , hungrig , aber vollkommen glücklich kamen wir am Reiterhof an. Und dort warteten auch schon meine Eltern , Großeltern und meine Patentante mit leckeren Bratwürstchen , tollen Salaten und frisch gebackenem Brot. So einen schönen , überraschenden und unvergesslichen Geburtstag habe ich noch nie erlebt.

• • •

A: **1.** Gestern war es teils regnerisch, teils windig und teils heiter. Oder: Gersten war es teils regnerisch, teils heiter und teils windig. **2.** Am liebsten trinke ich morgens Kakao, Milch, Saftschorle oder Eistee.

Hier kannst du die Getränke natürlich auch in anderer Reihenfolge aufzählen. Achtung! Vor dem letzten Aufzählungselement steht kein Komma, wenn es mit „und", „oder" oder „sowie" angeschlossen wird.

B: **2.** Hasen, Mäuse und Biber gehören zu den Nagetieren. **3.** Musikinstrumente sind zum Beispiel die Blockflöte, das Schlagzeug und der Kontrabass. **4.** Fingerabdrücke, ein schwarzes Haar und ein roter Knopf haben den Täter überführt.

3.2 Zeichensetzung bei wörtlicher Rede •

„Wohin fliegen wir eigentlich?", fragt Tom. Bill antwortet souverän: „Zur Sonne."

Boxenstopp: „Spinnst du? Die ist doch viel zu heiß." stellt Tom verängstigt fest.„Klar", beruhigt ihn Bill, „aber nur tagsüber. Deshalb fliegen wir ja nachts!"

• •

1. James Lovell meldet: „Houston, wir haben ein Problem!"

2. „Houston, wir haben ein Problem!", meldet James Lovell.

3. „Houston", meldet James Lovell, „wir haben ein Problem!

• • •

Bundeskanzlerin Merkel fragt: „ Was tun sie gerade ?" Der deutsche Astronaut Thomas Reiter antwortet: „ Heute Morgen haben wir eine kleine Notsituation durchgespielt. Ein angeblicher Druckverlust in unserer Station war die Aufgabe ", erläutert er weiter. „ Ansonsten experimentieren wir hier viel. " „ Interessant !", meint Frau Merkel. „ Konnten Sie denn auch Ihrem Hobby nachkommen ?" „ Nein ", lacht Herr Reiter , „ leider war keine Zeit dazu , aber ich habe meine Gitarre immerhin schon gestimmt. " „ Und wie klappt es mit dem Schlafen ?", erkundigt sich die Kanzlerin. „ Ja , wunderbar. Ich kann in der Schwerelosigkeit sehr gut schlafen , obwohl man ja nicht ", so erklärt er „ auf dem Rücken , auf der Seite oder auf dem Bauch liegt. " Frau Merkel kommentiert : „ Wahrscheinlich schlafen Sie besser als wir zurzeit in Deutschland , denn bei uns ist es unglaublich warm ." „ Für uns ist das eine tolle Gelegenheit , bei wolkenfreier Sicht schöne Fotos von Deutschland zu machen ", schwärmt der Astronaut.

3.3 Kommasetzung bei der Anrede •

Lieber Benni, (...)

Kannst du dir vorstellen, Benni, dass sie hier quietschrote Würstchen essen?

Boxenstopp:

1. in Briefen, **2.** am Anfang und am Ende

• •

Erste Übung: **1.** Kinder , hört doch mal zu. Hört doch mal zu , Kinder. **3.** Du , stell dir vor , was mir passiert ist! **4.** Für heute sende ich dir , lieber Benni , schöne Grüße.

Zweite Übung:
Hallo Urlauberin,
vielen Dank für die schöne Karte. Ich glaube ja, dass du mich veräppeln willst, Anna. Rote Würstchen! Sowas isst doch kein Mensch. Rote Grütze kenne ich, aber die Sache mit den Würstchen, liebe Anna, kaufe ich dir nicht ab! Grüße von daheim
Benni

• • •

1. Sehr geehrter Herr Direktor**,** zu meinem Eintrag im Klassenbuch möchte ich gern Stellung nehmen. = Anrede am Satzanfang

2. Kannst du dir vorstellen, Benni**,** dass es hier wirklich leckeres Eis gibt? = eingeschobene Anrede

3. Ich wünsche Ihnen einen schönen guten Tag**,** Herr Winterberg. = Anrede am Satzende

3.4 Komma in Satzreihen und Satzgefüge •

1. Satz: rot - Hautsatz, blau: Nebensatz

2. Satz: Zum Glück ist es nur ein Blechschaden,
so dass alle mit einem Schrecken davon kommen. - rot: Hauptsatz, blau: Nebensatz

Boxenstopp: Kann der Satz sinnvoll alleine stehen? Nebensatz-Kennzeichen: **Nein,** Beginnt er mit einer Konjunktion oder einem Relativpronomen? Nebensatz-Kennzeichen: **Ja**

• •

2. Die Autos sind vollkommen zerstört, **trotzdem** wurde niemand verletzt. **3.** Der Fahrer des roten Autos wirkt ruhig, **aber** seine Beifahrerin hat einen Schock. **4.** Die Polizei ruft die Feuerwehr um Hilfe, **denn** das ausgelaufene Benzin könnte plötzlich brennen.

• • •

2. Die Polizei stellt den Unfallbericht fertig, während die Feuerwehr die Unfallstelle reinigt.
Hauptsatz, Nebensatz = Satzgefüge

3. Die Feuerwehr hat ihre Arbeit getan, die Polizei gibt die Strecke frei und der Stau löst sich auf.
Hauptsatz, Hauptsatz = Satzreihe

3.5 Satzanalyse •

A: Artikel: der; Nomen: Schwester, Stunden, Quietscheentchen, Badewanne; Verb: sitzt; Adjektiv: gelben; Pronomen: Meine; Konjunktion: seit; Präposition: mit, in

B: Subjekt: Meine Schwester; Prädikat: sitzt; Adverbiale Bestimmung: seit Stunden, in der Badewanne; Objekt: mit ihrem gelben Quietscheentchen

Boxenstopp: **1.** Satzanalyse, **2.** Wortart, **3.** Wortgruppen, **4.** Satzart

• •

A: **1.** ~~Kommasatz~~, **2.** ~~Konjunktion~~, **3.** ~~Fremdwort~~

B:

Wortart: Der = best. Artikel, Lehrer = Nomen, aufwändige = Adjektiv, Strafarbeiten = Nomen
Satzglied: Der strenge Lehrer = Subjekt

C:

Wortart: Diese = Demonstrativpronomen, Fernsehserie = Nomen, sie = Personalpronomen, gestern = Adverb
Satzglied: Diese Fernsehserie = Akkusativobjekt, sie = Subjekt, gestern = temporales Adverbial

• • •

Wortart: Der = best. Artikel, Kinofilm = Nomen, gefiel = Verb, mir = Personalpronomen, wir = Personalpronomen, lachen = infinites Verb, mussten = finites Verb
Satzglied: Der Kinofilm = Subjekt, gefiel = Prädikat, mir = Dativobjekt, wir = Subjekt, lachen mussten = Prädikat

TEST Grammatik 6. Klasse

1. richtig: **a, b, d, f, h**

2. Sabrinas Mutter sagt**:** **„**Schreib endlich einen Brief an Herrn Meier**!“**

Sabrina setzt sich hin **und** schreibt diesen Brief:

Sehr geehrter Herr Meier**,**
ich hatte Ihnen ja versprochen**, mich** zu melden **und** Ihnen mitzuteilen**,** wie es Ihrer Katze bei uns geht. Mohrchen hat **sich** gut eingelebt. Das liegt natürlich auch daran**, dass** mein Bruder und ich jeden Tag mit ihr spielen. Sie liebt es**, auf** der Fensterbank zu liegen**, denn** dort scheint meistens die Sonne. Unser Hund Bobby**, der** Katzen eigentlich nicht so schätzt, hat **sich** auch schon mit ihr angefreundet. Hoffentlich geht es Ihnen gut **in** Japan.
Liebe Grüße von Familie Werner **und** Mohrchen

3.

a) über das Tor **(Adverbiale Bestimmung des Ortes)**

b) heute **(Adverbiale Bestimmung der Zeit)**, wegen des Nebels **(Adverbiale Bestimmung des Grundes)**.

c) Jetzt **(Adverbiale Bestimmung der Zeit)** auf die Ersatzbank **(Adverbiale Bestimmung des Ortes)**.

d) Dort **(Adverbiale Bestimmung des Ortes)...**

4.

Adverbiale Bestimmungen sind Satzglieder, können also im Satz verschoben werden.

Sie drücken aus, unter welchen Umständen etwas geschieht.
Sie geben Auskunft auf die Fragen Wann? Wo? Warum? Wie? Womit? und machen die übermittelten Informationen noch genauer.

Attribute sind Satzteile, die ein Nomen näher bestimmen und darum bei diesem stehen müssen. Sie werden durch die Fragen Welcher? Welche? Welches? ermittelt.

5.

a) Adjektivattribut: Das **kleine** Mädchen kicherte.

b) Genitivattribut: Das Rad **seines Bruders** hatte einen Platten.

c) Präpositionalattribut: Wir freuten uns **über** die Blumen.

d) Adverbattribut: Der Film **gestern** gefiel mir gut.

6.

Wortart: Der = Artikel, Hausmeister = Nomen, verkauft = Verb, uns = Personalpronomen, in = Präpositon, den = best. Artikel, Pausen = Nomen, Müsliriegel = Nomen

Satzglied: Der Hausmeister = Subjekt, verkauft = Prädikat, uns = Dativobjekt, in den Pausen = temporales Adverbial, Müsliriegel = Akkusativobjekt

Satzart: Hauptsatz, Aussagesatz

4. LEICHT ZU VERWECHSELNDE LAUTE

4.1 x, gs, ks, chs oder cks? •

1. hexen, **2.** links, **3.** Ringsherum, **4.** mucksmäuschenstill

•

x / Wortanfang: Xylophon; **x / Wortmitte**: Text, Axt; **x / Wortende**: Jux; **gs / Wortanfang**: – , **gs / Wortmitte**: pflegst, lügst; **gs / Wortende**: neuerdings, allerdings, flugs; **ks / Wortanfang**: -; **ks / Wortmitte**: Kekse; ks / Wortende, Koks; **cks / Wortanfang**: – ; **cks / Wortmitte**: Kleckse; **cks / Wortende**: Mucks; **chs / Wortanfang**: – ; **chs / Wortmitte**: erwachsen, Ochse, Achse; **chs / Wortende**: Lachs, Luchs

Boxenstopp: **1.** x, **2.** x, gs, ks, cks, chs, **3.** x, gs, ks, cks, chs

• •

1. experimentieren, Anleitungstext, Kräuterhexe, **2.** Xylophon, Saxophon, anfangs, gewöhnungsbedürftig, **3.** Experimente, Klecks, **4.** Fuchs, Dachs, Luchs

• • •

waagerecht: **1.** Kekse, **2.** Schicksal, **5.** Experte, **8.** Praxis; **senkrecht**: **1.** Klecks, **3.** Wachs, **4.** Fuchs, **6.** Xylophon, **7.** Mixer, **9.** Axt

4.2 f-Laut •

Freitag, trifft, Philosophie, für, von, Vorschläge, für, Treffen, Pflaumenkuchen, für, Apfelsaft

• •

1. Töpfen, Pfannen, hilft, **2.** Berufswunsch, Dafür, Pharmazie, **3.** Pferdezüchterin, Hof, Pferde, Selbstverständlich

Boxenstopp: **f / Wortanfang**: Freitag, für; **f / Wortmitte**: trifft, Berufswunsch, dafür; **f / Wortende**: Hof; **ph / Wortanfang**: Philosophie, Pharmazie; **ph / Wortmitte**: -; **ph / Wortende**: – ; **pf / Wortanfang**: Pflaumenkuchen, Pferdezüchterin, Pferde; **pf / Wortmitte**: Apfelkuchen; **pf / Wortende**: – ; **v / Wortanfang**: von, Vorschläge; **v / Wortmitte**: selbstverständlich; **v / Wortende**: –

• • •

senkrecht: Phantom, Pfanne, Nerv, Vase, Fliege, Pfau, Pflanze; **waagerecht**: faul, Vene, Vogel, vorlesen, verloren, brav; **diagonal**: fahren, Adverb

4.3 ent- und end- •

end-: Endung, endlos, Endspiel;
ent-: Entscheidung, Entschuldigung,
entschuldigen, Entdeckung, enttäuschen, entkleiden, entgegnen

Boxenstopp: **1.** Ende, **2.** ent-

• •

1. Entsetzen, **2.** entschieden, **3.** endlich, **4.** entschuldigte, **5.** entfallen, **6.** Entschluss, **7.** entsetzlich, **8.** Entschuldigt, **9.** Endpunkt, **10.** Entdeckung

• •

waagerecht: **1.** entfallen, **2.** endgültig, **3.** Entführer, **4.** entgiften, **6.** endlos, **7.** Endsilbe;
senkrecht: **1.** entdecken, **5.** Entgeld, **8.** entkommen

• • •

2. entwenden, **3.** Entzücken, **4.** Endstation, **5.** entkleiden, **6.** entledigen, **7.** entziffern, **8.** entzünden, **9.** Endergebnis, **10.** endlich

4.4 seit und seid •

1. Seit, **2.** Seid, **3.** seit, seid

Boxenstopp: Wenn das „seid" zu einem Verb gehört, dann wird es mit „d" geschrieben und stammt von dem Verb „sein" ab.

Ist in dem Satz von einem Zeitpunkt die Rede, an dem etwas begonnen hat, dann verwendet man „seit".

• •

richtig ist: **1.** Seit, **2.** Seit, **3.** seit, **4.** Seid, **5.** seid

• • •

1. seit, **2.** seit, **3.** seid, **4.** seid, **5.** seit, **6.** seid

4.5 wider und wieder •

richtig ist: **1.** wieder, **2.** wider, **3.** widersinnig, **4.** Wiedersehen

Boxenstopp: **wieder**: Wiedergabe, Wiederholung, wiederbeleben, wiedergeben
wider: Widerstand, widerspiegeln, Widersacher, widersprechen

• •

1. widerstrebt, **2.** widersprechen, **3.** wieder, **4.** wider, **5.** wiederholst, **6.** Wiederholung, **7.** wider

• •

1 D, 2 A, 3 F, 4 C, 5 G, 6 B, 7 E

●●●

2. widerrechtlich = gegen das Gesetz, illegal; **3.** widerspiegeln = spiegeln, reflektieren; **4.** Widersacher = Gegner, Feind; **5.** Widerstand = Gegenwehr

5 GROSS ODER KLEIN?

5.1 Substantivierte Verben •

„Das Schreiben und das Lesen sind nie mein Fall gewesen.

Das Rechnen und das Denken, das möcht' ich mir gern schenken."

Boxenstopp: richtige Antwort: Verben, die als Substantiv gebraucht werden, schreibt man groß. Man nennt sie substantivierte Verben.

●●

2. Singen, **3.** hören, **4.** Lachen, **5.** Kichern, **6.** Schreiben, **7.** Lesen, **8.** Rechnen, **9.** Zeichnen, **10.** Singen, **11.** gehen

●●

richtig ist: **1.** Essen, ruhen, **2.** versuchte, Schnarchen, abzugewöhnen, **3.** Sammeln, spielen, **4.** vergisst, Tauchen, **5.** treffen, Musizieren.

●●●

1. Er sagte, dass er Aufräumen überhaupt nicht gern habe.

2. Wenn du mir beim Putzen nicht hilfst, dann habe ich noch weniger Lust dazu.

3. Vermutlich ist Schwimmen deshalb so gesund, weil die Gelenke im Wasser geschont werden.

4. Vom Zugucken hat noch niemand viel gelernt.

5.2 Substantivierte Adjektive •

Der alte Mann öffnete das große Fenster.
Der Alte öffnete das große Fenster.
Das Beste an der Schule sind die Ferien.
Der beste Teil an der Schule sind die Ferien.

Boxenstopp: **1.** Artikel, **2.** Adjektiv, **3.** Pronomen, **4.** Präposition

●●

richtig ist: **1.** Besseres, **2.** kalt, **3.** Neues, **4.** Interessantes, **5.** Gute, **6.** Neuste, **7.** Beste, **8.** fiese

●●

1. Wer lächelt statt zu toben, ist immer der Stärkere.

2. Abends wird der Faule fleißig.

3. Wie die Alten sungen, so zwitschern auch die Jungen.

4. Der Klügere gibt nach.

5. Unter den Blinden ist der Einäugige König.

6. Dem Glücklichen schlägt keine Stunde.

● ● ●

2. Mögliche, **3.** Lachen, **4.** Singen, **5.** Neue, **6.** Abwaschens, **7.** Kleiner

5.3 Substantivierte Partizipien •

1. A, 2. B, 3. C

Boxenstopp: **1.** Wenn dem Partizip ein Artikel (der, die, das, ein, eine) vorangestellt werden kann, wird es zu einem selbständigen Substantiv. **2.** Wenn Partizipien als selbständige Substantive gebraucht werden, nennt man sie substantivierte Partizipien. **3.** groß

● ●

A: **2.** abwesend, **3.** reisende, **4.** Auszubildenden, **5.** Verlobten, **6.** folgenden, **7.** Vorsitzende

B: **richtig: 1.** Verwandte, **2.** Verlobte, angestellt, **3.** Bekannte, **4.** Vorsitzende, **5.** beschäftigt

● ● ●

A: **1.** Folgenden, **2.** Lachenden, **3.** Aufregendes, **4.** Dramatisches, **5.** helfend, **6.** Laufenden

B: **1.** Zurückfinden, **2.** Neues, **3.** zunehmenden, **4.** Interessante, **5.** retten, **6.** verraten, **7.** Wichtiges, **8.** sagen, **9.** geheimnisvollen Schönen, **10.** Privates, **11.** Gute

TEST Rechtschreibung 6. Klasse

1.

a) Beim Singen traf er nicht immer den richtigen Ton.

b) Das Tauchen fand Juri spannend.

c) Das Beste, was Tanja gestern passiert ist, war, dass sie ihren Regenschirm wiedergefunden hat.

d) Henrik meinte, dass er Aufräumen überhaupt nicht möge.

e) Der Alte schlurfte langsam die Straße entlang.

f) Er hatte schon so manches Dummes getan, aber das war das Dümmste!

g) Seitdem Robert mit Eva verlobt ist, heißt er in ihrer Familie nur noch „der Verlobte".

h) Ich wünsche dir alles Gute zum Geburtstag!

i) Jemand, mit dem man gut bekannt ist, nennt man übrigens einen Bekannten.

j) Im folgenden Jahr ist so einiges Spannendes im Verein geplant, besonders beim Schwimmen.

2.

a) Xylophonspieler, Rings, mucksmäuschenstill, **b)** Nixe, **c)** Wachsmalstiften, Fantasie/Phantasie**, d)** Dachs, Pflanzen, **e)** Philosophie, **f)** Vogel, Delfin/Delphin, **g)** Dampferkapitän, Fernweh, voller, **h)** versuchte, vergeblich, Saxofon/Saxophon, fertig

3.

1. Endlich, **2.** entscheidender, **3.** seit, **4.** wieder, **5.** wiederholten, **6.** seid, **7.** wider, **8.** Widerstand, **9.** Widerwillen, **10.** Endlich

4.

a) + b) 1. Der Gute (substantiviertes Adjektiv), **2.** das Lachen (substantiviertes Verb), **3.** nichts Neues (substantiviertes Adjektiv), **4.** Im Folgenden (substantiviertes Partizip), **5.** der Jüngste (substantiviertes Adjektiv), **6.** das Beste (substantiviertes Adjektiv), **7.** Als Vorsitzender (substantiviertes Partizip), **8.** Fotografieren (substantiviertes Verb), **9.** alles Schöne (substantiviertes Adjektiv), **10.** Zum Wandern (substantiviertes Verb)

6 SCHÖNER SCHREIBEN, BESSER LESEN

6.1 Synonyme •

PC = Computer = Rechner; Missgeschick = Unglück = Pech; Eingang = Tor = Pforte

Boxenstopp: **1.** Sonnabend, **2.** Synonym, **3.** Synonyme

••

1. Wuerfel, 2. Vorhang, 3. Zauberer, 4. Couch, 5. Rechner, 6. Handy, 7. Auto, 8. Experte

••

1 C, 2 E, 3 D, 4 A, 5 B

••

1. schlecht, **2.** weit, **3.** stumpf, **4.** schwer, **5.** scharf, **6.** tief, **7.** kurz, **8.** kalt, **9.** trocken, **10.** breit

•••

A: durchgetrichen werden: **1.** bummeln, **2.** beginnen, **3.** sinken, **4.** geben, **5.** weinen, **6.** anwesend sein, **7.** loben, **8.** ablehnen

B: **1.** rannte, lief, **2.** zögerte, **3.** fliegen, schweben, gleiten, flattern, **4.** bekam, erhielt, empfing, **5.** lächeln, grinsen, **6.** gefehlt, geschwänzt, **7.** schimpfen, schelten, **8.** mochte

6.2 Konjunktionen •

„... und dann kam der Jäger an ein Schloss und dort traf der Jäger die Prinzessin und dort beschlossen sie gemeinsam zu leben und dann züchteten der Jäger und die Prinzessin Pferde. Und dann sagte der König zu der Prinzessin, dass die Prinzessin und der Jäger sein Königreich übernehmen könnten. Und der Jäger und die Prinzessin lebten dann dort glücklich bis an ihr Lebensende."

Boxenstopp: **1.** passende Überschrift, **2.** passende Zeitform, **3.** übersichtliche Gliederung, **4.** einfacher Satzbau, **5.** treffende Wortwahl

••

Jäger: Waidmann, Jägersmann, er
Prinzessin: Königstochter, sie
Jäger und Prinzessin: beide, das Paar
und: sowie, als auch
dort: da, an diesem Ort
dann: darauf, danach, anschließend

So könnte dein Text nun aussehen:

„... und dann kam der Jäger an ein Schloss und dort traf **er** die Prinzessin. **An diesem Ort** beschlossen sie gemeinsam zu leben und Pferde zu züchten. **Darauf** sagte der König zu der Prinzessin, dass **das Paar** sein Königreich übernehmen könnte. Und der Jäger und die Prinzessin lebten dann dort glücklich bis an ihr Lebensende.

So oder so ähnlich könntest du die Geschichte in abwechslungsreichere Worte gekleidet haben.

••

Teller, Tasse, Schüssel = **Geschirr**
Salz, Pfeffer, Curry = **Gewürz**
Hose, Schal, Pullover = **Kleidung**
Apfel, Birne, Pflaume = **Obst**
Karotte, Erbse, Kohlrabi = **Gemüse**
Berlin, München, Hamburg = **Städte**
Deutschland, Polen, Italien = **Länder**

••

2. Sowohl Hunde, Katzen, Fische als auch Hamster sind Haustiere. / Hunde, Katzen, Fische und Hamster sind Haustiere. / Hunde, Katzen, Fische sowie Hamster sind Haustiere.

3. Zur Europäischen Union gehören sowohl Italien, Deutschland, Frankreich als auch die Niederlande. / Zur Europäischen Union gehören Italien, Deutschland, Frankreich und die Niederlande. / Zur Europäischen Union gehören Italien, Deutschland, Frankreich sowie die Niederlande.

4. Sowohl der Nil, der Ganges, der Amazonas, der Yangtsekiang als auch der Mississippi zählen zu den größten Flüssen der Erde. / Zu den größten Flüssen der Erde zählen der Nil, der Ganges, der Amazonas, der Yangtsekiang sowie der Mississippi. / Zu den größten Flüssen der Erde zählen der Nil, der Ganges, der Amazonas, der Yangtsekiang und der Mississippi.

Du hast natürlich schon gemerkt, dass du die Reihenfolge der Satzglieder verändern kannst, oder?

••

2. Einerseits/Auf der einen Seite mag Nadja Schlittschuhlaufen, andererseits/auf der anderen Seite kann sie das regelmäßige Training nicht leiden.

3. Auf der einen Seite/Einerseits sind Bjarne und Lucas ziemlich faule Schüler, auf der anderen Seite/andererseits bringen sie gute Noten mit nach Hause.

4. Einerseits/Auf der einen Seite können Ferien entspannend sein, andererseits/auf der anderen Seite freuen wir uns auf den Schulbeginn.

•••

2. dass, **3.** als, **4.** wenn, **5.** und, **6.** damit, **7.** denn, **8,** Daraufhin, Infolgedessen, Darauf, **9.** Daraufhin, infolgedessen, deshalb

●●●

So oder so ähnlich könnte sich deine Geschichte lesen ...

Eine schöne Überraschung

Manuel ließ vor Schreck das Geschirr fallen. Auch das Besteck glitt ihm aus der Hand. Das Kompott konnte er noch retten. Zum Glück hatte seine Mutter noch nicht erwähnt, wohin sie ziehen wollten. Tatsächlich wollte seine Familie von der Stadt aufs Land ziehen. Na, immerhin blieben sie in Italien!

7 BESCHREIBEN

7.1 Einen Gegenstand beschreiben ●

1 D, 2 B, 3 A, 4 C

Boxenstopp: richtig ist: **1.** Einleitungssatz, **2.** Präsens, **3.** kurz, **4.** Adjektive, **5.** Fachwortschatz, **6.** Reihenfolge

●●

A 2, B 2, C 1, D 2, E 3

●●●

So oder ähnlich könnte deine Beschreibung zu lesen sein:

Das Saxophon

Das Saxophon ist ein Musikinstrument und gehört zur Familie der Holzblasinstrumente. Es wurde von dem Belgier Adolphe Sax im Jahre 1840 erfunden.

Der Ton entsteht beim Saxophon durch ein schwingendes Rohrblatt, ähnlich wie bei der Klarinette. Dieses Rohrblatt besteht aus Schilf oder Holz und deswegen zählt das Saxophon zu den Holzblasinstrumenten und nicht, wie sich durch das Material des Korpus vermuten ließe, zu den Blechblasinstrumenten. Das Saxophon ist in vier Einzelteile zerlegbar: dem Rohrblatt, dem Mundstück mit der Blattschraube, dem S-Bogen (bei vielen Sopransaxophonen nicht vom Korpus abnehmbar) und dem Korpus.

Zum Spielen hängt das Instrument meist an einem Tragriemen, dem „Hasengurt“: Ihn hängt sich der Spieler um den Hals.

Hast du... an die Überschrift gedacht, einen Einleitungssatz formuliert, bist du bei der Beschreibung des Aufbaus nach einer Reihenfolge vorgegangen?

7.2 Einen Vorgang beschreiben ●

1 Joghurtbecher, 1 Blumentopf, 1 Säge, 1 Bohrer, Kleber, Draht, Vogelfutter

Boxenstopp: **1.** Überschrift und Einleitung, **2.** Adjektive: kurz, sachlich und genau, **3.** Präsens, **4.** Fachwörter, **5.** Reihenfolge

●●

1. Die Überschrift ist falsch: Tomatensalat wird im Text nur am Rande erwähnt.

2. Es wird kein Präsens benutzt - Lara berichtet anscheinend mehr, als dass sie einen Vorgang beschreibt.

3. Überflüssiges im Text: Die waren lecker!

4. Ungenaue Beschreibung: irgendeine Erde

●●●

Das Lösungswort lautet PARMESAN.

●●●

So ähnlich sollte sich dein Rezept lesen:

Omis Schokoladenpudding

Man nehme:

500 ml Milch
100 Gramm Zartbitterschokolade
40 Gramm Speisestärke
4 Esslöffel Zucker
2 Eigelb
1 Eiweiß
½ Vanilleschote
1 Prise Salz

Die Eigelbe mit dem Zucker cremig rühren. 100 ml Milch mit der Stärke verrühren. Die Schokolade raspeln und mit der restlichen Milch und dem Vanillemark in einem Topf unter ständigem Rühren zum Kochen bringen.
Die Stärke dazugeben, kurz aufkochen, bis die Masse cremig ist. Vom Herd nehmen, die Eier-Zucker-Mischung unterrühren.
Das Eiweiß mit einer Prise Salz steif schlagen, unterheben, in Portionsschälchen geben und ca. 2 Stunden kaltstellen.

8 ÜBER EIN EREIGNIS BERICHTEN

8.1 W-Fragen ●

1. Wer? **2.** Wo? **3.** Wie? **4.** Wann? **5.** Warum?

Boxenstopp: **1.** Was, **2.** Wer, **3.** Wo, **4.** Wie, **5.** Wann, **6.** Warum, **7.** Welche Folgen

●●

Was? Bei der Jugendmeisterschaft der Feuerwehren
Wer? die Jugendfeuerwehr Vechelde
Wie? klarer Punktevorsprung von 120 Punkten
Warum? vorbildliche und reibungslose Zusammenarbeit
Welche Folgen? Sie müssen im nächsten Jahr ihren Titel verteidigen.
Die Fragen **Wo?** und **Wann?** hat Berti Brandaktuell nicht beantwortet.

●●●

Was? Verlosung von Theaterfreikarten für Premiere des Stückes „Schlabberwatz"
Wer? Schüler der 6. Klassen der Schulen in Bingen und Umgebung
Wo? im Querkopf-Theater
Wann? am Freitag, den 24. April
Warum? damit sich mehr Schüler für das Theater interessieren
Wie? durch Anruf im Theater
Welche Folgen? Gewinner vom Stück begeistert

8.2 Bericht für die Schülerzeitung •

1 B, 2 C, 3 A

Boxenstopp: richtig sind: 1, 2, 4

●●

1e), 2 b), 3d), 4c), 5a)

●●●

Diese Teile solltest du überarbeitet haben: zu einer völlig blöden Zeit (Fehler: eigene Wertung), kommen die fünf Musikerinnen..., Die Jungs in der ersten Reihe kreischen hysterisch (falsche Zeit), Hier haben die Mädels vor einem Jahr ihr erstes Konzert gegeben, bei dem ich übrigens auch war, (...) Man munkelt, dass Fiona, die Sängerin, sich nicht mit der Bassistin Sarah verträgt (Fehler: unwichtige Informationen und Mutmaßungen)

Und so könnte dein überarbeiteter Text aussehen:

(Was, Wer, wann, wo?) Am Donnerstag, den 24. Februar fand im Jugendzentrum „Kröte" das Abschiedskonzert der Band „Die Flipflops" statt.

(Wie?) Unter lautem Applaus kamen die fünf Musikerinnen auf die Bühne und gaben ein überzeugendes Konzert.

(Warum?) Hier haben die Mädels vor einem Jahr ihr erstes Konzert gegeben und hier beenden sie ihre kurze Karriere aufgrund von Streitigkeiten innerhalb der Band.

(Welche Folgen?) Während die Musikerinnen sich wieder verstärkt auf die Schule konzentrieren, versucht Sängerin Fiona eine Solokarriere und tritt beim nächsten Stadtfest allein auf.

8.3 Der Augenzeugenbericht •

Das muss gestrichen werden:

Die sind da alle sowieso ganz komisch, da gehen nur Angeber hin! / Echt altmodisch. / Vielleicht wollten sie anschließend in der Eisdiele ihr „Kunstwerk" feiern.

Boxenstopp: **1.** Ereignis, **2.** Augenzeuge, **3.** Behörden, **4.** Gericht, **5.** Rede, **6.** Zeitungen

●●

1. 17.30 Uhr, **2.** Jugendliche, **3.** Turnhalle, **4.** Rucksack, **5.** Graffiti, **6.** blaue Jeans, **7.** rote, **8.** Innenstadt

•••

So ähnlich könnte dein Augenzeugenbericht aussehen:

Am 21. April 2008 kam ich auf dem Rückweg von einer Geburtstagsfeier an der Gärtnerei Müller vorbei und sah helle Flammen aus dem Gewächshaus schlagen. Sofort verständigte ich über Handy die Polizei und klingelte am Wohnhaus von Herrn und Frau Müller. Diese haben schnell einen Feuerlöscher geholt und alte Kartons aus der Nähe des Brandes entfernt. Gegen 18.30 Uhr war die Feuerwehr da und gegen 18.45 Uhr war der Brand gelöscht.

9 TEXTE VERSTEHEN

9.1 Fabeln •

Fuchs: schlau, keck, schlau, klug

Esel: eitel, angeberisch, liebenswert, dumm, falsch

Diese Adjektive kann man nicht zuordnen: schnell, langsam, stolz

Boxenstopp: **1.** Tiere,
2. Eigenschaften,
3. Moral,
4. Einleitung,
5. Konflikt,
6. Lösung

••

1 b), 2 a), 3 c), 4 b)

•••

Einleitung / Ausgangssituation: Eine durstige Krähe findet einen Wasserkrug.

Konflikt: Sie kommt mit dem Schnabel nicht an das Wasser heran. Sie kann den Krug auch nicht umwerfen, weil sie zu schwach ist.

Lösung: Sie wirft Steine in den Krug, sodass das Wasser immer höher steigt und sie trinken kann.

Moral: Es kommt nicht nur auf die körperliche Stärke an. Viel wichtiger ist es, seinen Verstand zu benutzen.

9.2 Lügengeschichten •

2. Hamster können nicht sprechen.

3. 120 km/h auf einem Fahrrad sind einfach zu schnell.

Boxenstopp: 1 C, 2 D, 3 B, 4 A

••

2. Wann? ➜ wird nicht genannt.

3. Wo? ➜ vor dem Haus des Erzählers und in London.

4. Was? ➜ Ein sprechender Hund lädt den Erzähler zu einer Ballonfahrt ein.

5. Wie? ➜ Der Erzähler und der Hund fliegen mit einem Ballon nach London und besichtigen Sehenswürdigkeiten.

6. Warum? ➜ wird nicht genannt

7. Welche Folgen? ➜ Der Erzähler konnte keine Englischhausaufgaben machen.

●●●

Deine Geschichte kann alle möglichen Formen angenommen haben. Hast du die vier magischen Zutaten für eine Lügengeschichte beachtet?

1. Übertreibung

2. Verdrehung

3. Missdeutung

4. Fantastereien

Ob die anderen wohl auch so gut übertreiben können wie du? Lies den Anfang deiner Geschichte deinen Eltern, Geschwistern oder Freunden vor. Erkläre Ihnen kurz, was unbedingt in einer Lügengeschichte enthalten sein muss. Nun soll jeder die Geschichte auf seine Art fortführen. Mal sehen, was dabei wohl herauskommt...Ihr könnt am Ende die beste Geschichte „krönen" - du wirst sehen, das macht jede Menge Spaß!

10 SACHTEXTE LESEN

10.1 Sachtexte ●

Bei so einer Überschrift könnte man z.B. erwarten, dass man erfährt,

1. wie ein Computer krank werden kann

2. was man dagegen tun kann und

3. was ein Computervirus ist.

Aber vielleicht hattest du ja noch eine ganz andere Idee. Wichtig ist, dass du dir vor dem Lesen Gedanken darüber machst, was dich erwartet.

Boxenstopp: 1c, 2a, 3b, 4d, 5f, 6e

●●

Wenn du die richtigen Stellen unterstrichen hast, konntest du sicherlich die Fragen ganz leicht beantworten: Die Antworten lauten:

1. Computerviren sind kleine Programme, die Dateien auf einem Computer zerstören und sich per Datenaustausch weiterverbreiten.

2. Viren können über infizierte Computer, über das Internet als Dateien oder Mailanhänge oder CDs auf den PC gelangen.

3. Antivirenprogramme schützen vor Viren. Allerdings müssen sie täglich aktualisiert werden, damit sie gegen neuere Viren schützen.

●●●

Steckbrief

Größe: bis zu 4 cm

Farbe: fast durchsichtig, Männchen mit schwarzen Punktzeichnungen, Weibchen mit Strichzeichnungen

Herkunft: Japan

Nahrung: Algen und Zuckmückenlarven, Futter auf Pflanzenbasis

Spitzname: Algenpolizei

●●●

1. richtiges Futter: Algen, Futter auf Pflanzenbasis, kleine wirbellose Tieren (z.B. Zuckmückenlarven)

2. Wassertemperatur von 25°C bis 27°C

3. pH-Wert zwischen 6 und 8

10.2 Schaubilder ●

richtig ist: **1.** dem Bus, **2.** regnet.

Boxenstopp:

1. Diagramme
2. Daten
3. Legenden

●●

A: **1.** heiter, sonnig

2. teils sonnig, teils regnerisch (oder bewölkt); wechselhaft

3. regnerisch

4. wolkig, bewölkt

5. gewittrig

B: **2.** Es sind 21 °C und es ist teils sonning, teils bewölkt

3. Es sind 31 °C und es gewittert.

4. Es sind 24 °C und es ist teils sonnig, teils bewölkt.

●●●

A: **1.** regnerisch

2. regnerisch

3. die Höchsttemparatur betrug 4° C.

4. sonnig

5. teils sonnig, teils bewölkt

6. Die Tiefsttemperatur lag bei 2 °C.

B: Am 18. Januar lag die Tiefsttemperatur bei 0 °C, die Höchsttemperatur bei 4 °C. Am Vormittag war es wolkig, nachmittags und abends regnete es.

Am 19. Januar lag die Tiefsttemperatur bei 1 °C, die Höchsttemperatur bei 6 °C. Den ganzen Tag über war es teils sonnig und teils bewölkt.

Am 20. Januar lag die Tiefsttemperatur bei 3 °C, die Höchsttemperatur bei 8 °C. Vormittags schien die Sonne, am Mittag gab es teils Sonne und teils Wolken und und zum Abend hin regnete es wieder.

Die Temperaturen sind in den letzten 3 Tagen ganz langsam wieder angestiegen.

TEST Textarbeit 6. Klasse

1.

a) Überschrift
b) Präsens
c) kurz
d) Adjektive
e) Reihenfolge

2.
a) Präteritum
b) sachlich
c) Reihenfolge

3.
a) wer
b) wann
c) wo
d) was
e) wie
f) warum
g) welche

4.
a) Tiere haben menschliche Eigenschaften
b) In Fabeln wird eine Moral vermittelt
c) Fabeln besitzen einen bestimmten Aufbau:
Eine **Einleitung**, in der die Ausgangssituation geschildert wird.
In der darauffolgenden Rede/Handlung zwischen den Tieren wird ein **Konflikt** dargestellt.
In der **Lösung** des Konflikts wird auch die **Moral** der Fabel sichtbar.

5.

Deine Beschreibung könnte so oder so ähnlich aussehen:

Die Ampelkennzeichnung

Im Folgenden beschreibe ich ein Schaubild in Form einer Tabelle. Es nennt sich „Ampelkennzeichnung" und ist auf Lebensmittelverpackungen zu finden.

Es liefert Informationen für den Käufer über der Anteil verschiedener Inhaltsstoffe (Fett, gesättigte Fettsäuren, Zucker und Salz) von Lebensmitteln.

Die Tabelle besteht aus einer Spalte und vier Zeilen. Auf der linken Seite der Tabelle befindet sich in jeder Zeile ein farbiger, beschrifteter Kreis und rechts davon eine Erklärung. Ähnlich wie bei einer Ampel sind untereinander die Farben grün, rot und gelb angeordnet. Die grünen Kreise sind mit „niedrig" beschriftet, der rote mit „hoch" und der gelbe mit „mittel".

In Zeile 1 befindet sich ein grüner Kreis. Daneben findet sich eine Angabe zum Fettgehalt des Nahrungsmittels, in der erklärt wird, wieviel Gramm Fett in 100 Gramm des Lebensmittels enthalten sind.

Zeile 2 ist ebenfalls mit einem grünen Kreis gekennzeichnet und gibt Auskunft über den Anteil an gestättigten Fettsäuren. Zeile 3 ist mit einem roten Kreis gekennzeicht und informiert über den Zuckergehalt. Zeile 4 ist mit einem gelben Kreis gekennzeichnet, hier werden Angaben über den Salzgehalt gemacht.

Der Käufer kann so erkennen, dass dieses Lebensmittel einen niedrigen Fett- und Fettsäurengehalt, einen etwas höheren Salzgehalt und einen sehr hohen Zuckergehalt hat.

Wie bei der Ampel steht auch hier das Grün für „freie Fahrt", man muss sich also keine Sorgen machen, was den Fettgehalt, des Lebensmittels betrifft. Rot bedeutet „Stopp", bezüglich des Zuckergehalts muss man aufpassen. Der Salzgehalt befindet sich im mittleren Bereich, man sollte also aufpassen, genauso wie man das bei einer Ampel macht, wenn sie auf gelb schaltet.

Hast du an folgende Punkte gedacht?

1. Überschrift

2. Einleitung (Wie heißt der zu beschreibende Gegenstand? In diesem Fall ein Schaubild! Wozu dient es? Wo ist es zu finden)
3. Wie sieht der Gegenstand aus? (genaue Beschreibung), wer kann damit etwas anfangen?
4. Was kann man damit tun?
5. Wieso heißt das Schaubild „Ampelkennzeichnung" ?
Hast du bei allen 5 Punkten eine zufriedenstellende Antwort formuliert und hast du auch eine sinnvolle Reihenfolge eingehalten, ohne hin- und herzuspringen ?
Super, dann gib dir für jede Antwort einen Punkt!

Lösungen 7. Klasse

S. 203 - 208

1 WORTARTEN

1.1 Das Verb im Aktiv und Passiv •

1. holt, **2.** drückt, **3.** pumpt auf, **4.** dribbelt, schießt, **5.** wird geholt, **6.** wird gedrückt, **7.** wird aufgepumpt, **8.** wird gedribbelt, geschossen

Boxenstopp:

Aktiv

1. Florian
2. holt, drückt, pumpt auf, dribbelt, schießt

Passiv

3. Ball
4. wird geholt, wird gedrückt, wird gedribbelt, wird geschossen

• •

1. Aktiv, **2.** Passiv, **3.** Aktiv, **4.** Passiv, **5.** Passiv

• • •

2. Der Satz steht im Aktiv. Passiv: Ich wurde vom Wecker geweckt.
3. Der Satz steht im Passiv. Aktiv: Die Feuerwehr löschte das Feuer.
4. Der Satz steht im Passiv. Aktiv: Ich räume das Zimmer auf.
5. Der Satz steht im Aktiv. Passiv: Unsere Zähne werden von uns jeden Morgen geputzt.

1.2 Vorgangs- und Zustandspassiv •

„Ich male die Mauer an."
„Ich glaube", sagt Richie, „die Mauer ist angemalt."
„Weshalb seht ihr die Wand an?"
„Die Mauer wurde angemalt."
„Das war Leons Aufgabe."
„Die Mauer wurde von Leon angemalt."

Boxenstopp:

2. Zustandspassiv
3. täterlosen Vorgangspassiv
4. täterabgewandten Vorgangspassiv

• •

1. taVP, 2. A, 3. ZP, 4. tlVP, 5. A, 6. taVP, 7. tlVP, 8. A, 9. tlVP

Lösung: Mark Twain

• • •

2.
a) Die Farbe wird gekauft.
b) Die Farbe wird von Richies Vater gekauft.
c) Die Farbe ist gekauft.

3.
a) Die Zimmerwände werden gestrichen.
b) Die Zimmerwände werden von Richie gestrichen.
c) Die Zimmerwände sind gestrichen.

4.
a) Leider wird Farbe auf den Teppich gekleckert.
b) Leider wird von ihm Farbe auf den Teppich gekleckert.
c) Leider ist Farbe auf den Teppich gekleckert.

1.3 Passiv und Zeiten •

1. bringt / wird gebracht
2. hat / ist gebracht worden
3. brachte / wurde gebracht
4. hatte gebracht / war gebracht worden
5. wird bringen / wird gebracht werden

Boxenstopp:

1. sein, 2. werden

• •

Aktiv:

C1: er/sie/es trifft
B3: er/sie/es traf
D2: er/sie/es wird treffen
B1: er/sie/es hat getroffen
D4: er/sie/es hatte getroffen
E4: er/sie/es wird getroffen haben

Passiv:

B4: er/sie/es wird getroffen
D3: er/sie/es wurde getroffen
C4: er/sie/es wird getroffen werden
E2: er/sie/es ist getroffen worden
A1: er/sie/es war getroffen worden
D1: er/sie/es wird getroffen worden sein

• • •

C2: er/sie/es ist getroffen (Präsens) **A2/B2:** er/sie/es war getroffen (Präteritum) **C3:** er/sie/es wird getroffen sein (Futur I) **A3:** er/sie/es ist getroffen gewesen (Perfekt)
A4: er/sie/es war getroffen gewesen (Plusquamperfekt)
E3: er/sie/es wird getroffen gewesen sein (Futur II)

1.4 Das Demonstrativpronomen •

4. Leon: „Von jenen habe ich ein paar. Aber von diesen nur einen. Den hier."
5. Sophie: „ Der ist doch für Kindergartenkinder! Und was ist mit denen ?"
6. Leon: „ Das sind Abenteuerfilme. Dieser ist auch sehr spannend."
7. Sophie: „Leihst du mir den ?"

Boxenstopp:

1. Dieser, **2.** diesen, **3.** jenen

••

„Möchtest du nun den Film oder diesen oder den oder jenen haben?"

Dies ist nur eine Lösungsmöglichkeit, denn die Demonstrativpronomen kann man in diesem Fall tauschen!

•••

1. jenes, **2.** Dieses, **3.** Der, **4.** Das, **5.** Das

1.5 Das Indefinitpronomen •

7. Ein paar, **8.** ein paar, etwas, ein bisschen, einige, keine, viel

Übrigens, wenn man „Paar" großschreibt, sind immer zwei gemeint, dann ist die Menge klar bestimmt. Wird „paar" klein geschrieben, dann ist die Menge unbestimmt und es können mehr als zwei sein!

Boxenstopp:

1. unbestimmte, **2.** Personen, **3.** Indefinitpronomen, **4.** klein.

••

2. andern, **3.** Viele, **4.** jedes, viel

•••

waagerecht:
irgendjemand, jemand, nichts, etwas, etliche, mehrere, bisschen

senkrecht:
manchen, einem, aller, jeder, einige, man
diagonal:
alles, paar, keine

2 MODUS

2.1 Konjunktiv I •

1. gehe
2. hat erzählt, gehe, will, spielen
3. sagt, wolle, spielen

Boxenstopp:

1 B, 2 C, 3 A

• •

5. wir schreiben
8. wir werden schreiben
10. ich sage
12. ich werde sagen

nicht unterscheiden lassen sich:

5 und 6, 9 und 10

• • •

2. vermische, **3.** rühre ... unter, **4.** lade ... ein, **5.** gebe, **6.** verteile, **7.** rühre ...um, **8.** erhalte

2.2 Konjunktiv II •

Der Konjunktiv II kann auf zwei unterschiedliche Arten gebildet werden. Umganssprachlich benutzt man die Formen mit „würde" + Infinitiv.

Boxenstopp: **1 A, 2 A, 3 B**

• •

tun: Indikativ Präsens: tut, Konjunktiv II Präsens: täte

haben: Konjunktiv I Präsens: haben, Indikativ Präteritum: hatten, Konjunktiv II Präsens: hätten

Identisch sind:

sagen: Indikativ Präsens und Konjunktiv I sowie Indikativ Präteritum und Konjunktiv II

haben: Indikativ Präsens und Konjunktiv I

• • •

du sagtest, du sagtest, du würdest sagen
wir hätten, -, -
ich wartete, ich wartete, ich würde warten
ihr wandertet, ihr wandertet, ihr würdet wandern,
sie liefen, sie liefen, sie würden laufen

2.3 Indirekte Rede •

3. Wir <u>sind</u> (...) <u>gewesen</u>
4. Max <u>behauptet</u>, dass ihr (...) <u>gewesen seid</u>

5. Kann mir Till das Buch leihen?
6. Daniela fragt, ob (...) ihr leihen kannst?

Gemerkt? In der indirekten Rede brauchst du ein einleitendes Verb, außerdem ändern sich das Pronomen und die Verbform!

Boxenstopp:

1. Rede, **2.** Konjunktiv I, **3.** Konjunktiv II, **4.** Nebensatz, **5.** Indikativ, **6.** ich, **7.** sie

● ●

2. Tim sagt, dass er heute keine Zeit habe. **3.** Lisa meint, das sei schade.
4. Tim behauptet, er wisse, dass sie wieder nur Grammatik üben wolle.
5. Lisa entgegnet, sie wollte heute eigentlich mit Tim ins Schwimmbad gehen.
6. Tim sagt, für das Schwimmbad habe er Zeit.

● ● ●

2. Sabine: „Hast du Lust auf eine Partie ‚Mensch ärgere dich nicht'?"
3. Yasmin: „Ich habe heute schon gegen dich verloren."
4. Sabine: „Ich würde dich gewinnen lassen, wenn wir spielen würden.
5. Yasmin: „Schwörst du das?"
6. Sabine: „Was ich verspreche, das halte ich auch."

3 SATZLEHRE UND ZEICHENSETZUNG

3.1 Adverbialsätze ●

1. Weil es Richards Wunsch war
2. als Maurice zur vereinbarten Zeit nicht am Treffpunkt war
3. wenn Maurice nicht gekommen wäre

Boxenstopp:

1 A, 2 D, 3 E, 4 C, 5 F, 6 B

● ●

2. Geburtstagskinder haben freien Eintritt, sodass Tahar nichts zu bezahlen braucht. = Konsekutivsatz
3. Die Kinder warten vor der Achterbahn, während David kauft Eis kauft. = Temporalsatz
4. Sie machen einen Plan, damit sie möglichst viele Attraktionen besuchen können. = Finalsatz
5. Marcel will nach Disneyland, wenn er Geburtstag feiert. = Konditionalsatz
6. Sabrina verkürzt sich die Wartezeit, indem sie einen Comic liest. = Modalsatz

● ● ●

2. Anna möchte den Teddybären haben, wenn Ina ihn gewinnen kann. ➜ Konditionalsatz
3. Den Teddy bekommt Ina, wenn sie zehn Dosen trifft.➜ Konditionalsatz
4. Damit sie das schaffen kann, benötigt Ina fünf Bälle. ➜ Finalsatz
5. Ina zielt genau, sodass sie ihr Ziel nicht verpassen kann. ➜ Konsekutivsatz
6. Weil sie vier Dosen nicht trifft, möchte Ina noch einmal fünf Bälle. ➜ Kausalsatz
7. Ina jubelt, als sie die zehnte Dose trifft. ➜ Temporalsatz

8. Sie wirft weiter, da sie noch zwei Bälle übrig hat. ➜ Kausalsatz
9. Indem Ina zuletzt den Teddy trifft, fällt dieser herunter und ein Glasauge geht ab. ➜ Modalsatz
10. Weil der Teddy deshalb eine Augenklappe bekommt, sieht er aus wie ein Pirat. ➜ Kausalsatz

3.2 Direkte und indirekte Fragesätze •

1. Wann, **5.** wann, **6.** Warum, **10.** warum

Boxenstopp:

Richtig sind: 1, 3, 4, 5, 9, 10

••

A:

2. „Ich möchte wissen, ob du morgen Zeit hast."
3. „Ich habe gefragt, ob du direkt nach der Schule kannst oder später."
4. „Ich wollte wissen, warum du mir nicht zuhörst?"

B:

2. „Wann soll ich wieder da sein?"
3. Merve: „Darf ich morgen schwimmen gehen?"
4. „Wie viel Uhr ist es?"

•••

2. indirekt / direkt: „Ist noch Butter im Kühlschrank?"
3. indirekt / direkt: „Weshalb antwortet er mir nicht?"
4. indirekt / direkt: „Wann kommt Peter?"
5. direkt / indirekt: „Ich frage dich, woher ich das wissen soll."
6. indirekt / direkt: „Wer kommt sonst noch?"

3.3 Kommasetzung bei Infinitivgruppen •

1. Ich gebe ihr den Rat, nicht auf diese unverschämten Fragen zu antworten.

2. Ich gebe ihr einen Rat, statt weiter zu schweigen.

3. Ihr zu raten, das hatte ich mir vorgenommen.

4. Ich rate ihr nicht zu antworten.
Ich rate ihr, nicht zu antworten.
Ich rate ihr nicht, zu antworten.

Boxenstopp:
1d), 2b), 3c), 4a)

••

Lösung: Infinitiv

Lösungen 7. Klasse

S. 222 - 228

●●●

Dustin mag es, spannende Bücher zu lesen. Er vergisst nie, sich zum Geburtstag oder zu Weihnachten neue Bücher zu wünschen. Diese dann auf seinem Regal platzsparend zu stapeln, das ist eine Nachmittagsbeschäftigung. Neulich machte er abends das Licht aus, nicht ohne noch ein Buch auf das Regal zu legen. Mitten in der Nacht gab es ein Getöse. Vor Schreck, das Haus um sich zusammenstürzen zu fühlen, sprang Dustin aus dem Bett. Was war geschehen? Um mehr erkennen zu können, machte Dustin das Licht an. Das Regal halb auf seinem Bett liegend zu sehen, das hatte er nicht erwartet. Nun war er einen Teil der Nacht damit beschäftigt, sein Bett aufzuräumen. Er würde den nächsten Tag damit verbringen müssen, eine neue Unterbringungsmöglichkeit für seine Bücher zu finden.

3.4 Kommasetzung bei Partizipgruppen ●

1. Laut schnurrend saß die Katze vor dem Fenster.

2. Laut vor Wohlbehagen schnurrend, so saß die Katze vor dem Fenster.

3. Die Katze, laut vor Wohlbehagen schnurrend, saß vor dem Fenster.

4. Die Katze saß laut vor Wohlbehagen schnurrend vor dem Fenster.
Die Katze saß, laut vor Wohlbehagen schnurrend, vor dem Fenster.

Boxenstopp:

1. gehört zu Satz 4, **2.** gehört zu Satz 3, **3.** gehört zu Satz 2, **4.** gehört zu Satz 1

●●

Laut singend kam Hannah nach Hause. Die Türklinke in der Hand haltend, so rief sie nach ihrem Bruder. Dieser, seine Musik in dröhnender Lautstärke hörend, reagierte nicht. Hannah, vor die Wahl gestellt, überlegte: Sollte sie(,) Geduld beweisend(,) warten? Oder(,) ihren Bruder nervend(,) in sein Zimmer gehen? Hannah, immer Neues ausprobierend, hatte eine andere Idee. Leise kichernd öffnete sie den Sicherungskasten. Schnell hatte sie(,) sich auskennend(,) den richtigen Schalter gefunden. In die überraschte Stille hinein rief sie mit zuckersüßer Stimme ein zweites Mal nach ihrem Bruder.

●●●

Sven liebt es, ins Kino zu gehen. Den nächsten Film will er(,) so seinen Geburtstag feiernd(,) mit seinen Freunden sehen. Nun ist er dabei, einen spannenden Film auszusuchen. Sein Freund Malte, Abenteuerfilme bevorzugend(,) ist auch einverstanden, einen Trickfilm zu sehen. Sein Cousin Freddie schlägt vor, stattdessen DVDs auszuleihen. Seine Idee ist es, die Zeit der Feier auszunutzen. Sie könnten zwei Filme sehen, statt ins Kino zu fahren. Sven, das Kino-Popcorn bereits vermissend, kann sich nicht entscheiden. Laut diskutierend, kommen sie zu keiner Entscheidung.

3.5 Kommasetzung bei Datums- und Adressangaben ●

Ich lade dich ein, meinen Geburtstag am Montag, den 13. Februar, von 15.00 bis 19.00 Uhr im Spaßbad Neptunus, Aquastr. 10 in Wasserstadt mit mir zu feiern.

Am Freitag, den 5. Mai, schreiben wir von 9.00 bis 10.00 Uhr einen Chemietest in Raum 9, erster Stock, Altbau.

Boxenstopp:

1. Adressangabe, **2.** Kommas, **3.** letzte

● ●

Gestern, Montag (,) den 11. März (,) ging ich/ in der Eupener Straße, Belgisches Viertel, Stadtteil Bresedong spazieren. Ich traf auf meinen Freund Dennis. Seine Adresse ist/ Berliner Str. 11, Lübeck. Mit ihm/ verabredete ich mich/ für morgen, Mittwoch, den 13. März, um 12.34 Uhr (,) in Hamburg, Balthasarplatz, Infostand/ des Touristikvereins. Am Donnerstag, 14. März (,) werde ich mich um 15.00 Uhr/ in der Stresemannstraße, Hamburg-Altona (,) mit Dennis' Bruder treffen. Am selben Tag/ um 18.00 Uhr/ muss ich dann wieder nach Bresedong zurückfahren.

● ● ●

Leonie, immer ihre Termine einhaltend, war viel zu früh an ihrem Ziel, Stadtbücherei Pirmasens, Hauptstraße 22(,) angekommen. Eigentlich wollte sie am Montag, den 24. Juni, um 15.30 Uhr(,) dort sein. Nun saß sie schon seit einer halben Stunde in der Eisdiele La Domenica in der Adenauerstraße in Pirmasens und hatte noch eine weitere halbe Stunde Zeit. Anstatt auf die Uhr zu sehen, blätterte sie in ihrem Terminkalender. Morgen, Dienstag, den 25. Juni, um 10.00 Uhr(,) wollte sie Bernd in der Pizzeria „La Tavola", Esenser Straße(,) in Hamburg treffen. Grübelnd steckte sie den Kalender weg. Ob sie einmal den Versuch wagen sollte, zu spät zu kommen?

TEST Grammatik 7. Klasse

1.

Aktiv:
die Tatform
das Subjekt handelt
gibt das Geschehen aus der Sicht des Handelnden wieder

Passiv:
die Leideform
mit dem Subjekt geschieht etwas
gibt das Geschehen aus der Sicht des Betroffenen wieder

2.
b) Den Schülern wird vom Schulleiter der Stundenplan mitgeteilt.
c) Den Schülern wird der Stundenplan mitgeteilt.
d) Der Stundenplan ist mitgeteilt.

3.
a) Er greift in den Lostopf und zieht zwei Lose, dieses war ein Gewinn, jenes war eine Niete.
b) Hier ist dein Geschenk. Hoffentlich ist dies/das das richtige für dich.
c) Diese Entscheidung war richtig, jene sicher nicht.

4. Ein römischer Legionär kommt von einer Erkundung zurück ins Lager. Dort berichtet er seinem Vorgesetzten Folgendes: „Wir waren in einem Dorf, das noch nicht von uns besetzt ist. Dort braute jemand einen Trank, der bei vielen Bewohnern für einige Kraft sorgt. Um diesen Trank herstellen zu können, benötigt man viele Zutaten. Ein paar Siebenwurzgräser müssen mit irgendeinem Gerät zerkleinert werden, dann muss ein bisschen Distelsaft ein wenig zerkocht werden. Abschließend kommen noch mehrere Kräuter, manch Gewürz und ein wenig Sporenpilzgelatine hinein, nichts vom Wildschwein und kein Barthaar."

5.
a) Konjunktiv II, **b)** Konjunktiv II, **c)** Konjunktiv I

6.
da, weil – Kausalsatz – Warum?
wenn – Konditionalsatz – Unter welchen Bedingungen
als, nachdem – Temporalsatz – Wann?

damit, dass, um zu - Finalsatz - Wozu? Zu welchem Zweck?
sodass - Konsekutivsatz - Welche Folge? Welche Wirkung?
indem - Modalsatz - Wie? Auf welche Weise?

7.

a) indirekt / direkt: Wann kommt Tante Martha?

b) indirekt / direkt: Wie spät ist es?

c) direkt / Kannst du mir sagen, ob du dich heute noch entscheidest?

8.

Ein Buch zu spät zurückbringend (,) traf ich am Montag (,) den 12. März 2008 in der Bibliothek Stephansstraße 7 , Lübeck (,) ein. Es sehr bedauernd , mich so abgehetzt zu sehen , bot mir die Bibliothekarin ein Glas Wasser an. Ich trank es , ohne ihr zu danken. Zu sehr noch nach Luft schnappend (,) verschluckte ich mich. Um mir zu helfen , eilte die Bibliothekarin um ihren Tisch (,) dabei einen Stapel Bücher umstoßend. Nach einer halben Stunde endlich die Bibliothek verlassend schwor ich mir , nie mehr solche Eile zu haben.

4 GETRENNT- UND ZUSAMMENSCHREIBUNG

4.1 Verben mit Vorsilben •

2. Ich entscheide mich endlich, **3.** Stell dich an!, **4.** Verstell dich!, **5.** Er umfährt das Schild.
6. Er umarmt seinen Vater.

Achtung hier geht auch: Er fährt das Schild um. Achte darauf, wie sich der Sinn verändert!

Boxenstopp:

1. zusammengeschrieben, **2.** trennen, **3.** Partizip Präsens und Perfekt, **4.** Ende eines Nebensatzes

••

2. er findet heraus, er hat herausgefunden
3. du gehst hin, du bist hingegangen
4. ihr versteht, ihr habt verstanden
5. wir fallen auf, wir sind aufgefallen
6. Ruinen zerfallen, Ruinen sind zerfallen
7. ich wiederhole, ich habe wiederholt
8. du gibst wieder, du hast wiedergegeben
9. Tom widerruft, Tom hat widerrufen

•••

1. Vanessa ruft Sarah an.
2. Sie fragt: „Holst du mich heute ab?"
3. Sarah überlegt, was sie heute vorhat.
4. „Heute besucht mich meine Kusine."
5. „Die habe ich vor zwei Jahren schon kennengelernt.
6. Aber ich weiß nicht, ob ich sie heute noch erkenne."
7. Schließlich verabreden sie sich für den nächsten Tag.

4.2 Verbindungen Verb / Nomen •

Verb+Verb-Kombination: ging spazieren, sitzen blieb

Nomen+Verb-Kombination: eislaufen, Gefahr zu laufen, Folge leisten, teilnehmen, Tee trank

Boxenstopp:

2. Nomen, **3.** groß, **4.** immer

• •

2. preisgeben ➜ Nomen+Verb-Kombination - du hast preisgegeben
3. Radio hören ➜ Nomen/Verb-Kombination - du hast Radio gehört
4. Klavier spielen ➜ Nomen/Verb-Kombination - du hast Klavier gespielt
5. Schlange stehen ➜ Nomen/Verb-Kombination - du hast Schlange gestanden
6. verlorengehen ➜ Verb/Verb-Kombination - du bist verlorengegangen
7. Schlaf wandeln ➜ Nomen/Verb-Kombination - du bist Schlaf gewandelt
8. schlussfolgern ➜ Nomen/Verb-Kombination - du hast geschlussfolgert
9. bleibenlassen ➜ Verb/Verb-Kombination - du hast bleibengelassen **oder** du hast bleibenlassen

• • •

2. kennenlernen, **3.** Rad fahren, **4.** Gefahr laufen, **5.** geben acht, **6.** haltmachen, **7.** Radio hören, **8.** Rast machen

4.3 Verbindungen Adjektiv / Verb •

2. fertig gebraten, **3.** schwarzsehen, **4.** kleingeschrieben

Boxenstopp:

Aussage 1 gehört zu Satz 3
Aussage 2 gehört zu Satz 4
Aussage 3 gehört zu Satz 1
Aussage 4 gehört zu Satz 2

• •

Adjektiv und Verb getrennt geschrieben:
rot werden, groß schreiben, lustig sein, herzlich lachen

Adjektiv mit Verb zusammengeschrieben:
großschreiben, rotsehen, gesundbeten

• •

2. großschreiben, **3.** lustig sein, **4.** größer schreiben, **5.** traurig sein, **6.** schnell schreiben

• • •

2. besser stehen, **3.** reinwaschen, **4.** freimachen, **5.** einig sein, **6.** gutschreiben

4.4 Zusammengesetzte Nomen und Adjektive •

Blaumeise, Fahrzeug, Überfahrt, hellblau, kugelrund, lernbegierig

Boxenstopp:

2. Blaumeise, **3.** Fahrzeug, **4.** Überfahrt, **5.** hellblau, **6.** kugelrund, **7.** lernbegierig

••

2. schwimmbegeistert, **3.** Hinterhalt, **4.** Tischtuch, **5.** Schreibtisch, **6.** leichtgläubig

•••

LAUF(EN): der Paarlauf, die Laufschuhe, lauffreudig, die Laufmasche, der Laufvogel, das Lauffeuer
HAND: handwarm, die Handschuhe, handgreiflich, die Handschrift, handverlesen
VOLL: volljährig, vollkommen, das Vollblut, vollendet, der Volldampf, handgroß, vollautomatisch

4.5 Trennen von Wörtern •

Sams - tag - mor - gen ➜ 4 Vokale, 4 Silben
dun - kel - gelb ➜ 3 Vokale, 3 Silben
weg - ste - cken ➜ 3 Vokale, 3 Silben

Boxenstopp:

Richtig sind: 2, 3, 4, 5, 6, 8, 9, 10

••

Wo|chen|en|de, ver|ge|wis|sern, eis|kalt, Zei|tungs|le|ser
Schlag|zeug Do|nau|dampf|schiff|fahrts|ge|sell|schafts|ka|pi|täns|pa|tent

•••

Nicht richtig getrennt waren: Tep|pich|bo|den, Bild|hau|er, Schild|krö|te, leicht|sin|nig, Kon|ser|ven|do|se, Ku|ckucks|uhr, un|auf|ge|for|dert

5 GROSS- UND KLEINSCHREIBUNG

5.1 Tageszeiten •

2. mittags, **3.** Nacht, **4.** frühmorgens, **5.** abends

Boxenstopp:

1. Ich denke, abends ist es kühler.
2. Treffen wir uns Mittwochvormittag?
3. Wir erinnerten uns oft an den Abend.

••

1. Montagmorgen, **2.** morgens, **3.** Morgen, **4.** samstags, **5.** morgens, **6.** Samstag, **7.** Samstagvormittag, **8.** morgens, **9.** früh, **10.** Samstagmorgen

•••

2. früh = Adverb, **3.** frühmorgens = Adverb, **4.** morgen Abend = Adverb + Nomen, **5.** Morgen = Nomen

5.2 Adjektive in Eigennamen •

1. Große, **2.** große, **3.** römischen, **4.** Römische, **5.** erst, **6.**Erste, **7.** schwarz, **8.**schwarzes/Schwarzes

Boxenstopp:

1. Regel, **2.** Adjektive, **3.** Eigennamen, **4.** Titel, **5.** Begriffs, **6.** groß

• •

2. der Blaue Planet, **3.** Das Rote Kreuz, **4.** der Indische Ozean, der Stille Ozean, **5.** Die Schwäbische Alb

• • •

1. Kahle, **2.** schreckliche, **3.** Heilige, **4.** Deutsche, **5.** Schreckliche, **6.** kleiner, **7.** Starke, **8.** kahl, **9.** Kleine, **10.** Kleine, **11.** Sächsische, **12.** deutschen

6 FREMDWÖRTER RICHTIG SCHREIBEN

•

1. ~~Klaun~~ - Clown, **2.** ~~Teeater~~ - Theater, **3.** ~~Maschiene~~ - Maschine, **4.** ~~Montör~~ - Monteur

Boxenstopp:

1 E, 2 B, 3 A , 4 C, 5 D

• •

1. Jeans, Apfelsine, **2.** Cowboys, Teams, **3.** fair, Handy, **4.** Friseur/Frisör, Violine, Vitrine, **5.** Phantom/Fantom, Rheuma, **6.** Delphin/Delfin, Power, **7.** Physik, Theater, **8.** Monitor, Montage, **9.** Portmonee/Portemonnaie, Jogurt/Joghurt

• • •

1. Montage, **2.** demonstrieren, **3.** Cowboy, **4.** Blue Jeans, **5.** joggen, **6.** Event, **7.** Philosophie, **8.** Cartoon, **9.** Computer, **10.** Mayonaise, Majonäse

TEST Rechtschreibung 7. Klasse

1.

richtig sind:

a) Fritteuse, **b)** Soße und Sauce, **c)** Telefon, **d)** Elefant, **e)** Foto, **f)** Photosynthese und Fotosynthese, **g)** Saxofon und Saxophon, **h)** Theaterabonnement, **i)** Kollege, **j)** Portmonee und Portemonnaie, **k)** Chauffeur und Schofför

2.

a) Montage, Monteur, montieren, **b)** Kontrolle, Kontrolleur, kontrollieren, **c)** Abonnement, Abonnent, abonnieren, **d)** Manager, Management, managen

3.

a) Es wird am Wochenende regnen, ich sehe schwarz für das Zeltlager.
b) Hast du schon überlegt, wer auf der Party Musik macht.
c) Der Hund bleibt stehen, wenn er eine Katze sieht.
d) Der Rektor empfängt uns heute.

e) Ups, zu weit geschossen! Holst du den Ball wieder?

4.

a) Blu|men|topf, **d)** Fe|der, **f)** Ta|ten, **g)** Duft|stoff|fla|sche, **h)** Ge|burts|tag, **i)** Ham|mer|hai, **k)** Buch|rü|cken, **l)** Rin|der|rü|cken, **m)** Pe|rü|cken, **n)** Ball|kleid, **o)** Tor|wart, **q)** Do|se

b) und **e)** lassen sich nicht trennen, denn sie haben jeweils nur einen Vokal.
c) und **p)** lassen sich nicht trennen, weil der Vokal nicht einzeln stehen bleiben darf.

5.

a) Gestern Vormittag, **b)** Bunten (beim „Bunten Park" handelt es sich um einen Eigennamen, daher schreibt man ihn groß), **c)** berühmten, **d)** Neuseeland, **e)** Pazifischen, Tasmanischen, **f)** nachts, **g)** Großen

6.

a) groß, **b)** klein, **c)** groß, **d)** klein, **e)** groß

7 TEXTE SELBST VERFASSEN

7.1 Die Inhaltsangabe •

Die Sieben Riesen des Siebengebirges

In früheren Zeiten war zwischen Koblenz und Köln ein Höhenzug. Dort staute sich der Rhein zu einem gewaltigen See. Oft kam es zu Überschwemmungen, und die Menschen auf der anderen Seite des Höhenzuges lebten in Angst vor dem Wasser. Dann hörten sie von sieben Riesen, die gegen Lohn eine schwere Arbeit verrichten würden. Sie gingen zu den Riesen und versprachen ihnen einen gehörigen Lohn, wenn sie dem Rhein einen Weg durch den Höhenzug verschaffen würden. Man wurde sich schnell handelseinig, und die sieben Riesen schulterten ihre Schaufeln und kamen an den Rhein. In nur drei Monaten gruben sie dem Rhein ein Bett und der See floss ab. Die Menschen waren zufrieden, entlohnten die Riesen und verabschiedeten sie. Aber die Riesen wollten nicht mit ihren schmutzigen Schaufeln auf Wanderschaft gehen. Jeder von ihnen klopfte seine Schaufel auf den Boden, und dort, wo die Erdklumpen auf den Boden fielen, entstanden sieben Berge. Diese Berge heißen seitdem „Siebengebirge".

Boxenstopp:

1. Präsens
2. kürzer
3. bleibt erhalten
4. nichts dazu erfinden
5. Autor, Textart, Textquelle, Ort, Zeit und Hauptpersonen der Handlung
6. immer eine Einleitung, einen Hauptteil und einen Schluss
7. Schlussteil
8. sachlich

••

A:

Gestrichen werden müssen: b), d), i)
Richtige Reihenfolge: c), e), h), a), g), f)

B:

Einleitung: c)
Hauptteil: a), e), g), h)
Schluss: f)

●●●

Wenn in deine Inhaltsangabe so oder so ähnlich aussieht und du nicht mehr in Handlung hineingeschrieben hast, sieht das schon ganz prima aus!

Die Sage „Die sieben Riesen des Siebengebirges" erzählt von Entstehung des Bergzuges am Rhein. Der Autor sowie Entstehungszeit und -ort der Sage sind unbekannt.
Die Menschen, die an einem Höhenzug zwischen Koblenz und Köln wohnen, leben in ständiger Angst vor dem Wasser, da sich der Rhein auf der anderen Seite zu einem See staut und es häufig zu Überschwemmungen kommt. Um Abhilfe zu schaffen, gehen die Menschen zu den sieben Riesen, von denen sie gehört haben, dass sie gegen Lohn schwere Arbeit verrichten und bitten sie um Hilfe. Die Riesen sollen dem Rhein ein Bett durch den Höhenzug schaffen. Nachdem man sich geeinigt hat, kommen die Riesen an den Rhein und schaufeln in 3 Monaten ein Bett für Rhein und der See fließt ab. Nachdem die Riesen ihre Arbeit beendet haben, klopfen sie ihre Schaufeln ab und durch die herunterfallenden Erdklumpen entstehen sieben Berge, welche seitdem „Siebengebirge" heißen. Mir gefällt die Geschichte / gefällt die Geschichte nicht, weil ...

7.2 Eine Fortsetzung schreiben ●

1. c), **2.** b), **3.** a), **4.** c), **5.** b), **6.** a), **7.** c)

Boxenstopp:

1. beginnt, **2.** Personen, Charaktere, Situation, **3.** wörtliche Rede

●●

2. b), **3. a)**, **4. a)**

●●

Die richtige Antwort ist 4.

●●●

1. Diese Fortsetzung ist nicht gut, weil es zu der Zeit, in der die Geschichte spielt, noch kein Internet gab. Dass Emilie Dupont die Briefe besprüht, wäre ein Zeichen ihrer Gewitztheit, das passt aber nicht zur Geschichte, weil sie nicht wirklich clever ist.

2. Diese Fortsetzung ist nicht gut, weil Emilie Dupont nicht gewitzt ist, sondern nur neugierig und dreist. Es ist daher unverständlich, weshalb der Gerichtsvollzieher sie heiraten sollte.

3. Diese Fortsetzung ist gut, weil sie zum Stil der Geschichte passt. Die Wortwahl ist gut gewählt. So, wie im Text vorher „nicht an der Post gerührt wurde", rührt Emilie Dupont nun auch die Post nicht mehr an. Auch inhaltlich passt die Vorgehensweise Graf Koks' und des Gerichtsvollziehers gut zur vorangehenden Handlung. Infolgedessen ist das Problem, um das es ging, beseitigt.

Lösungen 7. Klasse

S. 255 - 265

• • •

1. erhalten habe, **2.** aufzunehmen, **3.** schrieb, **4.** kennen, **5.** habe, **6.** bestellt, **7.** besprechen, **8.** bin gespannt, **9.** ist, **10.** sollte, **11.** sollte, **12.** erschien, **13.** bot, **14.** ermöglichte, **15.** quittieren würde, **16.** war einverstanden, **17.** wurden, **18.** gelesen

7.3 Die Erzählperspektive •

In diesen Zeilen erzählt **der Floh** die Geschehnisse aus seiner Perspektive (= Sicht).

Boxenstopp:

In welcher Person wird erzählt?
Ich-Perspektive: 1. Person Singular
Perspektive des allwissenden Erzählers: 3. Person Singular
Perspektive des personalen Erzählers: 3. Person Singular

Wie ist der Erzähler beteiligt?
Ich-Perspektive: ist selbst beteiligt
Perspektive des allwissenden Erzählers: ist häufig nicht selbst beteiligt
Perspektive des personalen Erzählers: ist selbst beteiligt

Was weiß der Erzähler vom Geschehen?
Ich-Perspektive: weiß das, was ihm selbst widerfährt
Perspektive des allwissenden Erzählers: weiß alles
Perspektive des personalen Erzählers: weiß das, was ihm selbst widerfährt

Was weiß der Erzähler über die Gefühle und Gedanken der beteiligten Personen?
Ich-Perspektive: nur die des Ich-Erzählers sind bekannt
Perspektive des allwissenden Erzählers: Gefühle und Gedanken sind von allen bekannt und können kommentiert werden
Perspektive des personalen Erzählers: nur die desjenigen sind bekannt, aus dessen Blickwinkel erzählt wird

• •

2. der Erzähler, **3.** der Gerichtsvollzieher, **4.** der Freund, **5.** der Floh, **6.** Emilie Dupont

• • •

Richtige Reihenfolge: 1 e), 2 f), 3 g), 4 d), 5 a), 6 o), 7 q), 8 h), 9 i), 10 j), 11 l), 12 c)

Falsch sind: b), k), m), n), p), r)

7.4 Die Sprache verändern •

1. Postangestellte, **2.** Macke, **3.** Hausmeister, **4.** Sie plauderte Geheimnisse aus.

Boxenstopp:

1. versetzen, **2.** Erzählung, **3.** Aussage, **4.** Pointe, **5.** Text

• •

2. E-Mails oder SMS
3. las E-Mails, die nicht für sie bestimmt waren
4. Ungeziefer, aber auch heute sagt man noch Floh

5. Post, Büro, Betrieb, Office, Filiale
6. Rechtsanwalt
7. anbei, beigefügt, anhängend, in der Anlage
8. Neugier, Taktlosigkeit, Dreistigkeit
9. machte Stress, produzierte Ärger
10. freundliche Grüße, mit freundlichen Grüßen

• • •

1. Angewohnheit, **2.** Computer, **3.** Telefon, **4.** Lästereien, **5.** fähigen, **6.** Gegenwart, **7.** automatisch, **8.** freundlichen, **9.** Virus, **10**. Mittagspause

7.5 Einen Zeitungsartikel (Nachricht) verfassen •

1. Vier Jugendliche, **2.** Ein Tier, vielleicht ausgestorbene Dinosaurier-Gattung, **3.** Am Montag, **4.** In Stuttgart, auf einem stillgelegten Fabrikgelände

Boxenstopp:

1 C, 2 A, 3 D, 4 B

• •

Lösung: AUSKUNFT

• • •

Wo? Departement du Gard, **Wann?** gestern, **Wer?** Graf Koks, **Was?** der Brief

7.6 Einen Zeitungsartikel (Bericht) verfassen •

1. b), **2.** a), **3.** c)

Boxenstopp:

1. d), **2.** c), **3.** a), **4.** b)

• •

In einen sachlichen Bericht gehören: 2, 4, 5, 6, 7, 8, 9, 10, 11, 12, 16

• • •

Dein Bericht ist sicher zeitungsreif, wenn du an die folgenden Punkte gedacht hast:
1. Überschrift?
2. alle möglichen W-Fragen beantwortet? (wer, was, wann, wo?)
3. Das Geschehen in der richtigen Reihenfolge dargestellt? (warum und wie ist etwas geschehen?)
4. Welche Folgen hatte das Geschehen?
5. kurze und sachliche Sprache?
6. alles Unnötige herausgelassen?

7.7 Einen Zeitungsartikel (Reportage) verfassen •

Richtig ist:
Ronnie: „Ich möchte einen Text für die Zeitung schreiben. Eine Reportage." **Ronnie:** „Nein, eine Reportage ist meist länger als ein Bericht."
Ronnie: „In einer Reportage darf ich zwar eigene Eindrücke hineinbringen, aber ich darf nichts schreiben, was nicht stimmt." **Emma:** „Dann musst du gut recherchieren, das heißt nachforschen, ob alles so stimmt."
Ronnie: „Ich muss mir aber eine Schlagzeile ausdenken, die jeden zum Lesen bringt!"

Boxenstopp:

1. recherchieren, **2.** Informationen, **3.** Stellungnahmen, **4.** aufzuschreiben, **5.** die Sprache, **6.** einsetzen, **7.** Einleitung, **8.** Hauptteil, **9.** Schluss, **10.** Schlagzeile, originell

• •

Der Platz wirkt auf mich, als wäre er leergefegt. - Reportage

Das Haus stammt aus der Zeit Napoleons. - Bericht und Reportage

Herr Schmidt ist Verkäufer bei einer Supermarktkette. - Bericht und Reportage

Frage: „Wie haben Sie diese anstrengende Reise geschafft?" Antwort: „Ich habe mich sehr gut darauf vorbereitet ..." - Reportage

Das Schulgebäude ist verlassen, in den Gängen ist nur noch der Hall der eigenen Schritte zu hören. - Reportage

Hier haben 1.264 Schüler gelernt. - Bericht und Reportage

Ich besuchte den bekannten Autor am Mittag. - Reportage

• • •

Teil einer Reportage ist **Text 3**, weil der Reporter in diesem Text die Dinge aus seiner Sicht erzählt. Mit den ersten Sätzen führt er in die Begebenheit ein. Der Aufbau ist so, dass mit dem Text immer weiter in das Thema „Unbekanntes Tier gefunden" hineingeführt wird.

Text 2 ist schildert die Ereignisse aus der Sicht der Kinder. Teile dieses Textes können in die Reportage einfließen, um sie abwechslungsreicher zu machen.

Text 1 gehört zu einem Bericht, dessen Fakten aber auch in die Reportage einfließen können. Als Text einer Reportage ist er zu sachlich.

8 MIT TEXTEN UMGEHEN

8.1 Kalendergeschichte •

Deine Antworten müssen nicht genau so sein, wie die folgenden. Wenn du aber auf ähnliche Antworten gekommen bist, bist du schon auf der richtigen Spur!

2. Zwischen 1812 und 1882, das ist der Zeitraum, in dem B. Auerbach lebte. Man kann auch sagen, sie spielt im 19. Jahrhundert.

3. Ein Dieb, er hat keinen Namen. Zu Beginn, als er den Diebstahl noch nicht begangen hat, wird er „Diebskandidat" genannt.

4. Die Hauptfigur hat sich im Rathaus einsperren lassen, um dort die Gemeindekasse zu leeren. Bei der Flucht aus dem Rathaus hat er sich aus dem Fenster abgeseilt. Da ihm das Seil tiefe Wunden in die Hände geschnitten hat, hat er losgelassen und ist gestürzt. Weil er das Geld unter anderem in den Schuhen hatte, hat er sich bei dem Sturz aus dem Rathaus verletzt und konnte nicht mehr aufstehen. So wurde er am Morgen samt dem Geld auf der Straße liegend gefunden.

5. Doktor Gscheitle.

6. Weil der Dieb, anstatt die Treppe hinunter zu gehen, wie es die ehrlichen Menschen tun können, den „heimlichen" Weg aus dem Fenster gewählt hat, der sich allerdings als sehr schmerzhaft und somit auch sehr unbequem herausgestellt hat.

7. Ganz zum Schluss der Geschichte macht Dr. Gscheitle durch seine Frage (warum der Dieb denn nicht auch den „bequemen" Weg die Treppe hinuntergehe - wie all die anderen Herren auch) deutlich, dass auch die vermeintlich ehrlichen Herren im Rathaus ungerechtfertigt Geld an sich nehmen. Er unterstellt ihnen, dass sie es nicht einmal für nötig halten sich heimlich aus dem Rathaus schleichen, sondern ganz ungeniert am hellichten Tag mit dem Geld die Treppe hinunter spazieren.

Boxenstopp:

1. Erzählungen, **2.** unterhaltsam, **3.** Tatsachenbericht, **4.** Volkskalendern, **5.** Kalendergeschichten

● ●

1. Zeile 1 bis 4: Einleitung (gibt die Meinung des Autors wieder)

2. Zeile 5 bis 10: Hauptteil (erzählt aus der Sicht der Hauptfigur)

3. Zeile 11 bis 15: Hauptteil (erzählt aus der Sicht der Hauptfigur)

4. Zeile 16 bis 19: Hauptteil (erzählt aus der Sicht der Hauptfigur)

5. Zeile 20 bis 23: Schluss (erzählt aus der Sicht der Hauptfigur, wechselt aber die Sicht von der Hauptfigur auf eine Nebenfigur)

6. Zeile 24 bis 25: Schluss (gibt die Meinung des Autors wieder)

● ● ●

Richtige Reihenfolge: 7 - 13 - 8 - 1 - 12 - 5 - 2 - 11 - 10 - 3 - 6 - 4 - 9

8.2 Ballade •

A:

1. Sinnabschnitt: Vers 1 - 8: Beschreibung des Schlosses am Meer, das lyrische Ich befragt eine zweite Person, ob es das Schloss gesehen hat

2. Sinnabschnitt: Vers 9 - 12, Antwort des Befragten - **Schilderung seiner Sicht des Schlosses (Mondnacht, Nebel)**

3. Sinnabschnitt: Vers 12- 16, zweite Frage des lyrischen Ichs, **Weitere Beschreibung der Umgebung des Schlosses (Wind, Meer) und der Ereignisse auf dem Schloss (Saiten, Festgesang)**

4. Sinnabschnitt: Vers 17 - 20, Antwort des Befragten, auf die unmittelbar vorhergehende Frage, **das Schloss liegt in tiefer Ruhe und man kann ein Klagelied vernehmen**

5. Sinnabschnitt: Vers 21 - 28, dritte Frage des lyrischen Ichs, **Beschreibung des Königspaares und einer schönen Jungfrau**

6. Sinnabschnitt: Vers 29 - 32, letzte Antwort des Befragten, **das Königspaar trägt ein Trauerkleid, die Jungfrau ist nicht zu sehen**

B:

2. Strophe: Person 1 ➜ Fortsetzung der Frage, die Umgebung wird weiter beschrieben (spiegelklares Wasser, schöne Abenddämmerung.)

3. Strophe: Person 2 ➜ Antwort auf die vorhergehende Frage, das Schloss wurde gesehen, es liegt aber im Mondschein, die Landschaft ist neblig.

4. Strophe: Person 1 ➜ fragt nun nach dem Wind, dem Wallen des Meeres und ob man Festmusik vom Schloss vernehmen konnte.

5. Strophe: Person 2 ➜ antwortet, das Schloss liegt in tiefer Ruhe, Wind und Wellen sind nicht zu hören, statt Festmusik ertönt ein Klagelied.

6. Strophe + 7 Strophe: Person 1 ➜ fragt nach dem Königspaar, ihrer Kleidung (rote Mäntel, goldene Kronen) und einer schönen Jungfrau.

8. Strophe: Person 2 ➜ antwortet, die Eltern (Königspaar) wurden beide gesehen, sie trugen aber keine roten Mäntel und keine Kronen, sondern schwarze Trauerkleider. Die Jungfrau ist nicht zu sehen.

● ●

Person 1:
Adjektive: Das hohe Schloss, Golden und rosig wehen die Wolken, spiegelklare Flut, frischer Klang, roten Mäntel, goldnen Kronen, schöne Jungfrau, goldnen Haar.

Weitere auffällige Wörter und Vergleiche:

Meer, Wolken, Flut, Wind, Wallen (des Meeres), Festgesang, Wehen (der Mäntel des Königspaares), Strahl (der Kronen), Jungfrau = herrlich wie eine Sonne

Person 2:

Adjektive: Das hohe Schloss, tiefer Ruh, schwarzen Kleide

Weitere auffällige Wörter und Vergleiche:

Meer, Mond, Nebel, Winde, Wogen, Ruh, Klagelied, Tränen, ohne der Kronen Licht, Trauerkleide

Beide Personen sprechen über dieselben Dinge:das Schloss, die Landschaft, Vorgänge und Personen auf dem Schloss - allerdings unterscheiden sich ihre Sichtweisen ganz beträchtlich.

Wenn du die Adjektive und weiteren Wörter betrachtest, fällt dir bestimmt sofort auf, dass **Person 1** (= das lyrische Ich = der „Sprecher/Erzähler" des Gedichts) nur schöne Dinge beschreibt. Alles ist golden, glänzt, die Natur liegt in rosigem Abendglanz und ist schön. Das lyrische Ich fragt nach frischen Winden und rauschenden Wellen, nach fröhlicher Musik und einem prächtig gekleideten, ebenfalls strahlenden Königspaar, das eine schöne Jungfrau führt. Das lyrische Ich erscheint aufgeregt und freudig erregt, wenn es über das Schloss und die Personen spricht.

Die Antworten von **Person 2** widerlegen all das, was das lyrische Ich sagt. Die Natur wird keinesfalls als schön und freundlich beschrieben, sondern trist und traurig. Die goldene Abenddämmerung ist vorbei (der Mond scheint bereits) und ringsherum ist es neblig. Auch die Winde und das Meer liegen ganz still da. Statt einem freudigen Festlied, hört Person 2 nur ein Klagelied und es hat Tränen in den Augen. Das Königspaar erscheint ebenfalls glanzlos (ohne der Kronen Licht) und trägt schwarze Trauerkleidung. Die Jungfrau ist nicht zu sehen (es ist anzunehmen, dass sie gestorben ist). Person 2 erscheint sehr traurig und bedrückt.

Boxenstopp:

zu streichen sind: 1, 3, 5

• • •

1 b), **2** a), **3** b) – viele Adjektive die das Schloss und die Landschaft beschreiben, schau hierfür nochmal bei der Pflicht-Übung auf S. 77 nach, da hast du alle aufgeschrieben!

• • •

1. Uhland, **2.** Meer, **3.** Tochter, **4.** Strophen, **5.** Reim, **6.** Ballade

8.3 Naturgedicht / Haiku •

Überschrift:
„Die Welt ist…": ja
Haiku: nein

Wie viele Strophen, wie viele Verse?
„Die Welt ist…": 5 Strophen zu je 2 Versen
Haiku: 1 „Strophe" bestehend aus 3 Versen

Gibt es Reime?
„Die Welt ist…": ja
Haiku: nein

Kannst du ein Metrum erkennen?
„Die Welt ist…": Jambus
Haiku: nein

Inhalt:
„Die Welt ist…": Die Welt oder ein Teil der Natur wird in einer bestimmten Jahreszeit beschrieben. Dabei werden alle vier Jahreszeiten einzeln aufgeführt und deutlich gemacht, wie unterschiedlich die Welt in den einzelnen Jahreszeiten erscheint.
Haiku: Hier wird gesagt, dass sich das Aussehen der Landschaft über das Jahr hinweg ständig verändert.

Boxenstopp:

1. 5 – 7 – 5 Silben

2. Jahreszeiten

• •

a) schön, **c)** reif, **d)** Gold, **f)** Feld, **i)** Herbst, **j)** Winter, **k)** alle Zeiten, **l)** Bäume, **m)** Flut und Land, **n)** Welt, **o)** Opale, **p)** bunte Blätter, **q)** Diamant, **r)** Silber, **s)** schön

• • •

1. Strophe: Frühling – schön – smaragd = Edelstein
2. Strophe: Sommer – reif – Gold = Edelmetall
3. Strophe: Herbst – bunt – Opal = Halbedelstein
4. Strophe: Winter – Silber – Diamant = Edelmetall und Edelstein

8.4 Zeitungstexte untersuchen - Nachricht •

1. Löwe Paul, **2.** ist entlaufen, **3.** gestern, **4.** aus seinem Gehege, Dierlinghausen Zoo **5.** hat sich unter der Mauer seines Geheges durchgegraben, **6.** nicht angegeben, **7.** Umgebung wird abgesucht, Anwohner sollen zu Hause bleiben

Boxenstopp:

Bei einer **Nachricht** geht **es um** einen **kurzen Text**, der alle wichtigen Fakten **sachlich** zusammenfasst **und sonst** nichts **erzählt**.

••

~~Als ich~~ am Samstag im Zoo ~~war~~, spazierte auf einmal die Robbe „Selja" über den Weg. ~~Ich kenne den Namen der Robbe, weil ich oft im Zoo bin. Ich habe nämlich eine Jahreskarte. Sofort habe ich den Tierpflegern Bescheid gesagt.~~ Selja ließ sich schnell einfangen. ~~Sie ist ein Leckermaul und~~ ihr Pfleger Weiser hat sie mit Fischen angelockt. ~~Die Tierpfleger haben dann das~~ Gehege untersucht. Selja hatte wohl beobachtet, dass die Tür nicht richtig verschlossen worden war und hat die Gelegenheit genutzt. ~~Es war schon ganz schön aufregend gewesen!~~

•••

Während des Biologieunterrichts am letzten Dienstag im Zoo in Dieringhausen gelang es dem Schimpansen Chico, unbemerkt an einen Rucksack zu gehen und eine Brotdose herauszuholen. Der Schimpanse nascht gern und aß daher das Brot mit Schokoladenaufstrich aus der Dose. Als der Diebstahl bemerkt wurde, war es zu spät: Die Schülerin Vanessa hatte kein Brot mehr, Chico hatte Bauchschmerzen.

8.5 Zeitungstexte untersuchen - Bericht •

1. Löwe Paul, 25 Jahre alt, **2.** entlaufen, **3.** gestern, **4.** Dierlinghauser Zoo, **5.** unter Mauer durchgegraben, **6.** nicht bekannt, **7.** Polizei und Feuerwehr suchen nach ihm

Boxenstopp:

Ein **Bericht** gibt, genau wie die **Nachricht**, **sachlich** das Geschehen wieder. Er zeigt aber auch die **Hintergründe** und Meinungen von z.B. **Zeugen** auf.

••

Gestern, ~~zu nachtschlafender Zeit, nämlich~~ um 3 Uhr morgens, hat ein ~~total verantwortungsloser~~ Pfleger ~~eine Zigarette~~ im Elefantenhaus ~~in aufgeschüttetes Stroh geworfen~~ durch eine achtlos weggeworfene Zigarette ein Feuer verursacht. Die ~~durch den daraus entstandenen Qualm völlig benebelten~~ Elefanten wurden von einer ~~wirklich fähigen~~ Pflegerin ~~, die auch Nachtdienst hatte,~~ aus dem Elefantenhaus befreit ~~und in ihr Außengehege entlassen. Das muss übrigens vergrößert werden, da passt ja noch nicht mal eine Ziege tierschutzgerecht rein~~. Die Feuerwehr ~~, die anscheinend etwas getrödelt hatte,~~ traf ~~erst~~ nach ~~langen bangen~~ 15 Minuten ein, um das mittlerweile ~~auf mickrige Größe~~ geschrumpfte Feuer zu löschen. Den Elefanten ist ~~Gottseidank~~ nichts passiert.

Achte darauf, dass du - wenn du den gekürzten Text so übernehmen möchtest - auch alle überflüssig gewordenen Satzzeichen streichst!

●●●

2. Zoodirektion: „Paul ist sehr friedlich. Wir wissen jedoch nicht, wie er in Freiheit reagiert."

3. Polizei: „Wir bitten alle, sofort uns oder den Zoo anzurufen, wenn der Löwe oder Spuren von ihm gesehen werden."

Auch die folgenden Sätze sind von Personen geäußert worden. Hier ist jedoch nicht immer klar, wer sie gesagt hat. Möglich wären:

z.B. **Tierpfleger Walter M.**: „Ich konnte Paul weder in seinem Nachtkäfig noch im Außengehege finden."

z. B. **Zoodirektion**: „Wir haben natürlich sofort eine Suche eingeleitet. Die ergab, dass sich der Löwe nicht mehr auf dem Zoogelände war.
z.B. **Tierpfleger Walter M.**: „Ich habe bei der Suche ein Loch entdeckt, das er in seinem Gehege gegraben hat. Dadurch ist er anscheinend entkommen."

z.B. **Polizei**: „Wir haben mehrere hundert Polizisten und Feuerwehrleute für die Suche nach dem Löwen im Einsatz."

Wie gesagt, für manche Sätze kommen auch andere Personen in Frage. Wichtig ist, dass du prüfst, ob die Personen die Äußerung wirklich gemacht haben können!

8.6 Zeitungstexte untersuchen – Kommentar •

Diese Sätze beziehen sich direkt auf Paul:
- Paul, der betagte Löwe, hat sich unter die Menschen gemischt.
- Seit drei Tagen muss er sich in unserer Nähe aufhalten, unentdeckt, mittlerweile sicher hungrig.
- Er kannte nichts anderes als den immer gleichen Ablauf seines Tages.
- Weshalb grub er, für einen Löwen völlig untypisch, ein Loch durch Sand und Erde?
- Jetzt ist in einer ihm völlig fremden Umgebung, ohne regelmäßiges Futter und Ansprache.
- Er ist an Menschen gewöhnt.
Schließlich standen jeden Tag genügend Besucher vor seinem Gehege und starrten ihn an.
- Trotzdem wird sich Paul verkriechen.
Wir haben ihm das Leben beschert, das er jetzt verlassen hat.
- ..., sondern Mitleid mit einem verängstigten Tier haben
- ..., dass er ein Raubtier ist und gefährlich sein kann.

Boxenstopp:

1. Meinung des Journalisten, **2.** aktuellen, **3.** Thema, **4.** steht, **5.** Kommentar, **6.** längerer Text.

●●

- unentdeckt, mittlerweile sicher hungrig... ➜ es könnte sein, dass jemand den Löwen gefunden hat, das aber niemandem mitteilt. Dass er hungrig ist, kann der Reporter nur vermuten.

- Alle warten mit angehaltenem Atem... ➜ das ist ein Bild, das der Reporter macht, um die Situation besser darzustellen.

- Ist eine solche Reaktion auf den Löwen Paul gerechtfertigt? ➜ Der Reporter stellt dem Leser eine Frage, die seine Meinung zu dem Thema einleitet. Der Leser kann darauf verschiedene Antworten geben.

- Er kannte nichts anderes... ➜ Der Reporter wird im Zoo nach der Herkunft des Löwen gefragt und erfahren haben, dass er in Gefangenschaft geboren wurde und deshalb seiner Meinung nach ein eintöniges Leben führt.

- **..., für Löwen völlig untypisch, ...** ➜ Das kann der Reporter z. B. bei dem Tierpfleger nachgefragt haben.
- **Jetzt ist er in einer ihm völlig fremden Umgebung, ohne regelmäßiges Futter ...** ➜ Das weiß der Reporter nicht sicher, das vermutet er.
- **Er ist an Menschen gewöhnt.** ➜ Das wird ihm der Tierpfleger oder die Zoodirektion gesagt haben.
- **Trotzdem wird sich Paul verkriechen.** ➜ Davon geht der Reporter aus, es ist seine Vermutung.
- **Daher sollten wir...** ➜ Das ist eine Aufforderung, die der Reporter an die Leser richtet. Es ist seine Einstellung zu dem Geschehen.
- **Bei allem Mitleid...** ➜ Hier warnt der Reporter davor, leichtsinnig zu sein.

●●●

A/B

1 A, Nachricht, 2 E, Kommentar, 3 F, Bericht, 4 D, Kommentar, 5 B, Nachricht, 6 C, Kommentar

Eigene Meinung des Journalisten:

2. Der Staat will also Eltern sagen, wann sie ihre Kinder vor den Fernseher lassen dürfen. Fraglich ist, ob sich die Eltern diese Einmischung gefallen lassen werden. Schließlich gehört ein Fernseher heutzutage zur Grundausstattung eines Wohn- und sicherlich auch so manches Kinderzimmers.

4. Unsere Schulbücher waren noch kostenlos. Heute müssen die Eltern einen Anteil der Schulbuchkosten bezahlen. Dass diese Belastung durch Nutzung der elektronischen Medien verringert werden soll, ist begrüßenswert. Aber wird diese Entlastung auch wirklich bei den Eltern ankommen?

6. Die Engersfurter Kirchengemeinde hat anscheinend zu viel Geld: Nachdem die Kirche sehr aufwendig renoviert und einige neue Einrichtungsgegenstände - wie gepolsterte Bänke und Sitzheizungen - angeschafft wurden, hat der Gemeinderat nun beschlossen, die Kirchturmuhr neu zu gestalten und mit einem Sekundenzeiger auszurüsten. Da andererseits die Jugendarbeit in Engersfurt sehr unter Geldmangel leidet, stellt sich die Frage, ob das Geld nicht besser in einem gut ausgestatteten Jugendheim statt in einer neuen Turmuhr mit Sekundenzeiger angelegt wäre.

8.7 Zeitungstexte untersuchen - Reportage ●

Löwe entlaufen? ➜ **Nachricht**: kurz, sachlich, wichtige Informationen

Löwe aus Zoo verschwunden ➜ **Bericht**: sachlich, ausführlicher, wichtige Informationen

Zootiere und ihre Gefährlichkeit ➜ **Kommentar**: längerer Text; eigene Meinung, Wertung des Reporters

Wo ist Paul? ➜ **Reportage**: selbst erlebt, spannend

Boxenstopp:
Die **Reportage** zeigt den Reporter bei der Arbeit. Er schildert subjektiv, was er **erlebt**. Dabei kann er ohne weiteres **Informationen** so schildern, dass sie **spannend** werden. Eine **Reportage** muss kein **Ergebnis** haben, in unserem Beispiel wurde der **Löwe** ja nicht gefunden.

●●

A 1, **C** 2, **B** 3, **B** 4, **C** 5, **A** 6, **B** 7, **C** 8, **A** 9

●●●

Reportagen-Checkliste: Hast du bei deiner Reportage über Paul an die W-Fragen gedacht? Hast du sie aus der Ich-Perspektive geschrieben? Ist sie spannend? Schilderst du die Tatsache, dass Paul gefunden wurde, so, dass der Leser folgen kann und bei ihm Bilder entstehen, sozusagen „ein Film abläuft"?

8.8 Eine Werbeanzeige untersuchen ●

Fffloyd-Shampoo für Kids: a), e), g), l)

Der Fernseher für höchste Ansprüche: b), d), f), k)

Margarine für jeden Tag: c), h), i), j)

Boxenstopp:

1. Reklame, **2.** Bild, **3.** Produkt, **4.** Verein, **5.** Geld, **6.** Partei, **7.** Menschen, **8.** Vorbilder, **9.** Sprache, **10.** Superlative, **11.** Buchstaben, **12.** sachlich, **13.** Zeitungen, **14.** Zeitschriften, **15.** Plakaten, **16.** Fernsehen, **17.** Internet, **18.** Radio

●●

Die Lösung lautet: SUPER

●●●

1. Alliteration: a), h)

2. sachlich-informativer Stil: b), e)

3. kurzer und einprägsamer Stil: c), g)

4. Superlativ: d), f)

TEST Textarbeit 7. Klasse

1.
a) Was? **b)** Wann? **c)** Wo? **d)** Wer? **e)** Wie? **f)**Warum? **g)** Welche Folgen?

2.
a) 3 Zeilen mit 5-7-5 Silben, **b)** eine japanische Gedichtform, **c)** der Nennung eines Naturereignisses, **d)** es gibt auch Haiku-Maler, es gibt einen Haiku-Wettbewerb

3.
a) Ich-Perspektive, **b)** auktoriale Perspektive, **c)** personale Erzählperspektive

4.
a) Nachricht, **b)** Bericht, **c)** Kommentar, **d)** Reportage

5.
a) Reklame, **b)** Bild, **c)** verhalten, kaufen, wählen, **d)** Prominente, **e)** Superlative, Alliterationen, **f)** sachlich

6.
durchzustreichen sind:

a) total niedliche, supernette, **b)** ziemlich unvorsichtiger; von dem ich annehme, dass er betrunken war; mit einem Affenzahn, **c)** den ich für eins der besten Autos halte.

7.
Richtig sind: a), c), e), g)

8.
a) Zeitungstexte, **b)** Kommentar, **c)** Reportage, Nachricht, **d)** W-Fragen, spannend

Referate halten

Übungen zum Inhalt

Übung 1

a) Setze die Phrase in Anführungszeichen, z. B. „Vegetation der Tropen".
b) Setze direkt nach dem Begriff ein Sternchen, z. B. Kernkraft*.
c) Setze ein Minuszeichen vor Begriffe, die ausgeschlossen werden sollen, z. B. Gebirge -Alpen -Ural.
d) Setze ein Pluszeichen zwischen die Begriffe, z. B. Kernkraft +Energie +Radioaktivität.

Übung 2

1) c, d, g; 2) b, i, f; 3) h, j, k, l; 4) a, e

Übung 3

Lösungsvorschlag:

Flora und Fauna, Besiedlung, Geschichte der Besiedlung, Gebirgszüge, Geologie der Alpen, Brauchtum und Kultur …

Übung 4

Lösungsvorschlag:

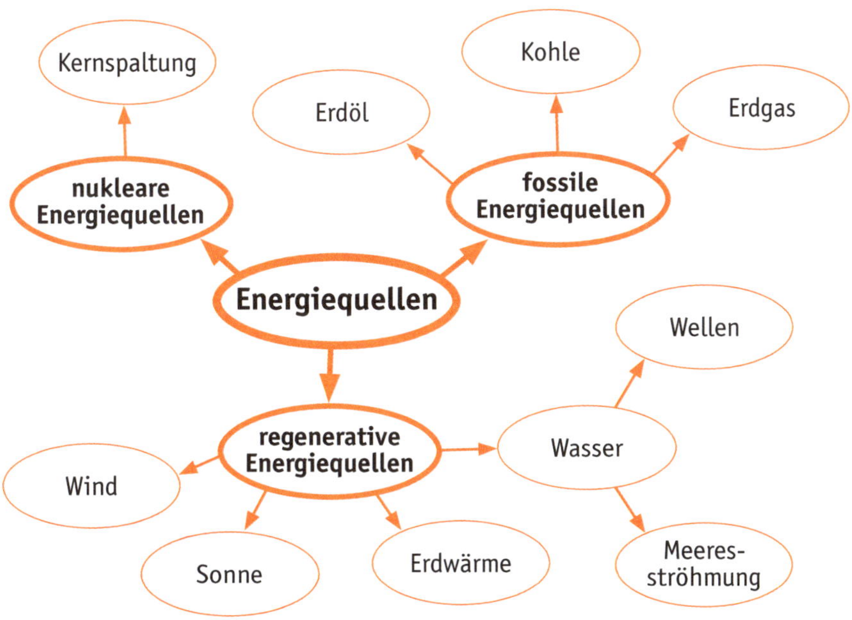

Übung 5
Lösungsvorschlag:

ALPENFLORA 1

Einleitung

- Vielfalt (4500 Pflanzenarten, 650 nur in den Alpen)
  Beispiel: Edelweiß, blauer Enzian

Faktoren, die die Vielfalt bestimmen

- Untergrund (Bodenzusammensetzung und -struktur)
  Beispiel: Kalkböden (trockener, wärmer als Silikat)
  Lage
  Beispiel: östliche Nordalpen - Fichtenmischwälder
  Höhe (Vier Vegetationsstufen)

ALPENFLORA 2

Einleitung

- montane Stufe (500 – 2000 m): bewaldet
  Beispiel: gemäßigtes mitteleuropäisches Klima
  Eiche → Rotbuche → Fichte
- subalpine Stufe (1900 – 2200 m): Straucharten
  Beispiel: trocken – Latschen-Kiefer
- alpine Stufe (2200 – 3000 m): Rasen
  Beispiel: Kalkrasen – Blütenpflanzen
- nivale Stufe (ab 3000 m): vereinzelte Pflanzen, Flechten
  etwa 150 Pflanzenarten über 3000 m

Übung 6
a) 5, b) 1, c) 2, d) 3, e) 4
Balcik, Ines: *Zweifelsfrei Deutsch. Grammatik.* Stuttgart: PONS, 2007, S. 12ff.

Übung 7

a) der- oder dieselbe Autor/-in
b) ebenda (wenn man direkt davor aus dem gleichen Werk zitiert hat)
c) folgende Seite / folgende Seiten
d) ohne Jahr (wenn das Erscheinungsjahr nicht angegeben ist)
e) ohne Ort (wenn kein Ort angegeben ist)

Übung 8

a) Liniendiagramm – das ist besonders dazu geeignet Entwicklungen darzustellen.
b) Säulendiagramm – das ist besonders dazu geeignet Unterschiede darzustellen
c) Kreisdiagramm – das ist besonders geeignet um Anteile eines Ganzen darzustellen

Übung 9

Lösungsvorschlag:

a) Die Parteispitze wollte an der neu erworbenen Machtstellung keine Zweifel aufkommen lassen und trat entschlossen auf. An dieser Entschlossenheit ist ersichtlich, dass auch die katastrophale Versorgungslage keine Abkehr von diesem System bewirken würde.
b) Mitte der 30er Jahre vollzog sich ein rascher gesellschaftlicher Wandel, der alle Schichten betraf. Der industrielle Fortschritt wirkte sich wirtschaftlich aus und war in deutlich ansteigenden Produktionszahlen zu sehen.

Übung 10

Lösungsvorschlag:

a) Dieses Ereignis / diese Veranstaltung war ein echter Höhepunkt / Glanzpunkt in ihrem Leben.
b) Die Stimmung bei diesem Treffen / dieser Besprechung war entspannt / gelöst.

Übung 11

Lösungsvorschlag:

a) (Das ist) selbstverständlich.
b) Richtig geraten. / Vollkommen richtig. / Du hast recht.

Übung 12

Lösungsvorschlag:

a) Ich möchte hierzu einiges ausführen.
b) Diese These bezweifle ich.

Diskutieren

Übungen zum Inhalt

Übung 1

a) 4, b) 5, c) 2, d) 3, e) 1

Übung 2

c)

Übung 3

1) Zeitgenössische Texte helfen Schülern, heutige Ereignisse besser zu verstehen und sollten deshalb an Schulen vorrangig behandelt werden. 2) Für Schüler ist es einfacher, einen Bezug zu modernen Texten zu finden, weil die Sprache verständlicher ist. 3) Schulen sollten sich auf Fächer konzentrieren, die relevant für die Wirtschaft und die zukünftigen Karrieren der Schüler sind. Klassiker zu lesen trägt zu diesem Ziel nicht bei.

Übung 4

1), 3), 6), 8), 10

Übung 5

1) b, 2) c, 3) a

Übung 6

1) a; 2) b, d; 3) c

Übung 7

Lösungsvorschlag:

a) Die knappe und unvollständige Ausbildung bei der allgemeinen Wehrpflicht reicht nicht aus, um im Falle der Landesverteidigung eine Armee aufzustellen, die das Land tatsächlich schützen kann. Eine gut ausgebildete Freiwilligenarmee ist für diese Zwecke wesentlich besser geeignet.

b) Eine Freiwilligenarmee ist besser ausgebildet und kann den Pflichten somit besser nachkommen. Andere Bündnispartner (z. B. Frankreich und Großbritannien) haben auch keine Wehrpflicht und können ihre Verpflichtungen ohne Probleme erfüllen.
Zudem sind Wehrpflichtige häufig wenig motiviert.

c) Die Wehrpflicht schafft gesellschaftliche Unruhe, da die Modalitäten der Einberufung nicht gerecht sind. Einige müssen also Wehrdienst ableisten, während andere bereits eine Ausbildung beginnen können.

Übung 8

1) b, 2) d, 3) c, 4) a

Übung 9

a) d) h) i)

Bildnachweis

S. 17: Stefan Theurer, Eningen
S. 19: istockphoto.com / korhan isik
S. 28: Stefan Theurer, Eningen
S. 39: Stefan Theurer, Eningen
S. 83: junger Mann: istockphoto.com / Zlatko Kostic, älterer Mann: istockphoto.com / Jacob Wackerhausen, Mann mit Sonnenbrille: istockphoto.com / archives, Mädchen: istockphoto.com / Rich Legg
S. 101: istockphoto.com / Rich Legg
S. 116: Stefan Theurer, Eningen
S. 193: Silke Gausche, Braunschweig
S. 194/196, Wettersymbole: fotolia.de / Anna
S. 195, Wetterkarte: www.meteotest.ch/de/prog_bsp_de?w=ber
S. 198, Ampelkennzeichnung: www.abzonline.de/fokus/Naehrwerte-auf-den-ersten-Blick-erkennbar,801256115.html
S. 288: Shampoo: istockphoto.com/ WEKWEK, TV: istockphoto.com / Dmitry Kutlayev, Butterbrot: istockphoto.com / Ed Phillips
S. 290: Füller: fotolia.de / Actomic
S. 299, 363: Schüler: Digital Vision
S. 299: Referat: Klett Archiv / David Ausserhofer
S. 363: Diskutieren: Klett Archiv / Michael Schubert

Textnachweis

S. 251: Tucholsky, Kurt (unter dem Pseudonym Peter Panter): Der Floh.
Aus: Die Weltbühne, 28. Jahrgang 1932, Nummer 1, Seite 26.
S. 268: Auerbach, Bertold: Der unbequeme Weg.
Aus: Weiter heiter! Hrsg. von Alexander Reck, Reclam, Ditzingen, 2005.
S. 271: Uhland, Ludwig: Das Schloß am Meere.
Aus: Werke / Ludwig Uhland. Hrsg. von Hartmut Fröschle, Winkler, München 1980, S. 119-120.
S. 275, 277: Brockes, Barthold Heinrich: Die Welt ist allezeit schön.
Aus: Barthold Heinrich Brockes: Auszug der vornehmsten Gedichte aus dem Irdischen Vergnügen in Gott. Metzler, Stuttgart 1965, S. 532-533.

Ideal zum Üben, Nachschlagen und Lernen!
Alle wichtigen Grammatik- und Wortschatzthemen für den Englischunterricht.

ISBN: 978-3-12-562566-2
[D] 15,00 € **[A]** 15,00 €

- **Übungsgrammatik mit 600 Übungen:** In diesem Buch findest Du alle wichtigen Grammatik- und Wortschatzthemen für den Englischunterricht.
- **Sicher zum Ziel:** Suche Dir ein Thema aus und bereite Dich optimal für jede Klassenarbeit vor.
- **Schneller – höher – weiter!** Zu jedem Thema findest Du Übungen in drei Schwierigkeitsstufen – so kannst Du Dich immer weiter steigern.
- **So lernt es sich leichter:** Alle Regeln, die Du brauchst, sind einfach und verständlich erklärt. Viele Tipps bewahren Dich außerdem vor typischen Fehlerfallen!
- **Extrateil:** So wird Dein Referat ein Erfolg!
  Von der Themensuche bis zur souveränen Durchführung. Zahlreiche Übungen, Tipps und ausführliches Sprechtraining verhelfen Dir zum perfekten Referat.

PONS
www.pons.de

GRAMMATIK IM ÜBERBLICK:

Ein Satz besteht aus **Satzgliedern**. Sie sind die Bausteine eines Satzes. Satzglieder können aus einem Wort oder mehreren Wörtern bestehen. Du kannst sie umstellen, ohne dass der Sinn des Satzes verloren geht.

Das Prädikat

- Das **Prädikat** (Satzaussage) gibt Antwort auf die Frage **„Was tut jemand? Was passiert?“**
- In Aussagesätzen ist das Prädikat immer das **zweite Satzglied:**
  Die Lupe ***fällt*** *auf den Boden.*
  Sie zerbricht nicht.
- Das Prädikat besteht aus **zwei Teilen**, wenn es im Perfekt oder Plusquamperfekt steht:
  Er ***hat*** *die Nadel* ***gefunden****.*
  Er ***hatte*** *die Hoffnung* ***aufgegeben****.*
- Es besteht auch aus zwei Teilen, wenn es aus einem **zusammengesetzten Verb** gebildet wird:
  Er ***sieht*** *sich das Haus genau* ***an****.*

Das Subjekt

- Das **Subjekt** (Satzgegenstand) kannst du mit der Frage **„Wer oder was?“** ermitteln. Es gibt an, **wer** etwas tut.
- Das Subjekt bestimmt die Endung des Prädikats:
  Der kleine Junge *findet den Schuh.*

Merke dir: Die **Umstellprobe** hilft dir, Satzglieder zu erkennen. Wörter, die beim Umstellen zusammenblieben, bilden ein Satzglied.
Der kleine Junge *findet nach langem Suchen den Schuh.*
Den Schuh findet ***der kleine Junge*** *nach langem Suchen.*

Objekte

Objekte (notwendige Ergänzungen des Verbs) sind Satzglieder, die **das Prädikat ergänzen**. Man unterscheidet verschiedene Objekte:

- **Genitivobjekte** (Objekte im 2. Fall) kommen selten vor. Du erfragst sie mit **„Wessen?“**
  Sie erfreut sich ***bester Gesundheit****.*
  Wessen *erfreut sie sich? …* ***bester Gesundheit****.*
- **Dativobjekte** (Objekte im 3. Fall) erfragst du mit **„Wem?“**
  Er glaubt ***seinem Freund****.*
  Wem glaubt er? … ***seinem Freund****.*
- **Akkusativobjekte** (Objekte im 4. Fall) erfragst du mit **„Wen oder was?“**
  Ich sehe ***das blaue Auto****.*
  Wen oder was *sehe ich?*
  … ***das blaue Auto***

Adverbiale Bestimmung

Satzglieder, die Angaben über die **Zeit** und den **Ort** eines Geschehens machen, heißen **adverbiale Bestimmungen** (Umstandsbestimmungen) oder kurz **Adverbiale**. Adverbiale Bestimmungen können aus einzelnen Wörtern oder Wortgruppen bestehen.
Man unterscheidet Temporal- und Lokaladverbiale.

- **Temporaladverbiale** geben Zeitpunkte oder Zeiträume an.
  Frage: **Wann? Wie lange? Seit wann?**
  Im Winter *wird es sehr kalt.*
- **Lokaladverbiale** geben Orte und Richtungen an.
  Frage: **Wo? Wohin? Woher?**
  Der Eisbär sucht ***im Wasser*** *nach Fischen.*